SCHWEIZER
VERLAGSHAUS

RICHARD LEO

JENSEITS ALLER GRENZEN

Aus dem Amerikanischen
von Werner Waldhoff

Schweizer Verlagshaus
Zürich

Die amerikanische Originalausgabe
erschien 1991 unter dem Titel
Edges of the Earth
A Man, a Woman, a Child in
the Alaskan Wilderness
bei Henry Holt and Company, Inc.,
New York, N.Y.

Bestimmte Namen, Beschreibungen und Umstände in diesem Buch wurden geändert, um die Privatsphäre der Betroffenen zu schützen.

Die Deutsche Bibliothek – CIP-Einheitsaufnahme

Leo, Richard:

Jenseits aller Grenzen : [ein Mann, eine Frau,
ein Kind in Alaskas Weiten]/
Richard Leo. Aus dem Amerikan. von Werner Waldhoff. –
Zürich : Schweizer Verl.-Haus, 1992

Einheitssacht.: Edges of the earth ‹dt.›
ISBN 3-7263-6657-1

Schutzumschlag: Heinz von Arx, Zürich
Satz: Utesch Satztechnik GmbH, Hamburg
Druck und Bindung: Ueberreuter Print

ISBN 3-7263-6657-1

FÜR MEINEN VATER

Ich danke White Arrow, Catching Spear,
Crossbow und Heals With Her Touch, ohne die
nichts viel zählen würde.
Und auch dir gilt meine Liebe,
Dancing Cheetah.

I

HIER

So gewaltige Berge! So endlose Wälder!
Läßt sich das beschreiben?
Es muß! Hier: Da!
HO-SAN

Am Morgen, wenn ich in den Wald hinausgehe und zu den schneebedeckten Berggipfeln hinaufschaue, versuche ich mir manchmal selbst zu beschreiben, was ich sehe. Auch nach zehn Jahren in einer Blockhütte in der Nähe des Denali (Mount McKinley), wo es auf hundert Quadratmeilen weder Menschen noch Straßen gibt, suche ich immer noch nach Worten, um dieser weiten, endlosen Leere einen Sinn zu geben. Ich bin nicht in dieses Leben hineingeboren worden. Manchmal finde ich es immer noch überwältigend. »Blaues Eis auf den Gletschern«, bemerke ich laut. »Die Kranichbeeren färben sich rot.«

Mir ist bewußt, daß es reichlich exzentrisch ist, auf dem Vorplatz zu stehen und dabei Selbstgespräche zu führen. Doch ich hatte mich mit Anzeichen von echtem Wahnsinn auseinandersetzen müssen, als ich von New York City in dieses unwegsame, unbebaute und unbewohnte Land gezogen war. So wird in meinem Webster der Begriff *Wildnis* definiert.

Je nach Jahreszeit entdecke ich schillernde Käfer, die im anhaltenden Sonnenschein des Sommers durch mannhohes Gras krabbeln, oder sehe frische Marderspuren in der verschneiten Landschaft bei fünfundzwanzig Grad Kälte. Trompeterschwäne streichen tief über die Bäume zu ihren naheliegenden Brutstätten, grünliche Nordlichter flackern vor dem Morgengrauen am winterlichen Sternenhimmel. Rottannen recken ihre kupferfarbenen Wipfel in den strahlenden Frühlingsmorgen.

Wie es häufig geschieht, kam vor ein paar Tagen ein großes Wild – wahrscheinlich ein Elch, vielleicht ein Bär – unterhalb des Bergkammes am Fluß vorbei. Die zehn an die umliegenden Bäume geketteten Schlittenhunde sprangen auf und bellten wie verrückt.

Ich verstand ihre Sprache. »Da ist was ganz in der Nähe! Es ist *eßbar*! Gleich da unten, kapiert?«

Mein junger Sohn kam barfuß von unserer Schlafstatt im Obergeschoß heruntergerannt, sprang in meine Arme und schrie: »Was ist es? Wo ist es?«

Ich sah nur das, was sich nie verändert: gewaltige Berge und weite Wälder unter dem subarktischen Himmel. Ich deutete auf den weiten Horizont. Der Junge, mehr an dem interessiert, was davor lag, wollte sofort sehen, was los war.

Er kennt die Berge und die Schluchten der Flüsse. Er kennt die spurenlose Landschaft um unser Haus herum. Ihm ist das alles vertraut: Es ist weder überwältigend noch verwirrend.

Er wollte etwas *Neues* sehen, etwas Unerwartetes und Verlokkendes: Mit dem gleichen Gefühl hatte ich in jungen Jahren den Fernsehapparat eingeschaltet, um zu erleben, wie Sky King durch die Lüfte rauschte oder wie Marlin Perkins zu Beginn von *Wild Kingdom* intonierte: »Hier kommt der Elefant.«

»Der Wind hat die Wolken vom Denali vertrieben«, sagte ich. »Die Südflanke hat neuen Schnee. Ist er nicht hell?«

»Ja, ja«, sagte mein Sohn, warf einen flüchtigen Blick hinüber und konzentrierte seine Aufmerksamkeit dann wieder auf die Gegend, die die Hunde verbellten.

Ich war damit zufrieden, auf der Veranda zu stehen. Direkt hier vor meiner Tür lag all das, weshalb ich in den Norden gezogen war, jeden Morgen.

Der Junge, leicht verärgert über meine Selbstzufriedenheit, sagte: »*Gehn* wir! Ich glaube, es ist ein Bär!«

Ich hatte keine Lust mehr, das Tier – was immer es auch sein mochte – zu verfolgen. Bei dem Krach war es bestimmt ohnehin verschwunden. »Wir folgen den Spuren nach dem Frühstück«, sagte ich.

Wir gingen zurück ins Haus und machten Feuer im Herd, um unseren Reisbrei zu kochen. Wir wärmten unsere Füße und unsere Bäuche.

Und danach? Womit sind die Tage in den nördlichen Wäldern so vollständig ausgefüllt – ohne den Zwang, eine feste Arbeitszeit oder gesellschaftliche Verpflichtungen einhalten zu müssen –, daß man nicht den Drang verspürt, an einen anderen Ort gehen zu wollen? Wie sind wir überhaupt hierhergekommen?

Ich will versuchen, es zu beschreiben.

2

ZIEGEN UND HÜHNER AUF DEM DACHBODEN

Meine Lippen näherten sich dem Nacken einer jungen Ballerina. Ihr Haar war zu einem Knoten hochgesteckt. Der Duft von weißen Blumen und Moschus stieg mir in die Nase.

»Sixty-sixth Street, Lincoln Center«, leierte der Schaffner. »Nächste Station Fifty-ninth Street, umsteigen auf die Linien B, C, D und A-Expreß. Vorsicht beim Türenschließen.«

Die U-Bahn kam schwankend zum Stehen. Ich taumelte einen halben Schritt zurück von meiner Tänzerin. Ein Rasta, der die Kopfhörer eines Walkmans in seine Zöpfe eingeflochten hatte, quetschte sich zwischen uns durch. Ein Geschäftsmann, wie ich im dreiteiligen Anzug, stieß mir die *Daily News* aus der Armbeuge, als er die U-Bahn verließ.

Mir war es egal. Da mein Apartment nur einen Block von der U-Bahn-Station entfernt lag, war ich wie üblich gerade erst aufgestanden, sofort zur Tür hinausgestolpert und dann weiter die Straße entlang und durch das Drehkreuz. Ich träumte immer noch und war nur halb bei Bewußtsein, eine wunderbare Art, sich in die morgendliche Rush-hour zu stürzen – die *einzige* Art.

Wenn man in der City langsam ging, mußte man einen Preis dafür zahlen – man wurde gestoßen. Wenn man hastete, verpaßte man die Chance, einen parfümierten Nacken zu genießen. Nach drei Jahren in New York mußte ich zugeben, daß ich nicht ganz synchron lief mit jenen, die mit ihren Wünschen und Begierden Schritt halten konnten.

Ich nahm an, daß alles, was sein sollte, aus eigenem Antrieb geschehen würde, unvermeidlich. Als Belohnung für das »richtige« Leben. Zum Beispiel hegte ich die Hoffnung, daß eines Morgens in der U-Bahn eine junge Ballerina den Kopf wenden, mich liebevoll ansehen und mir zuflüstern würde: »Dein Atem ist so warm.« Und danach würden wir bis in alle Ewigkeit glücklich zusammenleben.

Das war natürlich die absolut verkehrte Methode, um in dieser Stadt zu leben. Intrigiere und sei aggressiv! Bring dich in die richtige Position, um diesen Messingring zu erwischen, bevor er vorbei ist! Es gibt *Millionen* von Menschen, die alle hinter den gleichen Zielen her sind!

Auch ich wünschte mir die schönste Geliebte, ein Penthouse-Apartment, die Mittel, um mit meinem eigenen Wagen zur Arbeit fahren zu können, anstatt mit der IRT Broadway Local. Doch jedesmal, wenn ich mir eingestehen mußte, daß meine diesbezüglichen Fähigkeiten nur gelegentlich aufblitzten, fragte ich mich, was da noch auf mich warten mochte, um mich so weit zu bringen, daß ich mit dem zufrieden war, was ich hatte.

An diesem speziellen Morgen jedoch wartete ich immer noch auf mehr. Doch in letzter Zeit hatte ich mir überlegt, daß der beste Platz zum Warten nicht die U-Bahn auf dem Weg zur Arbeit ist.

Ich bückte mich nach meiner Zeitung. »Wenn du die schließenden Türen im Auge behältst, kriegst du keine Probleme«, sagte ein Typ, dessen Knie ich streifte.

Ich blickte von der Taubenscheiße auf einem seiner Schuhe hoch zu seinem unrasierten Gesicht. Ein Auge war zugeschwollen. Zwischen seinen Beinen hielt er eine offene Flasche Schlitz.

»Wenn du die schließenden Türen im Auge behältst«, wiederholte er, »kriegst du keine Probleme.« Er grinste. Sein gesundes Auge funkelte. Er hatte alles durchschaut.

»Fifty-ninth Street«, verkündete der Schaffner. »Umsteigen für IND und Expreß Nummer 2. Vorsicht beim Türenschließen.«

Der Penner strahlte und nickte wie ein Heiliger unter Valium.

»Das ist ein Zeichen«, dachte ich. »Das ist eindeutig eine Botschaft. Die Welt ist voller Zeichen, und hier starrt dir eins geradewegs ins Gesicht. *Aber was zum Teufel hat es zu bedeuten?*«

Im dreiunddreißigsten Stock – die Uhr zeigte gerade auf neun – begrüßte mich meine aus vier achtzehnjährigen Mädchen bestehende Truppe im Chor. »Guten Morgen, Mr. Leo«, sangen sie.

Ich hatte erst seit drei Jahren das College hinter mir und versuchte mich nun verbissen an einem »richtigen« Job, nachdem ich ein paar Jahre lang in Manhattan die merkwürdigsten Nachtjobs gemacht hatte, während ich tagsüber ganz ernsthaft kindische Geschichten verfaßte (»Was kann man tun, wenn man alles getan hat? Emile saß verblüfft am Fenster…«) und die Straßen erkundete. Doch mein Personal hatte gerade die Highschool in Brooklyn oder Queens verlassen, froh, überhaupt eine Beschäftigung gefunden zu haben. Sie verdienten ein paar Cents mehr als den Mindestlohn und starrten die meiste Zeit auf einen erleuchteten Bildschirm.

Die Firma für bundesweite Industrie-Branchenverzeichnisse, bei der ich unter der hochtrabenden Bezeichnung »Herausgeber« tätig war, verließ sich ganz auf sie. Sie übertrugen die Daten aus Antwortbriefen in ihre Computer, tippten »Firmenprodukt«, »Anzahl der Angestellten« und »Bruttoeinkommen« ein. Ich hatte wie der Antreiber auf einer Galeere dafür zu sorgen, daß sie mit ihrer Arbeit Schritt hielten. Obwohl ich alles tat, um ihr Berufsleben angenehmer zu gestalten, hatten sie schreckliche Angst vor mir.

Vor neun Monaten, als mich die Vizepräsidentin eingestellt hatte – eine alternde, geschiedene Frau, die sich von Librium, schwarzem Kaffee, Vollkorntoast und Vanille-Eiscreme ernährte (»Wie ich sehe, sind Sie Junggeselle«, hatte sie gesagt und lächelnd von meinem Personalbogen aufgeblickt) –, hatte ich »meine Mädchen« in den Konferenzraum geführt, um mich ihnen vorzustellen. »Ich halte es für einen schlechten Scherz, daß man euch so schlecht bezahlt«, hatte ich gesagt. »Um das ein bißchen zu kompensieren, möchte ich euch ermutigen, gute Bücher zu lesen, die Telefone zu benutzen, zwei Stunden Mittagspause zu machen und euch bei der Arbeit zu amüsieren, solange ihr nur am Freitag die Wocheneingaben geschafft habt. Aber haltet euch vom Dach fern. In meiner Mittagspause geh' ich aufs Dach hoch.«

Sie starrten mich ausdruckslos an.

»Arbeit sollte Spaß machen«, fügte ich hinzu. »Ihr habt jetzt die aufregendsten Jahre eures Lebens vor euch.«

Sie hielten mich für verrückt. Sie arbeiteten wie Sklavinnen.

In meiner Mittagspause ging ich hoch aufs Dach. Ich mußte einen Alarmdraht lösen, um die Tür öffnen zu können. In einer Höhe von mehr als sechzig Stockwerken wuchs Gras auf den Betonsimsen der Häuser. Mir gefiel das. Die Wurzeln brachen die Gipfel der Wolkenkratzer auf.

Der aufkommende Wind trug die Straßengeräusche wie anbrandende Wellen hoch. Ich schaute über die Türme von Manhattan und sah überall um mich herum Atlantis. Ich sah eine kleine Insel im Meer, auf der alles konzentriert war, was die Zivilisation an Kunst, Technologie und Wirtschaft zu bieten hatte. Es gab Tänzer, Schriftsteller, Musiker, Schauspieler, Dichter und ungemein kreative Geschäftsleute, die in Milliarden dachten, *überall*.

Bevor ich mich jedoch in Manhattan niedergelassen hatte, hatte ich die Pyramiden, Angkor Wat und die vom Dschungel bedrängten Pagoden der untergegangenen Dravida-Kulturen besucht. Und es waren alles Ruinen.

Doch hier in New York, in der zweiten Hälfte des zwanzigsten Jahrhunderts befand sich der Gipfel unserer Zivilisation, von der Zeit an gerechnet, in der unsere Vorfahren die Höhlen schmückten, aus denen sie die Bären vertrieben hatten. Von meiner Mauerbrüstung aus konnte ich zahllose Höhlen aus Glas und Stahl mit Zentralheizung und elektrischem Licht sehen. Würden sich Bären für so was entscheiden?

Ich hatte eine Vorliebe für Bären. Bären sind all das, was die

Menschen gerne wären, aber nicht sind. Bären sind absolut unabhängig und voller Selbstvertrauen; die Menschen drängen sich in Städten zusammen und haben trotzdem noch Angst. Bären schlafen ganz allein in Bergen mit ewigem Eis; wir schlafen unter elektrischen Wärmedecken oder schleppen genügend Kunststoff in die Berge, um uns vor der Kälte der Morgendämmerung zu schützen. Bären ignorieren uns vollkommen, außer wenn sie wie nach lästigen Fliegen nach uns schlagen, was äußerst demütigend ist. Sind wir nicht freie und einzigartige Individuen?

Ich war das gewiß nicht. Ich mußte meine Miete zahlen.

Für den Rest des Nachmittags saß ich an meinem Schreibtisch und brütete vor mich hin. Vier Monate zuvor hatte ich meinen Sommerurlaub an der Westküste verbracht. Aus einer Laune heraus hatte ich mir ein Schild mit der Aufschrift FAIRBANKS gebastelt und war nach Alaska getrampt. Ich war noch nie in Alaska gewesen.

Nachdem ich eine Woche lang an den drei Highways – den einzigen drei – des Staates den Daumen hochgereckt hatte, war ich von zwei Dingen beeindruckt gewesen: von den vielen, gewaltigen Bergen, die ich sehen konnte, und von dem endlosen Nichts dazwischen.

Es gab Wälder, die sich bis zum Horizont hinzogen, Tundrawiesen und Gletscherflüsse. Hier draußen existierte neben dem zweispurigen Highway mit seiner schwarzen Asphaltdecke offensichtlich eine Welt für sich, in der, wenn überhaupt, kaum jemand unterwegs war.

Ich war von diesem Urlaub abseits der Touristenpfade nicht entspannt zu meinem Job zurückgekehrt, sondern voller Neugierde auf die Geheimnisse der Wildnis. Was *war* da draußen? Was würde geschehen, wenn man dort *lebte*, anstatt nur durchzureisen? Ich hatte mich hundert Meter von der Straße entfernt, wenn sich kaum Mitfahrgelegenheiten boten, und hatte erstaunt – und erschreckt – festgestellt, wie weit ich (nach hundert Metern) von allem, was mir vertraut war, weg war. Und ich erkannte, daß ich, wenn ich jetzt weitermarschierte, auf keine andere Straße oder Person treffen würde: Ich würde entweder lernen, in der Wildnis zu überleben, oder sterben. Als ich mir eingestand, daß ich wahrscheinlich nicht mal nach meinem Tod gefunden werden würde, eilte ich zum Highway zurück.

Über meinem Schreibtisch hatte ich eine Karteikarte an die Wand geheftet, auf die ich ein Gedicht getippt hatte: »Ich muß in mein Büro / Wo ich meine Zeit verbring' / Wo ich gutes Geld verdien' / Fünf Dollar jeden Tag / Sobald ich etwas mehr hab', dann hau' ich vielleicht ab.«

Ich begann das Lied zu singen. Mein Personal schaute auf und machte sich dann sofort wieder hektisch an die Arbeit.

Am Tag zuvor hatte mich der Präsident meiner Firma zum Lunch in den New Yorker Sport-Club mitgenommen. Er war ein bulliger Mann, der eine Anstecknadel mit der amerikanischen Flagge an seinem Revers trug. Er besaß ein großes Haus auf Long Island und schleppte jeden Tag das *Wall Street Journal* zur Arbeit, jeden Tag ließ er es zerfleddert auf seinem Schreibtisch zurück, wenn er gegen drei Uhr nach Hause ging. Die Leitung der Firma überließ er der Vizepräsidentin.

»Wie ich höre, halten Sie das Schiff unter Volldampf«, hatte er gesagt, nachdem wir Bloody Marys bestellt hatten. »Geben Sie weiter Gas, dann können Sie eines Tages Kapitän werden.«

Das war sehr deprimierend. Ich sah mich am Bug meines eigenen großen Hauses auf Long Island stehen, ein ungelesenes *Wall Street Journal* unter dem Arm und eine Bloody Mary in der Hand, während ich über den gepflegten Rasen hinweg brüllte: »Volle Kraft voraus!«

Während ich an meinem Schreibtisch vor mich hin brütete, dachte ich: »Warum sollte man *nicht* versuchen, innerhalb der Mysterien der Wildnis zu leben, anstatt sich das nur auf der Durchreise anzusehen? Vielleicht gibt es da draußen irgend etwas Lebenswichtiges, das wir von hier aus nur nicht sehen können.«

Ich war und bin ein Mensch aus einer Kleinstadt im mittleren Westen, der nach einer konventionellen Kindheit und dem College einen guten Job bekam und sich dann ständig fragte: »Ist das alles?« Nach meinem ersten Jahr im College hatte ich das Stipendienprogramm so manipuliert, daß ich auf Kosten der anthropologischen Fakultät ein Jahr lang in der Welt herumreisen konnte. Das war mein beglaubigtes *Wanderjahr*, das Vorspiel, bevor ich mich in ein verantwortungsbewußtes Leben einspannen ließ. Aber diese Erfahrung ließ mich nur schwer akzeptieren, daß eine vielversprechende Karriere inklusive eines Tisches im New Yorker Sport-Club genug war.

Während dieses Jahres hatte ich erlebt, daß knapp jenseits des bekannten Horizontes unvorstellbare Welten lagen, aber sie schienen zu exotisch, um einem Halt geben zu können. Touristen fahren immer wieder heim.

Doch jetzt kam mir in den Sinn, so wie Schmerz gedämpft durch ein Opiat dringt, daß das, wofür ich in dieser Stadt gearbeitet hatte (ein großes Apartment, einen Wagen), einem möglicherweise auch keinen großen Halt gab. Ich wollte *nicht* als Pendler von Long Island hin- und herfahren. Zugleich aber war ich mir nicht sicher, was ich *wirklich* wollte.

»Hast du je daran gedacht, an einem entlegenen Ort in Alaska zu leben?« fragte ich das Mädchen, das meinem Schreibtisch am nächsten saß.

»Nein, Mr. Leo«, sagte sie, ohne aufzublicken.

»Ist dir klar, daß ich nicht *die geringste Ahnung* habe, wie es dort draußen ist?« erkundigte ich mich.

»Ich auch nicht«, sagte sie.

»Nicht die geringste Ahnung«, wiederholte ich. »Aber ich würde es liebend gern wissen.«

Nach der Arbeit stattete ich Alexander einen Besuch ab. Ich hatte Alexander im ersten Jahr in Harvard kennengelernt. Vor Schulbeginn hatte ich schriftlich um ein Einzelzimmer gebeten, ohne zu wissen, daß die einzigen vier für Erstsemester reservierten Privatzimmer den Studenten vorbehalten waren, die aus psychischen Gründen auf eine gewisse Abgeschiedenheit angewiesen waren.

Was ich schließlich bekam, waren gleich *zwei* Zimmergenossen, jedoch im gleichen Schlaftrakt, in dem auch die vier Einzelzimmer lagen. In der Ecke meines Flügels wohnten im vierten Stock Bob Markoff, ein Rockmusiker aus L.A., der routinemäßig am Harvard Square minderjährige Mädchen aufriß; im dritten Stock Horace Matsumoto, ein in Harlem geborener Ninja, der Samuraischwerter sammelte und eins davon einmal durch die Decke rammte, um Markoff in seinem Bett aufzuspießen; im zweiten Stock Donald Dingle, ein Phillips-Exeter-Absolvent, und unten im Erdgeschoß Alexander, der mir gegenüber auf der anderen Seite des Ganges wohnte.

Niemand bekam Alexander je zu Gesicht.

Eines Tages entdeckte ich den Weg aufs Dach des Schlaftraktes, ein Gang, der mir schon damals zur Gewohnheit geworden war. Alexander saß im Lotussitz da und starrte in die untergehende Sonne.

Ein paar Minuten lang blieb ich verlegen neben ihm stehen. Dann seufzte er, streckte seine Beine und sagte freundlich: »Hallo.«

Ich fühlte mich genötigt, mein Eindringen zu erklären. »Ich geh' gern nach oben, um die Aussicht zu genießen«, sagte ich dümmlich.

Er nickte. Sein Lächeln war so nett, daß ich mich noch unbehaglicher fühlte.

»Warum legst du dauernd Ziegelsteine ins Pissoir?« platzte ich heraus. Niemand auf unserem Stockwerk hatte zugegeben, es getan zu haben. Wir vermuteten, daß der geheimnisvolle Unbekannte der Übeltäter war.

»Es spart Wasser«, sagte er. »Wir verschwenden soviel davon in dieser Kultur.«

Er war glattrasiert und konventionell gekleidet in Khakihosen, durchgeknöpftem Hemd und Mokassins, die er anzog, als er aufstand. Er sah wie ein männliches Model aus: ein grünäugiger Marlboro-Mann ohne das wettergegerbte Gesicht.

Wir unterhielten uns darüber, wie schwer es uns fiel, die Unterrichtsstunden abzusitzen, was für ein Haufen übereifrige Ehrgeizlinge unsere Klassenkameraden waren und was es sonst noch an Themen gab, die zu zwei Einzelgängern auf einem Dach bei Sonnenuntergang paßten. Als unser allgemeines Gerede versiegte, sagte er, nachdem er sich offensichtlich entschlossen hatte, mir zu vertrauen: »Ich zeig' dir ein Geheimnis, wenn du versprichst, es niemandem zu erzählen.«

Ich versprach es.

Er führte mich über eine dunkle Treppe durch eine Notausgangstür direkt in sein Zimmer. »Ich hab' die Alarmdrähte durchgetrennt«, sagte er.

Wir wurden Freunde.

Alexander lebte jetzt in einem geräumigen Loft nahe dem South Street Seaport. Er hatte das Dachgeschoß gekauft und renoviert; das Geld dazu hatte er sich von seinem Vater geliehen, dem Generaldirektor eines großen Unternehmens. Den Loft schmückten tibetanische Kunstgegenstände, die er von Indien mitgebracht hatte, nachdem er dort zwei Jahre in einem exilierten Buddhistenkloster gelebt hatte. Als Mönchsgehilfe hatte er sich in einer Meditationszelle zu Füßen des Himalajas auf der Suche nach Absolution von sinnlosen Begierden 111 111mal niedergeworfen. Er war voller Zorn auf sich selbst zurückgekehrt, weil er immer noch Begierden hatte, und war nach Manhattan gezogen, um jede dieser Begierden bis ins letzte zu erforschen.

Wenn Alexander nicht gerade das rauschende Leben führte, zu dem ihn seine Herkunft und seine Schönheit berechtigten, baute er in seiner Wohnung Kaleidoskope. Seine Kaleidoskope waren so unglaublich geschickt gemacht, daß die Leute bereit waren, große Summen dafür zu bezahlen, wohl wissend, daß derartige Kunst im Wert noch steigen würde. Die Bilder, die man durch die Gucklöcher aus Messing und Kristall sah, waren Mandalas.

Er hatte eine Menge gesellschaftliche Verabredungen und beharrte darauf, nicht gestört zu werden, außer wenn er selbst es wollte. Ich war der Meinung, er führe das endgültige Stadtleben. Er fand, er sollte woanders sein. Wir teilten die Enttäuschung über die Errungenschaften unseres Erwachsenenlebens.

Ich klingelte und duckte mich aus dem Erfassungsbereich der Überwachungskamera.

»Ich weiß, daß du's bist, Arschloch«, sagte Alexander über die Sprechanlage.

Ich winkte mit einer Hand in den Kamerabereich hinein. »Hilfe, Mr. Spock!« rief ich. »Außerirdische Lebensformen greifen an. Beamen Sie mich hoch!« Ich wedelte mit der Hand und ließ sie dann aus dem Bereich der Kamera verschwinden.

Das Türschloß klickte auf. Ich ging die Treppen hoch.

Auf dem letzten Treppenabsatz blieb ich stehen, um wieder zu Atem zu kommen und ein letztes Mal den Grund für mein Kommen zu überdenken. »Ich ziehe nach Alaska«, rief ich.

»Was ist gegen Washington Heights einzuwenden?« fragte er.

Ich erklomm den letzten Treppenabsatz und verkündete: »Ich werd' mir ein Stück Land unterhalb schneebedeckter Berge suchen und mir dort ein Haus bauen.«

Er packte mich bei den Schultern und seufzte. »Sergeant Preston wird dich aufspüren. Du kannst nicht entkommen. Ich werd' dir jetzt einen guten Anwalt besorgen.«

Ich ging hinein. »Ich mein' es *ernst*«, sagte ich. »Ich will ein Zuhause, wo es Schönheit und Wunder gibt, klar, aber ich will auch das Gefühl haben, daß es von *Dauer* ist. Weißt du, woran ich heute bei der Arbeit auf dem Dach gedacht habe?«

»An die Idiotie, ein unter Mieterschutz stehendes Apartment aufzugeben?«

»An meine ungeborenen Kinder. Ich will nicht, daß diese mehr oder weniger zufällige Welt ihre grundlegende Realität ist. Weißt du, was übrigbleibt, wenn die Vergoldung von den Denkmälern abgeblättert ist, die die Menschheit sich selbst errichtet hat? Ungeschlachte Mausoleen, das bleibt übrig.«

»Und naive Provinzromantik.«

»Ich wußte, daß du es verstehen würdest.«

Alexander ging zum Kühlschrank und kam mit zwei Bier zurück. »Ich geh' heut abend mit ein paar Freunden ins Studio. Willst du mitkommen und ein letztes Mal einen draufmachen, bevor dich die Wölfe fressen?«

»Hör zu«, sagte ich. »Es ist ein so weißer Fleck auf der Landkarte wie das Meer der Ruhe, und die Berge sind so hoch wie der Himalaja. Schon der Gedanke, daß es überhaupt noch einen solchen Ort auf der Erde gibt, begeistert mich.«

Ich nahm das Bier. »Abgesehen davon kann ich nicht zum Tanzen gehen. Ich muß Melissa sagen, was wir vorhaben.«

Er zog die Augenbrauen hoch. »Sie weiß es noch nicht?«

»Na ja, bis jetzt noch nicht.«

»Dann mußt du mitkommen. Du brauchst einen Kater, wenn du es ihr erzählst, um deine Begeisterung zu dämpfen.«

»Ich glaube, die Idee wird ihr gefallen«, sagte ich.

Er erstickte beinahe an seinem Bier und brauchte eine Weile, bis er sich erholt hatte. »Ha!« sagte er.

Vor dem Studio 54 mußten wir uns nicht in die Schlange stellen. Alexanders Freunde nickten diskret dem Türsteher zu, und die Samtkordel wurde für uns hochgezogen. Ich wurde anfangs zurückgehalten, doch als sich herausstellte, daß ich mit von der Partie war, ließ man mich ein.

Die Tanzfläche war voll. Ein grinsender Papiermond hing über der Bühne, die so groß war wie die der Metropolitan Opera. Zumindest kam es mir so vor. Wir gingen sofort zum Balkon hoch, um ein bißchen was einzunehmen.

»Bist du je nüchtern hiergewesen?« überschrie einer von Alexanders Freunden die Musik. »Oh Gott. *So* langweilig.«

Eine Frau mit roten hochhackigen Schuhen, einem roten Chiffon-Cape und nichts darunter bis auf einen roten glitzernden Pfeil auf ihrem Bauch, der abwärts zeigte, drehte unten Pirouetten und schrie etwas dazu.

»Er zieht morgen früh in die Wildnis von Alaska«, sagte Alexander, auf mich deutend. »Um eine Holzhütte zu bauen und seine Nahrung zu erjagen.«

Seine Freunde musterten das karierte Wollhemd und die Bergstiefel, die mir Alexander aus seinem Schrank verpaßt hatte, dann sahen sie Alexander an. Sie begriffen sofort, daß Alexanders Worte zumindest einigermaßen ernstgemeint waren, und schauten wieder mich an.

»Ziemlich bizarr«, sagte einer.

Bevor die Nacht um war, glänzte ich vor Schweiß. Der Papiermond war einer von leuchtenden Satellitenspuren durchsetzten Sternengalaxis gewichen, die an die Decke projiziert wurde. Für mich war es ein merkwürdiges Gefühl zu wissen, daß an der Decke mehr Sternenkonstellationen zu sehen waren als draußen auf der Straße.

Alexander kam an meine Seite. »Ich möchte mich bloß vergewissern, daß ich es *wirklich* verstehe«, sagte er nüchtern.

»Was verstehe?« fragte ich.

»Warum wir schließlich so enden, daß wir auf einer Seite stehen und *hoch*schauen, anstatt an die Sache ranzugehen.«

Ich starrte ihn an. Seine Augen waren klar. Ich bewunderte ihn ungemein, weil er Amerikas höchste Preise gewonnen hatte – Reichtum, Stil, Popularität – und trotzdem noch meine exzentrischen Träume zu schätzen wußte.

»Warum ich zwanzig Breitengrade näher am Himmel leben möchte?«

Er nickte. »Hier gibt es genug von unserer Sorte«, sagte er und deutete mit einer Handbewegung auf die Tanzfläche. »Ich bin froh, daß ein Teil von mir da draußen mit herumwandern wird.«

»Welcher Teil?« fragte ich.

Er grinste und zeigte auf meine Brust. Meinte er das Herz, das Ruhe und Frieden suchte? Meinte er den erhaltenden Odem des Lebens?

Ich konnte sehen, daß ihm meine weitschweifigen Überlegungen bewußt waren. Wie üblich machte er einen deutlichen Bogen um sie.

»Mein Pendletonhemd, Dummkopf«, erklärte er.

Ich blickte an mir herunter und lachte. »Danke«, sagte ich. »Auch dafür.«

»Wir gehen nach Alaska!« verkündete ich.

Melissa klatschte entzückt in die Hände. Sie war nie nördlich von New York City oder westlich von Hazleton, Pennsylvania, gewesen, wo sie geboren und aufgewachsen war, bis sie mit siebzehn nach Manhattan zog, um dort ihr Glück zu machen. Jetzt, mit zweiundzwanzig, war sie Küchenchefin in einem der vornehmsten Restaurants der Columbus Avenue.

Sie war sehr temperamentvoll und, wie sie selbst mit großen Augen eingestand, sehr verletzlich. »Ich befinde mich in einer Situation, in der man leicht verwundbar ist«, hatte sie gesagt, als ich sie vor einem Jahr auf einer Party kennengelernt hatte. Ihre Fußnägel waren verführerisch rot bemalt, doch ihre großen braunen Augen blickten bekümmert. Nie zuvor hatte ich eine derart offene, ehrliche Kombination gesehen. Sie erklärte, daß ihr Vater, der ihr längst fremd geworden war, das Haus verspielt hatte und ihre Mutter, eine Alkoholikerin, an Krebs gestorben war; deshalb mußte sie es auf eigene Faust in New York schaffen, eben weil sie in New York ganz auf sich gestellt war. Sie ließ deutlich durchblicken, daß es zwar *nicht einfach* war, so unabhängig zu sein, daß sie aber ihr Leben gut im Griff hatte. Für irgendwelche windigen Typen hatte sie keine Zeit.

Weil ich nicht in der Lage war zu antworten: »Wie, äh, Donna Summer?«, hörte ich ohne Unterbrechung zu. Sie interpretierte meine Aufmerksamkeit als Interesse. Ich war *tatsächlich* interessiert, in erster Linie allerdings an ihrer Telefonnummer.

Sie hatte mich dazu gebracht, ehrlich darüber nachzudenken, was *ich* eigentlich von dieser Stadt wollte. Obwohl ich ein Jahr brauchte, um zu einem Ergebnis zu kommen, wußte ich doch gleich zu Anfang, daß ich *sie* wollte.

Jetzt, in ihrem Apartment in der West Seventy-fifth, blickte ich in ihr vor aufregender Erwartung leuchtendes Gesicht und fügte hinzu: »Ich meine, wir gehen nach Alaska, um dort zu *leben.*«

Ganz plötzlich schaute sie verwirrt drein. »Was meinst du mit ›um dort zu leben‹?« Aus ihrem Mund klang es so wie »in einem Abflußloch verschwinden«.

»Du weißt schon«, sagte ich. »Um ... äh ... zu leben.«

»Wie in ›Eiszapfen und Eisbären‹?«

»Nun ja ... wir könnten in einer Stadt wie Fairbanks anfangen, aber dann dringen wir in die Wildnis vor und suchen uns unser eigenes Plätzchen – um uns dort unser eigenes Haus zu bauen. Frei! Gemeinsam!«

Sie nickte. Sie faltete ihre Hände im Schoß. »Sicher«, sagte sie. »Du machst Witze.«

An diesem Abend, während ich einen langen Spaziergang durch den Riverside-Park am Hudson entlang machte (Mondschein auf dem Wasser! Nordwind!), machte sie mit Lamonda, ihrer Zimmergenossin, Pläne für Alaska. Lamonda, die als »Playboy«-Bunny arbeitete, stammte aus der South Bronx und hatte reiche Freunde, die entweder ein bißchen merkwürdig oder äußerst merkwürdig waren. Lamonda wußte deshalb mehr vom Leben als Melissa und bemutterte sie.

»Du brauchst da draußen eine gewisse Sicherheit«, sagte Lamonda zu mir, als ich zurückkehrte.

»Der Himmel ist klar«, sagte ich. »Der Mond ist riesengroß.«

»Du brauchst was zu essen, wenn deine Vorräte zur Neige gehen. Mein Großvater in San Juan hält sich Ziegen und Hühner. Aber du darfst sie nicht erfrieren lassen.«

»Wenn wir ein zweistöckiges Haus bauen, können wir die Ziegen und Hühner im Dachgeschoß halten«, sagte Melissa.

»Vollmond«, sagte ich. »Das ist ein Zeichen.«

»Auf die Weise behalten sie es warm«, sagte Lamonda.

»Wir haben auch an Kühe gedacht, aber die sind natürlich zu groß«, sagte Melissa.

»Ich kann nicht glauben, daß ich New York verlasse«, sagte Melissa. »Jetzt kann ich kein Restaurant mehr aufmachen.«

Wir beluden den Kofferraum unseres Überführungswagens, eines weißen Lincoln Continental, den wir in San Francisco abgeben mußten. Es war eine günstige Möglichkeit, um den Kontinent zu durchqueren. Wir planten, die Interstate-80-Route durch die hügeligen Felder des Landes zu nehmen und kurz in Chicago haltzumachen, um meine Eltern zu besuchen. Dann würde Melissa bei meiner Schwester in Oakland bleiben, während ich nach Norden ging, um die Möglichkeiten zu erkunden.

»Warum möchtest du ein eigenes Restaurant aufmachen?« fragte ich.

»Weil es dann *mein* Restaurant wäre«, erwiderte sie wie aus der Pistole geschossen.

Unsere Reise machte uns beide ein bißchen nervös. Jetzt, da wir unsere Jobs aufgegeben hatten, war die ursprüngliche Begeisterung für das Abenteuer einer gewissen ernüchternden Nachdenklichkeit gewichen.

»Ich dachte, es wäre für dich die Erfüllung gewesen, die Küche bei Ruelle's zu leiten«, sagte ich.

Sie schnaubte. »Für andere zu arbeiten? Ich bin nicht nach New York gekommen, um für andere zu arbeiten. Ich bin hierhergekommen, um meine *eigenen* Ziele zu verwirklichen.«

»Aber seit Monaten erzählst du mir, daß die Arbeit dich verrückt macht. Ständig hast du mir gesagt, daß du *unbedingt* von allem weg mußt.«

»Die Arbeit *hat* mich verrückt gemacht. Außer mir hatte dort keiner eine Ahnung, was gemacht werden sollte. Den ganzen Abend mußte ich schreien und brüllen, damit die Speisen richtig serviert wurden. Ich war zu erschöpft, um nachts schlafen zu können. Es war gräßlich.«

»Ich weiß«, sagte ich.

»Aber Mimi Sheraton hat mir zwei Sterne verliehen. Ich lernte Leute kennen. Ich lernte die Branche kennen. Es war aufregend.«

Ich hob eine Schachtel vom Bordstein hoch. Innen klirrte es. »Was ist *das*?«

»Meine Nudelmaschine.«

»Wir schleppen eine Nudelmaschine nach Alaska?«

»Hör zu! Ich lasse meine halbe Küchenausrüstung zurück. Ein bißchen was mußt du mir schon zugestehen.«

Ich betrachtete die Sachen, die ich mitnahm. Neben meinen pelzgefütterten kanadischen Stiefeln für Extremtemperaturen (»Sind Sie sicher, daß sie meine Füße warmhalten?« hatte ich den Verkäufer bei Abercrombie & Fitch gefragt. »Hey, was weiß ich schon von Alaska?« hatte er erwidert. »Das ist jedenfalls das Beste, was wir haben.«) stand mein Royal-Transistorgerät aus dem Jahre 1948. Außerdem hatte ich eine Kiste mit meinen Lieblingsbüchern und ein gerahmtes Foto von den schneebedeckten Himalajagipfeln von Alexander dabei.

»Sorry«, sagte ich.

Als wir mit dem Packen fertig waren, rollten wir gemächlich mit offenen Fenstern auf dem West Side Highway in Richtung Norden. Ich fühlte mich, als wären all die durch Penizillin in einen Schlafzustand versetzten epidemischen Bakterien zusammen mit all den anderen städtischen Schmutzteilchen von mir genommen worden, als wäre ich von ihnen gereinigt worden und wäre nun sauber, klar und *lebendig*; so lebendig, wie ich mit zwei Jahren gewesen war, bevor ich Zuckerwatte und Konformität kennenlernte, als die Welt noch so voller Wunder schien, daß man mich abends mit einem Trick in den Schlaf wiegen mußte. Ich atmete die Luft von Manhattan durch derart berauschende Filter, daß ich lediglich den Geruch der Bäume des Riverside-Parks und des Ozeansalzes wahrnahm.

Wir hatten unsere Pilgerfahrt begonnen, und wie bei jeder Pilgerfahrt wußte einzig und allein Gott, was wir am Ziel vorfinden würden.

Ich warf einen Blick hinüber zu Melissa. Sie saß mit tapfer durchgedrücktem Rücken da. Dann wandte sie sich mir zu und grinste. »Das ist einfach verrückt«, sagte sie und griff nach meiner Hand.

Mein Vater nahm seine Brille ab und ließ sie in seinen Schoß sinken. Er beugte sich zum Kaffeetisch neben seinem Stuhl hinüber, griff nach seinem Glas Sherry und prostete mir damit zu. »Auf dich«, sagte er.

Mein Vater war der freundlichste und sanfteste Mann, der mir je begegnet war. Wenn er mit seinen Kindern ernsthaft reden wollte, begann er stets äußerst liebevoll.

»Nun«, sagte er und stellte sein Glas wieder ab. »Wie willst du dort oben deinen Lebensunterhalt verdienen?«

Ich wollte ihm sagen, daß bereits ein Job auf mich wartete.

Ich wollte ihn beruhigen. »Na ja...«, sagte ich. »Vergiß nicht, daß Alaska mit seinen Erdölvorkommen der Staat mit dem höchsten Pro-Kopf-Einkommen in einem der reichsten Länder der Erde ist.«

Er nickte. Er verstand, daß ich zum Ausdruck bringen wollte: »Ich habe nicht die geringste Ahnung.«

»Aber du hast genug gespart für einen Start, nicht wahr?« fragte er.

»Oh, natürlich«, log ich. Obwohl es nicht *ganz* gelogen war. Wir hatten New York verlassen. Das war immerhin ein Start. Ich hoffte, mit den neunhundert Dollar in meiner Tasche auszukommen, bis mir die Kaution von meinem Apartment ausbezahlt wurde. Der Glaube hat viel mehr Träume finanziert als Gold.

Er seufzte. »Ich bewundere deinen Mumm«, sagte er. »Manchmal mache ich mir allerdings Sorgen, daß du zu viele Bücher gelesen hast.«

Ich lachte. »Was soll *das* nun wieder heißen?«

Er wedelte mit einer Hand. »Oh, du bist ein solcher Romantiker. All deine phantastischen, weltfremden Ideen. Ich wünschte, du wärst etwas *praktischer* veranlagt.«

»Dad«, sagte ich. »Du bist mit elf von Kalabrien gekommen. Du hast kein Wort englisch gesprochen. Jetzt bist du Sportjournalist für die *Tribune*. Dieser Sprung war wesentlich extremer als der Umzug von einem Staat in einen anderen. Abgesehen davon, warst *du* es, der mir Bücher nahegebracht hat.«

Ich ging hinüber zu seiner Bibliothek und zog *Jurgen* hervor, sein Lieblingsbuch, von seinem Lieblingsautor James Branch Cabell. Cabell schrieb in den zehner und zwanziger Jahren romantische Phantasien, während sich das restliche Amerika der Vermehrung von Kapital und der Befriedigung von Wünschen widmete. Ich schlug mit der offenen Handfläche auf den Buchumschlag, um ihn abzustauben – eine seiner vertrauten Gesten.

»›Aber ich verzehrte mich in der Vorbereitung auf irgendein gewaltiges und wunderschönes Abenteuer, das mir eines Tages zustoßen würde‹«, las ich vor, »›und stolperte benommen voran. Während hinter mir die ganze Zeit der Garten zwischen Morgendämmerung und Sonnenuntergang lag... Mit Gewißheit ist das Leben eines jeden Mannes ein gar wunderlich gebautes Märchen, in dem das richtige und angemessene Ende zuerst kommt. Danach schreitet die Zeit voran, nicht wie uns die Schule glauben machen will in einer geraden Linie, sondern in einer weiten, geschlossenen Kurve, die zu ihrem Ursprungsort zurückkehrt. Und dank einer vagen Vorahnung, daß ihr Gerechtigkeit und Wiedergutmachung widerfahren werde, ist die Menschheit in der Lage, den Mut zum Leben aufzubringen. Wozu sonst sollte das Leben taugen, wenn es mich nicht zur Liebe zurückführen würde?‹« Ich schloß das Buch.

»Erinnerst du dich, wie ich mich als Junge ständig auf Erkundungsgänge begeben habe, vorbei an Allansons Farm und den ganzen Weg runter bis zur Butterfield Road? Oder die Schlucht hoch, wo sie jetzt das neue Viertel gebaut haben? Erinnerst du dich, wie ich mit dem Fahrrad fast bis zur Grenze nach Wisconsin gefahren bin und dann dich und Mom von einem Münztelefon aus angerufen hab', R-Gespräch, um euch zu fragen, wo ich bin, weil es langsam dunkel wurde, und du dann *eine Stunde* fahren mußtest, um mich abzuholen? Ich habe das *geliebt*. Ich war *glücklich*, da draußen auf den Feldern und in den Wäldern auf eigenen Füßen zu stehen. Ich pflegte mir vorzustellen, daß die sommerlichen Kumuluswolken Berge wären.«

Mein Vater schüttelte den Kopf. »Du weißt, daß ich Freud für einen der größten Hochstapler unserer Kultur halte. Ich glaube, du hast lediglich deinen Job satt.«

Eine Minute lang blätterte ich das Buch durch. Ich konnte die Stelle nicht finden, die ich suchte, also tat ich so, als würde ich lesen und erklärte dazu: »Ich leugne nicht, daß an dem, was du sagst, was dran ist. Aber meine Erklärung klingt einfach hübscher.«

»Und hör auf, mein eigenes Buch gegen mich zu zitieren. Ich bedaure, daß du nicht mit den normalen Dingen des Lebens zufrieden sein kannst wie alle anderen auch.«

Ich war überrascht. »Tatsächlich?« sagte ich.

Wieder seufzte er und nahm dann einen weiteren Schluck von seinem Sherry. »Nein«, sagte er.

»Das Essen ist fertig!« rief Melissa. »Helft uns, den Tisch zu decken.«

3

TOURISTEN

Drei Tage lang stampfte die Alaskafähre von Seattle aus die Küste von British Columbia hoch. Ich stand in der Nähe des Bugs und beobachtete, wie die Sonne mit zunehmenden nördlichen Breitengraden immer tiefer sank, bis sie am dritten Tag nur noch in den Einschnitten zwischen den flachen Bergen auftauchte, die zu beiden Seiten unseres Schiffes zu sehen waren – die kanadischen Rockies im Osten, die Inseln von Alaska im Westen. Wälder aus Rottannen rollten wie Rasenteppiche die Hänge hinab bis ans Wasser. Delphine sprangen in unserem Kielwasser aus den Fluten. Ich schlief allein in meinem Schlafsack auf dem Achterdeck.

Die meisten Passagiere blieben im Salon, der frühzeitig aufmachte und spät schloß. Wir waren nur wenige. Mitten im Winter war Alaska kein beliebtes Ziel.

Ich begann ein Tagebuch zu führen. Die erste Zeile des ersten Eintrags lautete: »26. Jan. 1981. Ich bin ein bißchen durchfroren; die Kürze des Tageslichts verwirrt mich etwas, doch ja und ja und noch mal ja und *schau doch nur!*«

Das Schiff legte in der Abenddämmerung in Haines an, einer isolierten Gemeinde mit einer Straßenverbindung über einen Bergpaß zu dem einzigen Highway, der Alaska mit dem restlichen Kontinent verband. Ich überredete einen Mann, den ich auf der Fähre kennengelernt hatte, mich bis nach Fairbanks mitzunehmen, sechshundert Meilen. Der Typ war ein pensionierter

Eisenbahner aus North Dakota, der seiner Tochter einen Wagen brachte.

Während all der vielen Meilen starrte ich, bei Temperaturen von dreißig Grad minus, aus den mit Eis überzogenen Fenstern auf das nächtliche, gespenstische Land. Mein Wohltäter sprach kaum ein Wort. Ich war ihm dankbar dafür.

Als ein Nordlichtvorhang den Himmel grün färbte, bat ich ihn zu halten. Wir waren mitten im Nichts. Es war das erste Mal in meinem Leben, daß ich das Nordlicht sah. Trotz der dreißig Grad minus und des schneidenden Windes, der das Geräusch des Motors davontrug, während über mir das Licht wie erleuchtete Meereswellen wogte, rannte ich die verlassene Straße auf und ab und lachte und wußte, daß nichts auf der Welt so aufregend sein konnte, weil dies lediglich den *ersten, flüchtigen Blick* darstellte.

An dieser Stelle tauschten wir die Plätze, und ich fuhr hellwach den Rest des Weges bis nach Fairbanks, während er schlief.

In der Morgendämmerung verließ ich mitten in Fairbanks den Wagen.

Eine Bankuhr auf der anderen Straßenseite zeigte abwechselnd die Zeit und die Temperatur: 10:52/–36 Grad.

Ich blieb ungefähr drei Minuten – annähernd eine Stunde nach meiner inneren Zeitrechnung – vor der Bankuhr stehen und versuchte herauszubekommen, was hier los war. Tatsächlich dämmerte gerade der Morgen herauf, fast Mittag? Noch merkwürdiger aber war die Luft. Sie war beißend und so düster, daß ich sie im Gesicht spürte, wie Gischt aus einem Ozean voller Asche. Das Merkwürdigste von allem jedoch war der Klang der Stadt. Es gab kein erkennbares Dröhnen und Pulsieren, kein städtisches Vibrieren von Motoren und Gebäuden. Die Dinge *quietschten*. Reifen quietschten, Schritte quietschten, Autotüren und entfernte Stimmen. Kein Laut besaß die geringste Resonanz.

Es war, als befände man sich in einer grauen Schwefelhölle, erschaffen nicht von Dante, sondern von surrealen Mäusen.

Die wenigen Fahrzeuge, die unterwegs waren, bewegten sich schwerfällig, wie Unterwasserfahrzeuge. Gelegentliche Fußgänger gingen an mir vorbei, als müßten sie gegen schmutzige Bettlaken ankämpfen, die von unsichtbaren, über die Straße gespannten Drähten herabhingen.

Dann wurden meine Füße taub. Ich fing an zu stampfen. Der Schnee quietschte unter meinen Stiefeln.

Ich bückte mich, um mein Gepäck aufzuheben, und merkte, daß ich ganz steif war. Nach drei Minuten im Freien! Urplötzlich fühlte ich mich sehr müde und sehr einsam.

Ich ging in ein Hotel an der Ecke. Rechts und links davon befand sich je eine Bar. Kaum war ich durch die Tür getreten, da machte mich die kompakte Hitze so schlapp, daß ich Mühe hatte, mich zu bewegen. Also ließ ich es und lehnte mich gegen die Wand. Ich wünschte mir, dreimal meine Absätze zusammenzuschlagen und wieder an der Stelle zu sein, wo das Nordlicht gegen die Berggipfel gebrandet war.

Zuerst aber brauchte ich einen Job. Ich mußte etwas Geld verdienen. Warum glaubte ich, Geld nötig zu haben, um aus der Stadt auszuziehen? Weil ich es nie anders gekannt hatte.

Das Hotel befand sich über einer der Bars. Vom Eingang aus kletterte ich eine Treppe hoch zur Lobby. Es sah wie eine Pennerabsteige aus: schlachtschiffgrauer Mörtel blätterte von der Decke, erhellt von einer nackten Glühbirne.

Ich erkundigte mich nicht nach dem Preis eines Zimmers. Ich trug mich lediglich ein, gab dem Angestellten einen Fünfziger und bekam zu meinem Entsetzen ganze sieben Dollar zurück.

Er sah meine Reaktion. Er hatte eine wächserne Gesichtshaut und die blassen Augen eines Massenmörders, aber er besaß auch einen Funken Mitgefühl. »Ehrlich«, sagte er. »Einen besseren Preis kriegen Sie in der ganzen Stadt nicht.«

Ich nickte. »Warum ist der Himmel draußen so... unheimlich?« fragte ich.

»Eisnebel«, sagte er, als würde er mit einem Trottel reden.

Ich brachte nicht die Energie auf zu fragen, was das wäre.

»Haben wir nur dann in der Stadt, wenn es so kalt ist«, fügte er hinzu. »Gefrorener Nebel. Verschwindet wieder, wenn es wärmer wird.«

Ich fühlte mich ermutigt. »Ist es leicht, hier in der Gegend einen Job zu finden?«

Er grinste. »Sieht schlecht aus«, sagte er. »Alle, die an der Pipeline mitgearbeitet haben, sind vor ein paar Jahren heimgefahren. Wir Übriggebliebenen nehmen, was wir kriegen können.«

Ich ging den Gang entlang zu meinem Zimmer. Während ich mit dem Schlüssel herumfummelte, kam ein betrunkener Cowboy angetrampelt, seine Frau mit Turmfrisur im Schlepptau. »Drecksau«, sagte er aus keinem erkennbaren Grund und prallte gegen mich.

Ich schlief in meinen Klamotten ein.

Eine Stunde später wachte ich schwitzend wieder auf. Ich wechselte meine Unterwäsche und machte mich auf die Suche nach einer Landkarte. Ich wollte Form und Ausdehnung des Landes sehen.

In der Stadtbücherei entdeckte ich so detailgetreue Karten, daß ich meine Finger darübergleiten ließ, wie ein Blinder Braille liest. Es handelte sich um große Lederbände mit dem Titel *Regionalkarten Alaskas*. Ihnen konnte man alles entnehmen: Topographie, Vegetation, Bevölkerungsdichte, Geologie und Hunderttausende von Quadratmeilen unberührter Wildnis.

Nachdem ich alles durchgeschaut hatte, erkor ich eine Karte im Band »Süden – Mitte« zu meiner Lieblingskarte. Unter den blaugeränderten Gletschern der Alaska Range befand sich ein offener Kreis, der eine Ortschaft namens Petersville bezeichnete; darunter stand in Klammern »Geisterstadt«. Sie lag nahe der Grenze zum Denali National Park. Auf beiden Seiten der Stadt waren zwei dunkle Ovale zu sehen, wie Pandaaugen. »Zahlreiche Grizzly-Höhlen«, stand darunter. Eine gepunktete Linie (»Unbefestigte Naturstraße«) deutete eine Straße an – die Petersville Road –, die von der Geisterstadt aus nach Osten den Bergen entlang zum Ufer des eine Meile breiten Susitna Rivers führte. Genau gegenüber auf der anderen Flußseite lag das Dorf Talkeetna (»Bevölk. 200«). Talkeetna lag an der Alaska-Eisenbahnlinie.

»Vegetation: Mischwald aus Rottannen und Birken in Verbindung mit ausgedehnter Tundra. Geologie: Goldvorkommen, eingelagert in Kambriumgranit. Besiedlung: weit verstreut.«

An diesem Abend rief ich vom Hotel aus die Restaurants an, die im *Fairbanks Daily News – Miner* »Bedienungspersonal« suchten. Die ersten beiden Restaurants wollten nicht mal ein persönliches Gespräch mit mir führen. Beim dritten hieß es: »Hören Sie, wir suchen ein Mädchen mit langen Beinen. Probieren Sie es in einer Woche noch mal.«

Am nächsten Morgen marschierte ich zum Bahnhof und kaufte mir eine Fahrkarte nach Talkeetna, eine der wenigen Ortschaften zwischen Fairbanks und Anchorage, die der Alaska Railroad als Ausladebahnhöfe dienten. Ich hatte keine Ahnung, daß im Winter nur ein Zug pro Woche fuhr. Rein zufällig war ich eine halbe Stunde vor Abfahrt da.

In tiefster Dunkelheit stieg ich ein. Es gab drei Wagen: die Lokomotive, den Passagierwagen und den Gepäckwagen. Ich setzte mich in ein Abteil. Es war kalt. Ich war allein.

Als der Schaffner meine Fahrkarte kontrollierte, vertraute er mir an: »Hinten ist es wärmer.« Dabei deutete er auf den Gepäckwagen.

Ich folgte ihm zu dem Bullerofen in dem ansonsten leeren Waggon, um den sich fünf oder sechs weitere Passagiere drängten. Es war warm.

Eine Stunde lang standen wir alle da und starrten den Ofen an. Ein alter Mann mit weißen Haaren und roten Hosenträgern erzählte Geschichten von Alaska, so wie er es vor fünfundzwanzig Jahren erlebt hatte, als die Bevölkerungszahl des gesamten Territoriums ungefähr der Anzahl der Angestellten in dem Bürogebäude, in dem ich gearbeitet hatte, entsprochen hatte. Er hatte Fallen gestellt und in den Hügeln von Fairbanks nach Gold gesucht. Mit einem aus sechs Hunden bestehenden Gespann war er in die Stadt gefahren, wenn er Vorräte brauchte. Er sagte: »Der einzige Unterschied ist, daß es jetzt mehr Menschen in den Städten gibt. Wegen des Ölbooms kamen eine Menge hoch, und ein paar davon sind geblieben. Aber sie sind dort geblieben, wo das Leben leicht ist. Man kann immer noch da rausgehen« – er wedelte mit einer Hand in Richtung der Scheiben – »und sieht nichts außer Land und noch mal Land bis in alle Ewigkeit.«

Unsere Blicke folgten seiner Handbewegung. Draußen dämmerte das Tageslicht. Alle drehten wir dem Ofen unsere Rücken zu, um aus dem Fenster zu starren.

»Schaut!« rief er plötzlich. »Schnell! Ein Elch!«

In einer Postkartenlandschaft aus Rottannen und Schnee stand das Tier und beobachtete den vorbeifahrenden Zug. Ich hatte sofort das Gefühl, daß es praktisch unmöglich war, im Winter mit dem Zug zu fahren und *keinen* Elch zu sehen, eine der am häufigsten vorkommenden Tierarten im Norden. Und trotzdem geriet der Oldtimer deswegen in Erregung. Das ließ ein freudiges Gefühl in mir aufsteigen.

Ich sagte, daß ich außer im Zoo nie zuvor einen Elch gesehen hätte, und so wandte sich die allgemeine Aufmerksamkeit mir zu. Woher ich denn kam? Und wohin ich wollte? Die grundsätzlichen Fragen, die jedem Reisenden in fremden Ländern gestellt werden.

Ich erzählte ihnen, daß ich versucht hätte, in Fairbanks einen Job zu ergattern, daß mich das aber so deprimiert hätte, daß ich nun nach Talkeetna wollte, weil das der Landkarte nach nahe an dem Ort zu liegen schien, wo ich wirklich hin wollte.

Ein anderer Mann in einem gewaltigen, pelzbesetzten Parka tadelte mich, daß ich dem »Landesinneren« keine Chance gegeben hätte. »Sicher ist es kalt«, sagte er. »Und der Eisnebel saugt einem das Mark aus den Knochen. Aber sobald wir die Bergkette überquert haben, wird es zwanzig Grad wärmer, und wir stekken bis zum Hals in nassem Schnee.« Er erklärte, daß der Mount McKinley – den er in der Sprache der Athapaska-Indianer Denali nannte – mit seinem flankierenden Massiv das Pazifikwetter der südlichen Zentralregion abblocke und daran hindere, weiter nach Norden ins restliche Alaska, das »Innere«, vorzudringen.

Ich hatte nichts dagegen, den Bergen mit ihrem winterlichen Schnee nahe zu sein. Wogegen ich allerdings etwas hatte, war die Vorstellung, von einem aus Sperrholz und Fasergipsplatten bestehenden Apartment in Fairbanks zu einem Café zu marschieren und dort verkaterten Cowboys Steaks und Eier zu servieren. Abgesehen davon, würde es *eine Menge* kosten, die spärliche Winterkleidung, die ich in New York gekauft hatte, durch die für Fairbanks notwendigen Klamotten zu ersetzen.

Ich sagte, ich würde mich erst mal ein paar Tage in Talkeetna umschauen.

Ein dritter Mann meinte, er hätte schon immer eine Handvoll Hütten oben auf dem Bergkamm bewundert, ungefähr sieben Eisenbahnmeilen nördlich von Talkeetna. Er sagte, daß es wahrscheinlich in den Wäldern um Talkeetna herum eine Anzahl unbewohnter Hütten gäbe, weil die Stadt in den zwanziger Jahren errichtet worden war, als man die Bahnlinie gebaut hatte – in der Zwischenzeit konnten eine Menge Siedler gekommen und wieder gegangen sein.

Ich erinnere mich nicht mehr, wie er aussah oder wie er gekleidet war. Ich weiß nicht mehr, ob ich ihn irgendwas gefragt habe, außer, ob er glaube, daß es sich lohne, den Zug in der Nähe des Bergkammes zu verlassen und sich dort ein bißchen umzuschauen.

»Bestimmt«, sagte er.

Er war natürlich ein Engel. Vielleicht fährt er immer noch mit dem Zug von Fairbanks nach Anchorage, um Skibindungen zu verkaufen oder um den Sohn seiner ersten Frau zu besuchen oder was immer er zum Teufel auch getan haben mag. Aber er tut das, da bin ich mir sicher, nur nebenbei und zur Tarnung.

Der Schaffner ließ den Zug halten, damit ich beim Meilenstein 233,5 der Alaska Railroad aussteigen konnte. Von hier aus führte ein Fußpfad zum Kamm hoch. Der Mann im Gepäckwagen warf meinen Rucksack in den Schnee, und dann war der Zug verschwunden.

Die Luft roch sauber und aromatisch. Es schneite; die Flocken von der Größe weißer Löwenzahnblüten fielen senkrecht aus einem windstillen Himmel, der von der nahenden Dämmerung dunkelblau gefärbt wurde.

Dort, wo der Pfad den Kamm erreichte, konnte ich eine Hütte

sehen, umgeben von hohen Rottannen und Birken mit zwei Fuß dicken Stämmen. Die Äste neigten sich schwer über das schneebedeckte Dach. Hinter mir, auf der anderen Seite der Schienen, konnte ich durch ein Pappelwäldchen hindurch den gewaltigen, zugefrorenen Fluß sehen. Dahinter ging die Silhouette eines Waldes in dem weichen Nebel des fallenden Schnees unter.

Ich hatte das Gefühl, in eine Märchenwelt geraten zu sein. Eine Weile blieb ich stehen und versuchte, mir ein Leben in dieser Hütte vorzustellen, aber bald schon wurde mir klar, daß ich nicht mal wußte, wie man einen Baum fällt, um an Brennholz ranzukommen.

Ich marschierte den Pfad hoch. Die Schneewächten zu beiden Seiten des Weges reichten mir bis zur Hüfte.

Oben auf dem Kamm gabelte sich der Pfad. Die Strecke, die zur Hüttentür führte, war mit frischem Schnee bedeckt. Offensichtlich war niemand zu Hause, aber die Hütte war auch nicht verlassen. Ich hielt mich oben auf dem Kamm links. Mir war klar, daß es bald dunkel werden würde und ich noch die Schienen entlang in die Stadt marschieren mußte, um mir dort ein Schlafplätzchen zu suchen.

Nach einer Viertelmeile sah ich zwischen den Bäumen auf einer Lichtung eine weitere Hütte. Sie war klein und schlicht und wunderschön. Ich ging näher heran.

Urplötzlich explodierte ein halbes Dutzend Hunde, die unter den Bäumen am Rande der Lichtung gelegen hatten, ganz in meiner Nähe. Sie bellten mir eine erschreckend deutliche Botschaft zu: Töten. Auf jeder Seite des Pfades, auf jeder Seite von *mir*, befand sich ein Hund, und noch weitere hatten mich umzingelt.

Ich war starr vor Schreck.

Als das aufschießende Adrenalin mir wieder den Blick freigab, erkannte ich, daß die Hunde an die Bäume gekettet waren. Keiner von ihnen konnte den Pfad erreichen.

Ich wußte nicht, ob ich weiter auf die Hütte zugehen oder mich zurückziehen sollte. Ganz selbstverständlich nahm ich an, daß jemand, der hier draußen hauste, sich kaum darüber freuen würde, wenn Touristen an seine Tür klopften und »Hallo!« sagten. Aber ich wollte mich auch nicht einfach davonmachen und ihn darüber rätseln lassen, wer hier in den Wäldern herumschlich.

Nach einer Minute – die Hunde bellten immer noch – stapfte ich zögernd auf die Hütte zu. »Hallo!« rief ich. »Tut mir leid wegen der Störung!« Niemand kam heraus. Ich klopfte an die Tür.

Eine Stimme brüllte: »Komm rein!«

Ich steckte meinen Kopf durch den Türspalt. Ein Mann mit langen Haaren und einem festen Blick saß in einem Lehnstuhl vor einem Holzofen. Er prostete mir mit einem Bier zu. »Ich bin Marvin«, sagte er.

Er bellte nicht, und er biß nicht. Ich ging hinein.

»Tut mir leid«, wiederholte ich. »Ich war im Zug und bin ausgestiegen, um mich ein bißchen umzuschaun, und ich wußte nicht, daß hier jemand ist, und mein Name ist Rick.«

Marvin nickte. »Das ist Anna«, sagte er. Anna stand neben einer Tischplatte und schnitt Gemüse. Sie war jung und hübsch. Sie lächelte.

Ich wußte nicht, was ich tun sollte.

»Willst du ein Bier?« fragte Marvin.

»Danke«, sagte ich. »Gern. Vielen Dank.« Ich befreite mich von meinem Rucksack.

Die Hütte wurde von Kerosinlampen erhellt, die die aus Stämmen bestehenden Wände in goldenes Licht tauchten.

Ich nahm das Bier entgegen, das mir Marvin aus dem Sechserpack neben seinem Stuhl reichte. »Ich hoffe, ihr habt nichts dagegen, daß ich einfach so reinplatze«, sagte ich, immer noch stehend. »Ich bin gerade erst vor ein paar Tagen mit der Fähre gekommen, und seitdem ging alles reichlich schnell. Ich glaube, ich bin ziemlich durcheinander.«

Marvin nahm einen Schluck. »Willst du dich nicht entspannen?« fragte er.

Ich entspannte mich eilig. Ich ließ mich auf eine Couch neben einem Stapel Hundegeschirr fallen. Neben der Couch stand ein von Hand zugehauener Tisch; ihm gegenüber ein mit weißem Porzellan besetzter Kochherd. Über uns gab es eine Schlafkammer, zu der eine grobe Holzleiter führte; dicht darüber befand sich die niedrige Decke aus eng aneinandergepreßten Stämmen, die zu glühen schienen.

»Das ist alles sehr hübsch«, sagte ich.

»Hast du Hunger?« erkundigte sich Anna.

Sie wurden meine ersten Nachbarn. Hätten sie mich mit vorgehaltenem Gewehr wieder den Pfad hinuntergejagt, dann würde ich jetzt vielleicht in einer schmierigen Kneipe in Fairbanks Kaffee ausschenken.

Marvin arbeitete im Sommer für die Eisenbahn. Nachdem er seine Militärzeit bei der Air Force in dem großen Stützpunkt bei Anchorage abgerissen hatte, waren sie in diese Hütte gezogen. Seit acht Jahren lebten sie nun schon hier. Sie kamen mir genauso ruhig und zufrieden vor, wie ich es mir vorgestellt hatte, wenn man in einem Blockhaus in Alaska lebte.

Als ich erklärt hatte, was ich in Alaska wollte, sagte Marvin: »Stanley war seit Jahren nicht mehr zu Hause. Er hat das Land verlassen. Sein Blockhaus steht ein Stück weiter den Kamm runter.«

Nach dem Abendessen marschierte ich dorthin. Ich mußte mich durch tiefen Schnee wühlen. Er quietschte und knarrte nicht. Es schneite weiterhin, und in der Stille der Nacht konnte ich hören, wie die Flocken auf mir landeten.

Eine Viertelmeile von Marvin und Annas Hütte entfernt entdeckte ich ein großes Blockhaus mit schrägem Dach. Eine Wand sprang hervor. Die Fenster waren mit Brettern vernagelt.

Aber die Tür war nicht verschlossen. Ich leuchtete mit der Taschenlampe hinein.

Das Blockhaus war ein echtes Museumsstück; hölzerner Kochherd, Getreidemühle auf einem ungehobelten Tisch. Schneeschuhe, die an der Wand hingen, und alte Bücher auf einem Bord.

Ich schaltete die Taschenlampe aus und blieb lange Zeit in der Mitte des einzigen Raumes stehen. Ich war mir ganz sicher, daß ich mir nie zuvor in meinem Leben eines derartigen Schweigens bewußt gewesen war. Es war nicht einfach nur das Fehlen eines jeden Geräusches. Es war das dichte, kompakte Schweigen der Isolation, das gelassene, klare Schweigen, wenn das ewige Geplapper der Gedanken verebbt, ein Schweigen, erzeugt durch Demut und sprachlose Dankbarkeit.

Hier würden wir leben, während ich nach unserem eigenen Land suchte. Das wußte ich mit absoluter Sicherheit. Ich fing an zu lachen. Der Klang meiner Stimme war mir vertraut, und in dieser außergewöhnlichen Welt wirkte alles Vertraute komisch.

Am nächsten Morgen wachte ich in Marvin und Annas Hütte auf. Danach marschierte ich zwei Stunden die Schienen entlang bis nach Talkeetna und rief dort die örtliche Steuerbehörde an. »Peter Stanleys augenblickliche Adresse ist Virginia«, erklärte man mir.

Über die Auskunft erfuhr ich Stanleys Nummer und rief ihn dann persönlich an. »Na ja, Sie können dort wahrscheinlich leben, wenn Sie die Sache ein bißchen aufmöbeln«, sagte er. »Wir sind schon seit sechs Jahren nicht mehr dort gewesen. Ich bin sicher, daß einiges in Ordnung gebracht werden muß.«

Ich marschierte über den Schienenstrang zurück und entfernte die Bretter von den Fenstern. Ich machte mir eine Liste von Vorräten, die ich benötigte. Ich nahm die Schneeschuhe von der Wand und spurte einen frischen Weg um das Haus herum. Ich fegte den Boden. Vor dem vorderen Fenster breitete sich die Flußebene mit den Wäldern aus, daß man die Berge klar sehen konnte, sobald der Wind die Wolken vertrieben hatte.

Dann trampte ich nach Anchorage, um Vorräte und ein Flugticket für Melissa zu kaufen. Ich studierte die Gelben Seiten im Telefonbuch, machte mir Notizen und lief dann los. In einem Naturkostladen kaufte ich Fünfzig-Pfund-Säcke mit braunem Reis, Weißmehl, Trockenmilch und roten Bohnen sowie je fünfundzwanzig Pfund Linsen, Honig und zwanzig Liter Tamari. In einem Army-Navy-Laden kaufte ich Wollhosen, Handschuhe, lange Unterwäsche und riesige Alaskastiefel für Melissa und mich. Ich ging in ein Eisenwarengeschäft und in einen Supermarkt. Mit dem Taxi transportierte ich die ganzen Sachen zum »Hilton« im Stadtzentrum, wo ich dem Portier zehn Dollar gab, damit er alles im Lagerraum unterbrachte. Dann ging ich zum YMCA.

Am nächsten Tag flog Melissa nach Anchorage. Ich holte sie am Flughafen ab. Dann fuhren wir zum »Hilton«, wo ich eine Suite im sechzehnten Stock genommen hatte. Wir sahen zu, wie die Wintersonne hinter tiefhängenden Stratuswolken versank, und ließen uns vom Zimmerservice Riesenkrebse bringen.

Gegen acht am nächsten Morgen schleppten wir unser Zeug ein paar Blocks bis zum Bahnhof, sparten uns so das Taxigeld und brachten uns gleichzeitig ein bißchen in Form. Um neun Uhr waren wir nach Norden unterwegs. Die Morgendämmerung zeigte einen klaren Himmel.

Drei Stunden später stieß mich der Gepäckmann an. »Sind gleich da«, sagte er.

Der Zug stampfte aus dem Wald und fuhr am Ufer des Susitna Rivers entlang. Das Donnern des Zuges, das als verstärktes Echo von dem Wall der Bäume zurückgekommen war, verflüchtigte sich plötzlich in der Weite der Flußebene. Jenseits der Ebene stieg ein Horizont aus schneebedeckten Bergen so jäh empor wie Klippen aus dem Meer. Die Gipfel erstrahlten in blendendem Weiß, durchzogen von blauen Eisadern. Sie schienen so nah, daß ich unwillkürlich einen Schritt vom Fenster zurücktrat. Um den Gipfel des höchsten Berges zu sehen, mußte ich nicht nur den Blick, sondern den ganzen Kopf heben.

Als der Zug hielt, sprangen Melissa und ich hinaus. Der Gepäckmann begann, uns unsere Kisten zu reichen. Als wir unser gesamtes Zeug neben den Schienen aufgestapelt hatten, winkte er, während der Zug davondampfte.

Ich beschäftigte mich damit, die Kisten näher an einen kleinen Fußweg zu zerren, den ich bis zur Hütte durch den Schnee getreten hatte. Es dauerte eine ganze Weile, bis ich merkte, daß Melissa nicht neben mir arbeitete. Sie stand zwischen den Schienen und starrte in die Ferne, wo der Zug verschwunden war.

Ich ging zu ihr und schlang von hinten meine Arme um sie.

Wir waren von Rottannen umgeben; direkt über uns, so schien es, hingen die Gletscher.

Nach einer Weile drehte sich Melissa um und schaute mich an. Tränen standen in ihren Augen.

Ich entdeckte Freude in ihrem Blick, aber auch Verwirrung und schlichten Schock. In erster Linie aber Freude.

»Mein Gott«, flüsterte sie. »Wo *sind* wir?«

4

TALKEETNA 1981

Wir hielten uns in den Armen, als wir am nächsten Morgen erwachten. Durch eine Strähne von Melissas Haaren hindurch betrachtete ich die Stämme über uns. In dem morgendlichen Licht sahen sie blau aus. Die Luft um uns herum schien blau. Die Schneelandschaft, die bis zu unseren Fenstersimsen reichte, spiegelte den arktischen Himmel in unsere Hütte. Ich hatte das Gefühl, ein Teil der Welt da draußen zu sein. Ich spürte auch die Kälte. Eine ähnlich friedliche Verträumtheit, dachte ich, strahlten die Mammuts aus, die man im ewigen Eis gefunden hatte.

»Ich kann meinen Atem sehen«, flüsterte Melissa, als sie ihren Kopf unter der Decke hervorstreckte.

»Soll ich Feuer machen?« fragte ich sie. Ich erwartete nicht, daß sie sagen würde: »Nein, laß mich«, aber ich hoffte doch, sie hätte einen Alternativvorschlag zu machen, bei dem ich im Bett bleiben konnte.

»Du solltest wirklich Feuer machen«, sagte sie.

Ich tastete nach meinen doppelschichtigen langen Thermounterhosen. Ich fand sie nicht. Die Kälte brachte meine Nasenspitze zum Kribbeln.

Mit einer Überwindung, die mich voller Schrecken an einen Hechtsprung in den Swimmingpool der Highschool denken ließ, wälzte ich mich aus dem Bett. In dem vagen Licht wühlte ich in den Klamotten herum, bis ich meine langen Unterhosen fand. »Ich hab' mal gelesen, daß man Untertemperatur durch Hautzu-Haut-Kontakt bekämpfen kann«, sagte ich, während ich mich auf einem Bein hüpfend anzuziehen versuchte.

»Ein warmes Haus tut's auch«, sagte Melissa.

Zitternd kroch ich von der Schlafstatt runter. Neben dem Ofen hatte ich Papier und Kleinholz gestapelt. Nachdem ich alles in die Feuerbuchse gestopft und angezündet hatte, quoll oben aus dem Ofen dichter Rauch wie Bühnennebel.

Ich machte die Feuerklappe auf, holte tief Luft, blies so lange, bis Flammen hochzüngelten und ich beinahe erstickte. Nachdem ich mich heiser gehustet hatte, hörte ich das Knacken und Knistern des Feuers. »Alles in Ordnung«, röchelte ich. »Wir lernen es schon.«

Das wurde zu meinem persönlichen Credo, so wie »Gott ist die Liebe« oder »Was, ich und mir Sorgen machen?«

Alles in Ordnung. Wir lernen es schon.

Eine Stunde später kochte geschmolzenes Schneewasser in einem Topf auf dem Ofen. Der Rauch hatte sich aus der Hütte verzogen. Melissa saß in einem Schaukelstuhl neben dem Ofen. Ich schlug Eier auf, die während der Nacht gefroren waren. Wir hatten es warm.

Dampf stieg in die Höhe. Hitze strahlte aus. Essen kochte. Das Nirwana der Neandertaler.

»Zuerst mal brauchen wir mehr Holz«, sagte ich beim Frühstück. »Der Stoß hier ist in ein oder zwei Tagen weg.«

»Ich habe noch nie einen Baum gefällt«, sagte Melissa.

»Wir brauchen eine Axt«, sagte ich, wobei mir durchaus bewußt war, daß ich mich wie ein Trottel anhörte. »Wir brauchen eine Axt.« Was sonst? Sollten wir den Bäumen mit unseren Zähnen zu Leibe rücken? Aber ich hatte uns hergebracht, also benahm ich mich auch so, als wüßte ich, was zu tun wäre.

Ich hatte beim ersten Aufräumen eine scharfe, zweischneidige Axt in der Hütte entdeckt. In der Stadt hatte ich, während ich auf Melissas Ankunft gewartet hatte, eine großzahnige Handsäge gekauft. Ich war mir nicht sicher, ob nun die Axt oder die Säge zum Fällen eines Baumes geeigneter war, aber mir gefiel die Vorstellung, mit wilden Schwüngen auf den Baum einzuschlagen, daß die Holzspäne flogen, anstatt im Schnee knieend zu sägen.

Wir gingen nach draußen. Ich wollte Melissa die Schneeschuhe anschnallen, wurde aber sofort abgelenkt.

Die Berge waren, wie Dōgen im Japan des dreizehnten Jahrhunderts schrieb, direkt *dort*. Oder *hier*. Die Übersetzungen sind in dem Punkt unterschiedlich – die Berge nicht. Doch dann begannen, noch während ich sie anstarrte, auch sie sich zu wandeln. Die strahlende Wand, die den Horizont darstellte, nahm feste Dimensionen an: die zerrissenen, waagrechten Bänder, die sich über das Antlitz einer Klippe zogen, wurden zu einer Folge scharfer Grate und Kämme, wobei der nächstfolgende stets den vorangegangenen Grat überragte. Dann bemerkte ich, daß die helleren Färbungen, die in breiter, schattenloser Form von Gipfelnähe herabfielen, Gletscher waren. Ich sagte: »Oh, *schau* doch nur!«

Wir schauten beide. Das Licht war so intensiv, daß wir die Augen zusammenkneifen mußten.

»Dieser Berg«, sagte ich, ohne auf den Denali deuten zu müssen, der die anderen überragte wie das Logo von Paramount Pictures, »ist der höchste Berg der Erde, wenn man vom Fuß bis zum Gipfel mißt. Der Everest *beginnt* auf einem Plateau in einer Höhe von dreitausendfünfhundert Metern. Der Denali erhebt sich von der Tundra bei zweihundert Metern über Meer. Du kannst von hier aus das Meer sehen.«

Ich hatte die Karten in Fairbanks ausgiebig studiert. Ich verspürte den Drang, mein Erstaunen und meine Verwunderung Melissa gegenüber in Worte zu fassen. Es klang so wenig überzeugend, wie wenn Moses von den geteilten Wassern des Roten Meeres gesagt hätte: »Was ihr hier seht, ist ein in der Welt einzigartiges Naturphänomen ...«

Melissa berührte mich an der Schulter. Sie sagte kein Wort. Ich liebte sie dafür um so mehr.

So wie Theaterbesucher schon vor dem letzten Akt aufbrechen, machte ich ihr die Schneeschuhe fest, und wir bewegten uns von den Bergen weg auf den Wald zu.

Ich stampfte vor ihr durch den Schnee. Ich hielt nach einem Baum Ausschau, der weit genug von der Hütte entfernt war, so daß sich sein Verschwinden für uns optisch nicht bemerkbar machen würde.

Die Wildnis wird häufig von zwei sehr unterschiedlichen Gruppen mit Ehrerbietung behandelt: von jenen, die in den Städten leben und die Vorstellung von jungfräulichem Land zu schätzen wissen, und von denen, die seit Generationen in dieser Wildnis leben. Je tiefer wir in den Wald des Nordens eindrangen, desto stärker empfand ich die Heiligkeit der Welt, die wir betraten.

Schließlich fanden wir eine Birke, deren gesamte Krone unter der Schneelast abgebrochen war. Das war es: Ich würde einen sterbenden Baum nehmen.

Melissa baute sich in sicherem Abstand auf. Ich schwang die Axt. Die Schneide steckte im Stamm. Ich riß an der Axt. Sie rührte sich nicht. Grunzend und keuchend zerrte und riß ich erneut. Nichts. Ich stemmte mich gegen den Griff, und die Schneide brach aus dem Holz. Ich stolperte, steckte bis zu den Ellenbogen im Schnee.

Melissa lachte nicht.

Drei Stunden später war der Baum tot. Ich hatte ihn zerstükkelt, nachdem ich die Säge geholt hatte, und wir hatten die einzelnen Teile des Stammes zur Hütte geschleppt.

Mein Rücken schmerzte. Meine Arme schmerzten.

Ich fragte mich, wie unsere Vorfahren ihre Höhlen ohne metallene Äxte und Sägen hatten warmhalten können, als das Brennholz sich nicht in Reichweite befunden hatte, sondern erst über Meilen durch die Tundra herangeschleppt werden mußte.

Anschließend ging ich, während Melissa kochte, den Kamm hinunter, um die Quelle zu suchen, die sich, wie Marvin mir gesagt hatte, direkt unter unserer Hütte befinden sollte.

Unterhalb des Grates entdeckte ich das Wasserloch, es war zwei Fuß breit. Selbst bei der Kälte war es frei von Eis.

Der mächtige Susitna River war zugefroren. Die Landschaft war tief verschneit. Ich fand keine Erklärung dafür, weshalb der kleine Quelltümpel nicht zugefroren war. Es war Magie. Es *lebte.*

Ich ging zurück zum Blockhaus, um einen zwanzig Liter fassenden Plastikbenzinkanister zu holen. Ich füllte ihn mit einer Tasse. Als ich die letzte Tasse schöpfte, trieben vom Grund des Tümpels Fetzen von Blättern und Farnen zur Oberfläche wie Schlick vom Meeresboden. Dann verbrauchte ich meine letzten Energien, um den Kanister den Kamm hochzuschleppen.

Am nächsten Tag wiederholte sich all das.

»Wir sind nicht hier, um es uns schwerer zu machen«, schrieb Nessmunk, ein Mann der Berge aus dem neunzehnten Jahrhundert. »Wir sind hier draußen, um es uns leichter zu machen.«

»Wir lernen es schon«, erinnerte ich mich immer wieder. Ich hoffte, daß mich nicht zuvor die Krämpfe endgültig lahmlegen würden. Meine Muskeln schienen ein einziger großer Knoten zu sein. Eine Collegevorlesung wollte mir nicht aus dem Sinn. Der Professor hatte einen seltenen Zustand beschrieben, bei dem sich die gesamte Muskulatur des Rückens so schlagartig zusammenkrampft, daß das Rückgrat bricht.

Bevor wir abends in tiefen Schlaf versanken, unterhielten Melissa und ich uns auf eine Art und Weise über New York, in der Erwachsene bei einem Klassentreffen über ihre Kindheit sprechen.

Am dritten Tag wollten wir uns ausruhen, beschlossen aber, statt dessen in die Stadt zu gehen.

Wir waren neugierig.

Ich hatte es in Talkeetna zu eilig gehabt, um ein Gefühl dafür zu bekommen, was das für Menschen waren, die hier lebten. Melissa hatte die Stadt lediglich am Zugfenster vorbeihuschen sehen.

Nachdem wir das Feuer kräftig geschürt hatten, gingen wir runter zu den Schienen und marschierten los.

Nach zehn Minuten, gerade als wir Marvin und Annas Hütte ins Blickfeld bekamen (»Wie sind sie?« erkundigte sich Melissa. »Wie überleben *sie?*«), tauchte hinter uns eine Schneeräummaschine auf.

Der Fahrer hielt. Er war so dick vermummt, daß ich sein Gesicht hinter der Schneebrille und dem Halstuch, das er sich bis über die Nase gezogen hatte, nicht erkennen konnte.

»Wollt ihr mitfahren?« fragte er und deutete auf den Schlitten, den er hinter der Maschine herzog.

»Gern«, sagte ich. Dann streckte ich die Hand aus. »Ich bin Rick Leo«, sagte ich.

»Ich weiß«, erwiderte er.

Das war unsere erste Begegnung mit dem Buschtelefon Alaskas. Innerhalb weniger Tage hatte sich die Nachricht verbreitet, daß Neuankömmlinge im Lande waren.

Er schüttelte meine Hand. Seinen Namen nannte er nicht. Die Maschine summte im Leerlauf, während er wartete, bis wir hinten eingestiegen waren. Zwanzig sehr kalte Minuten später stoppte er vor dem winzigen Schuppen des Bahnhofs.

Als wir ausgestiegen waren, winkte er, ließ die Maschine aufheulen, fuhr auf den kleinen Parkplatz neben den Schienen und dann weiter eine verschneite Straße hoch.

»Diese Leute machen einen sehr selbständigen Eindruck«, sagte Melissa.

Wir überquerten den Parkplatz. Es standen nur wenige Autos da; sollten es mehr sein, so waren die restlichen Wagen unter einer Schneedecke verborgen. In erster Linie war der Platz mit kleinen Wohnwagen gefüllt, aus deren Dächern Ofenrohre ragten. Aus einigen quoll Rauch. Kein Mensch war zu sehen.

Dem Parkplatz gegenüber erhob sich ein Brettergebäude, eine zweistöckige Bar und ein Gasthaus, das Fairview. Daneben befand sich ein aus rostrot gestrichenen Holzstämmen gebauter Gemischtwarenladen. Ein Stück weiter die Hauptstraße hinunter sah man eine Tankstelle und einige alte Blockhäuser.

Am Ende der Straße lag ein Fluß. In der anderen Richtung gab es einige weitere Gebäude – ein Haus, eine metallene Nissenhütte –, und dann kam nichts mehr bis auf die Straße, die fünfzehn Meilen geradeaus bis zu der Kreuzung mit dem Anchorage–Fairbanks Highway führte, der einzigen anderen Straße in der Gegend.

Wir marschierten bis ans Ende der Straße, wandten uns nach links und betraten das Teepee (Bar/Restaurant/Motel). Von hier aus hatte ich Stanley angerufen. Hier gab es das einzige Münztelefon der Stadt. Die Teepee-Bar war ein niedriger Raum; an der Decke verrottete Teerpappe von der Farbe getrockneten Blutes. Es gab zwei Türen. Eine führte in die Bar, eine ins Restaurant. Um halb zehn Uhr morgens standen Leute in der Bar. Wir gingen in das leere Café.

Eine Kellnerin brachte uns zwei Tassen Kaffee, nachdem wir uns in eine Ecke an einen der acht Tische gesetzt hatten. Sie war alt und langsam und so blaß, daß ihre Haut durchsichtig schien. Sie freute sich, daß Gäste gekommen waren. »Hallo, hallo«, sagte sie. »Na, Leute, wo kommt ihr denn her?«

»Die Schienen hoch«, sagte ich.

»Ich bin aus Texas über Oklahoma und Idaho gekommen«, sagte sie, als hätte ich nicht geantwortet. »Nach dem Tod meines Mannes hab' ich mich etappenweise nach Norden vorgearbeitet. Mein Mann war schrecklich, immer besoffen. Tag für Tag. Das hat ihn auch umgebracht. Ich wollte nur weg und ein bißchen was von der Welt sehen. Versteht ihr? Ich dachte mir, weiter nach Süden kannst du nicht, wegen Mexiko und all dem. Also machte ich mich auf den Weg nach Norden. Das hier ist ein richtig nettes Städtchen, aber im Winter ist nicht viel los. Aber das macht nichts, weil man sich dabei sicher fühlt. *Hier* läuft einem keiner nach. Sagt mir, wenn ihr soweit seid. Ich hab' das Chili selbst gekocht.« Sie reichte uns die Speisekarten, die sie sich unter den Arm geklemmt hatte, und schlurfte in die Küche zurück.

Melissa spielte nervös mit der Karte herum. Ihrer Erfahrung nach schlugen Kellnerinnen den Fisch des Tages vor und zogen sich dann diskret zurück.

Während wir den Kaffee schlürften, um wieder warm zu bekommen, kam Marvin von der Bar herein, zusammen mit einem viel kleineren Mann, der eine Mütze und ein an beiden Ellenbogen zerrissenes Hemd trug. Sie schienen mit sich selbst beschäftigt und beachteten uns gar nicht. Sie setzten sich an einen Tisch neben der Küche.

»Muß was verkaufen«, sagte Marvin.

»Verkauf die Hunde«, sagte der andere Mann.

»Daisy verkauf' ich auf keinen Fall«, sagte Marvin.

»Hund ist Hund«, sagte sein Begleiter.

»Für *dich* vielleicht«, sagte Marvin.

Sie schwiegen. Ich zögerte eine Minute und sagte dann: »Marvin!«

Er schaute auf. »Hey!« sagte er. »Was gibt's?«

»*Wir* brauchen ein paar Hunde«, sagte ich.

Marvin nickte. »Richtig«, sagte er.

»Das ist Melissa«, sagte ich. Und dann zu Melissa: »Marvin ist unser Nachbar.«

»Freut mich«, sagte Melissa.

»Das ist Teepee-Joe«, sagte Marvin. Joe erhob sich andeutungsweise und ließ sich dann wieder zurückfallen.

»Wir brauchen wirklich Hunde«, sagte ich.

Marvin schaute sich um, dann sagte er: »Ich hab' eine Anklage am Hals. Wird mich eine Stange Geld kosten.«

»Er muß sich die Anklage vom Hals schaffen«, sagte Teepee-Joe.

»Was haben Sie getan?« fragte Melissa mit großen Augen.

Marvin winkte ab. »Ich muß nächste Woche in Anchorage erscheinen.«

»Er hat gerade die Vorladung gekriegt«, sagte Joe.

Ich dachte: »Er hat einen Mann getötet!« Adrenalin schoß mir durch die Adern. Das letzte Grenzgebiet!

»Wird es gutgehen?« fragte Melissa.

»Ich brauch' lediglich etwas Geld«, sagte Marvin.

»Wie viele Hunde braucht man, um sich in die Stadt ziehen zu lassen?« fragte ich.

Marvin zuckte mit den Schultern. »Ich hab' jetzt neun«, sagte er.

»Wann bist du denn auf *die* Idee gekommen?« erkundigte sich Melissa bei mir.

»Wieviel willst du?« fragte ich Marvin.

Marvin wandte den Blick nicht von mir. »Ich kann dir zwei

Hunde geben«, sagte er. »Hundertfünfundzwanzig das Stück. Und wenn du beide nimmst, geb' ich dir noch einen umsonst dazu.«

Ich sah Teepee-Joe an. »Ist das ein fairer Preis?« fragte ich.

Teepee-Joe blinzelte. »Ein fairer Preis?« fragte er und schaute Marvin an. Marvin sah ihn nicht an. »Was denn ... das ist *geschenkt*. Für Marvins Hunde? *Geschenkt*.«

»Reichen drei Hunde, um uns beide zu ziehen und eine Ladung Brennholz?« fragte ich Marvin.

»Besser als laufen«, sagte er.

Ich zog meine Brieftasche und blätterte die Scheine durch. Ich besaß $ 475. Ich gab Marvin $ 250.

»Richtig«, wiederholte Marvin.

»Aber wir brauchen auch einen Schlitten«, sagte ich. »Kennst du jemanden, der einen Schlitten zu verkaufen hat?«

Marvin stand auf, um die Scheine einzustecken. »Ich hab' einen alten Schlitten irgendwo im Schnee hinter meiner Hütte. Du kannst ihn haben, wenn du ihn dir ausgräbst.

»Wo genau ist er?« fragte ich.

Marvin schloß einen Moment lang die Augen. Dann sagte er: »Ungefähr dreißig Meter hinter dem Gewächshaus. Zwischen zwei Rottannen verläuft ein verschneiter Pfad, aber du kannst ihn noch erkennen. Links davon liegt der Schlitten.«

»Danke«, sagte ich.

»Du kannst Garner und Bell haben«, sagte Marvin. »Bell ist eine Prinzessin. Ich geb' dir noch Kobuk dazu. Er zieht.«

»Bell ist eine Prinzessin«, sagte Teepee-Joe.

Die Kellnerin brachte Melissa und mir je eine Schüssel mit Chili. »Hab' ich selber gemacht«, sagte sie. »Besser als Pfannkuchen. Morgen, Marvin. Morgen, Joe. Wollt ihr Jungs was essen?«

»Später«, sagte Marvin. »Ich muß mit meinem Anwalt reden.« Er ging zurück in die Bar zum Telefon. »Anna wird sich besser fühlen.«

»Wird dir nicht leid tun«, sagte Teepee-Joe und folgte Marvin. »Marvin hat großartige Hunde.«

Als sie weg waren, fragte Melissa: »Wozu brauchen wir *Hunde*?«

Ich rührte mein Chili um. »Wir sind hier in Alaska. Jetzt müssen wir nicht mehr laufen.«

»Aber wie geht man mit ihnen um?« beharrte sie.

»Sie sind bereits trainiert«, sagte ich. »Du wirst schon sehen.«

Marvin und Joe mußten zur Bartür raus sein. Melissa und ich warteten noch eine Weile auf ihre Rückkehr und verabschiedeten uns dann von der Kellnerin.

»Haltet euch warm!« sagte sie. »Und macht euch keine Sorgen. Niemand wird euch hier finden!«

Wir gingen zurück zur Hauptstraße. »Hast du nicht auch das Gefühl, daß hier alles sehr *intensiv* ist?« sagte Melissa.

»Alles«, stimmte ich zu. »Die Kälte, das Licht, die Menschen, das ...«

»Yo!« rief ein Riese von einem Mann, der vor dem Fairview auf der Straße stand. »Yo!« Er winkte uns mit einem Arm zu, wie ein Footballspieler, der einen langen Paß forderte.

Wäre ich in New York gewesen, wäre ich sofort auf die andere Straßenseite gegangen und hätte sehr beschäftigt getan. Hier in Talkeetna, dessen einzige Straße von Fluß und Wald begrenzt war, gab es jedoch keine Fluchtmöglichkeit.

Der Riese kam auf uns zu. »*Groß*artig!« schrie er. »Seht *gut* aus!«

Melissa nahm meinen Arm. Ich nahm den ihren.

»Ich bin Rosser«, sagte er und streckte uns eine Hand entgegen, an der der Mittelfinger fehlte. »Hab' gehört, ihr habt jetzt ein Hundegespann. Großartig! Willkommen im Land.«

Ich stellte Melissa und mich vor.

»Marvin ist mein bester Freund«, sagte er. »Unsere Hütten verbindet ein großer Trail. Besucht mich! Micky, Nara und ich leben ungefähr zehn Meilen vom 231er-Trail entfernt, aber von Marvin aus ist es schon ein Stück. Bleibt über Nacht! Ich hab' selbst sechzehn Hunde. Drei mehr spielen da keine Rolle.«

»Danke«, sagte ich. »Aber wir müssen zuerst unseren Schlitten ausgraben.«

Er zögerte kurz, war sich nicht sicher, was ich damit meinte, kümmerte sich aber nicht weiter darum. »Kein Problem«, sagte er überschwenglich. »Dieses Jahr haben wir einen Elch erwischt. Elchwurst zum Frühstück. Kann ich euch auf ein Bier einladen?«

»Wir haben gerade Kaffee getrunken«, sagte Melissa.

»Hundefutter könnt ihr im B&K kaufen«, sagte er, auf den Gemischtwarenladen deutend. »Drei Hunde brauchen einen Sack alle zehn bis vierzehn Tage. Kommt drauf an, wie gut ihr für sie sorgt. Es ist erstaunlich, mit wie wenig sie überleben können, aber man sieht den Unterschied, wenn man sie richtig füttert.«

»Was hat Marvin *getan*?« fragte Melissa.

Rosser drehte sich um und betrachtete das Fairview. »Da drin hat's angefangen«, sagte er.

Ein Mann ohne Kopfbedeckung kam aus der Bar und grinste uns an.

»Noch einmal, Rocky!« rief Rosser.

Der Mann richtete seinen Zeigefinger auf uns, winkte und ging auf eine Schneeräummaschine zu. Er riß an dem Starterseil, schwang sich auf das Gefährt und zog es so schnell in eine enge Kurve, daß der vordere Teil vom Boden abhob.

Rosser winkte. Dann sagte er: »Rocky ist neunundachtzig. Kein Witz. Gegen fünf hat er ein Nickerchen gemacht, ist aber noch rechtzeitig aufgewacht, um die nächste Runde auszugeben.« Rosser schlug mir auf die Schulter. »Der Bursche hat hier mehr Gold-Claims besessen, als die Bundesheinis uns *jetzt* abstecken lassen. Aber vor fünfzig Jahren ... ha!« Er nahm seine Sonnenbrille ab. Seine Augen waren an den Rändern stark gerötet, aber freundlich. »An manchen Wintermorgen denke ich, das hier *ist* vor fünfzig Jahren«, sagte er, auf das stille, verschneite Städtchen deutend.

Er schob seine Sonnenbrille wieder an Ort und Stelle, streckte sich auf die Zehenspitzen, die Arme hoch über dem Kopf, den Rücken durchgebogen. »Uuraawohh!« bellte er.

Vögel flogen von den nahen Bäumen auf.

Etwas friedlicher sagte er: »Das ist mein Paarungsruf eines

Elchbullen. Während der Brunftzeit verwend' ich ihn allerdings nicht mehr. Eine große Elchkuh wollte mich mal vergewaltigen. Hat mich ein paar Meilen gejagt. Mußte sie mit einem Knüppel abwehren. Ihr wollt bestimmt kein Bier?«

Als er wieder im Fairview verschwand, gingen wir weiter zum B & K. Ich fühlte mich wie damals mit sechs Jahren, als fast alles außerhalb des Hauses so neu und aufregend schien, daß ich mehr hüpfte als lief.

Jetzt hüpften wir nicht. Die Gesichter im Fenster des Fairview waren uns zugewandt. Es war klar, daß wir begutachtet wurden. Ich hatte mal einen Freund in Harlem besucht, der mir beibrachte, wie ich allein zur U-Bahn zu gehen hatte: »Eine Hand auf dem Rücken«, hatte er gesagt. »Geh langsam. Auf die Weise merken sie erst, wenn du an ihnen vorbei bist, daß du nur deine Faust hinterm Rücken hast. Kann gar nicht cool genug aussehen.«

Ich legte einen Arm um Melissa. Die andere Hand hielt ich hinter dem Rücken. Wir gingen langsam.

Der Verkäufer im Laden riet uns, die beiden Fünfzig-Pfund-Säcke am Bahnhof für den Güterzug liegenzulassen. Der Zug fuhr an diesem Abend noch durch. Die Säcke würden, so versicherte man uns, in der Nähe unseres Trails rausgeworfen.

Der Rückweg über die Schienen war romantisch. In einer derartig gewaltigen Landschaft ganz allein unterwegs zu sein, begeisterte uns beide. Als wir an eine kleine Lichtung inmitten von Bäumen gelangten, sagte ich, nur halb scherzhaft gemeint: »Wollen wir uns ein bißchen im Schnee wälzen?«

Melissa lachte. »Vergiß es«, sagte sie. »Ich bin ein braves katholisches Mädchen. Außerdem ist das so schon das seltsamste Rendezvous, das ich in meinem ganzen Leben gehabt habe.«

Dann bemerkten wir etwas auf den Schienen – zu groß für eine Schneeräummaschine oder einen Hundeschlitten und zu klein für einen Zug. Wir traten von den schneebedeckten Schwellen herunter.

Eine kleine Kiste auf Zugrädern, die Geräusche wie ein Golfwagen von sich gab, kam neben uns zum Stehen. Die einzige in dem Wagen sitzende Person hob die als Tür dienende Vinylklappe an und sagte: »Wie geht's?«

Es war ein großer Mann, ein Indianer, mit einer Zigarette zwischen den Lippen. Er kniff die Augen zusammen. Es sah aus, als würde er grinsen.

»Großartig«, sagte Melissa.

»Ich hab' gelegentlich Stanley und seine Frau mitgenommen«, sagte er. »Aber es verstößt gegen die Vorschriften.« Er hielt die Klappe auf.

»Wir erzählen's keinem«, sagte ich, während wir einstiegen.

Ted fuhr mit dem Gaswagen zur Kontrolle die Strecke ab, bevor sie von Zügen befahren wurde. Seit achtundzwanzig Jahren arbeitete er für die Eisenbahn. »Aber ich gehe bald in Rente«, fügte er hinzu. »Und dann hör' ich mit dem Rauchen auf.« Er zog eine weitere Marlboro aus der Hemdtasche und steckte sie an seiner Kippe an. »Aber wenigstens bin ich nicht brokkoliabhängig. Manche Leute haben große Gewächshäuser in den Wäldern. Dort wächst ganz ordentlicher Brokkoli.«

Er nahm das Gas weg, als wir uns unserem Trail näherten. »Persönlicher Gebrauch«, erklärte er, ohne den Blick vom Schienenstrang abzuwenden. »In Alaska ist das legal.«

Als wir ausgestiegen waren, hielt sich Ted nicht mehr lange auf. »Muß die Elche aus dem Weg jagen, damit der Zug sie nicht zu Hamburgern macht«, sagte er im Wegfahren.

Am nächsten Morgen gingen wir zu Marvin und Anna hinüber. Sie waren nicht zu Hause. Auch die Hunde waren verschwunden, bis auf die drei. Sie bellten. Sie hatten die orientalischen Augen der Huskies und die langen Zähne der Dobermänner. Ich versuchte sie zu streicheln, aber sie tobten bellend im Kreise an ihren Ketten herum.

Ich holte eine Schaufel, die neben der Hütte lehnte, und marschierte in Richtung des Schlittens, so wie Marvin es mir beschrieben hatte. Wir fanden den alten Trail und die Zwillingsrottannen. Oben auf einem kleinen Schneehügel begann ich zu graben.

Als ich drei Fuß tiefer und bis zur Hüfte im Schnee stehend müde wurde, löste mich Melissa ab. Als sie müde wurde, übernahm ich wieder die Schaufel.

Dann stießen wir auf ein Holzstück, das kein Ast war. Ich hoffte, daß es eine Schlittenkufe sein möge.

Hastig grub ich weiter. Eine halbe Stunde später brach ich den freigeschaufelten Schlitten von der gefrorenen Erde los. Ich zerrte ihn aus seinem Loch.

»Schau!« sagte ich.

Wir schauten. Der Schlitten neigte sich schwer nach einer Seite. Das ganze Holz, aus dem die Sitzplattform bestanden hatte, war verschwunden. Die gebogene Lenkstange war in der Mitte gebrochen; zwei hervorstehende Stümpfe deuteten die Krümmung an. Der Schlitten war nur noch ein Skelett, aber er gehörte uns.

Wir schoben und zerrten ihn heim und schleppten ihn in unsere Hütte. Ich fürchtete, daß ihn nur noch das Eis zusammenhielt: Sobald er aufgetaut war, konnte ich die fehlenden Teile nachbauen. In der Highschool hatte ich Französisch lernen müssen, anstatt am Bastelunterricht teilnehmen zu können. Während ich im Schein der Laterne den tropfenden Holzhaufen betrachtete, bedauerte ich die Mängel in meiner Ausbildung.

Ärgerlich dachte ich daran, daß ein Großteil meiner Schuljahre der Jagd nach Noten gegolten hatte und nicht der Einsicht in den tieferen Zusammenhang der Dinge. Ich dachte daran, daß Eskimos, die nie zuvor eine Maschine gesehen hatte, in den defekten Dieselgenerator eines gestrandeten Schiffes schauten und das Problem erkannten, vor dem ausgebildete weiße Mechaniker kapituliert hatten, weil sich die Eskimos aus ihrer langjährigen Erfahrung heraus des Zusammenhangs von Ursache und Wirkung bewußt waren. Ein Generator funktionierte unkomplizierter, als es beispielsweise die Bewegungen von Treibeis waren. Ich dachte, wie sehr ich mir wünschte, daß meine Kinder eine genaue Kenntnis der wirklichen Welt besäßen und nicht nur über Französisch oder Mathematik Bescheid wüßten.

Ich hing lange solchen Gedanken nach, weil es mich davor bewahrte, mir zu überlegen, wie ich den Schlitten reparieren sollte. Ich saß in der Klemme. Ich ging ins Bett und träumte, ich würde mit einem Hammer auf eine Reihe Nägel einschlagen; entweder ich verfehlte sie vollkommen, oder die Nägel wurden krumm.

Am Morgen war der Schlitten so weit aufgetaut, daß er in einigen Wasserpfützen stand. Der Schlitten bot einen äußerst traurigen Anblick. Ich schürte das Feuer und machte mich an die Arbeit.

Zuerst einmal untersuchte ich den Schlitten von verschiedenen Seiten. Ich holte Stanleys Werkzeugkiste aus der Ecke und legte mir einige Werkzeuge zurecht. Dann erinnerte ich mich daran, wie mein Vater, der eine der ersten Magnavox-Hi-Fi-Anlagen gekauft hatte, zwanzig Jahre später und sechs Monate nach dem Kauf einer neuen Stereoanlage gefragt hatte: »Jetzt sagt doch mal, mit welchem dieser Knöpfe dreht man die Lautstärke runter?« Mein Handicap waren Vererbung und Ausbildung. Was war da, auf das ich mich verlassen konnte?

Nägel.

Gegen Ende des Tages hatte ich genügend Nägel in den Schlitten gehämmert, um ihn aufrecht zu halten. Es war nicht leicht gewesen. Das Holz war so hart, daß ich anfangs geglaubt hatte, es wäre immer noch tiefgefroren. Die Nägel verbogen sich. Doch bei Anbruch der Dämmerung, als selbst die alten Pfützen getrocknet waren, wurde mir klar, daß das Holz so alt war, daß es praktisch wie versteinert wirkte.

Unser Schlitten, der hoch neben dem Ofen aufragte, war ein archäologisches Relikt.

Wir befanden uns im Besitz eines ehrwürdigen Museumsstücks, eines historischen Kunstwerks.

Melissa sah es etwas anders. »Das ist Müll«, erklärte sie.

Ich versuchte ihr die Schönheit des Schlittens vor Augen zu führen. Die dunkle Maserung des grauen Holzes glänzte im Kerosinlicht. Der Schlitten sackte nicht mehr nach der Seite weg.

Aber es fehlte immer noch ein Passagiersitz. Draußen vor der

Hütte hatte ich verwitterte Holzplanken entdeckt, die beim Bau des Daches oder des Fußbodens übriggeblieben waren. Ich wollte ein paar Stücke auf die richtige Länge zusammensägen und dann in der Mitte des Schlittens zu einer Art Korbform zusammenbinden.

Als ich am nächsten Tag die Planken durchwühlte, fand ich zwei lange Stahlbänder, wenige Zentimeter breit und gut zwei Meter lang. In der Mitte des Bandes verlief eine Lochreihe; die Löcher mit ungefähr einem halben Zentimeter Durchmesser folgten in einem Abstand von jeweils dreißig Zentimetern. Schlittenkufen! Ein Lichtblick!

So wie Midas sein Gold getragen haben mochte, so trug ich sie in die Hütte. »Ich kann sie an den Holzkufen festschrauben!« erklärte ich Melissa. »Damit hält der Schlitten ewig!«

Meine Rückenmuskeln waren vom stundenlangen Knien vor dem Schlitten, dem Holzhacken und Wasserholen so verkrampft, daß jede Bewegung schmerzte. Ich beklagte mich nicht. Die Vorsehung sorgte für uns.

Die Vorsehung hatte jedoch nicht für die richtigen Schrauben in Stanleys Werkzeugkiste gesorgt. Schließlich hämmerte ich Nägel in die Schraubenlöcher und bog sie krampenförmig um, damit die Metallschiene am Holz gehalten wurde. Dann feilte ich die Köpfe der Nägel ab, um ein besseres Gleiten zu ermöglichen.

Als wir mit dem Schlitten fertig waren, gingen wir zu unseren Nachbarn, um unsere Hunde zu holen.

Marvin und Anna waren nicht zu Hause. Ich nahm an, daß die an ihren Ketten zurückgebliebenen Hunde seit einigen Tagen nichts zu fressen gekriegt hatten. Als ich näher kam, sah ich, daß an jedem Baum, an dem ein Hund angekettet war, ein Papierzettel hing. BELL stand auf einem, KOBUK auf dem anderen. Der dritte Zettel lautete: GARNER. FÜHRER.

Bell war eine langbeinige Schönheit. Kobuk war groß. Garner raste in so engen Kreisen herum, daß ich mich fragte, ob er wahnsinnig sei.

Drei Geschirre hingen vor der Hüttentür. Ich nahm an, sie

waren für uns bestimmt, und war dankbar, daß diese Vermutung so naheliegend schien. Rücksichtsvolle Nachbarn!

Dann mußte ich mich den Hunden mit den Geschirren nähern. Ich war ein unternehmungslustiges Kind gewesen; mehrfach hatten mich Hunde, die dort herumstreunten, wo ich es auch tat, gebissen. Allein der Gedanke, neben diesen wie wahnsinnig sabbernden Wölfen niederzuknien, war so unvorstellbar, daß ich ihn erst gar nicht faßte. Ich tat es einfach. Ich packte Garners Kette und zerrte ihn heran, so daß ich ihn streicheln und anschirren konnte.

Er ertrug meine Streicheleinheiten zögernd, aber ohne das Fell zu sträuben. Dann verstrichen fünfzehn Minuten, bis ich herausgefunden hatte, wie man das Geschirr anlegte.

Ich hatte solche Mühe, ihn ruhig zu halten, daß ich meinen ursprünglichen Plan aufgab, mit allen drei Hunden nach unten zu fahren, um das vom Güterzug zurückgelassene Hundefutter zu holen. Ein Hund war stark; drei Hunde waren unkontrollierbar.

Melissa ging zurück zu Stanleys Hütte, um einen kleinen Kinderschlitten aus Plastik zu holen. Ich würde mit Garner an der Leine zu den Schienen marschieren, einen Sack auf den Schlitten laden und Garner wieder hoch zum Kamm treiben.

Als ich ihm die Leine angelegt hatte, zerrte er in Richtung Hütte, dann raste er den Trail hinunter und dann umkurvte er meine Beine. Wie ein zusammengebundenes Schwein fiel ich zu Boden. Garner stand bellend über mir und riß an der Leine.

Ich zählte bis zehn und begann dann zu schreien. Augenblicklich setzte sich Garner nieder. Ich befreite mich von der Leine. Als er sofort wieder an der Leine zu reißen begann, brüllte ich erneut los. Er hielt inne.

Ich hatte angenommen, die Hunde würden »Zieh!« oder »Halt!« verstehen. Mir war nicht in den Sinn gekommen, daß sie das Kommando »Verflucht, du dämlicher Mistkerl, hör auf damit!« kennen würden.

Nachdem ich mich mit ihm sprungweise, unterbrochen von längeren Pausen, bis zu den Schienen vorgekämpft hatte, stieß

Melissa mit dem Kinderschlitten zu mir. Ich löste die Leine von Garners Halsband und befestigte das eine Ende an seinem Geschirr, das andere am Schlitten, auf den ich einen Fünfzig-Pfund-Sack mit Futter gelegt hatte.

Garner schien endlich zu begreifen, was von ihm verlangt wurde. Er zerrte an der Leine, während ich den Schlitten festhielt.

»Er weiß, was er zu tun hat!« sagte ich zu Melissa.

Ich ließ den Schlitten los. »Mush!« schrie ich, »Zieh!« Garner schoß die Schienen entlang. Der Sack rutschte sofort vom Schlitten. Garner raste um eine Biegung und entschwand unseren Blicken. Der leere Schlitten klapperte hinter ihm her.

»Halt!« brüllte ich und rannte hinter ihm her. »Whoa!«

Anfangs war ich wütend. Dann fühlte ich mich entmutigt. Schließlich marschierte ich resigniert mit schweißgetränkter Mütze und Parka die Schienen entlang und rief: »Garner! Guter Hund! Komm her, Garner!«

Nach geraumer Zeit sah ich Garner auf mich zugesprungen kommen: Der Plastikschlitten schepperte zischen den Schienen hin und her. Er kam mir vor wie ein Hund, der – zum Laufen geboren – eine Stunde lang mit einem einzigen Gedanken dahingerast war: »Renn! Renn!«, bis es ihm schließlich dämmerte: »Warum?«

Ich bückte mich, um ihn willkommen zu heißen. Er sprang mir direkt in die Arme. Er schien stolz auf sich zu sein.

Ich setzte mich auf den Schlitten und umklammerte die Leine. Er zog mich zurück zu unserem Trail. »Na also!« sagte ich laut. Ich war Hundeschlittenfahrer! Zugegeben, ich hatte auf einem Kinderschlitten gesessen. Und mich nur von einem einzigen Hund ziehen lassen. Aber schließlich hatte mich niemand gesehen.

Als ich mit einem Sack Futter auf der Schulter zu unserer Hütte zurückkehrte, Garner dicht hinter mir, sah ich die beiden anderen Hunde angekettet zwischen den Bäumen stehen. Melissa hatte sie rübergeholt. »Sie waren so süß«, sagte sie. »Ich glaube, es sind ganz wunderbare Hunde.«

Wir gaben ihnen soviel zu fressen, wie sie herunterschlingen konnten.

Am nächsten Tag nach dem Frühstück – Pfannkuchen aus unserem Fünfzig-Pfund-Mehlsack – zerrte ich unseren reparierten Schlitten den Kamm hinunter zu den Schienen. Melissa holte mir der Reihe nach einen Hund nach dem anderen. Ich legte jedem Hund sein Geschirr an, während sie den nächsten holte. Ich hatte ein langes Seil am Schlitten festgemacht und kürzere Stricke am Ende eines jeden Geschirrs befestigt.

Als wir die drei Hunde in einer Reihe hatten, setzte sich Melissa in den Schlitten, und ich stellte mich hinten hin, die Enden der Lenkstange in den Händen. »Mush!« schrie ich.

Bell wandte sich halb um und verhedderte sich in ihrer Leine. Kobuk bellte, rührte sich aber nicht von der Stelle. Garner zog einmal an, spürte Widerstand und hielt inne.

»Na los! Okay! Mush! Kommt schon!« versuchte ich es.

Garner schaute zurück zu mir und machte dann, weil er vielleicht »Kommt« gehört hatte, ein paar Schritte auf den Schlitten zu.

Kobuk sprang ihn knurrend an. Bell sprang mit einem Satz auf den Schlitten.

Garner und Kobuk rollten knurrend und beißend im Schnee.

»O mein Gott«, rief Melissa.

»Nein!« Ich kreischte. »Nein! Nein!«

»Halt sie auf!« schrie Melissa.

Wild um mich tretend, stürzte ich mich in den Kampf. Die Hunde zerrten und rissen aneinander. Ich packte die Leine, die an Garners Geschirr befestigt war, und versuchte ihn wegzuzerren. Der Schlitten bewegte sich ein Stückchen. Kobuk schloß seine Zähne über Garners Ohr und begann zu nagen.

»Stop!« schrie Melissa. »Stop!«

»Du Arschloch!« brüllte ich und versetzte Kobuk einen Tritt gegen den Kiefer. »Nicht!«

Kobuk ließ los. Ich riß Garner los. Blut tropfte von seinem Ohr. Überall Blutspritzer – im Schnee, auf meinen Stiefeln, auf Kobuks Schnauze.

Melissa begann zu weinen.

Ich stand zwischen den beiden keuchenden Rüden. Kobuk wedelte mit dem Schwanz. Garner versuchte sein Ohr zu lecken.

»Was für schreckliche Hunde«, sagte Melissa und wischte sich mit den Handschuhen über die Augen.

»So macht ein Wolfsrudel die Führungsrolle unter sich aus«, sagte ich. »Sie wollten nicht töten. Sie sind sich nicht an die Kehle gegangen.«

»Überall ist Blut!« sagte Melissa.

»Es ist in Ordnung!« brüllte ich.

Melissa erstarrte bei meinem Ausbruch. Ich lief vom Schlitten weg und kam dann wieder zurück. »Ich glaube, es ist in Ordnung«, entschuldigte ich mich. »Wir probieren es noch mal.«

Noch mehr als der Kampf hatte mich die Erkenntnis entnervt, daß ich eine Rolle spielte, von der ich keine Ahnung hatte. Was wußte ich schon von Hundegespannen oder medizinischer Notversorgung, falls Melissa oder ich gebissen worden wären? Was würde ich in einer lebensbedrohenden Situation tun, wenn ein Sturm losbrach? Oder falls uns ein Tier aus den Wäldern angriff? Zum erstenmal dämmerte mir, daß in diesen Wäldern des Nordens *überall* Gefahren lauerten.

Wortlos entwirrte ich die Leinen. Als ich die Hunde wieder in Reihe hatte, marschierte ich ein Stück voraus und sagte dann: »Okay.«

Sie rannten auf mich zu. Ich lief weiter voraus, bis sie mich eingeholt hatten, dann rannte ich noch ein Stück neben ihnen her. Als der Schlitten an mir vorüberglitt, sprang ich hinten auf. Die Hunde liefen weiter.

Eine halbe Stunde später waren sie immer noch in Bewegung. Wir kommandierten ein Hundegespann. Es schien eine Ewigkeit zurückzuliegen, daß wir mit der U-Bahn gefahren waren.

Der durch unser Tempo erzeugte Gegenwind ließ mein Gesicht taub werden. Melissa zog mit einer Hand ihre Beine gegen die Brust und bedeckte mit dem Handschuh der anderen Hand ihre Nase. Sie lächelte.

»Wir rasen durch den Schnee, im offenen Schlitten«, sang ich.

»Lachend die Schienen entlang, ho, ho, ho.« Melissa stimmte beim »Ho ho ho« ein.

Doch mein drittes »Ho« verwandelte sich unerwartet in ein Grunzen. Ich flog über die Lenkstange und landete auf dem Hund, der dem Schlitten am nächsten war. Melissa knallte mit dem Gesicht voraus gegen mich. Der Schlitten hatte gestoppt, als wäre er gegen eine Mauer gedonnert.

Ich sprang auf, mit beiden Händen zwischen meine Beine greifend. »Meine Zukunft!« schrie ich. Das Ende der Lenkstange hatte mich dort getroffen, als ich mich im freien Flug befunden hatte. Ich war mir nicht sicher, ob der Schlag irreparablen Schaden verursacht hatte.

»Ich glaub', mir ist bloß die Luft weggeblieben«, keuchte ich und ließ mich auf ein Knie sinken, um die Sache näher zu untersuchen. »O *Mann.*«

»Schau dir lieber *das* an«, sagte Melissa. Sie deutete auf eine Kufe, die im neunzig Grad Winkel abgeknickt war, eingeklemmt an der Stelle, wo ein herausragendes Gleisstück ein V mit der Schiene bildete.

Die unversehrte Kufe war vorn einen Fuß länger als die von den Schienen eingeklemmte Kufe. Der ganze Schlitten hing schief. Er war nun trapezförmig anstatt rechteckig. Aber er war nicht zusammengebrochen.

Melissa und ich marschierten eine Weile herum, bis unser Gleichgewichtsgefühl wieder in Ordnung war. Ich atmete ganz flach, als hätte ich einen Schock bekommen; wahrscheinlich aber lag es nur an all den Befürchtungen, die ich hatte. Ich schaute zu den Bäumen hoch, um zu überprüfen, ob einer im Begriff stand, uns auf den Kopf zu fallen. Dann suchte ich den Himmel nach Meteoriten ab.

Zum erstenmal wurde mir bewußt, daß ständige Wachsamkeit unsere einzige Hoffnung darstellte, daß unser Glück beschränkt war und Engel häufig anderweitig zu tun hatten. Diese Art von Leben erforderte unaufhörliche Wachsamkeit. Bei jedem Schritt: *denk*. Bei jedem Augenzwinkern: *denk*.

»Ich werde besser aufpassen«, sagte ich laut. »Ich *muß* besser aufpassen.« Was uns an Erfahrung fehlte, würde ich durch erhöhte Aufmerksamkeit ausgleichen. Das war kein Zen-Training. Hier ging es schlicht und einfach ums Überleben.

Nachdem ich den Schlitten wieder befreit hatte, fuhren wir weiter in Richtung Stadt, als wäre nichts geschehen. Zumindest schienen die Hunde dieser Ansicht zu sein. Sie zogen und zogen. Melissa und ich konnten jedoch klar und deutlich sehen, daß etwas passiert war. Der Schlitten wirkte wie ein Ausstellungsstück bei einer Parade: Hinterwäldler unterwegs.

Obwohl unsere Nerven noch bebten, drang doch die Schönheit des Tages zu uns durch. Vogelschwärme flatterten in den Kronen der Birken wie brauner Gischt. Die zahllosen winzigen Prismen der Schneelandschaft spiegelten die Sonne wieder. Die Schlittenkufen kratzten, wo die Nägel über das Metall gebogen waren, aber das Geräusch war nicht unangenehm; es hatte einen eigenen, einschläfernden Klang. Der Rest war Schweigen.

Als wir uns der Stadt näherten, überquerten wir eine Brücke, eine Metallkonstruktion, die den größten Nebenfluß des Susitnas überspannte. Die Hunde setzten locker einen Lauf nach dem anderen von Schwelle zu Schwelle, obwohl darunter ein leerer Raum von fünfzehn Metern Tiefe klaffte. Ganz offensichtlich hatten sie das schon oft getan. Mit der gleichen Selbstverständlichkeit kurvten sie auf den Parkplatz. Sofort erhob sich ein wildes Geheul; mindestens hundert Hunde schienen ganz in der Nähe zu sein. Unsere Hunde stoppten und begannen ebenfalls zu bellen.

Die Tür eines Wohnwagens knallte auf, und ein Mann spähte heraus. Er fuhr sich mit einer Hand übers Gesicht. »Na, wenn ihr nicht *gut* ausseht!« sagte Rosser und grinste uns an.

Dann musterte er unseren Schlitten. »Äh ...«, ergänzte er.

Er blieb noch einen Moment im Türrahmen stehen, mit nichts weiter bekleidet als einer grauen Hemdhose. Dann sagte er: »Wartet« und schloß die Tür.

Ich stellte mich zwischen Garner und Kobuk, während Melissa den Schlitten festhielt. Hinter Rossers Trailer ging das wilde Gebell weiter.

Schließlich kam Rosser aus dem Trailer. Man sah, daß er sich hastig angekleidet hatte – die Schuhe waren ungebunden, die Hemdknöpfe standen offen. »Morgen!« sagte er. Dann wandte er sich dem Gejaule der hundert Hunde zu. »Halt's Maul!« brüllte er. Der Lärm verstummte, als wäre ein Schalter umgelegt worden.

Er bückte sich, um Garner zu streicheln. Garner zuckte zurück. Rosser musterte schnell das angenagte Ohr und sagte: »Ich nehme an, Marvin hat vergessen, euch zu sagen, daß Kobuk eine Kämpfernatur ist. Er ist ein reinrassiger Eskimohund; die kämpfen sogar mit ihrem eigenen *Schwanz*. Garner dagegen ist die übliche normale Kreuzung, die wir fast alle laufen haben.« Er zögerte. »Obwohl ich Garner nicht unbedingt als *normal* bezeichnen würde«, fügte er hinzu.

»Sie haben uns alle ganz wunderbar gezogen«, sagte Melissa. »Nachdem wir sie zum Laufen gebracht hatten. Bis wir gegen das Hindernis geknallt sind.«

Rosser nickte, ohne zugehört zu haben. Er studierte den Schlitten. »Hast du den selber gebaut?« erkundigte er sich.

»Nur ein paar Teile repariert«, sagte ich.

Rosser rang mit sich selbst und meinte schließlich vorsichtig: »In diesem Teil von Alaska gibt es mehr Hundegespanne als sonstwo auf der Welt. Einige von uns, die die Schienen ein Stück weiter hoch leben, haben am Iditarod teilgenommen. Das hier sind unsere Wohnwagen, wenn wir in der Stadt sind. Und, äh, ich helf' dir gern, deinen Schlitten zu reparieren. Wär' mir ein Vergnügen.«

»Das wäre großartig«, sagte Melissa schnell.

»Manchmal kommen Touristen mit dem Zug durch«, erklärte er. »Sie winken uns zu und machen Fotos und ... es wäre mir ein Vergnügen, wenn ihr uns besuchen kämt. Ich hab' noch eine Werkstatt neben meiner Hütte.«

»Es wäre *uns* ein Vergnügen«, sagte Melissa.

»Großartig!« sagte er. »Ich versuche einen Brunnen zu graben. Als Gegenleistung könntest du mir dabei helfen.«

Dann prägten wir uns den Weg von Stanleys Hütte aus ein,

vorbei an Marvins Hütte bis zu Rossers Haus. Es schien ganz einfach zu sein.

Während Melissa unsere Hunde bewachte, ging ich in den Gemischtwarenladen und kaufte noch mehr Hundefutter und gefrorenen Orangensaft und Gemüse. Außerdem kaufte ich ein Pack Bier als Besuchsgeschenk für Rosser. Nachdem ich unsere Vorräte auf den Schlitten geladen hatte, fuhren wir zurück.

»Er sagt, er hätte zwölf Hunde hier, die *gleichzeitig* als Gespann laufen«, erklärte mir Melissa unterwegs.

Noch beeindruckender als die Erkenntnis, daß zwölf Hunde so viel Lärm wie hundert machen konnten, war die Tatsache, daß ein Mensch zwölf angeschirrte Hunde beherrschen konnte. Mir kam das vor, als würde man mit einem Formel-1-Rennwagen übers Eis rasen.

Am nächsten Tag ruhten wir uns aus. War es der siebte Tag? Ich kam mir vor, als würden wir eine neue Welt erschaffen. Strahlendes Licht! Dunkle Ängste. Ich konnte die beiden Dinge noch nicht ganz getrennt halten.

Melissa kochte ein phantastisches Essen auf dem Herd. »Es ist nicht so, als wäre man ein Koch mit einer heißen Platte, der sofort jede Bestellung parat hat«, sagte sie, während sie ihre Pestosauce umrührte. »Es ist wie... Ich weiß nicht recht. Ich muß dünne Scheite in den Brenner geben, wenn ich große Hitze brauche, und dicke Kloben bei mittlerer Hitze, außer ich beobachte die Farbe der obersten Platte, die manchmal rot aufglüht, wenn sich darunter nur reine Glut befindet. Ich kann nicht einfach an einem Knopf drehen. Ich bin ständig beschäftigt. Haben die Menschen früher so gekocht?«

»Die Menschen pflegten mit Stöcken über einer Feuerstelle zu kochen«, sagte ich.

Sie zog den Topf mit einer Hand vom Herd und packte mit der anderen Hand eine Pfanne. »Aber sie mochten ihr Fleisch *halb* gar«, sagte sie.

Als wir uns zum Essen an den Tisch am Fenster mit Blick auf die Berge setzten, gestand ich ihr, daß ich den Denali besteigen wollte. Fast scheu erklärte ich, daß mich nun, da ich die Gipfel ständig vor Augen hatte, nichts so sehr in seinen Bann zog wie das.

Melissa bekam keine Chance, darauf zu antworten. Unsere Hunde begannen zu bellen, als stünde uns eine Invasion ins Haus. »Herein!« rief ich.

Noch bevor ich ausgesprochen hatte, ging die Tür auf, und ein Mann mit einem roten Vollbart und strahlend blauen Augen streckte seinen Kopf herein.

»Jemand zu Hause?« erkundigte er sich. »Oh, hallo! Wie ich höre, hat deine Lady wunderbare Beine. Hey! Laßt euch anschaun. *Wirklich* gut. Darf ich reinkommen?«

Er trat ein. Er trug keinen Parka, sondern lediglich drei Baumwollhemden übereinander; dazu Bluejeans und schwere, schwarze Motorradstiefel. Er sah aus wie ein in die Wälder verpflanzter Biker.

»Freut mich, euch kennenzulernen«, sagte er. »Ich bin Denny. O Mann, das riecht vielleicht gut.«

Melissa erhob sich. »Es ist genug da«, sagte sie.

»Ooh, ooh, nicht so schnell bewegen«, sagte er, als sie zum Herd ging. »Laß mich das genießen. Du hast ja keine Ahnung, wie einsam dieses Leben in den Wäldern sein kann, wenn man nicht mal gelegentlich einen Blick auf sowas Hübsches werfen kann.«

Er zwinkerte mir zu. Melissa errötete.

»Ich bin einer eurer Nachbarn«, sagte er. »Viele habt ihr nicht. Ich hab' ungefähr fünf Meilen von hier eine fünfstöckige Hütte. Der Professor lebt am Hidden Lake, eine Meile weiter. Mike und Amy hausen ungefähr eine halbe Meile von euch entfernt, die Dead Dog Ridge runter, aber sie sind meist unterwegs. Und Marvin und Anna kennt ihr ja.«

»Dead Dog Ridge?« fragte Melissa.

Denny täuschte nacktes Entsetzen vor. Er verbarg sein Gesicht in den Händen und schüttelte den Kopf. »Ich dachte, ihr wüßtet es«, sagte er. »Der Name stammt von Marvin. Er fand, der Kamm gleiche einem toten Hund. Er ist nicht gerade der ästhetische Typ, der viel Sensibilität für die Umwelt aufbringt.« Dann begann er zu strahlen. »Aber ich hab' sofort gesehen, daß ihr liberal seid, ein bißchen nach links orientiert, vielleicht sogar in einem Bergsteiger-Club. Oder?«

»Ich glaube nicht«, sagte ich zögernd.

»Das geht schon in Ordnung«, sagte er. »Wir brauchen hier mehr Leute, die nicht gleich schießen und dann erst Fragen stellen. Mein Besuch stört euch doch nicht, oder?«

Melissa brachte ihm einen Teller mit braunem Reis und ihrer Sauce, dazu Joghurt, den sie aus Milchpulver und Trockenkultur hergestellt hatte.

»Oh, danke. Das sieht so biologisch aus. Ich möchte wetten, ihr seid auch noch Vegetarier. Ich selber bin dagegen, irgendein Lebewesen zu töten. Das unterscheidet mich von allen anderen hier draußen. Ich möchte wetten, ihr hättet nicht gedacht, daß es in den hiesigen Wäldern so viele Rednecks gibt, was?«

Mir waren keine Rednecks aufgefallen. Ich versuchte, eine Antwort zu formulieren.

»Gut!« sagte Denny und schob das Essen in seinen Mund. »Das ist gut! Sei zurückhaltend. Urteile nicht zu schnell.«

Er lächelte uns zu und aß zufrieden.

Ich konnte mich nicht erinnern, daß jemals jemand ohne Voranmeldung so bei mir hereingeplatzt war und es sich so schnell gemütlich gemacht hatte.

»Wie lange leben Sie schon hier?« fragte Melissa und schob ihren Stuhl dicht neben den meinen.

»Sechzehn Jahre«, sagte er. »Bin direkt nach Vietnam hergekommen.« Er legte seine Gabel nieder. »Ich war bei den Green Berets, bis sie mich wegen Befehlsverweigerung aus der Truppe geschmissen haben. Aber ich war mit den Operationen zu vertraut, als daß sie mich einfach laufenlassen konnten, also kommandierten sie mich zur Sechsten Artillerie ab. Eines Nachts lag ich in meinem Schützenloch; während über uns die Granaten krepierten, dachte ich darüber nach, was ich tun würde, wenn ich das hinter mir hätte. *Fünf Tage* lag ich da. Ich dachte an *alles* – an das gute Leben und an das schlechte Leben, aber meistens dachte ich an ein Leben, in dem mir kein schleimiges Ungeziefer übers Genick kriechen würde. Ich malte mir aus, daß Alaska in dieser Hinsicht sicher wäre. *Niemand* machte sich in den sechziger Jahren Gedanken über Alaska, bis auf Bergarbeiter und Ex-Sträflinge. Ich fing an, im Kopf meine Hütte zu bauen, aber nach fünf langen Tagen wurde es ein fünfstöckiges Haus. Ihr müßt es mal anschaun kommen. Wirklich beeindruckend.«

»Ich kann mir keine fünfstöckige Hütte vorstellen«, sagte ich.

Er lachte: »Ich *weiß*! Die Vorstellung fällt schwer. Der Bau besteht aus ganz schön viel Geächze und Gestöhne.«

Er schaufelte das Essen in seinen Mund wie ein Hongkong-Chinese Reis aus einer kleinen Schale.

»Aber genug von mir«, sagte er. »Ich wollte was über *euch* hören.«

»Mich überwältigt praktisch alles hier«, sagte ich.

Er kicherte. »Das ist die richtige Einstellung. *Ancora imparo*: ›Ich lerne immer noch.‹ Das hat Michelangelo auf dem Sterbebett gesagt. Ich möchte wetten, das habt ihr nicht gewußt.«

»Haben Sie noch Hunger?« fragte Melissa.

»O nein, nein. Ich bin vollgestopft. Das war *ausgezeichnet*«, sagte er. »Außer du hast noch was übrig.«

Melissa ging mit seinem Teller zum Herd.

Denny wandte sich mir zu. Er legte die Rolle des exzentrischen Berglers ab. Mit einer Intensität, die mich überraschte, fragte er: »Wie weit hinaus willst du?«

»Ich weiß nicht«, sagte ich. »Das hier ist gerade unser erstes Zuhause. Ich weiß nicht, was es da draußen alles gibt.«

Er nickte und rückte näher. »Da draußen ist alles«, sagte er. »Alles. Meine Gelüste binden mich an die Stadt. Für mich ist das Freude und Bedauern zugleich. Aber ich bin mit meiner Lady und dem kleinen Jungen mit dem Hundegespann über die Mackenzie Mountains und dann sechs Monte später mit dem Kanu über den Yukon wieder raus. Wir haben *keine Menschenseele* gesehen. Wir haben das Gebiet genügend erforscht, um zu erkennen, daß es zu den letzten Gegenden dieser Erde gehört, die kartographiert wurden. Weiter kann man nirgendwo gehen.« Erschrocken stellte ich fest, daß mein Kopf nur Zentimeter von dem seinen entfernt war. »Geh!« sagte er sanft. »Laß dich nicht einfangen. Geh weiter.«

Ich fuhr zurück. Melissa stellte den wieder gefüllten Teller vor ihm ab. »Oh, danke!« sagte Denny und richtete sich auf. »Ich möchte wetten, ihr habt auch ein bißchen Tamari. Ich will damit nicht sagen, daß dein Essen nicht genug gewürzt wäre, aber ich mag Tamari wirklich.«

Melissa blickte ihn neugierig an. »Rick hat zwanzig Liter gekauft«, sagte sie.

»Ich wußte es!« sagte er. »Ex-Städter und Naturkostler. Aber wenn ihr's wirklich ernst meint, müßt ihr auch von getrockneten Beeren und Kaninchenfleisch leben können.«

Melissa starrte ihn an. »Was meinten Sie mit ›weitergehen‹?« fragte sie.

Denny grinste. »Oh, das ist hier bloß so eine Redewendung. Talkeetna ist wie ein Haus auf halbem Weg. Es ist nicht Anchorage, El Paso oder Schenectady, aber wir alle kommen von solchen Orten. Wir marschieren die Schienen rauf und runter. Wir reden davon, über die nächste Bergkette zu gehen oder hinaus zu den Gletschercanyons. Aber das ist nur Gerede. Wir sind Durchschnittsamerikaner, wir sind bloß an den Rand der Wildnis gestolpert. Seht mal!« Er knöpfte seine Hemden auf, breitete die Arme aus und streckte seinen gewölbten Brustkorb vor. »Made in America«, sagte er.

Er machte die Knöpfe wieder zu. »Ich denke immer noch, daß ich ein paar Leute kennenlernen werde, die hierhergekommen sind, um eine vollkommen neue Welt zu schaffen, und die nicht bloß vor der alten Welt flüchten wollten. Wäre es nicht großartig, wenn man mit dem besten, was die Kulturen der Eskimos und der Indianer zu bieten haben, *und* dem guten, alten amerikanischen Know-how autonom wäre und auf eigenen Füßen stehen könnte? Hier draußen kann man *alles* erschaffen.«

Er schaute auf, um zu prüfen, ob wir ihm noch zuhörten. Als er sah, daß wir noch nicht unruhig herumrutschten, fuhr er fort. »Selbst wenn diese Zivilisation nicht durch ihre eigene Gier dem Untergang geweiht wäre, selbst dann gäbe es da draußen immer noch einen namenlosen Lachsfluß, der die wildesten Träume Wirklichkeit werden lassen kann.«

»Wir bleiben nicht hier«, sagte ich impulsiv.

Er lachte laut auf. »Ich bin in sechzehn Jahren nur zwei Menschen begegnet, die die kulturelle Nabelschnur durchschnitten haben und für immer da rausgegangen sind. Und sie sind beide tot.«

»Was meinst du mit ›Wir bleiben nicht hier‹?« wollte Melissa von mir wissen.

»Ich meinte bloß, daß wir immer noch nach unserem eigenen Land Ausschau halten«, sagte ich, ihrem Blick ausweichend.

»Wohin willst du sonst gehen?« fragte sie.

»Ich meinte nur...«, fing ich an.

Denny unterbrach mich. »Hey, hör zu. Ich will nicht schuld an einem Hauskrach sein. Ich hab' meine Frau vor zehn Jahren verloren. Wenn ihr beide nicht zusammenbleibt, landet ihr wieder in der Stadt.«

Er beugte sich zu mir herüber und sagte in verschwörerischem Tonfall: »Wenn du sie zu sehr drängst, verlierst du sie.«

»Wovon *redet* ihr?« rief Melissa. Sie war aufgebracht.

»Nichts! Nichts!« sagte Denny. »O Mann, so gut hab' ich nicht mehr gegessen seit damals, als ich ein kleines Hippiemädchen in der Bread Factory kennenlernte. Das ist das Naturkost-Restaurant in Anchorage. Sie haben Tamari auf dem Tisch stehen statt Salz. Wir haben eine unglaublich romantische Woche bei mir verbracht. Aber dann brach sie durchs Eis.«

»*Was* für Eis?« schrie Melissa.

»Oh, ich glaube, ich gehe jetzt besser«, sagte Denny und schob sich eine letzte Gabel in den Mund. »Nun macht euch mal keine Sorgen. Hat mich gefreut, euch kennenzulernen. Laßt euch Zeit, und einen Schritt nach dem anderen.«

Er ging rückwärts zur Tür. »Ihr werdet alles *großartig* machen. Das sehe ich. Danke für das Essen. Bis später!«

Leise schloß er die Tür hinter sich.

»Würdest du mir bitte verraten, was hier vor sich geht?« sagte Melissa. Sie stand sehr aufrecht da.

»Er hat bloß versucht, uns aufzumuntern«, sagte ich.

»Er machte mich wahnsinnig!«

»Aber jetzt wissen wir, was da draußen ist«, sagte ich.

»Ich weiß nicht mal, was *hier* ist!« sagte sie.

»Hier leben Leute wie wir. Normale Menschen, die auf Alaska neugierig waren.«

»*Er* war *normal*?« sagte Melissa.

Ich dachte an Rosser, der in der Abenddämmerung seine Sonnenbrille trug. Ich dachte an Marvins Strafverfahren. Ich dachte an die mißhandelte Kellnerin aus Texas.

»Na ja, wenigstens wußte er deine Kochkünste zu schätzen.«

Melissa atmete tief durch. »Und du willst auf diesen Berg klettern?« fragte sie.

Sie erwischte mich auf dem falschen Fuß. »O Mann«, sagte ich, um Zeit zu gewinnen. »Ich dachte, wir besuchen zuerst Rosser.«

»Hör zu«, sagte sie. »Mir ist es egal, was ›da draußen‹ ist. Wir *sind* ›da draußen‹. Ich kann nicht mal meinen Freunden schreiben, weil jedes meiner Wörter für sie vollkommen unverständlich wäre. *Wölfe* ziehen uns durch die Wälder. *Kaninchen*fleisch? Und *du* willst auf den höchsten Berg dieses Planeten klettern? Bis jetzt hast du es gerade bis auf das Empire State Building geschafft.«

»Moment mal«, sagte ich.

Eine Stunde später beendeten wir unseren Streit, indem wir uns leidenschaftlich liebten. Das Mondlicht flutete durchs Fenster, und alles schien so, wie es sein sollte: lebendig, mächtig, intensiv. Im Einschlafen fragte ich mich: »Ist das normal?«

Am nächsten Tag schirrten wir die Hunde an, um zu Rosser zu fahren. Melissa saß auf dem Bier. Der Tag war warm, der Schnee weich. Der Frühling schien in der Luft zu liegen.

Ich rechnete damit, mich zu verirren. Ich hatte Papier und Stift mitgebracht, um die Route, der wir folgten, zu skizzieren. Ich fürchtete, wir könnten wieder vor unserer Haustür landen.

Doch nach einer mehrstündigen, idyllischen Fahrt durch dichten Wald, in dem nur die Fährten kleinerer Tiere zu sehen waren, die wir nicht identifizieren konnten, stießen wir auf eine kleine Hütte. Rosser stand unter dem Vordach an einen Pfosten gelehnt, als würde er uns erwarten.

Anstatt eine Begrüßung zu brüllen, nickte er uns nur einen Willkommensgruß zu und kam uns ein paar Schritte entgegen, um uns mit den Hunden zu helfen. Er wirkte heiter und gelassen. »Logisch«, dachte ich. »Er ist zu Hause.«

Die Hütte war vollgestopft mit den Notwendigkeiten des täglichen Lebens: Holzregale mit Küchenutensilien und Büchern, Dachsparren, an denen Schneeanzüge und Handschuhe hingen. In den Ecken standen aufgereiht Stiefel und Kartons mit Kinderspielzeug. Alles schien *organisiert* zu sein.

Wir wurden von seiner Frau Micky und seiner fünfjährigen Tochter Nara begrüßt. Sie waren sehr freundlich. Micky bereitete Elchsteaks zu, die Nara auf Porzellantellern servierte.

Die drei machten einen Rundgang mit uns, zuerst durch den höhlenartigen Keller, der sich unter einer Falltür im Fußboden verbarg, dann durch die Werkstatt, in der professionelle Werkzeugsätze an den Wänden hingen, und anschließend bis an den Rand einer Grube am Ende der Werkstatt – der erhofften Quelle. Ganz zum Schluß führten sie uns noch in einen Holzschuppen, in dem eine gefrorene Elchkuh hing. Jeder Hund wurde uns mit Namen vorgestellt. Es war ein gewöhnlicher vorstädtischer Nachmittagsbesuch in den Wäldern des Nordens.

Doch bei Anbruch der Dämmerung tranken Rosser – von seiner Frau »Mark« genannt – und ich Bier, während die Frauen oben auf der Schlafstatt flüsterten und lachten.

Wir tranken immer noch Bier, als sie schon längst schliefen.

Was hier den Unterschied zu einer Kunststoffküche mit Leuchtstoffröhren ausmachte, waren nicht die von einer Laterne erhellten und mit Moos abgedichteten Wände aus Baumstämmen und das Geheul der Schlittenhunde in der Nacht. Es war die Art der Unterhaltung.

Rosser bestritt den größten Teil des Gesprächs. Dafür trank er auch am meisten. Er erzählte mir, daß er zwei Jahre gebraucht hatte, um die nötigen Fähigkeiten zu erwerben, sich das Landleben in Alaska einigermaßen angenehm zu gestalten, obwohl er in Michigan auf dem Land aufgewachsen war. Die Jagd war anders: Wild in der Gegend des 62. Breitengrades bewegte sich in riesigen Gebieten, anstatt nur ein paar Felder zu überqueren. Der Hausbau war unterschiedlich, weil man den gewaltigen Schneelasten Rechnung tragen mußte. Die Gartensaison war kurz und schwierig: Im Juni und Ende August mußte man mit Frost rechnen, und die säurehaltige Erde lag nur einen Fuß hoch auf den Überresten der Gletscher. Und im Vergleich zu der hiesigen Abgeschiedenheit, selbst wenn man nahe der einzigen menschlichen Gemeinschaft innerhalb von fünftausend Quadratmeilen lebte, wirkte die obere Halbinsel von Michigan ausgesprochen städtisch.

Er erzählte mir, daß Talkeetna bis Mitte der fünfziger Jahre ein Versorgungslager entlang der Eisenbahnlinie für die Goldsucher gewesen war, als das Heimstättengesetz das Land verfügbar machte. Er beschrieb, welche Anforderungen ein Hundegespann stellte (»Massenhaft Futter und einen großen Stock«), und erklärte das Fundament seiner Hütte, aus trockenen Rottannenstämmen erbaut und mit Kreosot behandelt gegen die Fäulnis.

Ich kam mir wie ein Anthropologe vor, der die Grundbegriffe eines exotischen Lebens lernt, und Rosser wußte das. Er lehnte sich zurück gegen das mit Eisblumen überzogene Küchenfenster, die Füße auf dem von Hand zugehauenen Tisch, und bot mir seine Informationen beiläufig, aber doch direkt an. Er erzählte mir von einem Freund, der durch das Eis des winterlichen Susitna gebrochen war und bis zur Taille im Wasser gestanden hatte; es war ihm gelungen zu überleben, indem er seine Kleidung über einem Feuer aus Pappelrinden und abgestorbenen Ästen einer Trauerweide getrocknet hatte. Er gestand mir, daß er immer noch keine Biberhandschuhe oder andere Pelzsachen machen konnte. Gaswagen-Ted und seine Frau – die einzigen noch in der Gegend verbliebenen Athapaska-Indianer – gerbten ihre Häute mit Elchhirn. »Und weichere Häute findest du nirgendwo.«

Ich lernte, daß sich mit Birkenrinde am besten Feuer machen läßt. Rosser wußte das aus eigener Erfahrung, weil er einmal die Rinde von einer Birke entfernt hatte, damit der Baum stehend trocknen würde. Ein paar Monate später hatte er versehentlich eine Zigarette in den Rindenhaufen am Fuß des Baumes fallen lassen. Ich erfuhr, daß man am besten im Frühling Feuerholz sammelt, weil die warmen Tage und die eiskalten Nächte eine feste Schneekruste, so hart wie Pflaster, erzeugen, über die die Hunde schwere Lasten schleppen können. Außerdem lernte ich, daß niemand »Mush« zu seinen Hunden sagt. Besonders lässig war es, wenn man sein Gespann mit einem leisen Pfiff antrieb. »Mush« war was für Comic-Zeichner.

Als Gegenleistung für seine in sechs Alaskajahren erlebten Geschichten bot ich die von mir bei der Arbeit produzierten Witze der Woche an. Er lachte pflichtschuldig, kehrte aber bald wieder zu bunten, informationsreichen Geschichten zurück, die für einen Neuling in einem der extremsten Länder der Erde lebensnotwendig waren.

Schließlich leerte er ein letztes Bier und sagte: »Aber ich weiß im Grunde nichts. Mein Bruder ist Arzt. Er ist clever. Ich bin lediglich das schwarze Schaf der Familie.«

Bevor ich ihm versichern konnte, daß er durchaus kompetent war – was meiner Meinung nach »clever« bei weitem übertraf –, stellte er seine leere Dose zurück in den Behälter und sagte: »Ich hoffe, du bist bereit, morgen früh vier Meter in den Brunnen runterzuklettern. Wir werden eine Menge *Spaß* haben.«

»Geht schlafen!« rief seine Frau von oben.

»Was hat Marvin *tatsächlich* getan?« fragte ich plötzlich.

Rosser zögerte, zuckte dann mit den Schultern. »Er hat das Weihnachtsschild vom Fairview runtergerissen, weil der Besitzer Anna nicht bedienen wollte. Das alte Farmerarschloch hatte ein Schild mit der Aufschrift HIPPIES BENUTZEN DEN SEITENEINGANG aufgestellt. Marvin wurde sauer.«

»Das war ein *Verbrechen*?«

»Der Schaden belief sich auf über zweihundert Dollar.«

Am nächsten Morgen tischte Micky ein gewaltiges Frühstück mit Eiern und Kartoffeln, mit Elchwurst und hausgemachter Blaubeermarmelade auf. Bevor wir aßen, trank Rosser eine Kanne Kaffee. Als er mir auch eine Tasse einschenkte, zitterte seine Hand.

Nach dem Frühstück ließ Rosser einen Zwanzig-Liter-Eimer in den Brunnen hinab, und ich glitt an dem an seinem Griff befestigten Seil hinab. Mit einer kleinen Schaufel füllte ich den Eimer mit Erde. Er zog ihn hoch. Der Eimer war anderthalb Fuß breit. Das Loch war drei Fuß breit. Jeder Eimer mit Erde und Felsgestein wog mindestens fünfzig Pfund.

Trotzdem machte ich mir keine Sorgen darüber, daß er einmal den Eimer fallen lassen könnte. Als ich auf feuchte Erde stieß, senkte er ein langes Metallrohr mit einem am Ende befestigten Ansaugstutzen herab. Ich rammte einen Holzklotz horizontal in die Wand des Lochs, drei Meter von der Oberkante entfernt. Dann stellte ich mich darauf und hielt das Rohr ein paar Fuß von seinem oberen Ende entfernt fest. Rosser bearbeitete den verdickten Rohrkopf mit einem zwölfpfündigen Vorschlaghammer. Meine Hände waren sehr dicht bei der Stelle, wo der Hammer auf das Rohr knallte. Bei einem Fehlschlag würde er mir einen Arm oder einen Teil des Schädels zertrümmern.

Aber für mich war er zu einem Symbol geworden, auch wenn ihm morgens die Hände zitterten. Mir kam gar nicht in den Sinn, daß er danebenschlagen könnte. Und er tat es auch nicht.

Als der Ansaugstutzen tief in den unterirdischen Strom getrieben worden war, der ihre Wasserversorgung garantieren würde, kletterte ich hinaus, und Rosser senkte ein Rohrstück aus Stahlblech mit einem Durchmesser von drei Fuß in den Schacht ab und füllte die Hohlräume mit Erde.

Anschließend brachten wir einige Stunden in der Werkstatt zu. Ich sah zu, wie Rosser schnell und geschickt mit Hammer und Schraubenzieher unseren Schlitten in eine Form brachte, die der seines eigenen Schlittens ähnelte. »In dieses im Ofen getrocknete Eichenholz läßt sich kaum ein Nagel schlagen«, erklärte er taktvoll, während er meine Nägel wieder herausriß.

Nachdem wir unsere Hunde zur Heimfahrt angeschirrt und unter Winken und Abschiedsrufen losgefahren waren, teilte Melissa mir ihre Sicht der Dinge mit. »Weißt du, wie unheimlich es ist, hier draußen zu leben?« sagte sie, während wir unsere Spuren zurückverfolgten.

Ich fuhr im Licht des Spätnachmittags einen wunderschönen Hundeschlitten in vertrautem Gelände. »Nein!« sagte ich glücklich.

»Micky sagte, daß jede andere Familie mit Ausnahme von Marvin und Anna, die versucht hat, sich hier häuslich niederzulassen, sich entweder getrennt hat oder in ihre alte Heimat zurückgekehrt ist. Sie meint, die einzigen Leute, die noch hier sind, wären Einzelgänger oder Verrückte. Sie hat mir erzählt, daß *sie* jeden Tag mit *sieben* Hunden eine halbe Meile bis zum Fluß fahren muß, um die Kannen mit Wasser zu füllen.«

Ich lachte. »Aber jetzt haben sie einen Brunnen!«

»Du hast die Pointe nicht mitgekriegt«, sagte sie.

»Nun, was war denn so erheiternd, daß ihr oben dauernd gekichert habt?« fragte ich.

Sie drehte sich um und lächelte mir zu. »Wir haben darüber gesprochen, wie komisch ihr Jungs wirkt, wenn ihr versucht, alles im Griff zu haben.«

Eine Weile fuhren wir schweigend weiter.

»Zum Beispiel?« fragte ich, ein bißchen irritiert.

Sie deutete auf unseren schlanken Schlitten. »Sobald wir eine Kamera haben, mach' ich ein Foto und schick's nach New York«, sagte sie. »Jetzt, wo wir einen *richtigen* Schlitten haben.«

Während der nächsten Wochen waren wir damit beschäftigt, Rottannen zu fällen, die noch aufrecht stehend abgestorben und getrocknet waren. Ich entdeckte, daß lebende Bäume selbst im Winter mit Feuchtigkeit gesättigt waren, so daß sie mit einem kühlen Zischen anstatt mit einem trockenen Knacken brannten. Wir versuchten Stanleys Hütte herzurichten, indem wir Fiberglasisolierung in die Lücken zwischen den Stämmen der Wände stopften. Wir besuchten unsere Nachbarn, um uns für den

Schlitten und das Hundegeschirr zu bedanken. Tagsüber starrten wir die Berge an und nachts das Nordlicht.

Das Nordlicht hielt uns lange wach. Es erhellte den Himmel mit Spektralvorhängen, die sich bauschten und ineinanderschoben; es brachte die Hunde dazu, lange Heulgesänge anzustimmen.

Wir schrieben Briefe nach Hause, aber es war ein vergebliches Bemühen, wie wenn Astronauten die Mondlandschaft zu beschreiben versuchten. »Wirklich hübsch.« »Vollkommen anders.«

Der Schnee schmolz rasch, als die Tage länger wurden. Und die Tage wurden rasch länger. Jeden Morgen ging die Sonne fünf Minuten früher auf. Sie erschien zunehmend weiter im Norden, nicht im Osten, es war merkwürdig und phantastisch.

Dann tauchte Denny genauso überraschend auf wie beim erstenmal.

»Ich habe auf euch gewartet!« sagte er, als er zur Tür hereinmarschierte. Jetzt trug er nur noch zwei Wollhemden und ein rotes Halstuch, das sein langes Haar bändigte. »Ich dachte, ihr wärt die Sorte, die erforschen *will.* Kommt schon! Das bringt euch doch nichts, wenn ihr hier herumhängt.«

»Wir sind an den Grenzen unserer Fähigkeiten angelangt«, sagte ich.

Er seufzte. »Na ja, wenigstens seid ihr nicht tot«, sagte er. »Und jetzt kommt mit. Folgt mir!«

Wir fütterten die Hunde und folgten ihm.

Zwei Stunden später überquerten wir einen zugefrorenen See und standen vor seinem fünfstöckigen Palast. Er ließ uns höchstens eine Minute Zeit, um das Haus anzustarren. »Da steckt zuviel Arbeit drin, um es bloß anzuschaun«, sagte er und trieb uns weiter. »Es ist groß, ich weiß, aber ich hab' es gebaut, ohne zu wissen, wie man mit Stämmen arbeitet. Ich zeig' euch jetzt einen Ort, der wirklich *professionell* ist.«

Er führte uns weiter in den Wald, hielt dann aber inne und drehte sich nach seinem Haus um. »Aber es ist schon groß, nicht wahr?«

Der Dachfirst reichte bis zu den Baumspitzen hoch. Die Lükken zwischen den Baumstämmen deuteten auf eine sehr überstürzte Konstruktion hin, aber alles in allem war es ein Monument der menschlichen Möglichkeiten.

»Es gibt mir Hoffnung«, sagte Melissa.

»Gut!« sagte Denny. »Das reicht.«

Wir marschierten weiter durch den Wald. Am Ufer eines anderen Sees angelangt, deutete er und sagte: »Dort ist das Haus vom Professor. Es brannte vor fünf Jahren nieder. Das heißt, das alte Haus brannte nieder. Ich entwarf dieses Blockhaus, während er so verzweifelt war, daß ich dachte, er würde das Land verlassen. Bietet es nicht einen ästhetischen Anblick, wie es da so zwischen den Bäumen sitzt?«

Die Hütte war weiträumig und wirkte so pittoresk wie ein Ranchhaus in einer Nummer von *Stadt und Land.*

»Wir haben ihm alle beim Neubau geholfen. Es war eine Party, die einen ganzen Monat dauerte. Der Professor ist eine natürliche Quelle, die man anzapfen kann. Bevor er seine Universität verließ, war er eine Autorität auf dem Gebiet veränderter Bewußtseinszustände. Er hat sogar ein Handbuch über dieses Thema geschrieben, das an allen Colleges *im ganzen Land* benützt wurde.«

Denny trieb uns näher und blieb dann stehen. »Aber diese Sachen gehören für uns jetzt der Vergangenheit an.« Er sah Melissa und mich scharf an. »Nicht wahr?«

»Ich habe jeden Drink einmal probiert«, sagte ich.

»Ja«, sagte Melissa etwas taktvoller.

Denny ging weiter. »Ich hatte sogar wegen Marihuana moralische Bedenken«, sagte er, »aber nachdem ich gesehen hatte, wie zerstörerisch Alkohol in diesem Land wirkt, begann ich anders zu denken. Es ist eine Tragödie, was hier mit den Inuit passiert ist. Es unterscheidet sich in nichts von dem, was mit den Indianerstämmen während der Besiedlung des Westens geschehen ist. Und viele der Weißen hier sind aggressive, raubgierige, teilweise psychisch gestörte Trunkenbolde. Genau wie damals im Westen!«

Er schob uns auf die Veranda der Hütte. »Hallo! Hallo!« rief er, die Hände trichterförmig vor den Mund gelegt.

»Wahrscheinlich ist er mit seiner Schneemaschine in die Stadt, um Vorräte zu holen«, sagte er schnell. »Na ja, wir können immer noch in die Sauna gehen.«

Er ging auf einen kleinen Bau neben der Hütte zu. »Schaut! Da ist massenhaft bereits gespaltenes Holz!«

Er verschwand in der Sauna, die Arme voller Holz.

Melissa und ich wechselten einen Blick. »Ich will ein Handtuch«, sagte sie. »Ein großes Handtuch, das sich um den ganzen Körper wickeln läßt.«

Rauch begann aus dem Kamin aufzusteigen. Denny kam heraus, um noch mehr Holz zu holen. »Das ist die einzige Möglichkeit, in den Wäldern zu baden«, sagte er. »Besser als Meskalin. Ihr werdet sehen. Nachdem wir uns von hundert Grad Hitze haben aufweichen lassen, stürzen wir uns in den See. Das schlägt alles!«

Zu Dennys Enttäuschung fanden wir ein Handtuch für Melissa. »Niemand kann dich hier sehen«, sagte er.

Melissa zog sich hinter der Sauna aus und kam dann herein, bis zu den Knien ins Handtuch gewickelt.

Denny schürte das Feuer, bis das Metallthermometer nahe der Decke über hundert Grad anzeigte. Wir nahmen alle eine feuerrote Färbung an.

Die Konversation wurde so schlaff wie Dennys Muskeln.

Dann spritzte er Wasser aus einem Holzeimer auf die Steine, die den Ofen abdeckten. Die Hitze wurde unerträglich. »Jetzt!« brüllte Denny und stürmte hinaus.

Er rannte mit weiten Sätzen zum See und ließ sich in ein Loch im Eis fallen. Sofort kletterte er wieder raus und kam zurückgerast.

»Huch!« sagte er. »Ho!«

Er schüttelte sich wie ein Hund. »Na los!« drängte er. »Alle Menschen am Polarkreis machen das.«

Melissa und ich standen dampfend da wie überhitzte Heizkörper. »Ich glaube, ich passe«, sagte Melissa.

Gemeinsam gingen wir wieder in die Sauna. »Dreimal!« sagte Denny, als er den Ofen wieder anschürte. »Dreimal in den See, und ihr werdet nicht glauben, wie ihr euch fühlt.«

Nach dem zweiten Aufguß auf die Steine folgte ich ihm in den See. Es war, als würde einem die schönste Frau der Welt das Nudelholz über den Kopf ziehen: betäubend, aber aufregend. Selbst nachdem ich wieder aus dem Wasser war, wogte es in meinem Kopf weiter.

Nach dem dritten Aufguß stürzten wir uns alle in den See. Wir kreischten und spritzten. Die Bäume über unseren Köpfen wirbelten im Kreis herum. Ich konnte mich nicht entsinnen, jemals so angenehm benommen gewesen zu sein. Ich konnte mich überhaupt nicht an viel erinnern.

Mir fiel jedoch auf, daß dem Saunaritual jegliche Erotik abging, sobald man erst mal im See gewesen war. Denny warf nicht mal einen Blick auf Melissa. Er starrte auf seine Füße, während sie den Pfad zurück zur Sauna entlangtrabten.

Als wir uns mit noch immer weichen Knien wieder ankleideten, deutete Denny über den See und sagte: »Ihr wohnt nur zwei Meilen entfernt. Ist euch klar, daß wir fast *zehn* Meilen gelaufen sind, um hierherzukommen?«

»Ja«, sagte Melissa. Sie saß auf einem Baumstumpf.

»Es gibt einen Trail direkt über den See«, sagte Denny. »Ihr seid in einer halben Stunde zu Hause.«

Er marschierte mit uns auf den See hinaus und zeigte uns den Trail. »Die echte Wildnis ist noch ein ganzes Stück entfernt«, sagte er. »Hier haben wir Trails. Wo du gern wärst, gibt es keine Trails. Ich meine, wo *ich* gerne möchte, daß du wärst. Aber ein Trail macht einem das Leben in jedem Fall leichter.«

Dann wiederholte er, daß wir in einer halben Stunde auf den Dead Dog Ridge stoßen würden, und lud uns ein, bald mal einen Tag bei ihm zu verbringen. Am Wochenende kommt eine Kleine hoch und hilft mir ein bißchen beim Saubermachen. Danach könnt ihr kommen.« Wir verabschiedeten uns.

Schon nach wenigen Minuten verbargen die Wälder die weite Fläche des Sees. Auf abenteuerliche Weise fühlten wir uns allein.

Wir versuchten uns an den Händen zu halten, doch die von der Schneemaschine erzeugte Spur, die den Trail bildete, war zu schmal. Wir unterhielten uns darüber, wie wir unsere eigene Sauna bauen würden. Ich ging vorn und drehte den Kopf beim Sprechen nach hinten. Wir diskutierten, ob der Bau einer Sauna oder eines Kartoffelkellers wichtiger wäre.

Fünfzehn Minuten später hatten wir den Trail verloren. Ich stand plötzlich mitten unter den abgebrochenen Ästen einer Birke, die als Brennholz abtransportiert worden waren. Der Rest eines Stammes, der durchgesägt worden war, ragte ein paar Zentimeter aus dem Schnee.

»Wahrscheinlich sind wir auf einen Holzfällertrail abgewichen«, sagte ich. Wir gingen ein Stück zurück und entdeckten die Stelle, wo ich die falsche Gabelung genommen hatte.

Obwohl wir nicht mal ein halbes Dutzend Blockhütten in dem gesamten Gebiet von Talkeetna die Schienen entlang gesehen hatten, hatte ich mir Dennys Ansicht zu eigen gemacht, daß es hier zwischen den miteinander verbundenen Trails *massenhaft* Menschen gab, und ein Trail führte immer irgendwohin. Selbst als der Trail, dem wir jetzt folgten, bei einem weiteren Holzstoß endete, machte ich mir keine Sorgen. Wieder gingen wir auf unserer eigenen Spur zurück, bis zu der Stelle, wo der Holztrail von dem Haupttrail abbog. Wir sahen jedoch ganz deutlich, daß der Holztrail, dem wir eben gefolgt waren, der Haupttrail *war*. In der Fortsetzung der Gabelung befanden sich Einbuchtungen im Schnee. Der Wind hatte die Spuren etwas verweht, aber es war eindeutig ein Trail, denn er trug mein Gewicht, als ich darauf trat.

»Haben wir uns verirrt?« fragte Melissa.

Ich lachte. »Wir können uns nicht verirren. Der Sonne nach bewegen wir uns immer noch in die Richtung, in die wir aufgebrochen sind, und wenn wir den Trail verlassen, dann sinken wir eben etwas in den nicht festgetretenen Schnee ein.«

Ein paar Minuten später begannen wir, in den nicht festgetretenen Schnee einzusinken. Ich stampfte herum, tastete mit meinen Füßen nach dem Trail. Wütend versuchte ich mich zu erinnern, wo am Horizont in diesen extrem nördlichen Breiten die Sonne unterging. Aus reiner Neugierde hatte ich das vor einer Woche mit dem Kompaß überprüft, aber sogar innerhalb einer einzigen Woche hatte sich die Bahn der Sonne beträchtlich verändert.

»Jetzt mach' ich mir doch etwas Sorgen«, sagte Melissa. »Es bleibt nicht mehr lange hell.«

Ich konnte den Trail nicht mehr finden. »Wir klettern auf diesen Kamm«, verkündete ich. »Da können wir uns wieder orientieren.«

Wir kämpften uns den Hang zu einem langsam ansteigenden Kamm hoch, der unseren bisherigen Weg flankiert hatte. Der Grat ragte ungefähr dreißig Meter auf und bot eine erstklassige Panoramasicht.

Wir sahen Wälder, die sich bis zum Horizont der weißen Berge hinzogen. Wir sahen ausschließlich Wälder und Berge. Kein Rauch aus irgendwelchen Kaminen. Kein See mit Hütte und Sauna. *Nirgendwo* ein Anzeichen menschlichen Lebens.

»O Mann«, sagte ich.

»Ich hab' jetzt richtig Angst«, sagte Melissa.

Ich kämpfte die aufsteigende Panik nieder. Die Welt um uns herum war viel gewaltiger und endloser, als ich mir vorgestellt hatte. Und es gab nicht das geringste Anzeichen dafür, daß in dieser Landschaft Menschen lebten. Wir konnten weder Talkeetna noch die Eisenbahnlinie entdecken. Es war, als wäre man die einzige Feuerwache im größten Nationalpark der Welt.

Ich atmete tief durch. Der plötzliche Schock der überraschenden Erkenntnis, daß wir *ganz allein auf uns gestellt* in einem Land waren, das wir nicht erfassen konnten, wich allmählich ruhigeren Gedanken. Was konnten wir schon verlieren, wenn wir versuchten, auf eigene Faust zu unserem Haus zurückzukommen? Schlimmstenfalls mußten wir unseren wirren Fußspuren bis zurück zur Hütte des Professors folgen. Die Logik besagte, daß es praktisch unmöglich war, auf den Denali zuzugehen, ohne auf den Susitna zu treffen.

Schon als kleiner Junge war ich auf mein Zeitgefühl und

meinen Orientierungssinn stolz gewesen. Nach der Sauna, unter dem sinnverwirrenden Himmel des hohen Nordens, hatte ich keine Ahnung, ob es fünf oder acht Uhr war. Aber die Richtung, die wir einzuschlagen hatten, schien klar zu sein.

Wir hatten keine Streichhölzer, keinen Kompaß, nicht genügend Kleidung dabei, um uns vor der eisigen Kälte der Märznacht zu schützen, in der das Thermometer noch einmal weit unter den Gefrierpunkt fallen würde. »Hier entlang«, sagte ich.

Wir marschierten eine weitere Stunde. Das Tageslicht färbte sich bläulich. Die Luft schnitt uns kalt in die Lungen, als wir stehenblieben, um wieder zu Atem zu kommen. Melissa brachte ihre Sorgen und Ängste nicht zum Ausdruck, und ich erweckte keine falschen Hoffnungen. Wir waren zusammen, und gemeinsam würden wir es auch schaffen.

Als die Sterne und das grüne Flimmern des Nordlichts am Himmel auftauchten, stolperten wir auf eine Lichtung. Am anderen Ende stand eine Hütte. Es war unsere Hütte.

Wir gingen ein paar Schritte näher.

»Sie ist es wirklich«, flüsterte Melissa.

Wir drängten uns aneinander. Ich nahm ihre Hand. »Wenn wir zusammenhalten«, sagte ich, »gibt es nichts, was wir nicht fertigbringen können.«

Im Sternenschein betrachteten wir die Hütte. Sie war wunderschön.

Ich küßte Melissa. Das Glück, einfach so auf unsere Hütte zu stoßen, schien genauso zufällig zu sein wie eine beiläufige Begegnung, die schließlich zur Ehe führt: Das Schicksal hat seine Hände im Spiel, ebenso wie die Sterne.

»Ich liebe dich so sehr«, sagte ich. »Und ich weiß genau, daß wir alles tun können.«

Sie strich das Haar an meinen Schläfen zurück. »Das klingt wie ein Schwur«, sagte sie lächelnd.

»In guten wie in schlechten Zeiten«, sagte ich. »Und das hier sind eindeutig die guten Zeiten.«

Den restlichen Frühling hindurch übten wir alles mögliche. In den Wäldern hinter unserem Blockhaus studierten wir die Fährten und entdeckten, daß das Tierleben hier ebenso gewaltig war wie die Landschaft. Anhand eines Buches über das Spurenlesen, das wir auf Stanleys Bücherbord entdeckt hatten, versuchten wir Marder von Fuchs, Fuchs von Kojote, Kojote von Wolf und Wolf von Wölfin zu unterscheiden. Wir pflanzten zehn verschiedene Gemüse im Inneren des Hauses, während wir auf den Juni warteten, bis der Boden weit genug aufgetaut war, um ihn zu bestellen. Trotz der vielen Aufgaben zweigten wir uns sogar noch ein bißchen Freizeit ab, indem wir beide zusammen konzentriert arbeiteten und dann Schluß machten, wenn wir müde wurden. Welch ein Unterschied zum Stadtleben!

Wir verfügten über keine Elektrizität, keine Installationen, kein Telefon, und wir wuschen unser Geschirr in einem Topf auf dem Holzherd, weil es keine Spüle gab. Aber es war bequem.

Als die Schecks mit meinem Arbeitslosengeld eintrafen, fiel mir nichts mehr ein, was uns noch fehlte.

Marvin brachte mich dazu, meine Meinung zu ändern.

An einem Tag, den ich dazu nutzte, um auf dem letzten Schnee in die Stadt zu fahren und Vorräte zu kaufen, kam Marvin herüber, um mal nach uns zu sehen. Er entdeckte Melissa, die über einem Birkenstamm kauerte, den sie mühsam mit unserer kleinen Säge zerteilte.

»Was ist mit eurer Kettensäge los?« erkundigte sich Marvin.

Melissa sagte ihm, daß wir keine hätten.

»Und die von Stanley?« fragte Marvin.

Melissa sagte, sie wüßte nicht, ob der eine hätte.

»Weiß es Rick?« fragte Marvin vorsichtig.

»Rick hat von technischen Sachen nicht viel Ahnung«, sagte Melissa.

Marvin wurde still. Er bückte sich und nahm Melissa die Säge aus der Hand, drehte sie hin und her. »Du nimmst mich nicht auf den Arm, oder?« sagte er.

Als ich am Nachmittag zurückkam, stapelte sich ein gewaltiger Holzstoß vor der Tür.

»Wir haben gerade was über Kettensägen gelernt«, sagte Melissa.

»Aber woher *kommt* das alles?« fragte ich.

»Marvin hat einen Baum für uns gefällt. Er wäre beinahe aufs Haus gekracht. Er meinte: ›Warum weitergehen als unbedingt nötig?‹ Das hat mir gefallen.«

Am nächsten Tag fuhr ich noch mal in die Stadt und kaufte eine gebrauchte Kettensäge. Innerhalb einer Woche hatten wir den Holzvorrat für den Sommer beisammen. Bei dem Kreischen unter dem Biß der Säge lief mir ein kalter Schauer über den Rücken, vor allem, wenn ich die Sägezähne an die Flanke einer Birke setzte, aber ich ging weit genug in den Wald, um mit dem Mysterium des Todes allein zu sein. Bevor ich die Säge in Gang setzte, berührte ich den Baum, den ich ausgesucht hatte, und sprach ein kurzes Gebet.

Am letzten Tag im Mai kam Melissa zu mir. Ich saß am vorderen Fenster und schaute hinaus auf die Berge. Sie nahm meine Hand und legte sie auf ihren Bauch.

»Sechs Wochen schon«, sagte sie.

Ich drehte mich um und zog sie auf meinen Schoß. »Wie fühlst du dich heute?«

»Gut«, sagte sie.

»Keine Übelkeit?«

Sie lächelte. »Nicht, wenn ich meine Vitamine nehme und viel Liebe bekomme.«

Wir umarmten uns.

Dann deutete ich auf die Bergkette. »Ich kann es immer noch nicht fassen, wie nahe es ist«, sagte ich.

»Der Januar ist auch nicht mehr weit weg«, sagte sie. »Letzte Nacht hab' ich geträumt, es sei ein Junge.«

Ich grinste. » ›Lightning‹, wenn es ein Junge wird. ›Lassie‹, wenn es ein Mädchen ist.«

Wir schwiegen eine Weile. Dann blickte sie zum Fenster hinaus und sagte: »Ich hoffe wirklich, daß du es nicht versuchen wirst.«

»Aber danach bin ich bereit, mich fest niederzulassen«, antwortete ich sofort. »Dann muß ich nicht mehr hier sitzen und die Routen studieren.«

»Ich habe den Eispickel und die Steigeisen gefunden, die du draußen versteckt hast«, sagte sie.

Ich geriet in Verlegenheit. »Den Pickel hab' ich gebraucht gekauft, und die Steigeisen waren verbilligt«, sagte ich.

Sie erhob sich. »Diese Leute, die in die Stadt kommen, sind *Profis*, verstehst du? Mit ihrer teuren Ausrüstung sehen sie aus wie Profis. Wahrscheinlich haben sie alle schon den *Everest* bestiegen.«

Die Bergsteiger, die, je näher der Sommer rückte, in immer größerer Anzahl nach Talkeetna kamen, hatten uns beide neugierig gemacht. Mit Bergen glänzender Ausrüstung stiegen sie aus dem Zug: In ihren Augen lag ein ferner, entrückter Ausdruck. Ein, zwei Tage lang stampften sie in schweren Bergstiefeln und farbigen Kunststoffanzügen durch die Stadt, und dann waren sie verschwunden. Bei ihrer Rückkehr sahen sie sonnenverbrannt und irgendwie geschrumpft aus, aber sie waren in ekstatischer Stimmung.

Talkeetna, so erfuhren wir, war das Bergsteigerzentrum von Alaska und eine der vier größten Kletterbasen der Welt, zusammen mit Yosemite, Chamonix und Katmandu. Während der Klettersaison von April bis Juli flogen einmotorige Maschinen von der grasbewachsenen Startbahn unten neben der Stadt zu der Südostgabel des Kahiltna-Gletschers, wo sie auf hydraulischen Skiern landeten und Expeditionen am Fuße des Denali absetzten.

»Die Erstbesteigung des Berges gelang einem einundzwanzigjährigen Athapaska-Indianer aus dem Landesinneren, der den Denali noch nie aus der Nähe gesehen hatte«, erzählte ich Melissa. »In der Nähe von Fairbanks brachen sie 1912 mit einem Hundegespann zum Fuße des Berges auf.«

»Und wieviel Mann der Expedition sind ums Leben gekommen?« fragte Melissa.

»Kein einziger! Sie haben nicht mal Frostbeulen bekommen.«

Melissa ging neben mir auf und ab, ohne mich dabei aus den Augen zu lassen.

»Obwohl jetzt jedes Jahr ein paar umkommen«, gab ich zu.

»Du wirst bald *Vater*«, sagte sie.

»Aber ich möchte, daß mein Junge von all dem auch was versteht! Ich will, daß er oder sie weiß, wie man mit einem Hundegespann umgeht und Flüsse befährt, wie man Gipfel im ewigen Schnee besteigt. Du mußt wissen, was es in dieser Welt alles gibt.«

»Und was ist, wenn du *stirbst?*«

Ich wollte antworten: »Dann weiß er wenigstens, daß ich nicht nur rumgesessen bin und mir deswegen Gedanken gemacht habe. Er weiß, daß ich es *versucht* habe. Und er wird es weiterhin versuchen.« Statt dessen sagte ich: »Ich werde nicht sterben, es gibt wahrscheinlich fünfzig verschiedene Routen zum Gipfel des Denali. Über die Westflanke ist es am einfachsten.«

Melissa war nicht überzeugt.

»Jetzt ist die beste Zeit«, fuhr ich fort. »Wir haben uns häuslich eingerichtet. Wir haben massenhaft Holz. Wir haben ein sicheres Haus. Du mußt kein Wasser mehr heranschleppen, weil ich aus der Stadt ein paar Abfalltonnen besorgen werde, in denen wir das Regenwasser vom Dach auffangen können. Später werden wir unser eigenes Haus bauen und uns um das Baby kümmern. Davon abgesehen kann ich dabei genauso leicht ums Leben kommen.«

»Aber ich bin *schwanger*!« sagte Melissa.

»Ist ja gut«, sagte ich. »Ist ja gut.«

»Red' nicht in diesem gönnerhaften Ton mit mir«, sagte sie.

»Das war kein gönnerhafter Ton«, sagte ich.

An diesem Abend kam es zu einem heftigen Streit. Am nächsten Morgen stand ich auf und rannte vierzehn Meilen den Schienenstrang entlang. Ich mußte Dampf ablassen. Außerdem trainierte ich.

Ich wollte den Berg erklettern, weil ich nicht klettern konnte. Ich war in ein Land gekommen, das nach meinem Gefühl heilig war, kaum von Menschenhand berührt. Seine entlegenen Gegenden waren so jungfräulich wie zu der Zeit, als das Eis zurückwich und sich das erste Samenkorn im Boden verankerte. Und über allem ragten wie die Minarette von Mekka die schneebedeckten Gipfel auf. Ich war ein Pilger. Bevor ich nicht die Gipfel erreichte, würde ich das Herz dieser Welt nicht kennenlernen. Ich *mußte* das Herz kennen.

Natürlich waren meine Begierden zwanghaft. Natürlich war es verantwortungslos, jegliche Sicherheit aufzugeben und die Mutter meines Kindes einem ungewissen Risiko auszusetzen. Aber es war der gleiche Impuls, der uns nach Alaska gebracht hatte. Ich besaß den Glauben eines Pilgers, daß jede Reise dem Licht entgegen gesegnet wäre.

Ich hatte keine Angst, daß ich sterben könnte. Ich sorgte mich lediglich um Melissas Verständnis.

Eine Woche später packte Melissa spezielle Nahrungsmittel zusammen, die sie gebacken hatte: ölgetränktes Brot und Kokosnußplätzchen. Sie steckte sie in meine Ausrüstungstasche zu den gefriergetrockneten Mahlzeiten, die mir ein paar Japaner nach der Rückkehr von ihrer Tour geschenkt hatten. Sie hatte meine Army-Wollhose geflickt, die ich mir beim Holzschleppen zerrissen hatte. »Nicht länger als zwei Wochen, ja?« sagte sie.

»Nicht länger als zwei Wochen«, stimmte ich zu. »Ich muß den Gipfel nicht erreichen. Es geht gar nicht um den Gipfel.«

»Ray ist *gestorben*, weil er den Gipfel erreicht hat«, sagte sie. »Und schau jetzt Kathy an.«

Ray Genet, der berühmteste Bergführer des Landes, war vor ein paar Jahren beim Abstieg vom Everest erfroren. Er hatte hundert Leute, einschließlich Bobby Kennedy, mit Erfolg den Denali hochgeschleppt, doch sein Motto – »Zum Gipfel« – hatte ihn am Everest umgebracht. Die Mutter seines Sohnes, die gerade mit seinem zweiten Jungen schwanger ging, war von Talkeetna nach Nepal geflogen, um seinen Leichnam zu bergen. Sie trauerte immer noch.

»Berge sollten mit sowenig Anstrengung wie möglich bestiegen werden und ohne den Wunsch, um jeden Preis den Gipfel zu erreichen. Das ist meine Bergsteigerphilosophie«, sagte ich.

»Zwei Wochen«, sagte sie.

Als wir mit Packen fertig waren, marschierten wir zu den Eisenbahnschienen hinunter. Auf dem Rücken trug ich einen alten Rucksack, in den ich meinen Schlafsack, das Zelt und Winterklamotten gestopft hatte. Draußen hingen zwei Töpfe, Stanleys Schneeschuhe, der Eispickel, die Steigeisen und eine zusammengerollte Schaummatte, die ich mir von Denny geliehen hatte. Auf den kleinen Plastikkinderschlitten hatte ich die Tasche mit den Lebensmitteln geschnallt.

Die ersten sprießenden Blätter – bei den Rottannen die Nadeln – färbten die Bäume grün. Es war ein golden-grünliches *Leuchten* – es gab kein treffendes Wort dafür. Die Ränder der Rottannen, wo die neuen Nadeln sprossen, die Birken, die, wie ich gelesen hatte, fast eine Million Blätter hatten, leuchteten. Wir standen auf den Schienen und betrachteten den Frühling um uns herum in der Hoffnung, daß Ted vorbeikommen möge. Schließlich wurde mir klar, daß ich mein ganzes Zeug einen Berg hochschleppen mußte (er war *da*, sichtbar durch das Blattwerk). Wir gingen in die Stadt. Ich bedauerte, daß ich Garner nicht dabei hatte, der den Schlitten hätte ziehen können.

»Verstehst du, weshalb ich gehen muß?« fragte ich unterwegs.

»Spielt das eine Rolle?« erwiderte Melissa hinter mir, die gelegentlich dem Schlitten einen kleinen Schubs mit dem Fuß gab.

»Aber sicher«, sagte ich.

Sie schwieg eine Weile. Ein Rabenpärchen flatterte träge auf uns zu, dann führten sie plötzlich direkt über unseren Köpfen eine ganze Rolle aus und segelten ab. Eine so zwingende Leichtigkeit und Freiheit lag in diesem Manöver, daß ich laut auflachte, doch Melissa sagte: »Ich habe nicht das Gefühl, daß du etwas zu *beweisen* versuchst. Das find' ich gut. Aber ich wünschte, deine Priorität wären *wir*. Ich ...«

»Aber so ist es doch«, unterbrach ich sie. »Ich erkunde das für *uns*. Eines Tages werden du und ich und Spot – oder Spotette – in der Lage sein, diese *ganze* Welt zu bereisen, gemeinsam, weil wir wissen, was da auf uns wartet. Wenn wir ...«

»Ich bin noch nicht fertig«, sagte sie.

Ich schwieg.

»Ich weiß, daß du das Herz am richtigen Fleck hast«, fuhr sie fort. »Aber ich mag das Gefühl nicht, daß ich einfach nur wie eine gute Squaw hinterhertrotte. Ich möchte spüren, daß wir ein Teil der Dinge sind, gemeinsam. Wir sind hierhergekommen, weil es *dein* Traum war, und den Mönch abseits der Welt zu spielen gefällt *dir*, aber ich klettere nicht mit dir. Ich warte einfach nur *hier.*«

Eine ganze Weile gab ich keine Antwort. Wir marschierten weiter.

»Ich verspreche dir, daß wir eines Tages diesen Berg gemeinsam besteigen. Vielleicht klettern wir nicht, aber wir werden dort sein, ich *weiß* es. Ich hab' einmal allein alles für uns erkundet und, na ja, es hat uns zusammengebracht. Das wünsch' ich mir mehr als alles andere.«

Ich blieb stehen. Der Schlitten knallte gegen meine Beine. Ich ließ meinen Rucksack fallen, stieg über die Ausrüstung hinweg auf Melissa zu, bückte mich und legte beide Hände auf ihren Bauch. »He, Kleiner«, sagte ich. »Ich weiß, daß du mich hören kannst. Du bedeutest mir mehr als alles andere. Ich geh' mich nur ein bißchen umsehen. Dein Daddy würde dich *niemals* verlassen. *Capisci?*«

Ich schaute Melissa an. »Bist du sicher, daß es ein Junge wird?« fragte ich.

Sie zuckte mit den Schultern, nickte dann.

»Wie wär's mit Trigger?«

Sie lächelte und schüttelte den Kopf.

Ich stand auf. »Allein schon hier zu sein sollte einem guttun«, sagte ich. Ich ließ eine Hand auf ihrem Bauch. »Ganz gleich, ob wir nun zusammen oder getrennt sind. Einfach nur hier sein. Deshalb haben wir New York verlassen, um das zu finden: ein Haus, in dem wir leben können. Für uns drei.« Ich gestikulierte mit einer Hand, um die ganze Welt einzuschließen. »Hier.«

Melissa blickte an mir vorbei. »Wenn wir *hier* stehenbleiben«, sagte sie, »macht Ted Hamburger aus uns.«

Wir zogen den Schlitten von den Schienen, als sich der gasgetriebene Wagen näherte. »Wie geht's?« erkundigte sich Ted.

»Besser«, sagte Melissa.

»Wenn er wenigstens rauchen würde«, sagte Ted zu ihr und holte eine Zigarette aus seiner Westentasche, »dann würde er sich beim Abschied noch ein bißchen aufhalten.«

»Find' ich gar nicht komisch!« sagte ich.

Ted grinste weiter, aber seine Augen blickten verletzt. Ich hatte das Gefühl, daß er den Satz seit Tagen geprobt hatte.

»Ist schon gut«, sagte Melissa. »In zwei Wochen sind wir wieder zusammen.«

In Talkeetna begab ich mich zu dem Wohnwagen, in dem während der Saison die Denali National Park Ranger Station für Bergsteigen untergebracht war, um dort meine Tour registrieren zu lassen.

Die Ranger steckten in Khakiuniformen und hatten die Ausstrahlung von Leuten, die genau wußten, was sie taten. »*Wissen* Sie, was Sie tun?« fragten sie mich.

»Ich weiß, wohin ich gehe«, sagte ich.

Sie studierten meine gebrauchte Ausrüstung und versuchten, mir mein Unternehmen auszureden. Ich erzählte ihnen, daß ich schon im Himalaja geklettert war, was durchaus der Wahrheit entsprach. Allerdings hatte ich keine Gipfel erklommen, sondern war nur über hohe Bergpässe gestiegen, um Tibet zu erreichen, von wo aus mich chinesische Grenzposten nach Nepal zurückbefördert hatten, trotz meiner Beteuerungen, ich sei ein Bettelmönch unterwegs nach Lhasa.

Schließlich klagten sie über die neue Regelung, die es jedem erlaubte, ohne Einschränkung zu klettern. Ich ging zur Startbahn.

Melissa sah mir nach wie eine Mutter, die ihren einzigen Sohn in den Krieg ziehen lassen muß.

Ich rollte mich ganz hinten in der kleinen Maschine zusammen, gegen meine Ausrüstung gepreßt, und starrte aus dem Plastikfensterchen. Die Maschine flog über den Susitna. Ich begann zu lachen. Die Stadt verschwand schnell zwischen den frühlingshaften Wäldern, die sich bis zu den Bergen hinzogen. Ich lachte, bis ich weinte. Die Stadt war nebensächlich, ich war nebensächlich. Der Wald sprühte vor Leben, ich sprühte vor Leben. Ich konnte nicht aufhören zu lachen und zu weinen, bis das Flugzeug zwischen schneebedeckten Gipfeln dahinglitt. Dann gab es nur noch Fels und Eis und blendendes Licht.

Die Maschine landete auf der Südostgabel des fünfunddreißig Meilen langen Kahiltna-Gletschers. Ein wie eine Nissenhütte gebautes Leinwandzelt stand am Nordrand; hier saß ein Funker und half bei der Koordinierung der An- und Abflüge. Dies war das Basislager, mitten im Dreieck des Denali, dem 4700 Meter hohen Mount Foraker und dem 4000 Meter hohen Mount Hunter. Es war, als würde man sich im Zentrum der Großen Pyramide befinden.

Nachdem ich meine Ausrüstung in den Schnee geworfen hatte, startete das Flugzeug wieder den Gletscher hinab; auf dieser weiten Fläche sah es aus wie ein Moskito und hörte sich auch so an. Als das immer leiser werdende Gesumme verklungen war, gab es nur noch den Wind und das Schweigen.

Nur mit Alexanders Hemd bekleidet, baute ich mein Zelt auf. Die von allen Seiten reflektierten Sonnenstrahlen waren äußerst intensiv. Als die Sonne hinter einem Berggipfel verschwand, fiel die Temperatur um zwanzig Grad.

Ich schlief bis Mitternacht. In pastellfarbenem Glanz packte ich zusammen und marschierte los. Die Färbung war nicht so sehr rosa, golden oder blau, sondern eher ein diffuses Glühen, erzeugt von den kosmischen Wellenlängen, die in nördlichen Breiten nicht von dem Van-Allen-Gürtel reflektiert werden. Die Berge um mich herum waren von Quartz- und Silikonadern durchzogen. Das Strahlenbombardement verwandelte die Berge in Resonanzkörper. Ich lauschte nach himmlischen Harmonien, aber es endete damit, daß ich alte Songs sang.

Jedesmal, wenn ich mir eine Schlafstelle baute, grub ich mich zum Schutz vor Stürmen tief in den Schnee, bevor ich das Zelt aufstellte. Ich erlebte nur einen Sturm: Ich saß in meinem Zelt, saß einfach da und wartete.

Die restliche Zeit schien die Sonne, unterbrochen von ein paar gelegentlichen Wolken. Während ich stieg und stieg, dachte ich an meine Liebe für Melissa und unsere Familie. Ich dachte an Dennys Verkündigung, daß wir *alles* in der Wildnis erschaffen könnten – eine neue Kultur, eine bessere Welt, ein von den Extravaganzen der menschlichen Ökonomie unbeeinflußtes Leben. Ich dachte an eine Zeile von Nabokov: »ein langsames Überfluten nutzloser Schönheit«, und wiederholte den Satz wieder und wieder.

Ich gelangte zu dem Schluß, daß Menschen, die allein in die Wildnis gingen, dies aus Gründen der Reue und des Bedauerns taten und sich Offenbarungen erhofften. Ich bedauerte viele – liebevolle, nie ausgesprochene Gedanken und zu viele zornige Worte, großherzige Gesten, die nie zur Ausführung gekommen waren und betäubende Jahre schrecklicher Routine. Als ich in der Lage war, meine wirbelnden Gedanken zu beruhigen, brachte jeder Atemzug eine Offenbarung.

Zwölf Tage später blickte ich allein vom Gipfel auf die Welt herab. Man hielt es fast nicht für möglich, so viel von der Welt auf einmal sehen zu können, ohne Flügel zu haben. Ich war nur ein einziges Mal bis zur Hüfte in eine kleine Gletscherspalte gesackt, und die Höhe machte mir überhaupt nichts aus. Mir war es egal gewesen, ob ich den Gipfel erklomm oder nicht. Allein mitten im Herzen der Berge zu sein war schon ein überirdisches Gefühl. Das war genug. Es war komplett und vollständig. Ich war erfüllt davon, die Dinge so zu nehmen, wie sie waren – ein wahrer Segen.

Ich blickte auf silberne Flüsse, ockerfarbene Tundra und dunkle Wälder. Nach einem Aufstieg von vier Meilen fand ich den Blick, den ich mir ersehnt hatte. Dieses Land war ohne jeden Zweifel mein Zuhause. Ich mußte nicht weitersuchen. Ich konnte nicht sagen, wo in dieser gewaltigen Landschaft wir unser Haus bauen würden, aber das spielte auch keine Rolle. Ich wandte mich in alle vier Himmelsrichtungen und sah überall das gleiche. Ich preßte meine Hände gegen meine Brust und lächelte.

Eine halbe Stunde später gesellte sich ein professioneller Bergführer aus Talkeetna zu mir. Ich hatte zuvor seine Gruppe überholt. Seine drei angeseilten Kunden sackten um uns herum zusammen, als wären sie tot. Er bot mir einen Schokoriegel an.

»Dir ist doch klar, daß du unglaubliches Glück gehabt hast«, sagte er.

Zuerst dachte ich, er meine damit den windstillen, klaren und relativ warmen Tag – gerade fünfzehn Grad Kälte – auf einem Berg, der für sein übles Wetter berüchtigt war. Dann überlegte ich, ob er vielleicht darauf anspielte, daß ich keine Höhenkrankheit bekommen hatte. Schließlich gestand ich mir ein, daß er wahrscheinlich meinte, ich hätte Glück, noch am Leben zu sein.

Ich war zu glücklich, um etwas sagen zu können.

Er zählte die fünf massiven Gletscher auf, die unter unserem Gipfel einen konzentrischen Kreis bildeten. Er nannte die Namen der Berge, die am 250 Meilen entfernten Horizont deutlich sichtbar waren. »So einen Gipfeltag gibt es nur alle paar Jahre«, sagte er. Die Verwirrung, welcher Art nun mein Glück gewesen war, löste sich auf.

Wir standen schweigend da, bis einer der Männer am Boden stöhnte. »Den werd' ich tragen müssen«, sagte der Führer. »Kannst du dich zwischen den anderen beiden einseilen und ihnen runterhelfen?«

In ihrem Höhenlager angekommen, ging ich gleich weiter.

»Meine Frau ist schwanger«, erklärte ich.

»Oh, *du* bist das also«, sagte er. »Dann machst du dich besser auf die Socken.«

Am nächsten Tag stürzte ich, während sich am Himmel Sturmwolken sammelten, mit dem Gesicht voran auf die Südostgabel. Ich war sonnenverbrannt und in meiner Kleidung förmlich geschrumpft, aber meine Arme waren weit ausgebreitet. Über Funk rief ich nach einem Flugzeug. Es schlüpfte unter einer Wolkendecke herein, die die Berge für eine Woche einhüllen würde.

Ich landete in Talkeetna inmitten eines heftigen Hagelsturms. Ich rannte hinüber zu B&K, um mich unter das Dach zu stellen. Nur allmählich gewöhnte ich mich an das *Grün* in dieser Welt, an die Gerüche des organischen Lebens. Ein Einheimischer, dessen Namen ich nicht kannte, kam auf mich zu und sagte: »Mann, bin ich froh, daß du *zurück* bist!«

Mir fielen die Worte immer noch schwer.

»Du weißt ja, wie kontaktfreudig deine Lady ist, was?« erklärte er.

Ich fand Melissa in einem Zelt am Fluß. Nach meinem Aufbruch war sie nicht mehr zu unserer Hütte zurückgekehrt. Sie hatte in der Stadt gelebt, von dem Entgegenkommen von Fremden abhängig, die nun ihre Freunde waren. Als ich meinen Kopf ins Zelt steckte, drehte sie sich langsam um. Sie hatte gekniet und aus einem Moskitonetzfensterchen über den Fluß hinweg auf die Berge gestarrt. Tränen standen in ihren Augen.

»Mach das nie wieder. Verlaß mich nie mehr«, flüsterte sie. »Bitte.«

Für den Rest des Sommers versuchten wir, die Dinge so locker zu nehmen, wie sie uns vor meiner Bergtour erschienen waren. Aber wir hatten beide erlebt, wie unglaublich allein und einsam man in einer derartigen Landschaft sein konnte – nicht, wenn man auf der Suche nach einem Trail durch die Wälder streifte, nicht, wenn man neben dem Schienenstrang stand, nachdem der Zug verschwunden war, sondern wirklich *allein*, in einem Zelt unterhalb des Gipfels, wo einem nur Glaube und Angst Gesellschaft leisteten.

Ich war überglücklich gewesen. Sie war vor Sorge fast umgekommen. Und wir erwarteten beide zusammen ein Baby.

5

UNS WIRD EIN LEBEN GEBOREN

Ich trat hinaus in das blendende Licht. Winde vom polaren Packeis hatten den verhüllenden Dunst vom Himmel gefegt. Die Wärme der Erde war in die Stratosphäre gestiegen.

Richtige Kälte. Unerbittliche Klarheit.

Ich zog die Schultern vor und marschierte hinaus auf das Eis. Die reflektierenden Strahlen der Morgensonne ließen die Unterseite meiner Hutkrempe aufleuchten. Das Gleißen um meine Füße war so grell, daß mir Tränen in die Augen traten. Also drehte ich mich um und schaute zum vierzehnten Stock hoch.

Das Ziegel- und Sandsteingebäude war mit einem berauschenden Glanz überzogen. Nie war Chicago so schön gewesen. Irgendwo im Inneren des alten Apartmenthauses lag Melissa mit unserem Neugeborenen.

»*Niemand* sollte ins Freie gehen, wenn es nicht *unbedingt* notwendig ist!« hatte der TV-Meteorologe am Abend zuvor gesagt. »Dies ist eine Kälte, die alle Rekorde schlägt.«

In der Morgendämmerung ging ich in dem dicken Wollmantel und dem schwarzen Filzhut meines Vaters los, um Frühstück für die Hebamme einzukaufen.

Die Fifty-fourth Street in der Southside war normalerweise eine tückische Straße, Bandenterritorium. Normalerweise hielt man sich hier nicht lange auf, schon gar nicht an einem Neujahrsmorgen, ein paar Stunden, nachdem sich hier Gott weiß was für Exzesse abgespielt hatten.

Aber an diesem Neujahrstag lag die Straße so verlassen da wie ein Gletscher an den oberen Hängen des Denali. »Vierzig! Das entspricht *vierzig* Grad unter Null!« hatte der Nachrichtensprecher gewarnt.

Ich rutschte zur Mitte des Gehsteigs und blieb dort grinsend stehen. Wäre eine schwarze Limousine mit quietschenden Reifen und einer feuerspeienden Maschinenpistole um die Ecke gekurvt gekommen, ich wäre einfach stehengeblieben.

Ich marschierte die Straße hinab. An der nächsten Kreuzung stand ein Streifenwagen. Der Motor summte im Leerlauf vor sich hin: Auspuffgase stiegen hinten hoch. Auf der Fahrerseite klopfte ich gegen die Scheibe, hinter der ein Polizist döste. Er machte ein Auge auf und schoß dann in die Höhe. Er griff hastig nach der Schrotflinte zwischen den Sitzen.

Mir fiel ein, daß ich wie ein Mafioso aus den vierziger Jahren kostümiert war: langer, dunkler Mantel, schwarzer Filzhut. Ich hatte mir gerade erst meinen Bart abrasiert. Wahrscheinlich sah ich für einen müden Bullen nach ein paar Überstunden wie Uncle Louie der Killer aus.

Aber ich konnte nicht aufhören zu grinsen. »Ich hab' gerade einen Sohn bekommen«, sagte ich.

Der Bulle musterte mich von Kopf bis Fuß. Mit seiner freien Hand kurbelte er das Fenster einen Spalt auf.

»Ich hab' gerade einen Sohn bekommen«, wiederholte ich.

Wir starrten einander einen Moment lang an, ich in meiner dämlichen Glückseligkeit, der Bulle in seiner übernächtigen Angespanntheit. Dann merkte ich, wie verkrampft er tatsächlich war. Ich nahm die Hände aus den Taschen und legte sie auf den Wagen. Er entspannte sich und kurbelte das Fenster runter.

»Wir leben in Alaska«, sagte ich. »Aber wir sind für die Geburt zu meinen Eltern zurückgekommen. Ich such' nach einem offenen Laden, um was zum Frühstück einzukaufen. Ich hab' gerade einen Sohn bekommen, gleich da drüben im Apartment der Hebamme.«

»Ja. Okay. Ich glaub' Ihnen ja«, sagte er und schüttelte mir die Hand. »Aber im Revier werden die mir das nicht glauben.«

Die Hebamme war großartig gewesen. Melissa und ich hatten sie nach einer der üblichen Routineuntersuchungen vor der Geburt zu ihrem Haus in der Southside gefahren und dort eine kleine, improvisierte Silvesterfeier veranstaltet. Anstatt dann zum Haus meiner Eltern in der Northside zurückzufahren, wo das Baby in drei Wochen zur Welt kommen sollte, hatten wir uns entschlossen, wegen des Wetters bei ihr zu übernachten.

Gegen zwei Uhr morgens war bei Melissa das Fruchtwasser abgegangen. Gegen acht Uhr marschierte der zweijährige Sohn der Hebamme ins Schlafzimmer, wo ich das Neugeborene in den Armen hielt, und begann aus unerfindlichen Gründen zu singen: »Happy Birthday to yooou.«

In den Stunden dazwischen war mir im Vergleich zu der Intensität von Melissas Wehen die Alleinbesteigung eines gewaltigen Schneegipfels als kleiner Ausflug in die oberen Bereiche der menschlichen Erfahrungen erschienen.

Melissa kreischte »O Gott!« während der schlimmsten Krämpfe, und ich hielt sie hilflos fest. In den dem Schmerz folgenden Augenblicken der Klarheit erinnerte sie die Hebamme daran, daß Mütter mit schnellen Wehen bei ihrem ersten Kind die schwierigsten Geburten haben. Aber niemand hämmerte gegen die Apartmenttür und verlangte, daß wir die Lautstärke drosselten. Schließlich war es die Silvesternacht.

Der Augenblick der Geburt dauerte so lang wie der Tod selbst. Ich kniete neben Melissa, umklammerte sie mit aller Kraft und starrte dabei über ihre nackte Schulter auf die schlanken, zu Schalen geformten Hände der Hebamme, die das Kind erwarteten.

Der Kopf des Babys tauchte auf, und ich sah sofort, daß ein gewaltiger, häßlicher Auswuchs das halbe Gesicht verunstaltete.

Die Zeiger der Uhren wurden langsamer, und sie hörten auf zu schlagen, genau wie mein Herz.

»Ah«, dachte ich.

Dies war die Ewigkeit zwischen dem Eindringen der Kugel in den Schädel und dem Moment, in dem die graue Masse auf der anderen Seite herausspritzt.

»Meine Befürchtungen sind wahr geworden. Das Leben ist voller Leichtigkeit gewesen! Ich bin dankbar gewesen! Aber Kummer ist genauso weit verbreitet wie Glück, und beide sind unausweichlich! Seit ich achtzehn war, habe ich mich ja immer wieder gefragt, ob es eine gute Idee gewesen war, dieses erbgutverändernde Meskalin zu nehmen.«

Dann bewegte sich die winzige Faust, die gegen die Wange gepreßt war, und der Mund des vollkommenen Kopfes meines vollkommenen Jungen öffnete sich und rief: »Hah! Betrachtet mich niemals als selbstverständlich.«

Mein Pulsschlag, der laut hämmernd wieder einsetzte, betäubte mich, während Melissa das Neugeborene gereicht bekam. Als ich schließlich wieder auf unseren Planeten zurückgekehrt war, durfte ich das Kind nehmen und anschauen.

Er starrte zu mir hoch. Ich starrte auf ihn hinab. Von diesem Moment an war jeder Blick, den wir wechselten, ein Echo dieses ersten, langen Blickes.

In der pädiatrischen Literatur wird das als »Bindung« bezeichnet. Genausogut könnte man Buddhas Moment der Erleuchtung unter dem Bodhi-Baum als »nett« bezeichnen.

Melissas Gesicht war fleckig von den während der Wehen geplatzten Äderchen. Als ich mich ihr zuwandte, immer noch unseren Sohn im Arm, sah sie aus wie die Pietà aus dem dreizehnten Jahrhundert im Cloisters-Museum an der Nordspitze von Manhattan Island. Aus der einen Perspektive betrachtet, war der Schmerz so deutlich sichtbar, daß sich meine Augen mit Tränen füllten. Trat man nur einen Schritt zur Seite, so sah man in dem gleichen Gesicht eine derartige gelöste Heiterkeit und Anmut, daß ich den Blick kaum abwenden konnte.

Ich war mir bewußt, daß die Morgendämmerung durch das mit Frostblumen bemalte Schlafzimmerfenster sickerte. Ich war mir unserer Isolation im vierzehnten Stock eines alten Apartmenthauses in der Southside von Chicago bewußt. Irgendwo da draußen war der Rest der Welt, aber er schien so weit weg zu sein, als wären wir im tiefsten Herzen der Alaska-Wälder gewesen.

Durch reinen Zufall hatten wir eine einsame Blockhüttengeburt auf einer Schaumstoffmatratze gehabt; und draußen warteten die Winde des polaren Packeises nur darauf, mich zu begrüßen, als ich zur Tür hinaustrat.

Zwei Tage später ging ich wieder meinem Job nach. Vor sechs Wochen waren wir so gut wie pleite in Chicago angekommen: Die Zahlung meines Arbeitslosengeldes war eingestellt worden. Zum Glück hatten wir uns den Sommer über um die Hunde entfernter Nachbarn gekümmert, die einen Saisonjob angenommen hatten und die nun dafür unsere Hunde fütterten, während wir in Chicago waren. Wir wohnten zwar umsonst in dem Gästezimmer meiner Eltern, aber das Stadtleben war erschrekkend teuer. Melissa hatte einen Beruf, in dem sie jederzeit Arbeit finden konnte, aber sie war unübersehbar schwanger. Jobs für »mittleres Management, nur für kurze Zeit« waren in den Stellenangeboten der *Tribune* nicht verzeichnet, und so hing ich in der Luft. Ich konnte weder kochen noch die Installationen in einem Haus bewerkstelligen. Und wir brauchten mehr Dollars, als ich mit dem Servieren von Hamburgern verdienen konnte.

Melissa hatte sich aufs Einkaufen gefreut, um *ihren* Teil zu unserem zukünftigen Heim beizutragen: rosa und schwarze Kaffeetassen mit dazu passenden Untersetzern und Stoff, aus dem sich Vorhänge für die Küchenfenster nähen ließ. Außerdem wollte sie genügend Material für Kimonos kaufen, die sie dann ihren Freundinnen zu Weihnachten schenken konnte.

Ich bekam einen Job als Typensetzer und arbeitete in der Friedhofsschicht, von elf Uhr abends bis zur Morgendämmerung. Ich stand an einer Computerkonsole, die mehr Knöpfe aufzuweisen hatte als das Armaturenbrett einer Boeing 747. Es war nicht das erste Mal, daß ich mit Computern zu tun hatte. Und ich konnte tippen. Mit zwei Fingern – mein Erbe als Sohn eines Zeitungsmannes. Ich erinnerte mich an einen ›Three Stooges‹-Film, in dem sich Curly hilflos an Moe wendet, nachdem sie in einer Rakete in Richtung Mars abgeschossen wurden. »Drück Knöpfe«, rät ihm Moe.

Ich ließ das 150 Seiten starke Handbuch der Setzmaschine unter meinem Stuhl liegen. Einzig und allein die Tatsache, daß ich dem Vorarbeiter jeden Abend ein Dutzend Donuts mitbrachte, rettete mich davor, gefeuert zu werden. Ich war mit den politischen Verhältnissen in Chicago aufgewachsen und wußte, wie eine diskrete Bestechung auszusehen hatte.

Nach der ersten Woche, in der ich während des größten Teils der Nacht das Handbuch gelesen hatte, begann ich auch andere Sachen zu lesen. Es gab nicht viel zu tun, und gegen zwei Uhr nachts war es meinem Donut-verrückten Vorarbeiter egal, ob man einen beschäftigten Eindruck machte oder nicht.

Ich las John Muir: »Ich wünschte, ich wüßte, wohin ich unterwegs bin. Dazu verdammt, in den Geist der Wildnis verschleppt zu werden, nehme ich an.« Ich las William Blake: »Große Dinge geschehen, wenn sich Menschen und Berge begegnen.«

Am Tag meiner Rückkehr nach der Geburt jedoch setzte ich meinen eigenen Schriftsatz.

»Janus, der älteste der römischen Götter, war ursprünglich der Gott des Lichtes«, schrieb ich aus meines Vaters Lexikon ab, »der jeden Tag bei Tagesanbruch den Himmel öffnete und ihn bei Sonnenuntergang wieder schloß. Der 1. Januar ist sein besonderer Tag.«

Melissa wünschte Geburtsanzeigen.

»Janus Leo wurde am Neujahrstag geboren, an einem Morgen voll strahlenden Sonnenscheins, gesund und mit großen Augen.«

Zwei Dinge hielten mich an der Arbeit. Zum einen wurde am Ende des Monats das in Bundesbesitz befindliche Land zweihundert Meilen von Fairbanks entfernt zur Heimstättenbesiedlung freigegeben. Ich hatte im Fairview Gerüchte darüber gehört, bevor wir Alaska verlassen hatten. Es sollte die letzte große amerikanische Besiedlung werden, das gleiche Programm, das vor hundert Jahren Planwagen auf den Weg nach Oklahoma geschickt hatte. Fünfundsechzig Hektaren – die Hektare zu $ 5.00 – für jeden Pionier. Ich hatte die Bundesverwaltung in

Anchorage angerufen, um mir das Gerücht bestätigen zu lassen. »Danach verfügt die Regierung der Vereinigten Staaten über kein Land mehr, das zur Besiedlung freigegeben werden könnte«, hatte man mir gesagt.

Die andere Sache, die mich am Ball bleiben ließ, war *Big Bob's Blues-vor-dem-Frühstück*-Sendung. Über eine Radiostation, die bis vier Uhr morgens klassische Musik brachte, spielte Big Bob Chicago Blues: tempogeladen, elektrisierend, nicht aufzuhalten. »Ich mach' mir über mein Leben keine Sorgen mehr.« Muddy Waters sang direkt für mich.

Worüber ich mich jedoch etwas sorgte, war die Stadt. Den größten Teil meines Erwachsenenlebens hatte ich in der Stadt verbracht. Aber elf Monate in Alaska hatten mein städtisches Selbstvertrauen weggeblasen.

Es waren nicht die Straßenräuber, Psychoten, Punks und all die anderen Randgruppen, die mir Sorge bereiteten. Wir respektierten gegenseitig unsere Exzentrizitäten.

In einer Essenspause um drei Uhr nachts stand ich an einer verlassenen Ecke und starrte zu dem dunklen Gebäude des Merchandise Mart, dem Chicagoer Handelszentrum hoch, einem aufragenden Granitbau von Pentagongröße, wo zehntausend Tauben auf den schmalen Fenstersimsen hockten. Ein schlanker Mann löste sich aus einer Toreinfahrt, zuckte sofort wieder zurück, als er mich sah, kam dann jedoch zögernd näher und forderte: »Gib' mir dein Geld, Mann!«

Beinahe hätte er hinzugefügt: »Bitte.«

Ich hätte ums Haar aufgelacht, aber dann tat er mir leid. Kein Wunder, daß er mitten in der Nacht durch Nebenstraßen strich: Kein Mensch hatte ihn *jemals* ernst genommen.

»Da würde ich gern raufklettern«, sagte ich, auf den gewaltigen Merchandise Mart deutend.

Er trat einen Schritt zurück. »Ich sagte, gib' mir dein Geld!«

»Ich würde es nachts tun und auf jedes Fenster was mit Vogelscheiße schreiben. Wenn sie dann morgens zur Arbeit kommen, können sie lesen JA! oder HÖHER! oder sonstwas.«

Er sackte zusammen. »Hast du überhaupt kein Geld?«

»Morgens um drei, an diesem Ort? Na hör mal. Aber wenn ich ein Seil hätte, würde ich mich wie Batman hochschwingen.«

Er trat von einem Bein aufs andere. »Warum möchtest du so was machen?«

»Einfach nur, um was anderes zu tun.«

»Ja, du bist wirklich anders.«

Was mir Sorgen bereitete, lag auf einem anderen Sektor. Ich konnte mir nicht vorstellen, was dreieinhalb Millionen Menschen auf einem so kleinen Gebiet am Leben erhielt. Mir war natürlich bewußt, daß all die Nahrung und der Brennstoff aus meist entfernten Gegenden kamen. Als im Sommer 76 in New York alle Lichter ausgegangen waren, hatte ich lediglich Kerzen angezündet – bis ich aus meinem Fenster auf die 181st Street hinabschaute. *Daher* kamen all die eigenartigen, unheimlichen Geräusche. Geheule und Gebrüll von dem versammelten Mob, wie bei einem primitiven Stamm während einer Sonnenfinsternis. Und das nur, weil der elektrische Strom abgeschaltet worden war.

Was, wenn die Kühllaster nicht mehr mit Melissas kalifornischem Sellerie für ihren neuen Entsafter in die Stadt rollten? Wenn dem 7-Eleven an der Ecke die Milch ausging? Was, wenn ein internationales Ölembargo die Treibstoffpreise so in die Höhe trieb, daß wir nicht mehr nach Alaska zurückfliegen konnten?

Ich fühlte mich nicht sicher bei dem Gedanken, einem mächtigen Wirtschaftssystem auf Gnade und Ungnade ausgeliefert zu sein, das schon per Definition zyklische Perioden ernster Depressionen durchlief. Der große Zug nach Westen zu Beginn des achtzehnten Jahrhunderts war von einer nationalen Wirtschaftskrise ausgelöst worden. Warum in Philly hungern, wenn Oregon das Gelobte Land war? Und was spielte es schon für eine Rolle, ob Reagan Amerika reicher machte oder nicht? Früher oder später würde der Strom wieder wegbleiben, und dann wollte ich nicht auf der Heimfahrt von der Arbeit in der U-Bahn sitzen.

Natürlich schien niemand, der in der morgendlichen Rush-hour auf dem Weg *zur* Arbeit an mir vorbeihetzte, meine Besorgnis zu teilen.

Das völlig andere Leben in einem Blockhaus in den nördlichen Wäldern hatte bei mir die gleiche Orientierungslosigkeit ausgelöst, wie es früher, als ich zehn Jahre alt war, überwältigende Filme getan hatten. Ich war aus *Easy Rider* oder *Romeo und Julia* hinausgetaumelt, geistig völlig weggetreten und unfähig, mich der unentrinnbaren Realität der vertrauten Straßen anzupassen, ebensowenig wie der gleichermaßen unentrinnbaren Realität, daß die Guten *starben* und Träume nicht von Dauer waren.

Wenn ich nach einer Nachtschicht zum Haus meiner Eltern zurückmarschierte, dann war ich nicht synchron mit der Welt, die mich rempelte und stieß. Ich war einer weiteren Nachtschicht entronnen, ich fühlte mich wach, aber verwirrt. Ich kam mir wie ein Anthropologe auf dem Mars vor. Was hielt diese Leute am Leben, die sich da auf die öffentlichen Verkehrsmittel stürzten? Wieso hatten sie keine Angst in einer so unsicheren Welt?

Ganz sicher jedoch schienen sie sich merkwürdig zu *benehmen*: Schau keinen an! Bleib in Bewegung! Atme erst tief durch, wenn du im Zug sitzt!

Dann drückte mir einer der Pendler in Anzug und Krawatte, dem ich anscheinend fast jeden Morgen begegnete, eine Dollarnote in die Hand, als ich mich gegen das Fenster eines Lebensmittelladens drückte, um ihn vorbeizulassen.

»Okay«, dachte ich. »*Ich* bin also der Marsmensch.«

Ich entspannte mich.

Es war an der Zeit, nach Hause zu gehen.

Ich schlich mich so leise wie möglich in das Apartment meiner Eltern und öffnete die Tür zu dem Schlafzimmer, in dem Melissa mit Janus schlief, der zusammengerollt wie ein kleiner Affe an ihrer Brust lag. Die heruntergelassen Jalousien wirkten gegen die Morgensonne wie Pergament. Eine fast heruntergebrannte Kerze flackerte, Melissas Erinnerung an die Winternacht.

Ich kniete neben dem Bett nieder und betrachtete sie. Ihr

Mund war leicht geöffnet. Ein kleiner Speichelfaden tränkte das Kissen. Das Baby, das von ihrer Brustwarze weggerollt war, gab saugende Geräusche im Schlaf von sich. Es war ein wunderbares Porträt alltäglicher Schönheit.

Melissa schlug die Augen auf, wie ein Leuchtturm, der sein Signal aussendet.

»Ich glaube, ich werde zurückgehen, um unser Land abzustecken«, sagte ich.

Sie nickte.

»Das Heimstättenland wird zur Besiedlung freigegeben«, sagte ich.

Sie zog das Baby näher an sich heran. »Ist gut«, sagte sie.

»Es wird gut werden«, sagte ich. »Es wird *wunderschön* werden.«

»Ich liebe dich«, sagte sie.

Ich nahm die Kerze und blies sie aus. Meine Finger rochen nach Chemikalien und Donuts.

»Ich habe über das Haus nachgedacht«, sagte Melissa. Sie richtete sich auf und lehnte sich gegen ihr Kopfkissen. »Ich möchte einen Hackklotz aus Eiche in der Küche haben, am Ende des Tresens. Und der Tresen soll schwarz gelackt sein, passend zum Tisch im Eßzimmer.«

Ich konnte mir das Haus nicht vorstellen, das für sie immer deutlichere Formen annahm. Ich konnte nur Berge und Wälder sehen. Aber ich liebte ihre Begeisterung. »Darauf kannst du wetten«, sagte ich.

»Und im Gewächshaus werde ich Küchenkräuter ziehen. Dann füllt sich das Haus mit den Gerüchen von Basilikum, Dill und Koriander, wenn wir die Verbindungstür öffnen.«

Ich hob Janus hoch und hielt ihn mir dicht vors Gesicht. »Mit Verandatüren zwischen Wohnhaus und Gewächshaus«, sagte ich scherzend.

»Warum nicht?« sagte sie.

Ich küßte das Baby und sagte: »Ich bin froh, daß du auch ganz aufgeregt bist. Die meisten Pionierfrauen folgten ihren Männern nur deswegen, weil sie keine andere Wahl hatten.«

»Oh, ich kann meinen Willen schon durchsetzen«, sagte sie. »Jetzt hab' ich mir das ausgewählt.«

Ich lachte. »Schwarz gelackter Tresen und all das.«

»Gerade weil wir mitten im Nichts leben werden, möchte ich, daß wir *gut* leben.«

»Du bist also einverstanden, daß ich meinen Job aufgebe und mich auf die Suche nach unserem Land mache?«

»Wenn du glaubst, daß du soweit bist, um mit der Arbeit Schluß zu machen, dann bin ich einverstanden.«

»*Jetzt* fange ich erst an zu arbeiten«, sagte ich.

Drei Tage später marschierte ich von den Schienen hoch zu Stanleys Hütte, um die Schneeschuhe zu holen. Es war ein klarer Tag Ende Januar; das Thermometer zeigte auf fünfundzwanzig unter Null. Ich sah keinen Menschen und war froh, daß mich nichts ablenkte. Die Zeit drängte.

Ich packte die Schneeschuhe und eilte zurück zu der Eisenbahnlinie. Kein Vogel sang, also übernahm ich das. Ich sang den Song von Alvin Lee aus der Woodstock-Zeit. Mir fiel nur der Refrain ein: »Goin' home. Goin' home. Goin' home.« Ich blieb stehen und gestand mir ein, daß ich mich wie ein Schwachsinniger anhören mußte. Worauf ich noch lauter sang: »Goin' home, home, home, home, home.«

Es war Mittag, als ich die Kreuzung der Straße von Talkeetna und des Anchorage–Fairbanks Highways erreichte. Jetzt schon wurde es allmählich dunkel. Sonnenaufgang um zehn Uhr, Sonnenuntergang um vier Uhr. Ich stellte mich unter die einzige Straßenlaterne im Umkreis von dreihundert Meilen und wartete. Ich hoffte auf eine Mitfahrgelegenheit, bevor die Laterne flakkernd zum Leben erwachte. Mit Ausnahme des örtlichen Verkehrs befuhr im Winter fast niemand diese Straße.

Ich wünschte mir einen Wagen, der die ganze Nacht durchfahren würde, damit ich mir am Morgen im Regierungsbüro die Sachen abholen konnte, die man zum Abstecken des Landes brauchte. Dann würde ich an Stelle von Pferden ein Buschflugzeug chartern und mich dem Run auf das Land anschließen.

Während ich noch, um mich warm zu halten, wie ein verrückter Wanderprediger herumhüpfte (»O ja, der Himmel liegt gleich hinter der nächsten Straßenbiegung!« brüllte ich), näherte sich ein kleiner Pkw auf dem Highway, verlangsamte das Tempo und hielt an.

»Ich will nach Fairbanks«, sagte ich.

»Steig ein! Steig ein!« sagte der Fahrer, ein älterer Mann mit einer übergroßen Biberfellmütze.

Ich zögerte. »Wie weit fährst du?«

»Steig ein!« wiederholte er. »Ich fahr' nur fünfzehn Meilen, aber im Wagen ist's warm!«

Ich wich zurück. »Ich glaub', ich warte lieber auf einen Wagen, der weiter fährt«, sagte ich. »Wenn's dunkel wird, können mich die Autos im Schein der Laterne sehen.«

Er winkte mich herein. »Schüttel dir die Kälte aus den Gliedern! Ich fahr' über die große Susitna-Flußbrücke, rüber in das Tal auf der anderen Seite.«

»Ich will nicht in der Dunkelheit irgendwo festhängen«, sagte ich.

»Steig ein!« beharrte er. »Wirf deine Ausrüstung hinten rein.«

Ich gab auf und stieg ein. Er streckte die Hand aus. »Ich bin Mel Anderson«, sagte er. »Ich bin praktizierender Christ.«

»O Gott«, sagte ich.

»Fairbanks, was? Hab schon an den Schneeschuhen erkannt, daß du siedeln willst.«

Ich machte mir nicht die Mühe zu antworten. Vermutlich würde ich nun zwanzig Minuten intensiver Bekehrung über mich ergehen lassen müssen und dann irgendwo im Nichts aussteigen dürfen, um bei fünfundzwanzig unter Null den schwarzen Highway anzustarren.

»Kennst du Jesus?« fragte er.

Ich ließ mich tiefer in meinen Sitz sinken: »Kannst du ein paar Zeilen summen?«

Er lachte. Er war nicht beleidigt. »O ja, es ist ein wunderschönes Land, das wir da haben. Gottes eigenes Land. ›ER hat alles wunderschön geschaffen in Seiner Zeit.‹ Salomon 3:11.«

Ich konzentrierte mich auf meine Finger. Sie wurden *tatsächlich* warm.

»Es ist das reichste Land, das es hier draußen noch gibt«, sagte er und wischte mit der Hand über die frostige Windschutzscheibe. »Alles, was sich ein Mann vor dem Himmel nur wünschen kann. Wahrscheinlich haben sie deswegen das Land an der Petersville Road unten zur Besiedlung freigegeben.«

Ich erstarrte.

»Lachsflüsse, Berge, sauberes Wasser. Gesegnet sei Gott! Der Herr würde die Welt ohne diese Orte nicht existieren lassen.«

Leise fragte ich: »Heimstättenland unten an der Petersville Road?«

»Aber sicher. Weißt du das nicht? Staatsland. Nur sechzehn Hektaren pro Siedler. Ist ein neues Programm. Nicht wie beim Bundesland. Was würdest *du* mit fünfundsechzig Hektaren anfangen? Eine Elchranch aufbauen?« Er kicherte in sich hinein.

»Wie weit die Petersville Road runter?«

»Nahe an den Bergen. Aber da draußen gibt's Grizzlys. Die Gegend ist bekannt dafür, daß sie dort ihre Höhlen haben. Ich persönlich mag's, wenn Grizzlys da sind. Da fühle ich mich Gott näher. ›Der Herr in seiner Weisheit hat die Erde erschaffen.‹ Sprüche Salomons 3:19.«

Ich rieb mir die Augen. Deutlich sah ich die in Leder gebundenen Landkarten vor mir, die ich mir vor einem Jahr in Fairbanks eingeprägt hatte. Ich konnte die purpurnen Pandaaugen der Paarungsgebiete und das topographische Relief der Berge sehen, die wie eine Wand aus dem Flachland aufragten.

»Hier draußen braucht ein Mann für sich allein nicht viel Land«, sagte er. »Weil das Land überall ist. Und es gehört alles dir. Wie die Bibel sagt…«

»Woher weißt du, daß Petersville Siedlungsland geworden ist?« unterbrach ich ihn.

Er zuckte die Schultern. Seine Biberfellmütze rutschte ihm in die Stirn. »Ich muß es wohl irgendwo aufgeschnappt haben. Der Staat hält nicht viel von Organisation. Aber das gilt für alle Regierungen, wenn du verstehst, was ich meine.«

Im Augenblick war mir Politik völlig egal. Ganz plötzlich stieg in mir der Wunsch auf, einen richtigen, echten, lebenden Engel zu betrachten. Ich lehnte mich zurück und schaute zu ihm hinüber. Ich suchte nach Flügeln, nach einem Heiligenschein. Er sah aus wie... alle anderen auch. Kinn, Nase, alberne Mütze. Ich versuchte mir sein Profil einzuprägen, aber es gelang mir nicht.

Als ich in Tibet unterwegs gewesen war, hatte ich auch die heilige Stätte von Muktinath besucht, wo eine bläuliche Flamme aus einer Bergflanke loderte. Heimlich hatte ich ein Dutzend Fotos geschossen: Mönche in safranfarbenen Gewändern, knieende Bettelmönche, die der Erde entspringende Flamme zwischen schneebedeckten Gipfeln. Als ich einen Monat später den Film entwickelte, stellte ich fest, daß die ersten zehn und die letzten vierzehn Aufnahmen hervorragend waren, doch die mittleren zwölf – die von Muktinath – waren leer und unbelichtet. Damals hatte ich gelacht. »Ach, hör bloß auf«, hatte ich laut gesagt, mich dann aber leicht verunsichert umgeblickt.

Auch jetzt, als ich Mel Anderson anstarrte, gab es nichts zu sehen. Ein netter Bursche in einem alten Wagen, über das Lenkrad gebeugt, während er durch die beschlagene Windschutzscheibe spähte.

Ein paar Minuten lang fuhren wir schweigend dahin. Ich überlegte, was ich sagen könnte, zum Beispiel: »Also eigentlich glaube ich selbst auch an *alles*: auf, ab, gut, schlecht, Stadt, Land, sogar an *Engel.*«

Doch Mel sprach zuerst. »Hier bieg' ich jetzt ab. Petersville Road. Von hier bis Fairbanks sind's ungefähr sechs Stunden Fahrzeit über gute Straßen.« Er verlangsamte das Tempo und hielt.

»Äh, einen Moment noch«, sagte ich.

»Nein, nein, brauchst dich nicht zu bedanken. Ich war selber mal jung und abenteuerlustig. Freut mich, daß ich ein bißchen behilflich sein konnte. Ich hoffe, du findest, was du suchst.« Er schob mir meine Ausrüstung zu. »Gott sei mit dir! Gesegnet sei der Herr!«

Ich hielt ihn nicht auf. Er rollte davon, während ich bei

fünfundzwanzig Grad unter Null irgendwo in der Weite des Landes am Rande des Highways stehenblieb. Ich beobachtete seinen Wagen, um zu sehen, ob er sich einfach – pffft! – in Luft auflösen würde, aber er tat nichts dergleichen. Die ungepflasterte Petersville Road stieg zu den Wäldern an und verschmolz schließlich, genau wie Mel, mit den Bäumen.

Ich ging sofort hinüber auf die andere Seite des Highways. Ich würde zurück nach Anchorage trampen – 120 Meilen nach Süden – und mir Karten von diesem neuen Siedlungsland besorgen. Ich würde das offensichtlichste Zeichen, das mir je in meinem Leben zuteil geworden war, auf keinen Fall ignorieren.

An der Kreuzung gab es eine mit Brettern vernagelte Tankstelle. Ein Stück weiter die Straße runter befand sich ein Sperrholzschuppen und dahinter ein von Kugeln durchsiebtes Schild: FAIRBANKS 260. Sonst gab es nur noch Wald.

Ich *war* mitten im Nichts. Ich marschierte auf und ab und begann logisch zu überlegen. Ich wußte, daß das Land in Fairbanks morgen früh zur Besiedlung freigegeben würde. Es war der letzte große Ansturm auf Land in der amerikanischen Geschichte! Tausende von Menschen würden sich Land abstecken. Morgen! Wie lange war das Petersville-Land schon freigegeben? Wie lange würde es noch offen *bleiben*? Was war, wenn der alte Mel Anderson einfach nur eine Schraube locker hatte? Konnte ich es riskieren, eine sichere Sache wegen eines Traums zu verlieren?

Ich ging zurück auf die Fairbanksseite der Straße.

Nein! Herrgott! War ich verrückt? Wie um alles in der Welt konnte ich auf die Idee kommen, die Region der Petersville Road *nicht* zu erforschen? »Besiedlung: weit verstreut.« »Goldvorkommen durchziehen den Kambriumgranit.« Ich mußte mir das ansehen. Ich schleppte mein Gepäck wieder über die schwarze Teerdecke.

Aber wie konnte ich in einer derart wichtigen Angelegenheit alles auf eine Karte setzen? Wenn ich das Land von Fairbanks zuerst erkundete, konnte ich anschließend immer noch *hierher* kommen, versehen mit dem nötigen Kartenmaterial, das ich sicherlich auch im staatlichen Büro in Fairbanks erhalten würde. Das klang logisch. Mit etwas Glück konnte ich genauso schnell in Fairbanks wie in Anchorage sein, und dann war ich in der Lage, *beide* Gebiete zu sehen. Richtig. Logisches Denken. Ich marschierte wieder rüber auf die Seite von Fairbanks.

Ein Wagen näherte sich von Süden, in Richtung Fairbanks. Ich freute mich. Ein weiteres Zeichen! Geh zuerst nach Norden! Ich reckte den Daumen hoch und wartete.

Als der Wagen nahe genug war, daß ich durch die Windschutzscheibe sehen konnte, blinkte er plötzlich links, um auf die Berge zu in die schmale Petersville Road abzubiegen.

Impulsiv sprang ich mitten in den Highway und winkte.

Der Wagen rutschte etwas weg und kam zum Stehen.

»Ich muß diese Straße runter, aber ich weiß nicht wohin, und ich hab' auch keine Karten!« schrie ich dem Fahrer durch die Scheibe hindurch zu.

Er machte die Tür auf und streckte seine Beine aus. »Ich bin auf dem Weg zu dem staatlichen Besiedlungsland«, sagte er. »*Die* Karten hab' ich, wenn du das meinst.«

Sein Name war Russ. Er kam aus Anchorage, mit dem kleinen Umweg über Minnesota, Yellowstone Park und die wissenschaftliche Station am Südpol. Er hatte einen kleinen Sohn, und seine Frau war schwanger. Er war groß und kräftig und sah sehr nordisch aus.

Er hatte als einsamer Feuerposten im Yellowstone Park gearbeitet, hatte als Einsiedler in der Antarktis gehaust und dann in Anchorage gewohnt, eine Art Kompromiß zwischen Abgeschiedenheit und Familienleben. Er war genau der Typ, der sich meiner Vorstellung nach in der Wildnis niederlassen wollte.

Ich sprudelte heraus, wie ich auf diese schmale Straße gelangt war, die zu den Schneegipfeln führte. Er sagte nur das Notwendigste. Der Gedanke machte mich überglücklich, daß dies die Sorte Mensch war, die vielleicht mein Nachbar werden würde. Er war selbständig, unabhängig und zurückhaltend.

Denny würde seine offensichtliche Kompetenz zu schätzen wissen. Marvin wäre nicht in der Lage, ihn niederzustarren.

Wir erreichten das Ende der befestigten Straße, wo gewaltige Schneemauern aufgetürmt worden waren, um eine Wendemöglichkeit zu schaffen. Wir waren gerade zehn Meilen von der Stelle entfernt, wo die ersten Prospektoren in den zwanziger Jahren Gold in den Hügeln gefunden hatten, nachdem sie den Susitna River von Talkeetna aus überquert hatten. Mit Ski und Schneeschuhen setzten wir unseren Weg fort.

Es gab keinen Trail. Der Wald wurde dichter und der Schnee immer tiefer, je weiter wir vorankamen. Ab und zu warfen wir einen Blick auf Russ' Karten und waren uns einig: weiter.

Als wir unser Nachtlager aufschlugen, rollte Russ lediglich seinen Schlafsack über einigen Rottannenästen aus und legte sich schlafen. Ich kämpfte mit meinem Zelt, die Taschenlampe zwischen den Zähnen. Die Zeltstangen klirrten in der Kälte. Reichlich frustriert und voller Befürchtungen, wie es sein würde, einfach so im Freien zu schlafen, kroch ich schließlich in meinen Schlafsack, den ich auf die Zeltbahn gelegt hatte. In diesem Augenblick sah ich das Nordlicht durch die Bäume blinken. Ich fühlte mich sehr klein, sehr unfähig, aber gesegnet.

Am Morgen weckte mich Russ mit einem Topf Haferschleim, den er auf seinem Gaskocher zubereitet hatte. Es war zu kalt zum Reden. Schnell machten wir uns wieder auf den Weg nach Norden.

Ich versuchte bei seinen langen Schritten mitzuhalten, damit ich ihn um Informationen anzapfen konnte. »Entlegene Parzelle« lautete der offizielle Name des staatlichen Programms, erklärte er mir. Ein Prozent der Landfläche von Alaska befand sich in Privatbesitz. Rechtsstreitigkeiten des Bundes hatten 1972 den Rest des Staates »blockiert«; die sich überschneidenden Ansprüche der Inuit und der Interessenten der Ölpipeline bildeten ein schwebendes Verfahren. Die Bewohner von Alaska hatten lauthals Land gefordert, das sie in Besitz nehmen konnten. Dies stellte nun den Beginn der Verwirklichung der Resolution dar: Staatsland für Einwohner des Staates. Das Bundesland war für alle da. Nur *Einwohner von Alaska* konnten legal dort leben, wohin er unterwegs war.

Russ' Karten zeigten, wo andere vor uns in dem Monat, den die Besiedlung nun schon in Gang war, ihr Land abgesteckt hatten. Viel Ansprüche waren nicht angemeldet worden.

Wir tauchten aus dem Wald auf und gelangten auf eine langgezogene Tundrawiese, eine schmale, baumlose Fläche, die sich bis zu einer bewaldeten Gratlinie erstreckte. Die Karten erklärten dazu: »Langgezogene Tundra, bewaldeter Grat, keine Menschen.«

Schließlich erreichten wir den Grat. Die Bergkette war genau da, wo sie sein sollte: über uns. Wir blieben stehen.

Neben uns befand sich ein von hohen Rottannen bewachsener, gewaltiger Felsblock, eine Hinterlassenschaft des zurückweichenden Gletschers. Eine senkrechte Felswand war mit Moos bedeckt, das selbst im tiefsten Winter dunkelgrün glühte, überall um uns herum konnte man Tierfährten sehen.

»Sieht nach einem Zuhause aus«, sagte Russ grinsend.

»Sieht nach einem Zuhause aus«, echote ich. Das Heimatgefühl war so stark, daß es mich beinahe schmerzte; vielleicht waren es aber auch meine Lungen, die vor Anstrengung brannten, die kalte Luft einzuatmen.

Wir stampften herum. Ich entdeckte eine Quelle, die unter dem Schnee an der Seite des Grates hervorsprudelte. Der Anblick von fließendem Wasser bei derartigen Temperaturen verblüffte mich.

»Schau dir das an!« sagte Russ. Er grinste immer noch.

Ich sah von der Quelle zu den Bergen auf. Ich spürte, wie ich Besitzansprüche zu stellen begann. »Das gehört dir«, sagte ich plötzlich. »Wirklich, ich will mich da nicht reindrängen. Du hast mich hierhergebracht. Ich suche mir meinen eigenen Kamm.«

Russ nickte, als hätte er mich gar nicht gehört, und glitt auf seinen Ski davon. Ich blieb, wo ich war. Ich wollte dieses Fleckchen hier nicht verlassen. Mir fiel ein, wie sich Castanedas Don Juan in Zeiten großer Belastung an seinen Ort der Kraft gehalten hatte. Ich konnte mir kaum vorstellen weiterzugehen, ohne die Hügelkette zu den Gletschern überklettern zu müssen.

Schließlich kam Russ zurück. Er löste einen Ski und schaufelte damit den Schnee unter einer Rottanne beiseite. Er bückte sich, grub tiefer und holte eine Handvoll getrocknetes Gras und Moos hervor. »Es ist ein so armseliges Land für einen Farmer«, sagte er und zerbröselte die erfrorene Vegetation zwischen seinen Fingern. »Alles Gletscherboden. Wahrscheinlich nur fünfzehn Zentimeter Erde auf dem Fels.« Er seufzte.

Ich verstand nichts von Ackerbau, ich wußte nur, daß ich kein Farmer war. Ziegen und Hühner auf dem Dachboden! Wir würden es schon schaffen.

Er warf die zerbröselten Gräser beiseite und lächelte mir zu. Er sah aus wie ein Mann, der soeben den Punkt erreicht hat, den er schon immer hatte erreichen wollen. Mein Herz sank.

»Obwohl das Land wunderschön ist«, sagte er. »Aber ich glaube einfach, wir sind noch nicht bereit.«

Mein Herz raste.

»Ich bin mir einfach nicht sicher, daß wir bereit sind für das, was es uns kosten wird«, sagte er. »Aber es tut gut zu wissen, daß es hier ist.«

»Aber es gibt sogar Wasser im Winter!« platzte ich heraus. »Und du hast es gefunden!«

Er nickte. Er sah resigniert aus. Ich wollte, daß er resigniert aussah. Der Gedanke machte mich verlegen, und ich blickte weg.

Ich entdeckte eine große Feder auf dem Schnee. Adler? Eule? Rabe? Ich wußte es nicht, aber es war ein Zeichen. Es war ein Zeichen von Freiheit und Fruchtbarkeit. Und ich hatte es zuvor nicht bemerkt.

»Es ist ein großer Schritt«, fuhr Russ fort. »Um es richtig zu machen, muß man lange planen. Wir werden dazu noch ein paar Jahre brauchen.«

Ich bückte mich nicht, um die Feder aufzuheben. Ich wollte, daß sie an Ort und Stelle blieb. Ich wollte, daß alles so blieb, wie es war.

»Wie steht's mit dir?« erkundigte er sich. Es war die erste Frage, die er mir stellte, seit wir uns kennengelernt hatten.

Ich wußte nicht recht, was ich antworten sollte, aus lauter

Angst, ich könnte plötzlich auf und ab hüpfen. »Schau dir das an«, sagte ich und deutete auf die Feder.

Er folgte meinem Blick und sagte sofort: »Weißköpfiger Seeadler. Kommt hier eigentlich kaum vor. Na, ist das nichts?«

Auf dem Rückweg nach Süden verirrten wir uns. Wir querten unseren eigenen Trail. Es schien keine Rolle zu spielen. Wir folgten keinem Pfad, keinem Trail und landeten doch schließlich wieder bei Russ' Wagen.

Ich fuhr mit ihm nach Anchorage und schlief in seinem Haus auf dem Fußboden. Ich fand nur wenig Schlaf, stand jede halbe Stunde auf, um auf die Uhr zu schauen. Um sieben Uhr früh schlich ich mich zur Tür hinaus und marschierte in die Stadt zum staatlichen Verwaltungsgebäude. Als sich die Türen um 8 Uhr 30 öffneten, ging ich hoch in das für das »Entlegene-Parzelle«-Programm zuständige Büro und beanspruchte mein Land.

Ich zeichnete es genau auf einer Karte ein und definierte die Grenzen. Dann rief ich Alexander an. R-Gespräch. »Ich hab's gefunden«, sagte ich. »Ich hab' das Land gefunden. Erinnerst du dich, daß wir Witze darüber gemacht haben, daß man nirgendwo mehr hingehen kann, daß jeder Ort schon bekannt ist? Erinnerst du dich, daß wir darüber gar nicht lachen konnten? Was, wenn wir *gefangen* wären in einer Welt, die ständig kleiner wurde? Was, wenn auch *wir* die Cherokee und Cheyenne und Sioux waren? Selbst Tibet schrumpfte, nachdem die Chinesen den Dalai Lama verjagt hatten.«

Alexander kannte mich und unterbrach mich nicht.

»Nun, das alles stimmt nicht! Es *gibt* mehr! Ich hab's gefunden!«

Die Beamten im Büro warfen mir einen kurzen Blick zu, so wie man jemanden ansah, der über seine eigenen Witze lachte.

»Kannst du mir also«, fuhr ich fort, »telefonisch ein Flugtikket bestellen, damit ich auch noch das andere Land in der Gegend von Fairbanks erkunden kann?«

Alexander hatte gerade Luft geholt, um zu antworten, und stieß nun die Luft wieder aus. »Was?« fragte er.

»Ich muß nach Norden, wo der *Bund* das Land zur Besiedlung freigegeben hat, aber ich muß von Anchorage mit dem Flugzeug los, sonst bin ich noch später dran.«

Alexander, der eine schnelle Auffassungsgabe besaß, versuchte erst gar nicht, mit meiner Manie Schritt zu halten. »Aber du hast dein Land doch bereits gefunden«, sagte er nach einer Pause.

»Das hab' ich! Es ist genug da für dich *und* mich. Es hört überhaupt nicht auf, und es ist alles Wildnis. Aber ich hab' das Land noch nicht gesehen, das dreihundert Meilen weiter nördlich liegt. Wie kann ich *sicher* sein, bevor ich nicht *alle* Möglichkeiten gesehen habe?«

Alexander lachte auf, ein so reines und natürliches Lachen, daß ich sofort gekränkt war. »Aber du *bist* sicher«, sagte er.

»Woher willst *du* das wissen?« bellte ich zurück.

»Schnell!« sagte er. »Blitzquiz: Was ist der Unterschied zwischen ja und ja? Es gilt nicht, wenn du auf deine Notizen schaust.«

»Dreihundert Meilen!« rief ich, die Leute um mich herum ignorierend.

»Soll ich dir erzählen, was Dōgen über Menschen wie dich gesagt hat?« fragte er. Ich merkte, daß er sich amüsierte, und das machte mich noch wütender.

»Nein! Nicht jetzt! Ich hab' keine Zeit. Die Maschine startet in einer Stunde.«

»Wie wär's mit Burt? Erinnerst du dich an Burt, den Hausmeister unseres Apartmentgebäudes in unserem letzten Collegejahr, als du dein Zimmer im ›Moderne-Müllkippe‹-Stil eingerichtet hast? Burt hätte gesagt ...«

»Hör schon auf! Ich schlag' hier nicht die Zeit tot. Ich brauch' das Ticket jetzt! Zum letzten Mal in der amerikanischen Geschichte können wir so was tun!«

»Na, *das* ist doch wenigstens eine Erleichterung.«

»Beeil dich! Alaska Airlines. Anchorage nach Fairbanks. Der nächstmögliche Flug.«

Die Maschine startete um zehn Uhr. Um zehn Uhr zehn kam das Wägelchen mit den alkoholischen Getränken den Gang entlang. Eine Stewardeß hielt den Wagen fest, damit er nicht die Schräge hinabschoß, die durch den Steigflug der Maschine erzeugt wurde. Die andere Stewardeß servierte die Drinks. Sie arbeiteten in dem Tempo, in dem Las-Vegas-Croupiers Chips austeilen.

Der Flug dauerte nur fünfundvierzig Minuten bei einer Geschwindigkeit von fast sechshundert Meilen die Stunde. Meine beiden Nachbarn wollten weiter zur Prudhoe Bay, auf die Ölfelder an der Küste des arktischen Ozeans. Sie hatten die letzten beiden Wochen Urlaub gehabt und würden nun vierzehn Tage ununterbrochen Zwölf- bis Vierzehn-Stunden-Schichten bei Temperaturen unter Null abreißen, zu einem Gehalt, für das jeder Arbeiter, der seine Stechuhr drückt, bereit wäre zu töten. Sie kippten Doppelte und schauten grimmig drein.

Ich starrte aus dem Fenster. Gerade als die Maschine ein Plateau überflog und der Schnapswagen wendete, um sich auf den Weg zurück zu machen, kam vor uns die Alaska Range ins Blickfeld. Ich rutschte auf meinem Sitz herum und versuchte, aus einer Höhe von vier Meilen meine Heimstätte zu entdecken. Knapp eine Minute später zuckte ich unwillkürlich zurück, als der Denali unter der Spitze der Tragfläche vorüberglitt.

»Ich lebe da unten«, log ich meine Reisegefährten an. Selbst in meinen Ohren klang es wie die Bemerkung eines Kindes.

Ich hatte ihre Diskussion über die Vorzüge eines Ford Bronco und eines Chevy Blazer unterbrochen. Jeder hatte einen dieser Wagen. Sie schauten mich an, als wäre ich ein Witzbold, über den niemand lachen konnte. Mein direkter Nachbar gab mir seine Erdnüsse.

Dann begann die Maschine mit dem Anflug auf Fairbanks. Es war sogar noch atemberaubender, sich das Land nördlich der Bergkette anzuschauen. Irgendwo zwischen den sich schlängelnden Flüssen, den weißen Bändern der Tundra und den dunklen Streifen des Waldes lag mein *anderes* Land. Es sah völlig flach aus. Ich drehte mich nach den Bergen um, aber sie waren längst verschwunden.

Ich war mir bewußt, daß mein Herz heftig zu schlagen begonnen hatte, als wir uns der Bergkette näherten, und wie sich mein Herzschlag verlangsamt hatte, als wir uns von ihr entfernten. Ich wollte nicht so *weit* von den Gipfeln entfernt leben.

Oder vielleicht doch. Vielleicht sah alles vom Boden aus ganz anders aus. Verdammt wollte ich sein, wenn ich zugeben würde, daß ich ein Gierhals war, der eben an einem wahren Schatz vorbeimarschiert war, in der Hoffnung, zwei zu bekommen.

»Mehr! Ja. Das iss' es, was ich will. Mehr!« sagte ich laut, Edward G. Robinson in *Key Largo* nachahmend. Es war mir egal, ob meine Prudhoe-Kumpels mich für einen Witzbold *und* einen Verrückten hielten.

Doch dann mußte ich mir eingestehen, daß mir meine aufgeblasenen Wünsche und Begierden *nicht* egal waren, was mich doch einigermaßen beunruhigte.

Ich war immer noch nicht bereit umzukehren.

Ich nahm mir ein Taxi vom Flughafen zum Bundesgebäude und schleppte meine Schneeschuhe und meinen Rucksack in das Büro für die Landvergabe.

»Ich brauch' ein Bündel Grenzpfähle für das Heimstättenland«, sagte ich zu der Empfangsdame.

»Haben wir nicht«, sagte sie.

»Wer hat es dann?«

»Das weiß ich nicht.«

Das ärgerte mich. »Was soll das heißen, Sie wissen es nicht?«

Sie wurde nervös. »Wir haben keine Grenzpfähle«, wiederholte sie.

Ich suchte Zuflucht bei der Arroganz, die ich für die Telefonistin bereithielt, die darauf beharrte, daß es keine Pastafazool Company gäbe, sondern nur eine Pastafazool, Inc.

»Könnte ich Ihren Vorgesetzten sprechen«, sagte ich knapp.

Sie brachte es fertig zu sagen: »Bei dem *Bundes*land wird von den Bewerbern verlangt, daß sie ein bewohnbares Gebäude errichten, bevor der Anspruch akzeptiert werden kann. Lediglich beim *staatlichen* Programm genügt es, einfach die Ecken zu markieren.«

Ich schwieg.

»Wollen Sie das *staatliche* Programm?« fragte sie.

»Als ich die Bundesverwaltung in Anchorage vor ein paar Monaten angerufen habe, sagte man mir, ich bräuchte einen Umschlag mit den Vorschriften und den Bedingungen zur Grenzmarkierung, Landkarten und ... *ein Bündel Grenzpfähle*«, sagte ich.

Sie zuckte mit den Schultern. »Nun, da hat man Sie falsch informiert. Wir regeln die Besiedlung von hier aus. Es ist unsere Region. Anchorage weiß gar nicht richtig Bescheid.«

Ich ließ die Schneeschuhe neben ihrem Schreibtisch und begab mich in andere Büros, um mit höheren Beamten zu sprechen. Das Ergebnis war das gleiche.

»Soll das heißen, daß ich da draußen einen Monat zubringen muß, um ein Haus zu bauen, damit ich das Land beanspruchen kann?« fragte ich nach einigen Gesprächen.

Der Mann, den ich in seinem Glaskasten überfallen hatte, trug ein Namensschildchen mit der Aufschrift DIREKTOR. Sein Gesichtsausdruck – der Gesichtsausdruck eines lebenslangen Bürokraten – ähnelte dem eines Zombies beim Pokerspiel. »Nun, nicht unbedingt«, erwiderte er, hinter einem Kunststofftresen stehend. »Außer Sie wollen, daß Ihr Anspruch rechtsgültig ist.«

Ich hatte das Gefühl, gleich losschreien zu müssen. Vor drei Tagen in Chicago hatte ich bei einer Bank vorbeigeschaut, in der ich ein Sparkonto mit einer Einlage von achtzig Dollar hatte. Es stammte noch aus der Zeit, als ich als Kind Zeitungen ausgetragen hatte. Ich wollte das Konto auflösen. Meine Mutter, die mich zum O'Hare Airport fahren wollte, umkreiste inzwischen den Block mit dem Wagen. Fast eine Stunde lang wurde ich von Schreibtisch zu Schreibtisch geschoben, während die Bank mein leicht angeschimmeltes Konto aufzuspüren suchte. Als es so aussah, als würde ich meinen Flug verpassen, brüllte ich plötzlich los: »Ich will das Geld *jetzt*!« Alle in der Bank warfen sich zu Boden – Kassierer, Bankangestellte, wartende Kunden. Drei uniformierte Wachposten umringten mich mit gezogenen Waffen. Einen endlosen Augenblick lang bewegte sich niemand.

Dann hatte ich innerhalb von fünf Minuten mein Geld und erreichte noch meine Maschine.

In Fairbanks, in meinem Parka und mit einem Stoppelbart im Gesicht, brach ich in Gelächter aus.

Der Direktor ertrug mich geduldig.

Was sollte ich tun? Einen Sack Erde als Ausgleich für einen Fehler der Verwaltung verlangen?

»Was glauben Sie, wie viele Leute losgezogen sind, um etwas aufzubauen?« fragte ich, nachdem ich mich beruhigt hatte.

»Wir verfügen über keine derartigen Aufzeichnungen«, sagte er.

»Okay. Wie viele *Anfragen* wegen des Landes haben Sie denn bekommen?«

»Sehr wenige. Das Land ist ziemlich abgelegen.«

»Wenn ich also dreihundert Dollar ausgebe, um ein Flugzeug zu chartern, das mich da rausfliegt, und wenn ich dann ein paar Bäume kerbe, um meine Grenzen zu markieren und dann zurückkomme, um das Land registrieren zu lassen, dann hab' ich also überhaupt keine Ansprüche?« fragte ich noch einmal, um ganz sicher zu gehen.

»Das Heimstättenprogramm der Vereinigten Staaten verlangt, daß bewohnbare Gebäude errichtet werden, bevor die Landübergabe ins Auge gefaßt werden kann.«

»Dann bin ich ganz umsonst hier hochgeflogen.«

»Ich bin nicht befugt, darüber ein Urteil abzugeben.«

Ich legte meinen Kopf auf den Tresen. »Gutes Land da draußen, was?«

»Es ist flaches Flußland, durchsetzt mit Sumpfmoos«, sagte er.

»Massenhaft Mücken im Sommer, verfaultes Brennholz im Winter. Kommt das der Sache nahe?«

»Inuit-Dörfer und der Staat von Alaska hatten die erste Wahl des Landes, als Alaska in die Bundesföderation aufgenommen wurde«, zitierte er. »Das Innenministerium behielt lediglich Nationalparks, Land mit potentiellen Ölvorkommen und solche Gebiete, die wir nun der Öffentlichkeit zur Verfügung stellen.«

Ich spürte eine wachsende Zufriedenheit. »Zur öffentlichen Verfügung.« Das gefiel mir.

»Was halten Sie von der Petersville Road«, fragte ich beiläufig.

»Sie grenzt an den Denali-Nationalpark«, sagte er.

»Danke«, sagte ich.

»Ich wünsche einen angenehmen Tag«, sagte er.

Ich ging hinaus in den vertrauten, düsteren Schwefelglanz des Eisnebels, doch diesmal fühlte ich mich leicht und unbeschwert. Ich war wieder im Hieronymus-Bosch-Land angekommen, aber ich war nicht auf der Leinwand festgehalten. Die Auspuffgase der Busse hingen wie Kumuluswolken drei Meter über der Straße. Graue Eisklumpen klammerten sich in unwahrscheinlichen Winkeln an die Rinnsteine. Und ich marschierte unter Mißachtung sämtlicher Verkehrsregeln durch all das hindurch, um Melissa anzurufen.

Ich schlüpfte in eine Bar, direkt neben dem Hotel, in dem ich meine ersten Frustrationen erlebt hatte. Innen war es noch dunkler als draußen auf der Straße. Aber die Musik war besser: Merle Haggard anstatt Straßenbahngequietsche.

Ich ging auf das Telefonschild im Hintergrund des Raumes zu. Als Melissa abhob, sagte ich: »Wir haben genügend riesige Rottannen auf unserem Gelände, um einen Palast zu bauen!«

»Wo *bist* du?« fragte sie.

»Fairbanks. Aber unser Land liegt näher bei Talkeetna, auf die Berge zu. Es ist jetzt *endgültig*! Ich hab' es aufgegeben, dagegen anzukämpfen.«

»Ist Fairbanks nicht ziemlich weit von Talkeetna entfernt?« Sie klang beunruhigt.

»Sicher! Aber ... na ja, es ist eine lange Geschichte. Aber deine Küche wird reines Quellwasser im Becken haben.«

»Es kommt mir vor, als wärst du schon eine *Ewigkeit* weg«, sagte sie.

»Melissa! Hast du mich verstanden? Ich hab' sechzehn Hektaren unter dem Denali abgesteckt!«

»Ich *hab'* dich verstanden. Das ist großartig.« Das klang nicht sonderlich begeistert.

»Alles in Ordnung mit dir?«

Mit sehr leiser, aber fester Stimme sagte sie: »Ich hab's hier nicht leicht gehabt.«

»Ist Janus okay?«

»Oh, er hält mich auf Trab.«

»Also was ist los?« Ich begann abzutreiben, fand keinen festen Halt mehr an meinen kleinen, glücklichen Träumen.

»Nichts Bestimmtes. Ich meine, mir geht's gut. Ach, ich weiß einfach nicht.« Sie zögerte kurz und sagte dann: »Was glaubst du, was wir *tun* werden?«

»Bauen!« sagte ich sofort. »Stämme schälen! Das Haus entwerfen!«

»Gehen wir zurück zu Stanleys Hütte?«

Plötzlich wurde ich mir des Aufruhrs an der Bar bewußt, den ich zuvor ignoriert hatte. Zwei Männer, immer noch auf ihren Barhockern, schlugen aufeinander ein, während der Barkeeper schrie. »Raus hier! Raus hier! Macht das auf der Straße aus!«

Ich hielt mir ein Ohr zu. »Wir gehen zurück zu Stanleys Hütte«, sagte ich. »Aber vielleicht bleiben wir vorher noch eine Weile in Anchorage, damit ich noch etwas Geld verdienen kann. Ich weiß es noch nicht sicher. Was ist denn *los*?«

»Nichts!« sagte sie. »Ich will nur *wissen*...«

Von der Bar her kam ein lauter Knall. Ich drehte mich um.

»Wo *bist* du?« rief Melissa. Der Hörer war ein Stück von meinem Ohr entfernt; ihre Stimme klang blechern und unheimlich. Mir war heiß, und ich war verwirrt.

Wir unterhielten uns noch ein paar Minuten. Ganz plötzlich entschied ich – weniger als Reaktion auf Melissas Zögern, sondern um mir selbst eine Richtung zu geben –, daß wir ein paar Wochen in Anchorage wohnen würden, damit ich genug Geld für den Hausbau verdienen konnte. Bis jetzt hatte ich nur daran gedacht, das Land zu finden, und nicht weiter. Melissas Stimme klang noch ferner, nachdem ich diese Ankündigung gemacht hatte, also gab ich mir keine Mühe, das Gespräch fortzusetzen.

Ich sagte: »Komm einfach zu mir nach Anchorage. Ich mach' eine Reservation und ruf' dich wieder an, vielleicht schon morgen, spätestens aber in ein paar Tagen, wenn ich in Anchorage bin. Bist du okay?«

»Du *fehlst* mir«, sagte sie.

»Bring ihn um!« kreischte jemand.

»*Raus* hier! *Verschwinde*, Jack!«

Ich legte den Hörer auf, preßte beide Hände vor mein Gesicht, die Daumen unter den Backenknochen, die Finger an der Stirn. So blieb ich stehen, bis jemand meinen Nacken streichelte und ich zusammenzuckte.

Eine sehr schöne Frau sah mir direkt in die Augen. Sie hatte dunkles, gelocktes Haar und feuchte, rote Lippen. Die Haut unter ihrer offenen Pelzstola war glatt und weiß. Sie senkte scheu den Blick. Dann sah sie mich wieder an und lächelte. »Ich blase gut«, sagte sie.

»Bin schon weg, Jack«, sagte ich.

Ich hatte schon den halben Block hinter mir, bevor mir einfiel, daß ich meine Schneeschuhe vergessen hatte.

Auf dem Rückweg nach Süden nahm mich zuerst ein Eskimo in mittleren Jahren mit. Ein Jahr war vergangen, seit ich nach Alaska gekommen war, und ich hatte noch kein einziges Mal mit einem Eskimo gesprochen. Ich sagte ihm das, nachdem er mir auf meine Standardfrage: »Wo kommst du her?«, geantwortet hatte, daß er an der arktischen Küste lebe.

»Du bist wohl froh, daß ich englisch spreche, was?« fragte er.

Sein Name war Murray Amukpuk. »Aber du kannst mich Murray nennen.« Sein Akzent klang anders als alles, was ich bisher gehört hatte: Belustigung schien das Hauptelement zu sein.

Er war ein paarmal in der dreitausend Einwohner zählenden Metropole Barrow gewesen und ein einziges Mal in Fairbanks (»Zu einer Party«), aber ansonsten hatte er sein Leben in seinem Dorf und dessen näherer Umgebung verbracht. Als Gefälligkeit für seinen Onkel in Fairbanks brachte er den Wagen zu seinem Cousin nach Anchorage. Noch nie zuvor hatte er am Steuer eines

Wagens gesessen. Er fuhr mitten in der Straße und kurvte beiläufig von einem Straßenrand zum anderen. »Diese Straße ist viel breiter als die Spur einer Schneeräummaschine«, sagte er zuversichtlich. Kam uns ein Fahrzeug entgegen, dann hielt er am Rand und wartete, bis es vorbei war.

Ich erzählte ihm, daß ich auf dem Weg zurück zu meinem Land inmitten eines Waldes wäre, um dort ein Haus zu bauen.

»Was für Wild habt ihr da?« erkundigte er sich, während er mit beiden Händen das Lenkrad umklammerte und in rhythmischem Zickzack die gelbe Mittellinie überfuhr.

»Meist Elch und Lachs«, sagte ich. »Ich hab' nie viel drüber nachgedacht.«

Er nickte. »Hartes Leben ohne Fleisch«, sagte er.

»Ich hab' noch nicht mal ein Haus gebaut«, sagte ich.

»Ohne Haus kannst du wahrscheinlich leben«, sagte er. »Ohne Fleisch leben ist schwerer.«

»Das meiste Protein kriegen wir aus Bohnen«, sagte ich und fügte dann hinzu: »Ich hab' eigentlich noch nie gejagt.«

Er nickte wieder, eine anmutige Geste, die eine gewisse Ähnlichkeit mit dem ausdruckslosen Nicken eines Psychiaters besaß, dessen Patient Selbstmordpläne verkündet.

»Wird wohl Spaß machen, was?« sagte er und fuhr den Wagen an den Rand, um einen Lastwagen passieren zu lassen – an den *linken* Straßenrand.

Der Fahrer drückte auf die Hupe, als er in einem Schneewirbel vorbeidonnerte.

»Ich glaub', ich steig hier aus«, sagte ich, während er darauf wartete, daß sich der Schneegischt absetzte. »Wirst du zurechtkommen?«

»Ich weiß nicht«, sagte er. »Ich fühl' mich okay, es ist irgendwie aufregend. Also werd' ich wohl zurechtkommen.«

Nachdem ich das Ende der Petersville Road erreicht hatte, brachte ich die nächsten beiden Tage und Nächte damit zu, das Land zu erkunden, auf das ich mir einen Besitzanspruch hatte eintragen lassen. Ich fand meinen Bergkamm, indem ich dem

Trail folgte, den ich mit Russ gespurt hatte. In kurzen Abständen markierte ich die Bäume mit einem Pfadfinderbeil, das ich in einem Pfandhaus in Fairbanks erstanden hatte. Mein Trail für den Sommermarsch war vorgezeichnet.

Ich zog sämtliche Kleidungsstücke an, kauerte in meinem Schlafsack und dachte an Wild, Baupläne und handwerkliches Geschick. Es brachte mich ganz durcheinander, überhaupt daran zu denken, und so lauschte ich schließlich nur noch der Brise in den Bäumen. Ich horchte nach Elch und Adler. Dann wurde auch das zu anstrengend, und ich blieb einfach nur sitzen. Eine lange Zeit in dieser langen Nacht saß ich einfach da.

Ich hatte mein Nachtlager unten am Fluß aufgeschlagen, in der Annahme, daß es hier windstill und wärmer sein würde. Ich wußte noch nicht, daß sich die Kälte unten in den Niederungen festsetzt und daß es im Winter oben auf dem Kamm gute zehn Grad wärmer war.

Ich zitterte. Aber ich fühlte mich okay. Es war sehr aufregend.

Ich konnte es gar nicht erwarten, Melissa und Janus alles zu zeigen.

In Anchorage kam ich verwandelt an. Ich war mir nicht sicher, wie begeistert Melissa von einem wilden Gebirgskamm oberhalb eines Lachsflüßchens sein würde, inmitten von hundert Quadratmeilen Land mit vielen menschenleeren Bergkämmen und Lachsflüssen, aber ich wußte, daß sie liebend gern ein Heim gehabt hätte. Um ihr ein Zuhause zu schaffen, waren zuerst einmal große Nägel, Doppelfenster, Fiberglasisolierung, Dachpapperollen und ein großer, moderner Kochherd notwendig, zusätzlich zu all dem anderen Baumaterial, das ich auf einer immer länger werdenden Liste notierte. Um all diese für einen Hausbau nötigen Materialien kaufen zu können, mußte ich erstmal in Anchorage arbeiten.

Anchorage war auch noch fünf Jahre, nachdem die Trans-Alaska Pipeline fertiggestellt und es mit den damit verbundenen Tausenden von Arbeitsplätzen vorbei war, eine aufstrebende Stadt. Anchorage war eine blühende Stadt *wegen* der Pipeline.

Zwei oder drei *Milliarden* Dollar an eingenommenen Ölsteuern pro Jahr trieben die Wirtschaft des Landes an. Anchorage, eine städtische Drehscheibe mit einer Einwohnerzahl von 250 000 – die Hälfte der Bevölkerung von Alaska –, war das Gefäß, in dem der größte Teil dieses Geldes verschwand.

Ich machte mir keine großen Sorgen, daß ich in Anchorage kein Geld verdienen würde. Was mich beunruhigte, war der Gedanke, in Anchorage zu leben.

Das erste Mal hatte ich Anchorage zu Gesicht bekommen, als ich in den Sommerferien von New York aus nach Norden getrampt war. Ein wunderbar großzügiges Paar aus Michigan, das während der Saison in Alaska nach Gold schürfte, hatte mich mitgenommen. Auf dem Weg zu ihrer Mine machten wir Station in Anchorage, um Schürffreunde von ihnen zu besuchen. Im Flur eines muffigen Apartmentgebäudes standen wir vor der verschlossenen Tür ihrer Freunde. Unsere freudigen Begrüßungsrufe wurden von innen mit einem verwirrten Flüstern beantwortet. Schließlich wurde ich wieder zum Wagen zurückgeschickt. Fünfzehn Minuten später gesellten sich meine Reisebegleiter wieder zu mir. Sie wirkten ziemlich erschüttert. Die Frau, die in dem Apartment wohnte, war vor drei Tagen vergewaltigt worden, während ihr sechsjähriger Sohn stumm daneben gestanden hatte. Ihr Mann war frühzeitig zum Bergwerkscamp aufgebrochen. Die Apartmenttür war von einem Mann mit einem Revolver aufgebrochen worden. Er hatte sie mit Schlägen mit dem Revolver gefügig gemacht. Danach konnte sie keinen Besucher mehr sehen und schon gar nicht einen unbekannten Mann.

Anchorage, so erfuhr ich nach und nach, hatte die höchste Pro-Kopf-Rate an Gewaltverbrechen, Alkoholismus, Frauenmißbrauch, Kindesmißhandlung und Vergewaltigung in Amerika. Vom ersten Blick an betrachtete ich Anchorage als städtisches Grenzgebiet, wie Tombstone City oder die South Bronx. Doch Anchorage war in der Hinsicht einzigartig, daß seine statistisch gesehen jugendliche Bevölkerung, von der ein Viertel erst in den letzten fünf Jahren angekommen war, nicht in den Norden ausgewandert war, um ein Pionierleben zu führen oder sich eine Beschäftigung zu suchen, sondern um reich zu werden. Blazer-*und*-einen-Bronco-*und*-ein-Satelliten-Fernsehgericht. Handgearbeitete Cowboystiefel mit vergoldeten Schuhspitzen aus Eidechsenleder. Und wenn es etwas länger als erwartet dauerte, um den tollen Job an Land zu ziehen, dann blieb einem immer noch McDonald's. Anchorage hatte den größten, umsatzstärksten McDonald's der ganzen Welt.

Die Rohheit der Stadt wurde noch durch ihre wunderschöne Lage betont. Im Osten endete Anchorage abrupt an den von Gletschern überzogenen Chugach Mountains: Hier tummelten sich Bären, und Bergschafe kletterten in den Klippen herum. Im Westen fiel die Stadt zur Cook-Bucht des Pazifischen Ozeans ab. Der gewaltige Tidenhub der Gezeiten hier wurde nur noch von der Fundy-Bay in Nova Scotia übertroffen. Auf der anderen Seite der Bucht konnte man rauchende, schneebedeckte Vulkangipfel sehen. Im Norden, jenseits eines von keiner Brücke überspannten Meeresarmes der sich ins Landesinnere schlängelnden Bucht, lagen die dunklen Wälder des Susitna River Valleys, auf deren Höhen ich leben wollte.

Die Geographie isolierte Anchorage vom restlichen Alaska. Eine einzige Straße führte von der Stadt aus nach Norden. Doch die größere Isolation wurde durch ihre Einwohner hervorgerufen. Anchorage bestand in erster Linie aus Zuhältern, Polizisten und Geschäftsführern der Dallas Oil Companys, die dem allgemeinen Kampfgetümmel hoch oben in ihren verspiegelten Glasbüros in den Wolkenkratzern der Ölgesellschaften zu entgehen suchten. Das restliche Alaska bestand aus Mel Anderson mit seiner Biberfellmütze und dem müßiggängerischen Murray Amukpuk.

Ich hoffte, wir könnten ein oder zwei Monate überleben, während ich mich auf die Jagd nach Baumaterialien machte. Es blieb uns keine andere Wahl. Entweder Anchorage oder Bankrott.

Am Tag vor der Ankunft von Melissa und Janus mietete ich ein Apartment. Es war die billigste Miete, die ich finden konnte, die Wohnungen im schwarzen Ghetto nicht mitgerechnet, wo ich mich zuerst umgeschaut hatte, bis mir ein Vermieter – ein Argentinier – Kokain verkaufen wollte.

Am Nachmittag kam Melissas Maschine an. Am Morgen bewarb ich mich in einer der beiden Druckereien, die es in Anchorage gab, um den Posten eines Korrektors. Das Vorstellen zog sich lange hin, weil der Besitzer gerade die einzige Setzmaschine reparierte und mich anderthalb Stunden warten ließ. Schließlich mußte ich mit dem Taxi zum Flughafen rasen.

Der Fahrer hieß Rudi Schwartz, ein fünfundzwanzigjähriger Einwohner von Anchorage, ein deutscher Immigrant, bekleidet mit einer schwarzen Bomberjacke und schwarzen Motorradstiefeln. Er war nett und freundlich.

»Läßt sich mit Taxifahren Geld verdienen?« fragte ich.

»Warum? Willst du Fahrer machen?«

»Ich muß ein bißchen Geld verdienen«, sagte ich.

»In einer Wochenendnacht hab' ich zweihundert Dollar Cash in der Tasche«, erwiderte er.

»Aha«, sagte ich.

»Du nennst mich einen Lügner?« fragte er, das Tempo verlangsamend.

»Nein! Hey, ich hab' keine Ahnung, ob du das ernst gemeint hast.«

Er trat wieder aufs Gas. »Du hast gefragt. Ich hab' geantwortet.«

»Zweihundert Dollar *pro Tag*?«

»An Wochenenden. Während der Woche hundert, vielleicht hundertzwanzig. Aber nur nachts. Diesen Monat fahr' ich tagsüber, weil ich die Besoffenen satt hab'.«

Ich schwieg, während ich schnell ein paar Berechnungen anstellte. Schließlich gingen mir die Finger aus.

»Arbeitest du fünf Tage in der Woche?« fragte ich.

»Fünf. Sieben. Zwei. Was du willst.«

Wir fuhren an einer Pizzahut vorbei, die flankiert wurde von Bars, einem leeren, grau verschneiten Grundstück, einer weißgetünchten Tankstelle aus den fünfziger Jahren, einem weiteren Pizzaschuppen, noch einer Bar, einer Bowlinghalle.

»Wie krieg' ich eine Lizenz?« fragte ich.

»Bist du ehrlich?« erwiderte er sofort.

»Ehrlich?« wiederholte ich.

»Betrüger klauen Fahrgelder. Sie verdienen mehr, aber ich bin einer von den Kontrolleuren, und wenn ich dich erwisch', schlag' ich dir den Schädel ein.«

»Ich bin ehrlich«, sagte ich.

»Geh zur Ecke Ninth und L, vierter Stock, mach einen Test, zahl fünfzig Dollar, und das war's dann auch schon. Kennst du die Stadt?«

»Bin gerade angekommen«, sagte ich.

»Du bist ehrlich«, sagte er. »Hab' ich gleich gesehn. Deswegen sag' ich dir's, wie's ist. Wir haben 'ne Menge Koreaner, Albaner und Mexikaner. Alles Betrüger.«

»Albaner?« fragte ich.

Er zuckte die Schultern. »Ich versteh's selber nicht. Früher hatten wir nur richtige Immigranten, die kamen aus Frisco, Seattle und Deutschland.« Er grinste. »Aber zum Teufel, was soll's. Wir sind hier das letzte Grenzgebiet.«

Ich mochte ihn wegen der unschuldigen Art und Weise, in der er »letztes Grenzgebiet« sagte. Wir wühlten uns in einem gelben Taxi durch den Mittagsverkehr, auf der einen Straßenseite ein Safeway-Einkaufsmarkt, auf der anderen Seite ein Milchladen, und er meinte es ernst. Er *glaubte* daran.

Das Fahrgeld machte zehn Dollar. Ich gab ihm fünf Dollar Trinkgeld.

Melissa kam die Gangway herunter. Sie sah blaß, aber glücklich aus. Eine dieser endlosen Minuten, die von Passanten grinsend registriert werden – frisch getrautes, verliebtes Ehepaar! Wiedersehen am Flughafen! –, sprachen wir kein Wort, während wir uns umarmten. Janus ruhte zwischen uns.

Dann sagte sie: »Du hast *keine Ahnung*, was es bedeutet, sich um ein Kind zu kümmern. Ich hab' seit drei Wochen nicht mehr geschlafen.«

Wir nahmen ein Taxi zurück zu unserem Apartment. Kim

Hwan, unser Fahrer, erklärte mir, nachdem ich mich bei ihm nach den Möglichkeiten beim Taxifahren erkundigt hatte: »Schlecht. Kein Geld. Ist besser, du machst was anderes.«

Wir saßen auf dem Schrankkoffer voll mit Küchenutensilien, der in New York eingelagert gewesen war, um uns herum die anderen notwendigen Vorräte: zueinander passende Teller und Tassen, Stoff für die Vorhänge, rosa und schwarze Tischsets, ein Satz grüner Gläser für getrocknete Kräuter. Ich erklärte Melissa, daß wir all das in unserem Apartment gut gebrauchen könnten, da es lediglich mit einem Bett, einem Tisch und einer Lampe eingerichtet war.

Während der nächsten vierzehn Stunden lag ich dicht an Melissa und Janus gepreßt da. Wie durch ein kleines Wunder schienen wir alle immer gleichzeitig aus kurzem, leichtem Schlaf aufzuwachen. Während das Kind an der Brust nuckelte, versuchte ich Melissa alles zu erzählen. Tapfer lauschte sie meinem Wortschwall, bis ihr die Augen wieder zufielen (»Ich hör' dir ja zu!«) und sie der Schlaf überwältigte.

Am nächsten Morgen um acht Uhr marschierte ich zur Ecke Ninth und L und bestand die Prüfung (»7: An welcher Kreuzung befindet sich das ›Captain-Cook‹-Hotel?«), indem ich bei einem anderen Prüfling abschrieb. Yellow Cab stellte mich zwei Stunden später für die Nachtschicht ein, von 5 Uhr 30 abends bis 5 Uhr 30 früh. Dann rannte ich zur Druckerei und erfuhr, daß ich mich am nächsten Morgen zur Arbeit melden sollte. Während der nächsten neunundfünfzig Tage schlief ich nie länger als vier Stunden am Stück.

Vom Ende der Rush-hour bis zum Schließen der Bars – gegen 5 Uhr morgens – transportierte ich Betrunkene, Nutten, Drogensüchtige und junge, frustrierte Weiße, die nicht das gefunden hatten, weshalb sie in den Norden gekommen waren. Außerdem fuhr ich entwurzelte Inuit herum – Athapasken und Eskimos –, deren Elend offensichtlich war.

Die Betrunkenen fuhr ich von Bar zu Bar. Es gab Metallarbeiter-Bars, Country-Western-Bars, Rock'n'roll-Bars und sogar einige geradezu absurd provinzielle Schwulenbars, in denen

Männer mittleren Alters pechschwarze Perücken trugen und einander »Mary« nannten. Hauptsächlich aber spielte sich alles in der Fourth Avenue ab.

Das eigentliche Herz der City bildete eine sechs Blöcke umfassende Strecke, die um 5 Uhr morgens von Hunderten von Menschen überflutet wurde, die lachten und grölten und sich prügelten und ein Taxi zu ergattern suchten. Es war der Times Square am Silvesterabend, und das jede Nacht. Es war Dodge City zum Höhepunkt des Viehtriebs. Jeder Besoffene jeder Bar in der ganzen Stadt schien zum Schluß in der Fourth Avenue zu landen.

Ole gehörte zu meinen Stammkunden. Ich las ihn Punkt zehn Uhr in der Pioneer-Bar auf und fuhr ihn die sechs Blocks für einen teuren Zehner zur Denali-Bar, die innen eine Schwingtür hatte, durch die man direkt in die Malemute Lounge gelangte, wo die Leute auf den Boden pißten und dann von einem Zwei-Meter-Rausschmeißer auf die Straße gefeuert wurden. Ole hatte sich vor vierzig Jahren in dem Sumpfwald hinter der Fireweed Lane angesiedelt, die nun als Durchfahrtsstraße zwischen Seward Highway und dem Bauentwicklungsgebiet Spenard Roads diente. Aus seinen ursprünglichen 65 Hektaren waren ein Einkaufscenter und ein aus Ölgeldern finanzierter Wolkenkratzer geworden. Er wirkte so glücklich, wie ein Mann nur sein konnte, der für Millionen verkauft hatte und nun ein von der Abend- bis zur Morgendämmerung reichendes Nachtleben führte. Aber er wollte mir immer nur Geschichten erzählen von damals, als er noch einen Elch schießen konnte, indem er einfach nur aus seinem Schlafzimmerfenster zielte. Wir standen mit laufendem Motor am Straßenrand vor dem Denali (»Ich zahl' dir den dreifachen Preis, kannst drauf wetten«), damit er für mich, einen begierigen Zuhörer, noch einmal die Freuden einer rauhen, aber lockeren Stadt, in der niemand eine Tür absperrte, durchleben konnte. Einmal machte ich den Fehler, ihn zu fragen, ob er nicht lieber noch mal über die alten Trails ziehen würde, anstatt in seiner Limousine herumzufahren, und er brach in Tränen aus.

Die Nutten gingen in den achtundzwanzig legalen Häusern ein und aus. Hier bekam ich dreißig Dollar für jeden Freier, der auf meine Empfehlung hinkam. (»Äh, wo kann ich, du weißt schon, ich meine...«) Sie bekamen $ 150 die Stunde im Haus und $ 200 für Außendienst. Sie nannten mich den »Glatten Rick«, weil ich mich stets in Dollars und nicht in Naturalien bezahlen ließ. Doch die meisten von ihnen waren Ladys, und ich stieg aus, um ihnen die hintere Tür aufzuhalten. Ich kannte sie beim Namen. Ihrem *echten* Namen. Nicht »Kahluha« oder »Velvet«, sondern Sally und Peggy.

Die Süchtigen ließen sich ein oder zwei Stunden um die Blocks fahren – für $ 18 die Stunde –, bis sie ihren Dealer gefunden hatten. Franny war zweimal hochgenommen worden, also half ich ihr, ein Auge auf die beiden Streifenpolizisten zu haben, die in erster Linie damit beschäftigt waren, Prügeleien zu beenden und die sinnlos Betrunkenen in die Autos der Stadtverwaltung zu verfrachten, die zusammen mit den Taxis am Rinnstein darauf warteten, *ihre* Fracht zu den Ausnüchterungszellen der Heilsarmee draußen beim Flughafen in Empfang zu nehmen.

Die jungen, frustrierten Weißen ließen ihre Frustrationen an mir aus.

»Ich bin sauer, Mann, oh, bin ich sauer. Das hier ist ein Loch. Sie haben mich *angelogen*. Kapierst du das? Sie haben mich *angelogen*! Ich komm' hierher von (Detroit/Los Angeles/El Paso/Amerika), und es gibt *nichts*! Ihre Versprechungen waren *Scheiße*. Ich bin der beste Rohrleger in diesem verfluchten Land, und ich arbeite für dieses gottverdammte 7-Eleven. Ich komm' nicht mal zu einer Nummer. Nimmst du einen Scheck?«

Die Inuit waren hier so fehl am Platz wie die Plains-Indianer in ihren Wüstenreservaten. Das 1972 erlassene Gesetz für die Siedlungsansprüche der Inuit »garantierte« ihnen den ersten Zugriff auf das Land, gestand ihnen aber außerdem noch Milliarden von Dollars zu, die die hastig aufgebauten »Native Corporations« prompt in einem Labyrinth von Finanzgeschäften verloren, die nur von Wall-Street-Anwälten richtig durchschaut werden konnten. Viele der neuen »Aktionäre« hatten von der Jagd gelebt, bis die ersten Dividendenschecks ihr Leben vollkommen veränderten. Sie tauschten ihre Hundegespanne gegen Motorschlitten ein und gaben das Dorffest für die Nonstop-Party in Anchorage auf. Viele der städtischen Inuit hausten in verkommenen Sperrholzhütten hinter dem Friedhof. Ihre kleinen Apartments beherbergten Cousins ersten und zweiten Grades und angeheiratete Verwandtschaft, die aus ihren fernen Dörfern zu Besuch gekommen waren. Sie wollten in die »City«, um dort Bier zu trinken und ihre Verwandten aus dem Busch zu treffen.

Die Taxifahrer verachteten sie, weil sie das Prinzip des Trinkgeldes nicht verstanden. Die meisten Weißen behandelten sie als »Nates«, als Eingeborene, die nicht mal richtig reden konnten. Lediglich früh um fünf gewannen sie ein gewisses Ansehen, wenn alle johlend und kreischend auf der Straße herumsprangen.

Doch abgesehen von all den Tragödien und Gewalttätigkeiten in Anchorage, durchlebte auch ich johlend und schreiend meine Tage, denn die Stadt war mindestens so wild wie irgendein Ort in einem Roman von Louis L'Amour. Hier eilten nicht Millionen zur Arbeit wie in New York oder Chicago, und darunter ein kleiner Teil von der Norm abweichender Menschen, um die Sache interessant zu machen. In Anchorage wichen *alle* von der Norm ab. Diejenigen, die das hier ihr Zuhause nannten, waren der Definition nach »Alaskaner«. Und sie lebten innerhalb eines elektrifizierten Gebietes, das eine Luftverschmutzung aufzuweisen hatte, die der von Mexico City gleichkam.

Tagsüber korrigierte ich die Rechtschreibung der Annoncen, die Anchorages blühende Werbeagenturen ausgebrütet hatten. »SoHio macht das Große Land noch größer.« »Tesero Alaska liefert den Treibstoff für Ihre Träume.« »Freds Landschaftsgärtnerei für Ihr Heim und Geschäft.«

Zwischen den Jobs machte ich gelegentlich ein Nickerchen auf dem Rücksitz eines ausgebrannten Taxis auf dem Hof hinter Joes Taxi-Garage.

Melissa verbrachte ihre Tage mit den Freuden, die mit der neuen Mutterschaft Hand in Hand gingen. Sie trug ihr Baby im Arm, wo immer sie auch hinging. Sie traute keinem Kinderwagen, der ihrem Baby den Körperkontakt genommen hätte, der

Schwergewichtsweltmeister und Selfmade-Millionäre später einmal dazu bringt, in ihren Biographien zu schreiben, daß sie alles einzig und allein ihrer Mom zu verdanken haben.

Sie ging in die Bibliothek. Sie ging mit den anderen jungen Müttern in den Park, in einer Stadt, in der der Altersdurchschnitt bei sechsundzwanzig Jahren lag. Sie trank Pfefferminztee und gab Janus in dem Bread-Factory-Natural-Foods-Restaurant ganz selbstverständlich die Brust. Sie schloß Freundschaften, wohin sie auch kam.

Gloria, Russ' Frau, wurde ihre beste Freundin. Beide waren sie junge Mütter. Sie fuhren gemeinsam durch Anchorage und kauften Dachisolation und Ofenrohr zu herabgesetzten Preisen und eine Kristallvase. All das wurde in der Garage von Russ und Gloria eingelagert. »Gloria meint, ich hätte Charisma«, sagte Melissa. »Ist das nicht lieb?«

Männer hielten sie auf der Straße an, manche scheu, manche mit verwegenem Grinsen, und versicherten ihr, daß sie von innen heraus *strahlte*. Das waren ihrer Meinung nach keine Anmacher. Es handelte sich um spontane Dankbarkeitsäußerungen für einen unerwarteten Sonnenstrahl im grauen Winter.

Melissa akzeptierte unsere Trennung, bedingt durch meine pausenlose Arbeit, weil ich ganz offensichtlich für uns arbeitete.

Als kleine Liebesgeschenke nahm sie mir im Apartment einer neuen Freundin Kassetten mit Mozart und B. B. King auf. Ich brachte ihr Blumen und Bündel von Banknoten mit. »Zwanzig Dollar Trinkgeld von einem Krabbenfischer, der gerade acht Tausender in zwölf Tagen verdient hat.« »Hundertzehn von einem Betrunkenen, den ich zum ›House of Paradise‹ gefahren hab', wo ihn drei Mädchen gleichzeitig in einen mit Scheinen um sich werfenden Spastiker verwandelten.«

Janus lächelte mich einfach nur an, und ich lächelte ihn an. An jedem Tag wurde mir oft genug bewußt, daß ich nicht bei ihm war, doch das war die Sache wert. Es war ein kleiner Preis, den ich jetzt für die Jahre zahlte, von denen ich träumte, Jahre, in denen wir die Berge und Wälder erkunden und Fische fangen würden, draußen in der Wildnis, ohne jede Störung, zu Hause.

Als ich in der vierzehnten Nacht durch die Straßen kreuzte, stieg der Vollmond zwischen zwei gezackten Chugach-Gipfeln empor. Ich fuhr durch eine Gasse hinter dem Northern Lights Boulevard in Richtung Osten auf die Berge zu. Ich stoppte. Der westliche Horizont war immer noch vom Sonnenuntergang gefärbt. Ich stieg aus meinem Taxi. Ich starrte. Das Mondlicht warf blaue Schatten über die Berghänge, obwohl der Rest des Himmels noch hell leuchtete. Ich dachte: »Was tu' ich in dieser Gasse?«

Mein Taxifunk verkündete plötzlich: »Hab' eine Fuhre zum Eagle River von Northern Lights und C.«

Ich sprang zurück in den Wagen und schnappte mir das Mikro. »Bin direkt um die Ecke«, sagte ich und raste los.

Eagle River war von der Stadt aus eine Fünfundzwanzig-Dollar-Fahrt. Es war eine reine Schlafgegend auf der anderen Seite der ersten Bergkette der Chugachs. Der Fluß, nach dem die Gemeinde benannt war, kam direkt von einem Gletscher.

Ich ließ meinen Fahrgast vor einem großen Haus in den Hügeln aussteigen, steckte dreißig Dollar ein und ließ dann meinen Wagen im letzten Licht des Tages noch ein Stück weiter ins Tal rollen. Ich hatte die Scheinwerfer nicht an, um den Mond besser sehen zu können. Ich parkte an einem Kiesweg und kletterte, ohne zu zögern, einen Hang zum nächsten kleinen Gipfel hoch, um einen besseren Überblick zu haben.

Zwanzig Minuten später stand ich keuchend dreihundert Meter höher oben auf dem Kamm. Unter mir blinkten verstreut die gelben Lichter der Häuser. Weiter im Westen schimmerte das Zwielicht des Ozeans. Im Norden ragten der Denali und die ihn umgebenden Schneegipfel in den kobaltblauen Himmel. Zwischen mir und dem Denali lagen hundert Meilen dunkle Wälder, schattenlos selbst im hellen Mondschein.

Eine Stunde oder zwei stampfte ich zwischen alpiner Tundra und Geröll herum. Mein vorherrschender Gedanke war: »Wie lange kann ich meine Verantwortung vernachlässigen, um irgendwelche Berghänge hochzuklettern?«

Ich war ein *Erwachsener*, um Himmels willen, mit einer Familie, und trotzdem war ich ohne nachzudenken einen Berghang hochgestiegen, wobei mir bei jedem Schritt bewußt gewesen war, daß ich dadurch Geld und möglicherweise sogar meinen Job verlor.

Als ich schließlich zum Taxi zurückkam, plärrte der Funk, und eine Stimme, teilweise von Statik übertönt, sagte: »Die Polizei ist auf dem Weg zum Eagle River. Jeder in der Gegend soll die Augen offenhalten. Das vermißte Taxi soll nicht berührt werden, bevor die Polizei eingetroffen ist.«

»Wartet!« brüllte ich. »Ich bin da! Ich ... hatte einen Platten. Ich hab' mich verfahren! Ich bin okay!«

Am nächsten Tag wurde ich gefeuert.

Weil es gerade so schön paßte, wurden die Stunden, in denen ich Korrektur las, auf die Hälfte reduziert, weil die Setzmaschine wieder mal nicht einwandfrei funktionierte.

Ich verbrachte meinen plötzlich freien Nachmittag bei Chekker Cab, wo man mich für die Nachtschicht anheuerte. »Du siehst sauber aus. Du machst das schon«, lautete die Begründung.

Ich beschloß, mir für den Fall der Fälle noch einen weiteren Job zu besorgen. Ich meldete mich auf eine Annonce in der *Anchorage Daily News*, in der ein Reklametexter gesucht wurde. Mir war nicht ganz klar, was so ein Texter zu tun hatte. Ich nahm an, ich sollte die Annoncen verfassen, die ich in der Druckerei zur Korrektur gelesen hatte.

Beim Einstellungsgespräch führte mich der Präsident in sein mit Teppichen ausgelegtes Büro. Er trug einen offensichtlich teuren Anzug und Lackschuhe. Er war blond und gut frisiert. Er besaß die drittgrößte Werbeagentur in Alaska. Er war ungefähr in meinem Alter.

»Ich war Cheftexter bei der E.-David-Kach-Agentur in New York«, log ich. »Sie haben von JBL-Lautsprechern gehört? Das stammt von mir.« Dave Kach war zu Highschoolzeiten ein Freund von mir gewesen, der Gedichte und keine Annoncen schrieb. Ich warf dem Präsidenten eine JBL-Anzeige hin, die ich aus einem Exemplar der *New York Times* gerissen hatte, das uns eine Freundin von Melissa als Scherz zugeschickt hatte. »Jetzt bau' ich mir ein Haus in den Wäldern«, fuhr ich fort. »Deshalb kann ich keinen festen Job annehmen. Aber ich bin bereit, Ihnen gegen ein Beraterhonorar auszuhelfen.«

Melissa hatte mich ermutigt, selbstbewußt aufzutreten. Sie kannte die Geschäftswelt. »Trag' gleich zu Anfang dick auf«, hatte sie mir geraten, Janus auf dem Arm. »Wenn du so *tust*, als wüßtest du, was du tust, dann denken sie, du *weißt*, was du tust. Und mit der Zeit lernst du es schon.«

Der Präsident hinter seinem Mahagonischreibtisch zögerte. Ich saß da, ein Bein über das andere geschlagen, ein New Yorker Werbestar, ganz offensichtlich ein echter Werbefachmann. Dann griff er in die oberste Schreibtischschublade und holte ein Foto heraus. Es war eine Hochglanzaufnahme von ihm mit Pferdeschwanz und T-Shirt mit amerikanischer Flagge. »Ich war selbst mal ein ganz interessanter Typ«, sagte er und warf mir das Foto über den Schreibtisch zu.

Unter anderem schrieb ich dann Fernseh- und Radiowerbung für ARCO Petroleum und Bobs Bullaugen-Eisenwaren und Zubehör.

Nachts lauschte ich im Taxi meinen Werbespots, während ich Betrunkene von der Western-Bar zum Montana-Club karrte. Ich verdiente bei der Werbeagentur *fünfzehn Dollar die Stunde*. Wenn das nicht toll war!

Die blonde Frau des Präsidenten, ein ehemaliges Modell für J. C. Penny, die mich als Ivy-League-Werbeberater akzeptierte, gestand mir: »Wir wissen, daß Sie ein Genie sind, weil Sie so aussehen, als würden Sie in Ihrer Kleidung schlafen.« Ich hätte ihr gern gesagt, daß ich das auch *tatsächlich* machte, auf dem Rücksitz eines rostigen Taxis hinter einer Garage, den Wecker dicht neben meinem Ohr, der mich stets nach wenigen Stunden weckte. Aber ich kicherte nur weltmännisch, wie ein Mann von Harvard.

Da ich meinen Text in ein paar Stunden in der Agentur schreiben konnte, wo ich über ein eigenes, mit Farnen dekoriertes Büro verfügte, besorgte ich mir noch einen weiteren Job, für die

Nächte gedacht, in denen ich mich mal von den Straßen ausruhen mußte oder in denen mein Taxi in Reparatur war. Ich arbeitete als Kellner bei der Great Alaska Bush Company. Es war das bekannteste der sechs Etablissements, die das Nachtleben in Anchorage dominierten. Außerdem gab es noch das Kitty's, das Crazy Horse Paris I und II, das Wild Cherry und Moby Dick's. Das alles waren Oben-ohne-unten-ohne-Clubs, in denen man von Öffnung bis Schließung kaum einen Platz bekam.

Ich servierte Männern viel zu teure Drinks, die betörend schönen jungen Frauen Geldscheine zuwarfen, die nur eine Armlänge von den besten Tischen entfernt auf einem Laufsteg herumstolzierten. Ich kannte die meisten Mädchen vom Taxifahren. Sie verdienten zweihundert Dollar die Nacht in kleinen Scheinen, indem sie ein bißchen »pinkfarbene Haut« zeigten.

»Das ist pink!« pflegte der Discjockey über das dröhnende Lautsprechersystem zu schreien. »Zeig's uns! Und jetzt alle: *Zeig's uns!*«

»*Zeig's uns!*« grölte die Menge, als sich das Mädchen auf der Bühne auf den Rücken legte und ihre Beine zur Decke streckte. »*Zeig's uns!*«

Nach meinem ersten Abend, an dem ich noch über meine eigenen Füße gestolpert war, weil ich beim Bedienen gleichzeitig zur Show starrte, stellte ich zu meiner eigenen Überraschung fest, daß ich die nackten Frauen ganz lässig ignorierte und mich darauf konzentrierte, an den Tischen mit leeren Gläsern vorzuschlagen: »Noch etwas Champagner?« Ich war prozentual an den Hundert-Dollar-Flaschen von Andre's Pink-Champagner beteiligt.

In den wenigen Stunden, die ich »zu Hause« bei meiner Familie verbrachte, schlüpfte ich zu Melissa ins Bett und küßte meinen Sohn, bis ich einschlief. Wenn ich erwachte, griff ich nach meinem mit einem Gummiband zusammengehaltenen Geldbündel, um es Melissa zu zeigen.

»Letzte Nacht hab' ich ein Doppelfenster verdient«, pflegte ich zu sagen. Oder: »Ich hab' die Isolierung fürs Schlafzimmer.«

Dann stand ich auf, immer noch benommen vom Schlafmangel, und raste zu meinem nächsten Job.

Kein Wunder, daß Anchorage die Inuit aus ihren Dörfern, die sich lediglich eine Generation von der Steinzeit entfernt hatten, magisch anzog. Nach zehntausend Jahren sinnlicher Entbehrungen und zyklischer Hungersnöte war die City für sie so etwas wie ein Studio 54 für das gemeine Volk. Für alle offen. Ein elektrischer Zirkus. Und Spaß, Spaß, Spaß – mit genügend Drogen.

Meine Droge war Bargeld in der Tasche. Ich verfügte über einen eigenen Wagen (Nummer 151), ich hatte die schönste Geliebte, die von innen heraus strahlte. Ich hatte ein Penthouse-Apartment, auch wenn es nur der oberste Stock eines Doppelhauses war. Meine New Yorker Wünsche und Sehnsüchte waren in Erfüllung gegangen. Meine städtischen Phantasien waren Realität geworden. Ich schlief allein schon deshalb nicht viel, weil ich Angst hatte, einen Teil der Action zu verpassen. Und gerade als ich mir eingestand, daß ich von keiner Stadt mehr verlangen konnte, sah ich, daß der Schnee auf den Chugach Mountains braunen Hängen Platz machte.

Ich bemerkte es, als ich auf dem Oberdeck einer City-Parkgarage stand, mit Blick über die Bucht, die nun nach fast zwei Monaten frei von Eisschollen war. Diese besonders intensive Sonne, die unter schweren Sturmwolken durch den Spalt purpurner Stratoswolken und eines goldenen Horizonts hervorsticht, färbte die Ozeanklippen bronzen. Die Wolkenkratzer (sechzehn Stockwerke hoch!) reflektierten das grelle Licht. Die Blockhütten und Bretterfassaden, die sich neben ihnen duckten, nahmen die Erdtöne von pazifischen Küstendörfern an. Die staubigen braunen Hügel erinnerten mich an Guadalajara, eine blühende, hektische Stadt der Dritten Welt, in der sich Indianer aus ländlichen Gebieten zwischen glänzender Eleganz und elender Verwahrlosung einnisten.

Und ich paßte genau hinein. Ich stand da wie ein in Bernstein eingeschlossenes Insektenfossil, Nadel und Faden einsatzbereit über dem Schritt meiner Hose. Ich hatte mir die Hose zerrissen, als ich nach einem Nickerchen noch völlig benommen aus dem zerbrochenen Fenster meiner Lieblingstaxiruine hinter Joes Garage geklettert war. Gegenüber im »Hilton« hatte ich mir aus dem Wagen eines Zimmermädchens Nähzeug stibitzt. Meine Einkaufstasche – eine Schlafsackhülle – lag zu meinen Füßen, gefüllt mit meinen Habseligkeiten: Zahnbürste und Zahnpasta, Nagelclip, Kamm, Kugelschreiber, Sonnenbrille, Pullover, Schreibunterlage, ein halber Laib Brot und ein Busfahrplan.

Ich putzte meine Zähne in öffentlichen Toiletten. Ich flickte meinen Hosenboden auf Garagendächern. Die schlimmsten Befürchtungen meines Vaters hatten sich bewahrheitet: Ich war ein Immigrantenpenner geworden. Ich mied die anständige Gesellschaft und wurde von ihr gemieden. Ich marschierte die gehweglosen Durchfahrtsstraßen entlang, meinen Sack über die Schultern geworfen. Und ich war so glücklich, wie man nur sein konnte, denn es war an der Zeit, nach Hause zu gehen.

Der Winter schwand dahin! Der Boden taute auf! Das Haus konnte jetzt gebaut werden.

Nach der Arbeit brachte ich Melissa ein Glas Wasser aus dem Badezimmer. Das Schlafzimmer war in schwaches Mondlicht getaucht.

»Er macht Theater«, sagte sie. »Er will nicht schlafen.«

Ich gab ihr das Glas. »Jetzt bin ich an der Reihe«, sagte ich. »Ich habe gerade meine Jobs gekündigt. Ich glaube, wir sind bereit.«

»*Ich* bin bereit«, sagte sie.

Ich hob Janus hoch und wickelte ihn in eine Babydecke. Wie ein Dieb trug ich ihn vorsichtig ein Stück den Block hinunter zu dem leeren Grundstück neben dem Lucky-Seven-Wohnwagen-Park. Am Rande der Stadt berührten die Sterne die Gipfel der Bergsilhouetten.

Ich befreite sein Gesicht von der Decke. »Mond«, sagte ich, nach oben deutend. »Mooond.«

Er grinste und krähte vergnügt.

Vater und Sohn standen gemeinsam in einer schwarzen Lücke inmitten des elektrischen Glanzes und bellten den Mond an.

6

DIE ERSTEN TAGE SIND DIE SCHLIMMSTEN

Im Sommer war die Petersville Road so breit wie die Spur einer Kettenraupe, durchsetzt von Schlaglöchern, die tief genug waren, um einen Hund zu ertränken.

Zumindest sagte das Pecos, als wir vorsichtig mit zehn oder fünfzehn Meilen die Stunde die Straße entlangfuhren. Pecos lebte in einer Hütte eine Meile hinter Rosser und hatte auf dem Talkeetna-Eisenbahn-Parkplatz einen Dreivierteltonner Ford stehen. Pecos hatte bereits zwei Ladungen Material für uns von Anchorage geholt und zu einer Lichtung neben einer Bergwerksstraße transportiert, wo das Baumaterial unter einer Plastikabdeckung gelagert wurde.

Wir hatten diese Transporte jedoch schon im April durchgeführt, dem letzten kalten Monat, in dem die teilweise noch schneebedeckte Straße durch die abwechselnd warme Mittagssonne und die eiskalten Nächte so hart wie eine Betonpiste wurde. Im Sommer war die Straße gerade noch für Goldsucher mit Eseln geeignet oder für Cats – die verschiedenen Bulldozer der Caterpillar Tractor Company.

Pecos hatte einen sehr langen Bart und noch längeres Haar. Er trug eine Brille mit Drahtgestell und schwere Wollhosen mit Hosenträgern. Er sah genau so aus wie der Besitzer und einzige Angestellte von Pecos' Hunde-Transportunternehmen. Im Winter füllte er die Proviantlager der letzten Goldsucher in den wenigen noch aktiven Minen. Er war jedoch nicht in der Lage gewesen, einen Teil unseres Materials vor der Schneeschmelze mit dem Hundeschlitten zu unserem Gebirgskamm zu transportieren.

Es gab keinen Trail. Der Schnee war zu tief gewesen. Die Heimstatt lag zu abgelegen.

Wir umkurvten die Schlaglöcher und zwängten uns zwischen den in die Straße hängenden, grünen Ästen hindurch, bis wir einen verbreiterten Wendepunkt erreichten. Danach verengte sich die Straße zu einer noch schmaleren, kaum befahrbaren Spur. An der Stelle hatten Pecos und ich zweimal Baumaterial abgeladen und gelagert.

Ich erkannte die Stelle nicht wieder.

Die drei Meter hohen Schneewälle waren verschwunden und hatten Unkraut Platz gemacht, das die Straße zu überwuchern drohte. Der Waldboden war ein einziges Gestrüpp. Selbst nachdem ich die Plastikplane inmitten des hüfthohen Grases entdeckt hatte, fand ich in der üppig wuchernden Pflanzenwelt keinen Orientierungspunkt.

Als ich aus dem Lastwagen kletterte, war ich von Moskitos umgeben. Pecos sprühte sich von den Stiefeln bis zum Filzhut mit Insektenspray ein und warf mir dann die Dose zu. Nachdem auch ich mich zweimal eingesprüht hatte, ging ich zu der Plane, um das Material zu kontrollieren.

Alles war da: Sperrholzplatten für den Fußboden. Rollen mit Fiberglasisolation, Fenster mit Dreifachscheiben, Teerpappe für das Dach, Sprit für die Kettensäge, lange Nägel, Zement für die Grundpfeiler, Kreosot und ein kleiner, blecherner Holzofen. Pecos hatte mir bei der Auswahl des richtigen Materials geholfen – ebenso wie das Buch *Blockhüttenbau in der Wildnis* aus der Bibliothek.

Ich ging zurück zum Laster und half Pecos beim Kampf mit einem riesigen Trossennetz. Wir verfügten über drei solcher Netze, eines für jede Ladung, die ein Jet-Ranger-Helikopter am nächsten Nachmittag mit einer Kabelschlinge anheben und in den Wald transportieren würde.

Melissa hatte die Straßenoperation unter sich. Sie würde von

Talkeetna kommen, wo sie sich voller Freude wieder mit dem Alaska vertraut gemacht hatte, das sie zuerst kennengelernt hatte. Unsere Rückkehr von Anchorage war wie ein Klassentreffen gewesen. »Was habt ihr *gemacht*?« »Wo seid ihr *gewesen*?«

Während sie die beladenen Netze an dem baumelnden Kabel befestigte, würde ich eine Landestelle auf der Kammlinie freimachen. Vierundzwanzig Stunden schienen mehr als genug für den Marsch durch den Wald, um unsere Heimstätte zu erreichen und das Gelände für den Hausbau auszusuchen. Vielleicht konnte ich sogar noch ein bißchen nach Anzeichen von Wild Ausschau halten.

Pecos und ich luden die letzten Sachen vom Lastwagen. Außerdem stapelten wir noch Kisten mit Spaghetti und getrockneten Datteln, Säcke mit Bohnen und Reis und Werkzeug zur Bearbeitung der Baumstämme: eine Axt, ein Breitbeil, einen Wendehaken zum Rollen der Stämme, eine Breithacke, um die Grasnarbe zu entfernen, einen fünfpfündigen Holzhammer und einen Schräghobel zum Entfernen der Rinde von den Bäumen, die einmal unser Haus werden sollten.

Bevor ich in die Wälder aufbrach, sagte Pecos: »Mach dir keine Sorgen wegen der Bären, sonst schaffst du's nie. Dann erschreckt dich das kleinste Geräusch zu Tode.«

Ich hatte eine Machete für das Unterholz bei mir, wie Pecos es mir vorgeschlagen hatte. Gegen Bären half sie nichts. Eine großkalibrige Schrotflinte ließ ich bei den anderen Sachen zurück, eben weil ich mir wegen der Bären *keine* Sorgen machte. Ich machte mir wegen nichts Sorgen. Ich war auf dem Weg nach Hause.

Es gab nur etwas, was mich etwas zögern ließ: Ich wußte nicht, wohin ich gehen mußte.

Die offenen Flächen zwischen den Bäumen, die im Winter den Weg gewiesen hatten, bildeten nun ein Gestrüpp aus drei Meter hohen Erlen, ineinander verwobenen Trauerweiden und dichten Farnen, Ranken und Gräsern. Als ich mich ein paar Schritte von unserem Materiallager entfernte, konnte ich meine Füße in der dichten Vegetation nicht mehr sehen. Jeder Schritt schien in einer Falltür zu enden: Man tastete blindlings nach solidem Grund.

Schließlich entdeckte ich den ersten Baum, den ich im Winter markiert hatte. Es war eine Birke. Ein hellroter Saft sickerte aus der Kerbe. Es sah aus wie Blut. Es *war* Blut, die eiternde Wunde eines verstümmelten Stammes. Niemand hatte mir gesagt, daß Bäume bluteten, wenn man sie markierte. Die Aussicht, einer Blutspur bis nach Hause zu folgen, war entmutigend, bis ich mir klarmachte, daß ohne diese Markierungen der Marsch viel länger dauern würde. Bei einer Orientierung mit Karte und Kompaß würde ich außerdem die natürlichen Winterkorridore unbeachtet lassen. Im kommenden Winter wäre der Trail dadurch für einen Hundeschlitten nutzlos.

Die hellen, rosafarbenen Einschnitte an den Birken und der orangene Saft der Rottannen hoben sich wie Neonsignale vom Grün des Waldes ab. Die Äste der Rottannen waren olivgrün. Die breitblättrigen Erlen zeigten mehr einen Stich ins Gelbe und vermischten sich an den Stellen mit dem leuchtenderen Frühlingsgrün der Birkenblätter, wo die Birkenzweige tief hingen. Die Gräser wirkten stumpf, während Farne und Trauerweiden vor Leben nur so sprühten. Moosflecken glänzten smaragdfarben, wo der Boden zu feucht für blühende Pflanzen war.

Ich kämpfte mich fünfzig Meter durch das Unterholz. Ich schleppte einen Packen mit Schlafsack, Zelt, Lebensmitteln und Wasserflasche mit mir. Der Packen verfing sich in den Erlen.

Ich hatte diesen Wald von Stanleys Hütte aus gesehen. Ich war den Sommerpfaden gefolgt, die ihn durchzogen – zu Marvin und Anna, zu Denny und zum Professor. Mir war nie bewußt geworden, daß diese Pfade nur als Folge harter Arbeit und jahrelanger Benützung existierten. In den Wäldern des Nordens gab es keine natürlichen Sommerkorridore.

Ich begann mit meiner Machete auf die schlanken Erlenstämme einzuschlagen. Sie waren wie die Gitterstäbe eines Käfigs.

Drei Schläge! Vier! Ich hackte den Baum mittendurch und schob den Stamm in das dichte Blätterwerk. Unter seinem Gewicht knickten einige Stengel sprießender Pflanzen.

Mein Gott! Mußte ich denn einen Streifen dieser Welt ausrotten, bloß um *durchmarschieren* zu können? Ich beschloß, nichts mehr abzuhacken, sondern mich hindurchzuschlängeln.

Ich schwitzte. Der Schweiß lockte Insekten an, die meinen Kopf umsummten. Das Gesumm trug den Klang der Verzweiflung in sich. Saug Blut oder stirb! Riskiere den Tod, um leben zu können! Ich erschlug die Moskitos, die sich auf mich setzten. Ich tötete sie ohne jedes Schuldgefühl.

An der Dead Dog Ridge hatte die Brise vom Susitna die Moskitos in den Wald zurückgetrieben. So wie die Tibetaner heute noch, glaubte ich damals, daß jede Tötung falsch ist.

Aber Tibetaner leben auf einem isolierten Plateau viertausend Meter über den Indus-Dschungeln. Dort oben kommt Leben so selten vor, daß jede Erscheinungsform – jeder Käfer, jede Pflanze – es verdient, gehegt und gepflegt zu werden. Hier im oberen Susitna Valley, zweihundert Meter über Meer, warf mich das wilde Übermaß an Leben fast um.

Hier war das Leben intensiver als in jedem tropischen Gebiet, das ich in Samoa, Java oder Ostafrika gesehen hatte. Alaska: Wolken von Insekten, sich anklammernde, alles verschlingende Vegetation.

Was war aus der breiten Flußebene mit den blau schimmernden Gletscherbergen am Horizont geworden? Wo waren die sanften Brisen?

Der Gedanke daran, daß ich Melissa in diese Welt gebracht hatte, ließ mich wieder die Machete schwingen.

Das Unterholz wurde dichter und dichter, und ich sollte *Meilen* durch dieses Gestrüpp marschieren? Ich beschloß umzukehren. Kein Wunder, daß nur einige wenige Menschen in den nördlichen Wäldern lebten. Die Athapasken hätten sich natürlich an den Ufern der größeren Flüsse niedergelassen. Kein Indianer, der halbwegs bei Verstand war, würde *tief* in die Wälder eindringen, um dort zu leben.

Ich ging in die Richtung zurück, aus der ich gekommen war. Doch weil ich gezögert hatte, mir einen Weg freizuhacken, war die grüne Wand hinter mir jetzt genauso kompakt wie vor mir.

Keuchend hielt ich inne. Moskitos surrten in meinen Ohren und schwirrten um meine Augen. Meine Beine waren feucht von Schweiß und Tau.

»Ich flieg' einfach mit dem Helikopter rüber«, dachte ich.

Und dann? Wie sollte ich aus der Luft einen unmarkierten Bergkamm innerhalb von Tausenden von Quadratmeilen Waldes identifizieren? Und wer würde am Boden warten, um die baumelnden Netze mit den Materialien in Empfang zu nehmen?

Ich legte mich auf einige riesige, gezackte Farne. Darunter wuchsen zierliche Gräser. Das Dach der Birkenblätter über mir war so dicht, daß der Himmel nur als Silhouette durchschimmerte.

Ich zerquetschte Moskitos, schwarze Stechmücken und was noch fleuchte und kreuchte. Ich wischte die toten Insekten von meinem Hemd und atmete tief durch. Die Luft war feucht und drückend. Grundwasser durchweichte meine rückwärtige Front.

Wenn ich mich auf die Moskitos konzentrierte, nahm meine Erfolgsquote gewaltig zu. Schlagen! Wischen! Ich merkte, daß diese Welt wie jede andere funktionierte: Übung und Aufmerksamkeit machen einem das Leben leichter. Schlagen. Wischen.

Ich erhob mich und machte mich wieder auf den Weg nach Norden, mich an den Baumkerben orientierend. Ich schwang die Machete rhythmisch wie eine Sense von einer Seite zur anderen. Wenn die Erlen zu dicht standen, spielte ich Samurai: ein Schlag – *ha*! –, um den Stamm zu kappen.

Töte oder stirb! Ich war fest entschlossen, das Pflanzenleben zu massakrieren, um mir einen Weg zu bahnen. Ich unterschied mich in nichts von den Pionieren der Großen Ebene, die das Präriegras ausgerottet hatten, um Farmen zu schaffen. Ich war nicht anders als die Eskimos, die empfindsame Säugetiere ausweideten, um an Fleisch heranzukommen. Ich war genauso Teil der Tragödie des Lebens wie Bären, die Elchkälber zerfetzen, oder wie Holzfäller, die ganze Rotholzwälder roden.

Es gab zuviel zu berücksichtigen, also marschierte ich einfach weiter. Eines Tages würde ich mich dieser Realität stellen, aber nicht jetzt. Jetzt mußte ich mich erst einmal durch das Unterholz hacken, um meinen ländlichen Traum verwirklichen zu können.

Ich legte erst dann eine Pause ein, als ich den Fluß hörte. Zuerst klang es wie Wind in den Bäumen. Ich hoffte auf eine Brise und richtete mich auf. Dann erinnerte ich mich, daß Russ und ich im Winter einen schneebedeckten Fluß überquert hatten – die ferne Uferböschung war mit Ski und Schneeschuhen schwer zu überwinden gewesen.

Ich lauschte dem Rauschen des Wassers. Es klang aufgebracht und zornig, aber doch wesentlich melodischer als das dünne Summen der Moskitos.

Dann traf es mich wie ein Schlag: Der Fluß war *frei*, überflutet, ohne Brücke.

Zu dieser Jahreszeit – Mitte Juni – hatte der Susitna River seinen Höchststand erreicht, eine Folge der Schneeschmelze in den Bergen und des Frühlingsregens. Von Stanleys Hütte aus hatte ich in dem schlammigen Fluß ganze Bäume treiben sehen.

Einen Moment lang dachte ich daran, ein Floß zu bauen. Ich würde mit der Machete junge Bäume fällen und sie mit Weinranken zusammenbinden. Doch selbst wenn ich ein Floß konstruieren konnte, das nicht sofort in Stücke gerissen wurde, würde mich die braune Strömung weit flußab treiben.

Wieder gab ich innerlich auf. Bevor ich umdrehte, kämpfte ich mich die letzten zehn Meter bis an die Uferbank vor, damit ich berichten konnte, daß eine Flußüberquerung ohne Brücke tödlich gewesen wäre.

Durch die Farne hindurch sah ich, daß *tatsächlich* Hochwasser war und die braunen Fluten schnell dahinschossen. Das andere Ufer war mindestens acht Meter entfernt. Äste tanzten in der Strömung.

Ich kletterte auf einen massiven, umgestürzten Baumstamm – eine Pappel, ein prähistorischer Baum mit einem meterdicken Stamm, dessen Äste erst fünfzehn Meter über der Wurzel begannen.

Die Pappel überbrückte den Fluß. Hinter mir ragten die aus dem Erdreich gerissenen Wurzeln rot und gelb und schlammverkrustet hoch. Auf der anderen Seite des Flusses spreizten sich die Äste um eine Birke, die ein rosa Markierungszeichen hatte. Das Wasser schwappte gegen den umgestürzten Baum, strömte aber meist darunter hinweg.

Der Baum war noch nicht umgestürzt gewesen, als Russ und ich hier vorbeigekommen waren. Ich war mir dessen sicher, weil die Äste voller grüner Blätter waren.

So selbstverständlich wie über eine Straße marschierte ich über die Pappel zur anderen Flußseite.

Dann stürzte ich mich wieder in den Wald. Ich dachte lediglich: »Na, das ging aber einfach.« Ich hielt mich nicht auf. Ein Großteil des Weges lag immer noch vor mir.

Erst als ich mir Stunden später – die arktische Sonne stand immer noch hoch – einen Schlafplatz für die »Nacht« suchte, gestand ich mir ein, daß eine perfekte Brücke den Fluß *direkt auf meinem Trail* überspannt hatte.

Der fast ständige Sommersonnenschein der nördlichen Breiten ließ die Vegetation so üppig wuchern, daß ich mein Zelt nicht aufbauen konnte, und so kroch ich lediglich in meinen Schlafsack. Ich lag wach, füllte den versiegelten Schlafsack mit meinem Atem und dachte: »Heilige Scheiße.« Ich konnte nicht zusammenhängend denken. Ich brauchte dringend Schlaf. Ich konnte nicht schlafen.

Wenn mich nun ein Bär aufstöberte? Was, wenn die Pappel eine fiebrige Illusion gewesen und ich in Wirklichkeit durch den Fluß *geschwommen* war? Ich betastete meine Kleidung. Sie war durchweicht.

Ich versuchte zu atmen. Ich erstickte. Ich riß den Schlafsack auf. Sofort stürzten sich die Insekten auf mich. Ich blickte zu den komplizierten Schichten des Waldes empor.

Ich zerrte den Schlafsack über mich, so wie ich früher die Decken über den Kopf zu ziehen pflegte, wenn die Kleidungsstücke im Schrank begonnen hatten zurückzustarren.

Wo war ich? Wie sollte irgend jemand meine Leiche finden, nachdem das Unterholz mich überwuchert hatte? Und die Bären!

Ich fiel, meine Machete umklammernd, in einen schrecklichen Schlaf.

Als ich aufwachte, war ich noch nasser als zuvor. Die Gräser schienen gewachsen zu sein. Ich sprang, nach Insekten schlagend, auf, und stopfte den durchweichten Schlafsack in den Packen.

Ich hatte keine Ahnung, wie weit es noch war. Meine Karte wies keinen roten Pfeil auf, der mir sagte: »Ihr Standort.« Ab und zu bildete ich mir ein, das Geräusch eines Helikopters zu hören, der das Material für das noch ungebaute Haus in den Wald transportierte.

Ich machte mir nicht die Mühe, auf Gebüsch einzuschlagen, außer wenn mir Dornengestrüpp den Weg versperrte. Da ich ständig in hektischer Bewegung blieb, hielt ich mir die meisten Moskitos fern. Ich kreuzte eine Fährte, die nur von einem Bären stammen konnte: niedergedrückte Büsche, die aufragten wie die Rippen eines Kanus, eine Schneise in dem grünen Meer. Es jagte mir keinen Schrecken ein. Es ärgerte mich nur, daß ich nicht über diese Kraft verfügte.

Plötzlich stieß ich auf eine lange, schmale Tundrawiese. Ich erkannte sie sofort. Am oberen Ende dieser rostbraunen Bahn, nur durch ein kurzes Waldstück getrennt, lag unser Bergkamm, nur wenige Meilen von der Stelle entfernt, an der ich stand.

Ich war nie zuvor über Tundraboden gegangen. Ich hatte darauf gestanden, aber da hatten ihn zwei Meter Schnee bedeckt. Auf dem Weg zum Denali war ich über Tundra geflogen. Jetzt trat ich auf diesen Teppich aus Miniaturpflanzen – verfilztes Gras, Moos und winzige, blühende Sträucher, ein Floramosaik, das mir gerade bis zu den Schienbeinen reichte. Bei jedem Schritt hatte man das Gefühl, auf einem Trampolin zu sein. Der Boden war feucht, aber nicht sumpfig. Und man konnte den Himmel klar und weit über sich sehen.

Ich marschierte weiter. Eine gleichmäßige Brise trieb die Insekten zurück in den Wald. Mit durchdringendem Gekreisch strich ein langbeiniger Vogel über meinen Kopf hinweg. Ich rannte los: Tropfen klatschten gegen meine Beine.

Es war, als würde man ein Amphitheater mit Reihen von Bäumen betreten: Hinter verkümmerten, schwarzen Sumpftannen wuchsen wogende Birken empor, die wiederum von riesigen Rottannen überragt wurden. Von den Bäumen hallten die Schreie der kreisenden Vögel wieder. Der Sonnenschein durchzog die Luft mit heißen Schlieren. Alles hatte einen halluzinatorischen Anstrich. Nach der Enge des Waldes wirkte die Weite der Tundra phantastisch.

Ich rannte in die Brise hinein und blieb erst am Rande eines großen Sees stehen, der sich von einer flankierenden Wand des Waldes bis zur anderen erstreckte. Der See hatte sich im Winter von der restlichen Fläche nicht unterschieden.

Die schwammige Tundra ging einfach in das Wasser über. Keine Sandbank, kein sanfter Abhang, nichts. Ich kniete nieder und trank.

Als ich mich erhob, sah ich am Ufer einen meterhohen Schlammhügel und Stöcke, nicht weit von mir entfernt. Es sah wie eine uralte Grabstätte aus. Waren hier zuvor schon Menschen gewesen?

Dann schlug ein Biber in der Mitte des Sees mit einem nachhallenden *Wuuusch* mit dem Schwanz und glitt, mich anstarrend, mit irisierendem Kielwasser an mir vorbei.

Ich ging zu dem Hügel, den ich nun als Biberbau erkannte. Zum erstenmal, seit ich die Straße verlassen hatte, überkam mich Ruhe und Gelassenheit. Ich mußte nicht nach Moskitos schlagen. Der Waldboden umklammerte mich nicht. Und ich wußte, wo ich war.

Ich befand mich auf der Tundrawiese, wo wir spielen würden, wo wir schwimmen würden, wo wir die einzigen Menschen sein würden, die dieses Gebiet seit dem Rückzug der Gletscher betreten hatten.

Ich folgte einem Trail am Seeufer entlang, eine schmale, dunkle Einbuchtung in dem Teppich der Tundra. Der Trail schlängelte sich ein bißchen, hielt aber allgemein nördliche Richtung. Ich wußte, daß er von Elchen und Bären stammte; vielleicht waren auch ein paar Füchse und Wölfe dabeigewesen.

In knapp einer Meile Entfernung trafen die Bäume, die zu beiden Seiten der Wiese standen, wieder zusammen. Dahinter ragten die Berge auf. Dünne Wolkenschleier hüllten die Berge von den rollenden Kämmen ihrer braunen Vorhügel bis zur Mitte ihrer blauen Eispfeiler ein – ein Nebelband, das die Gipfel ohne jede Verbindung zur Erde erscheinen ließ. Es sah aus wie das Bild, das Alexander mir gegeben hatte, der Blick von seinem Kloster auf den Himalaja.

Ich ließ mir Zeit und genoß den Anblick. Ich brüllte, um meine Stimme als Folge ferner Echolaute zu hören. Libellen umschwirrten mich. Derartige Panoramen hatte ich in glänzenden Bergsteigerclub-Kalendern gesehen, wo Fotografen einen kleinen Ausschnitt eines verschwindenden Paradieses eingefangen hatten. Das einzige, was jetzt in diesem Moment verschwand, waren meine Ängste und Befürchtungen.

Die Sonne stand noch nicht im Zenit. Der Helikopter war noch Stunden entfernt.

Als ich wieder in den Wald eindrang, folgte ich meinen Baummarkierungen einige hundert Meter bis zum Grat der Kammlinie. Ich bildete mir ein, die Bäume wiederzuerkennen, zwischen denen ich gestanden hatte, während Russ mit den Ski die nähere Umgebung erkundet hatte. Dann *wußte* ich, daß ich die Stelle erkannt hatte, an der ich im Winter gestanden hatte, auch wenn diese einsame Adlerfeder mittlerweile vom Dschungel verschlungen worden war.

Ich ließ meinen Packen fallen. Ich schnitt Farne ab, um einen Platz zum Sitzen zu haben. Lange Zeit saß ich so da, gegen den Stamm einer Rottanne gelehnt, und tat nichts weiter, als Dornen aus meinen Armen zu quetschen. Eine Brise verjagte die Moskitos vom Bergkamm.

Ich musterte die Gegend und erkannte sofort, daß es nur einen Platz gab, wo der Helikopter das beladene Netz durch das Blätterdach absenken konnte.

An dieser Stelle häufte ich trockene Zweige und Birkenrinde an, um ein Feuer machen zu können. Darauf legte ich grünes Gras, um Rauch als Signal aufsteigen zu lassen.

Dann zog ich den Schlafsack über mich und schlief sofort ein.

Der Lärm eines Hubschraubers weckte mich. Ich sprang auf und hielt ein Streichholz an das dürre Holz und die Rinde. Es flackerte und flammte dann auf, angeschürt von dem Windzug, den der Hubschrauber machte, der, wie ich benommen erkannte, direkt über mir hing.

Das Netz mit den Materialien senkte sich bereits zu mir herab. Der Pilot mußte ein Profi im Umgang mit Landkarten sein, daß er mich schlafend in der Lichtung entdeckt hatte. Ich brach durch das Gebüsch, um die Schlinge zu lösen. Das Feuer prasselte.

Ich dachte: »Oh nein! Ein Waldbrand!«

Ich rannte zum Feuer zurück, um es auseinanderzutreten. Es war zu heiß, um nahe genug heranzukommen.

Das schwer beladene Netz knallte gegen einen Stamm. Ich stolperte zum Netz, um den Kabelhaken zu lösen. Als ich ihn ausgeklinkt hatte, fiel ich auf den Rücken. Der Helikopter stieg hoch und verschwand.

Auf Händen und Knien kämpfte ich mich zum Feuer zurück. Es war nichts weiter als ein schwelender Busch, so sanft wie ein Lagerfeuer im Nieselregen.

Ich kam mir wie ein Trottel vor. Wir waren hier nicht in der kalifornischen Wüste. Ich befand mich im Regenwald. Für einen Waldbrand hier im Hochsommer mußten erst einmal Milliarden von Litern Wasser verdampfen, die in dieser saftstrotzenden, grünen Welt eingeschlossen waren.

Fünfundvierzig Minuten später kam der Helikopter mit der zweiten Ladung zurück. Es war erstaunlich, daß der Pilot die Runde so schnell geschafft hatte. Melissa mußte sehr geschickt den riesigen Stahlhaken gepackt und an der Netzladung befestigt haben. Bei einem Preis von $ 190 die Stunde war ich dankbar für ihre Tüchtigkeit.

Ich hatte das Sperrholz, die Dachpappe und die Benzinkanister aus der ersten Ladung gezerrt. Als die zweite Ladung herabpendelte, löste ich den Haken und befestigte ihn an dem leeren Netz.

Als die letzte Ladung kam, ging der Helikopter überraschenderweise plötzlich tiefer. Die Rotorblätter waren nur wenige Meter von den wild peitschenden Ästen entfernt, als die Tür aufglitt und Denny im Stil eines Fallschirmjägers herausgesprungen kam. Er rollte über das Gras und rannte im Zickzack durch die fauchenden Luftwirbel.

»Du wirst Hilfe brauchen!« brüllte er, während er Vorräte aus dem letzten Netz zerrte. Als es leer war, klemmten wir die beiden Netze an den Haken, der über uns baumelte. Der Helikopter drehte ab, und nach kurzem, ohrenbetäubendem Lärm herrschte Schweigen.

»Er war in Vietnam!« sagte Denny und deutete nach oben. »Krankennottransporte! Ein Held!« Er grinste.

»Was tust du denn hier?« sagte ich.

»Erste Luftlandedivision«, sagte er und salutierte. »Ich konnte dich doch nicht hier draußen allein lassen. Ich bin mit Melissa rübergekommen. Außerdem liebe ich solche Sachen!«

Von all dem Lärm und den Aktivitäten war ich wie betäubt. »Wie geht's ihr?« fragte ich.

»Sie ist der beste kleine Soldat, den du dir wünschen kannst«, sagte er. »Kurz bevor ich den letzten Haken befestigte und in den Ranger kletterte, umarmte sie mich kräftig und rief: ›O Denny, paß auf, daß ihm nichts geschieht!‹« Er kicherte.

Weil ich noch immer schwieg, fügte er hinzu: »Also erklärte ich ihr, daß wir so weitab vom Rest der Welt wären, daß wir schon von Maden wimmeln würden, bevor man uns gefunden hätte, falls uns tatsächlich was zustoßen würde.«

Ich wollte ihm gerade einschärfen, daß er niemals solche Sachen zu Melissa sagen durfte, da meinte er: »War nur ein Witz! War nur ein Witz! Aber wahr ist's trotzdem.«

Dann ließ er den Kopf sinken und seufzte.

Ich war immer noch damit beschäftigt, seine Anwesenheit und das Dröhnen des Helikopters in meine Isolation einzuordnen.

Er schaute auf, senkte seinen Blick und seufzte lauter.

»*Was?*« sagte ich.

»Oh, nichts«, erwiderte er schnell. »Nur der unvermeidliche

Verlust, der mit jedem großen Gewinn verbunden ist.« Er blickte sich um. »Junge, du hast ein großartiges Fleckchen gefunden!«

»Was für ein Verlust?« fragte ich.

»Deine Hunde sind gestohlen worden«, sagte er. »Du hattest sie gegenüber vom Fairway auf der anderen Seite der Schienen angekettet. Sie müssen einen guten Eindruck gemacht haben, auch wenn's bloß Marvins verrückte kleine Rennhunde waren, denn jetzt sind sie weg. Melissa war sehr aufgebracht, aber ich habe sie davon überzeugt, daß du ein *viel* besseres Gespann auf die Beine stellen wirst.«

Ich war sprachlos. Wer würde denn Hunde stehlen? »Aber... warum?« fragte ich.

»In fünf oder zehn Jahren wirst du Hundeschlittenrennen in ABCs Sportsendung sehen«, prophezeite er mir. »Da steckt das große Geld drin. Wußtest du, daß *Autorennen* der populärste Sport in Amerika ist?«

Ich dachte an unsere Hunde. Kaum hatte ich akzeptiert, daß Denny es ernst meinte und daß sie verschwunden waren, empfand ich Erleichterung. Es hätte uns annähernd fünfhundert Dollar gekostet, sie in Talkeetna durchfüttern zu lassen, bis der Schnee kam. Dann verspürte ich Trauer, daß einer unserer ohnehin spärlichen Aktivposten dahin war. Schließlich nahm ich Dennys Urteil hin, daß Gewinn notwendigerweise immer einen Verlust mit sich bringt, daß es solch ein Wunder wie die über dem Fluß liegende Pappel nicht gibt, ohne daß nicht gleichzeitig etwas geschieht, um das Glück im Gleichgewicht zu halten. Und Melissa ging es gut. Und wir waren hier.

»Wie wär's mit dort drüben?« sagte Denny ungeduldig.

Ich sah in die Richtung, in die er deutete. »Für das Haus?«

»Na klar! Direkt zwischen diesen Birken. Das ist perfekt! Richtig abgeschlossen. Wie ein kleines Nest.«

Ich schüttelte den Kopf. »Zu abgeschlossen. Wir müßten all diese Bäume fällen.«

Denny seufzte theatralisch. »Für ein Doppelhaus mit zwei Ebenen und Oberlichtern?«

»Na ja, so was in der Art. Ich hab' ein paar Pläne entworfen.«

Denny grinste. »Ich *wußte*, daß ich unbedingt kommen mußte! Du fängst das ganz falsch an! Du kannst nicht *zuerst* dein Haus bauen. Du brauchst ein Plätzchen, wo du wohnen kannst, damit du Zeit für den Hausbau hast und es *richtig* machen kannst.«

»Fangen die meisten Leute nicht damit an, daß sie im Zelt leben?« erkundigte ich mich. »Ich hab' ein ziemlich gutes Zelt. Am Denali hat es mir gute Dienste geleistet.«

Er lachte. »Du glaubst doch nicht, daß *Melissa* sechs *Monate* im *Zelt* leben will?«

»Wo sonst sollten wir leben?«

»Ich werd's dir zeigen«, sagte er.

Er begann, die verstreuten Materialien und Gerätschaften zu durchwühlen. »Hast du ein Breitbeil und eine Hacke mitgebracht?« fragte er. Sein Tonfall deutete an, daß ich es wahrscheinlich nicht hatte und deshalb ein Trottel war.

»Und einen Wendehaken und ein großes Schälmesser«, sagte ich.

Er schaute mich aufrichtig erfreut an. »Ich hab' dich unterschätzt«, sagte er. »Jetzt können wir wirklich ans Werk gehen.«

In sechs Tagen bauten wir eine Blockhütte, drei mal vier Meter, aus fünfundzwanzig oder dreißig Rottannenstämmen mit einem Durchmesser von ungefähr zwölf Zentimetern. Mit der Hacke entfernten wir die obere Schicht der Grasnarbe und legten den Fußboden. Die Bäume legten wir mit der Kettensäge flach und hackten die Äste mit der einschneidigen Axt ab. Mit dem Breitbeil flachten wir zwei Seiten der Stämme ab. Mit dem Wendehaken rollten wir die Stämme für das Dach in die richtige Position. Den Schäler brauchten wir nicht.

»Paß auf!« sagte Denny, nahm einen langen Nagel und fuhr damit der Länge nach über die Rinde des Stammes. Dann löste er die Rinde mit beiden Händen, als würde er eine Schlange häuten.

»Das geht nur einen oder zwei Monate, nachdem der Saft schießt«, erklärte er. »Ansonsten mußt du mit dem Schälmesser arbeiten. Riecht das nicht wunderbar?«

Es duftete wie Piniensirup.

Wir arbeiteten vierzehn Stunden täglich. Denny hatte eine Pilotenuhr mit eingebauter Stoppuhr. »Zwölf Stunden sechsundzwanzig Minuten, und immer noch volle Kraft voraus!«

Nach der Arbeit saßen wir am Lagerfeuer und kochten Bohnen und Reis. Wir erlebten strahlende Sonnenuntergänge – um ein Uhr nachts –, wenn der Himmel klar war, und ein silbernes Zwielicht, wenn es bewölkt war. Die Vögel kannten keinen Unterschied. Sie erwachten im Wald jeden Abend ungefähr dann zum Leben, wenn unsere Energien nachzulassen begannen.

Denny war überglücklich, daß ich einen kleinen, batteriebetriebenen Radio-Kassetten-Recorder mitgebracht hatte. Er hörte sich die Nachrichten an, die von Anchorages 50 000-Watt-Mittelwelle-Station gesendet wurden. Er hatte die israelische Invasion des Libanons verfolgt. Er wollte nichts davon versäumen.

Ich hörte lieber den Vögeln zu. Wenn sie in der Abenddämmerung sangen, so klang es wie die Musik der Wale in einem schweigenden, grünen Ozean. Es gab einen Song, der mich in Begeisterung versetzte.

»In Begeisterung?« fragte Denny bekümmert.

»Hör zu!« erwiderte ich.

Es war ein Trillern, das spiralenförmig in die Höhe stieg, bis es in Noten endete, die so schwach waren, daß sie in ihrem eigenen Echo aufgingen. Ich sah nie, wo der Vogel thronte. Es war pure Magie.

Denny versuchte, mich mit Einzelheiten internationaler Kriegsführung vertraut zu machen. Mir erschien das alles so fern, die Abendnachrichten waren so vielschichtig, daß er mir genausogut UFO-Berichte aus dem *National Enquirer* mit der Überschrift »Ist das nicht erstaunlich?« hätte vorlesen können.

»Aber das ist *real*!« beharrte Denny und drehte am Radio herum, um Radio Moskau hereinzubekommen.

»Ja ja«, sagte ich und bemühte mich, den einheimischen Vogel zu entdecken.

Tagsüber konzentrierte ich mich auf den Hausbau. *Ich* war bekümmert, weil ich angenommen hatte, ich würde die Feinarbeiten ganz allein, ohne praktische Anweisungen lernen. In Anchorage hatte ich Bücher gelesen. Aber nun stellte ich fest, daß man genausogut versuchen konnte, Boxen aus einem Handbuch zu lernen oder Bildhauerei durch Museumsbesuche. Der Bau eines Blockhauses war eine Kunst. Er erforderte Übung.

Ich wußte von meinen Studien her, daß grüne Rottannenstämme um zweieinhalb Zentimeter pro Fuß Durchmesser schrumpfen, wenn sie trocknen. Aber ich hatte keine Ahnung, wie ich sie richtig zusammenschieben sollte, damit sie sich schließlich fest gegeneinanderpressen würden. Ich lernte, wie man eine Fensteröffnung rahmte, damit das Glas beim Trocknen des Holzes nicht zerbarst, und wie man Dachstämme über eine steile Neigung rollte.

Denny war ein eifriger Lehrmeister. »Wenn ich all das gelernt hätte, bevor ich mein Haus baute – na ja, wahrscheinlich hätte ich es dann niemals gebaut«, sagte er.

Am siebten Tag ruhten wir. Dem Türrahmen fehlte noch die Tür, aber Denny überzeugte mich davon, daß sie leicht zu fertigen war. Ich glaubte ihm, was weniger auf Vertrauen als auf Erfahrung zurückzuführen war.

Wir machten es uns auf der Lichtung bequem, bewunderten unser Werk und aßen die letzten getrockneten Datteln, die von den fünfundzwanzig Pfund noch übriggeblieben waren. Dann marschierten wir in Richtung Straße los.

Wir waren uns beide einig, daß der Rückweg anstrengender werden würde, als fünfmal täglich einen dreihundert Pfund schweren Stamm auf unsere Schultern zu hieven und zum Kamm hochzuschleppen. Ich nahm es an, weil ich es schon einmal hinter mich gebracht hatte. Denny hoffte das Beste. »Kein Trail! Echte Wildnis!«

Wir verirrten uns lediglich zweimal, weil sich die Markierungskerben auf der *anderen* Seite der Bäume befanden. Wir marschierten geradeaus, drehten uns nach der letzten Markierung um, konnten nichts entdecken und riefen beide im Chor: »Da entlang!«, wobei wir in entgegengesetzte Richtungen zeigten.

Aber allein die Vorstellung schien schon ausgeschlossen, daß uns etwas Tragisches zustoßen könnte, nachdem wir die Gefahren von Kettensäge, Axt und rutschigen Stämmen auf einem steil abfallenden Dach bewältigt hatten.

Es war lächerlich, so fern jeder Hilfe so zuversichtlich zu sein. Aber es bescherte uns einen schnellen Rückweg. Über Maden sprachen wir kein einziges Mal.

Am nächsten Tag entdeckte ich Melissa in der Küche des Teepee-Restaurants. Sie trug eine Schürze, hatte das Haar zu einem Knoten hochgesteckt und rührte in einem großen Topf. Als sie mich sah, kam sie in meine Arme geflogen, küßte mich und rannte zurück zum Herd.

»Das kann anbrennen«, erklärte sie.

Sie richtete eine Hochzeit aus. Das Barmädchen vom Teepee heiratete heute morgen. Melissa bereitete ein Festmahl für den Empfang im Fairview vor, wie es Talkeetna noch nie erlebt hatte. Dies war ihr Debüt als Chefköchin in der Stadt. Alles sollte perfekt sein.

»Wir haben ein Haus für uns gebaut«, sagte ich, als würde ich die Entdeckung einer dicken Goldader verkünden.

»Rühr das um«, sagte sie.

Ich rührte. »Die Stämme unserer kleinen Hütte sind alle geschält, und das Dach wird nie einstürzen«, sagte ich.

Sie benahm sich, als hätte sie *erwartet*, daß ich schon alles richtig machen würde. Das gefiel mir. Ich legte den Kochlöffel beiseite und ging in die Ecke, in der Janus auf einem Autositz schlief. Ich herzte und koste ihn und wollte ihn hochnehmen.

»Laß das nicht anbrennen!« rief Melissa, während sie einen riesigen Topf mit Metallgriffen zu einem Tisch trug.

Ich war sprachlos. Ich wollte meinen Jungen wecken und ihn umarmen und ihm sagen: »Dein Daddy ist wieder da!«, während er vergnügt in meinen Armen krähte. Doch Melissa meinte es ernst. Ihr Topf schien ihr wichtiger zu sein als mein Bedürfnis, meinen Sohn in die Arme zu schließen. Aber nein, sie erkannte lediglich nicht, wie wichtig mir das war. Sie versuchte, drei Bälle

– oder Töpfe – gleichzeitig in der Luft zu jonglieren und konnte sich auf nichts anderes konzentrieren.

Aber ich hatte gerade unser erstes Haus gebaut! Warum konnte sie sich nicht *darauf* konzentrieren?

Diese Aufgabe, dachte ich, mußte für sie in dieser Welt genauso wichtig sein, wie es die Blockhütte für mich in dem fernen Wald gewesen war. Ich ließ Janus schlafen. Es überraschte mich selbst, daß ich auf meinen Posten zurückkehrte, anstatt zu schimpfen und zu sagen: »Hey! Hörst du mir überhaupt zu?«

Ich sah die Hintergründe menschlicher Handlungen so deutlich, wie ich die verschiedenen Schichten der Sommerflora gesehen hatte. Meine Isolation, die zwar nur eine Woche gedauert hatte und auch nicht absolut gewesen war (»Okay, ich *beweise* dir, daß Israel in einem Monat Hanoi eingenommen hätte!«), ließ mich bei der Beurteilung von Umständen zögern, die mich sonst zu einer heftigen Reaktion veranlaßt hätten. Wer wußte schon, was sich unter der Oberfläche verbarg?

»Wo ist der Ingwer?« rief Melissa. »Wo hab' ich den Ingwer gelassen?«

Ich dachte: »Das ist wesentlich merkwürdiger als bei meiner Rückkehr vom Denali. Wieso stehe ich so friedlich an diesem Herd? Warum fühle ich mich nicht verraten und entmutigt durch diese getrennten Welten, in denen wir leben?« Ich leckte den Kochlöffel ab. Mandelglasur!

Nach einer Woche mit Bohnen und Reis und getrockneten Datteln war die Mandelglasur eine unerwartete Köstlichkeit, wie blaues Eis über goldener Tundra.

Während der nächsten halben Stunde versuchte ich Melissa zu schildern, was ich alles gesehen hatte. Ich erzählte ihr von der unglaublichen Vegetation und der entspannenden Freiheit der Tundra. Ich berichtete ihr, wie solide unsere kleine Hütte gebaut war und daß ich gelernt hatte, Stämme mit der Kettensäge einzukerben und Bäume so zu fällen, daß sie dorthin fielen, wo ich sie haben wollte.

Sie gab nur oberflächliche Antworten. Die Paella mit Garnelen erforderte ihre ganze Aufmerksamkeit.

Als Janus aufwachte, ergriff ich sofort die Chance, ihn in die Arme zu nehmen. Wie erwartet, lachte er. Dann schaute er sich um und verkündete mit der Entschiedenheit eines sechs Monate alten Babys, daß er Hunger habe.

Melissa stellte die letzte Platte ab und gab ihm die Brust. Ich wartete darauf, daß sie sich entspannte und weitere Fragen nach unserem Land stellte.

Statt dessen schob sie sich eine Strähne ihres Haares aus dem Gesicht, alberte mit dem Baby herum und fragte: »Und wann werden *wir* heiraten?«

»Oh«, sagte ich.

»Ist das deine Antwort?« fragte sie und schaute mich an.

»Wir *sind* verheiratet«, sagte ich.

»Wir sind *nicht* verheiratet«, sagte sie.

»Was willst du?« erkundigte ich mich.

»Eine *richtige* Hochzeit«, antwortete sie, mich immer noch anstarrend. »Einen großen Empfang und eine Hochzeitstorte und Brautjungfern.«

Ich fing an zu lachen. Ich lachte, weil ich mir die menschlichen Handlungen so verwirrend und komplex wie den sommerlichen Dschungel vorgestellt hatte. Ich war erleichtert, weil es offensichtlich ab und zu auch ganz simple Erklärungen gab.

»Ich kann nicht glauben, daß du mich *auslachst*«, sagte Melissa mit einem gefährlichen Unterton in der Stimme.

»Ich lache nicht über *dich!*« sagte ich.

Ihre Augen wurden noch größer. Ich trat einen Schritt zurück.

»Es ist bloß... Ich meine... Himmel! Es war so *anders* da draußen, daß ich eine Weile brauche, um mich hier wieder anzupassen. Ich...«

»Du redest immer noch davon, was *da draußen* ist«, unterbrach sie mich.

»Nein! Ich bin jetzt wieder hier. Tut mir leid. Es ist bloß... meine Güte, ich kann einfach das *eine* nicht mit dem *anderen* in Einklang bringen.«

Sie gab sich erst gar nicht die Mühe, auf so eine lahme Ausrede zu reagieren.

»Wir *sind* verheiratet«, sagte ich, bloß um etwas zu sagen.

»Weil wir's vom Professor zurück zu Stanleys Hütte geschafft haben? Weil wir zusammen ein Baby haben? Während du weiter den großen Forscher spielst und ich mit allem alleine fertig werden muß?«

»Melissa«, versuchte ich vernünftig zu argumentieren, »du bedeutest mir alles. Wir haben ein Leben gewählt – gemeinsam! –, das uns einander nur noch näherbringen kann. Das Ritual mit der Torte kommt schon noch. Ebenso der Empfang in unserem Haus, mit geöffneter Verandatür zum Gewächshaus.«

Das war nicht, was sie hören wollte. Ich war überrascht. Janus ließ von ihrer Brust ab und brüllte los. Melissa versuchte ihn zu besänftigen. Er wollte nicht besänftigt werden.

»Schau dir an, was du getan hast«, sagte sie mit bebender Stimme.

Ich glaubte nicht, daß ein Priester, der in unsere Küche marschiert käme und unsere Schwüre noch einmal herunterbeten würde, gefolgt von einer Hochzeitsfeier mit blumenstreuenden Brautjungfern, all ihre Sorgen vom Tisch fegen würde. Es waren nicht allein Hochzeiten, die sie beschäftigten und beunruhigten.

»Du trägst Großmutters Ring«, fiel mir plötzlich wieder ein.

Meine Großmutter hatte Melissa ihren eigenen, diamantenbesetzten Ehering geschenkt. Er war ganz unerwartet bei der Post gewesen, die wir wenige Tage, nachdem wir den Marsch vom Professor zurück zu Stanleys Hütte hinter uns gebracht hatten, in Talkeetna geholt hatten.

»Unsere Träume werden wahr«, sagte ich.

»In den Wäldern zu leben ist *dein* Traum«, sagte sie.

Der nächste Tag war unproblematischer. Jeder Einwohner der Stadt, der zum Empfang kam, sagte Melissa, daß er noch nie ein derartiges Festmahl genossen hätte. Als die Braut sie umarmte und sagte: »Und die Torte war perfekt!«, entgegnete Melissa: »Rick hat die Glasur gemacht.«

Im Haus eines Freundes schliefen wir auf dem Boden. Es war wie Flitterwochen. Melissa war hingebungsvoll und liebevoll.

Ich stellte ihr Glück nicht in Frage. Als sie mir zuflüsterte: »Der Gedanke erschreckt mich ein bißchen, aber ich kann es kaum erwarten zu sehen, wie es da draußen ist«, da war ich froh, daß sie jetzt endlich an das Land denken konnte.

Am nächsten Morgen trampte ich nach Anchorage. Ich mußte noch etwas Geld verdienen, um die Vorräte und Materialien, die Denny und ich verbraucht hatten, ersetzen zu können. Talkeetna war ein hilfreicher Puffer zwischen der entlegenen Heimstätte und der City.

Nach zwei Tagen und zwei Nächten kehrte ich mit dem Zug zurück. Ich hatte Fenster, Nägel, Dachpappe und genügend Nahrungsmittel für den ganzen Sommer dabei. Die Gepäckwagenschaffner erkannten mich. Wir machten Witze über meinen Materialbedarf. Als ich ihnen erzählte, die Sachen wären für eine Heimstätte in der Nähe der Vorberge der Alaska Range bestimmt, klopfte mir der älteste Schaffner auf den Rücken und rannte zur Bar, um mir ein Bier zu holen. »Wegen dir hab' ich gerade einen Fünfziger gewonnen«, sagte er bei seiner Rückkehr. »Diese anderen Witzbolde hier haben gewettet, daß du noch vor dem Sommer wieder in der Stadt bist. Wir haben ein paar so Typen wie dich gesehen, aber sie haben nicht lange durchgehalten.«

Ich wußte nicht, ob ich mich über meine Zähigkeit freuen oder über den Eindruck, den ich gemacht hatte, ärgern sollte. Als wir Talkeetna erreichten, wunderte ich mich lediglich darüber, daß die Wetten gegen jeden standen, der in den Busch ziehen wollte.

Melissa und ich schleppten unsere Sachen zur Startbahn und luden sie in ein Netz. Ich war ganz aufgeregt bei dem Gedanken, wie sehr sie der Anblick der Kammlinie erstaunen würde. Es war romantisch und abenteuerlich, und wir waren keine Touristen mehr.

Melissa würde mit dem Helikopter hinausfliegen. Sie würde nur die Schönheit sehen, nicht den Kampf. Die Straße nach Talkeetna war erst vor acht Jahren asphaltiert worden. Zuvor hatte man nur mit dem Zug oder einem geländegängigen Jeep nach Talkeetna gelangen können. Zu der Zeit hatte der Highway nach Fairbanks noch nicht einmal die Petersville Road erreicht gehabt.

Den Anfang unseres Trails hatte man nur mühsam erreichen können; mit Eseln und schwerem Schuhwerk.

Unser Trail war jedoch eine schwierige Route geblieben. Die Gräser gingen mir nun über den Kopf. Die Moskitos waren schrecklich. Ich mußte mich ausschließlich auf Gehen und Klatschen konzentrieren.

Das Wasser des Flusses war rot gefärbt. Ich überquerte die Pappelbrücke. Die rote Färbung stammte von den Lachsen – mehr als ich zählen konnte –, die einige Zentimeter unter der Wasseroberfläche gegen die Strömung ankämpften. Die Fische waren einen halben, ja *einen* Meter lang. Auf ihren Rücken hätte ich über das Wasser schreiten können. Als ich einen Schritt in den Fluß machte, zischten sie wie Torpedos davon und hinterließen kleine Kielwasser.

Ich starrte in das Wasser, es war blau mit weißer Riffelung. Die braune Schwemme war verschwunden. »Verdammt, ich hab' dich *gesehn*!« brüllte ich dem unsichtbaren Lachs zu und drohte ihm mit der Faust.

Ich war noch nicht mal eine Stunde in den Wäldern, und schon war ich wieder von ihnen überwältigt.

Als ich bei Anbruch der Dämmerung in die Tundra hinaustrat, sah sie aus wie zuvor. Vielleicht eine etwas üppigere Färbung. Mehr Blumentupfer. So wie sie sein sollte und immer sein würde.

Die Moskitos zogen sich zurück. Wassertropfen flogen von meinen Hacken, als ich losrannte. Zwei Eistaucher zischten über mir wie Artilleriegranaten dahin; ihre Flügel schlugen so schnell, daß der Himmel hindurchleuchtete.

Ich folgte dem Wildpfad auf die Berge zu, blieb dann aber stehen. Ein Dunghaufen thronte mitten im Trail. Er war wie ein Lavadom, durchsetzt mit Stücken von... ja, was? Ich kniete nieder und schob den Haufen mit der Machete auseinander. Haarknäuel, gelbliche Wurzelreste oder Zweige, Grasbüschel.

Hastig schob ich den Haufen wieder zu seiner ursprünglichen Form zusammen. »O-Mann-o-Mann-o-Mann«, sagte ich laut.

Das war eine *Bären*fährte. Das war *seine* Scheiße. Vielleicht wollte er sie hier haben, so wie sie war, unverändert.

Ich hatte mich darauf gefreut, am Fuße der Berge eine Rast einzulegen. Jetzt wollte ich bloß noch von der Tundra weg. Jetzt war nicht der Moment, um »mein« Panorama von »meinem« Amphitheater aus zu bewundern.

Ich sprach laut vor mich hin, während ich durch den Wald eilte, zum Bergkamm empor. Meine Worte mochten ziemlich unverständlich sein, doch die Botschaft war klar: »Hier komme ich! Weil mir keine andere Wahl bleibt! Bitte friß mich nicht!«

Als ich die kleine Hütte sah, raste ich los – eine Zufluchtstätte. Doch dann blieb ich stehen. Zuerst einmal gab es keine Tür, die einen Bären hätte abhalten können. Doch außerdem mußte ich mir auch eingestehen, daß ich mich nicht so schnell vor dieser Welt verstecken wollte.

Dann geschah etwas, das von nun an zu irgendeinem Zeitpunkt an jedem beliebigen Tag geschehen würde. Während ich die bernsteinfarbenen Stämme in ihrer grünen Umgebung ansah, dachte ich: »Jetzt ist es genug.« Selbst wenn ein Bär durch die Erlen gestürzt käme und mir den Schädel zerschmetterte, gäbe es ein Vermächtnis. Selbst wenn dem, was bereits getan worden war, nichts mehr hinzugefügt würde, so wäre doch der Beweis erbracht, daß große Träume verwirklicht werden konnten. Vielleicht waren sie nicht von Dauer, aber man hatte sie einmal verwirklicht.

Wer konnte wissen, was der nächste Augenblick bringen würde? Als nächstes mußte ich die Hütte untersuchen. Ein Schritt und noch einen Schritt. Und dann – welch eine Überraschung! – kein Anzeichen von Bären.

Den größten Teil der »Nacht« brachte ich damit zu, mit der Kettensäge Stämme zu spalten, um eine Tür zu bauen. Denny hatte recht gehabt. Es war ganz einfach. Die Tür fügte sich so nahtlos in den Rahmen ein, als wäre sie mit der Maschine hergestellt worden.

Am nächsten Nachmittag wurden die letzten Materialien vom Helikopter aus abgesenkt. Ich löste den Haken und wartete dann, auf dem Netz stehend, um Melissa eine Hand zu reichen. Mit der anderen Hand schützte ich mein Gesicht vor der Asche des Lagerfeuers, die von den Rotorblättern aufgewirbelt wurde.

Melissa wollte den Schritt durch die offene Tür machen und zögerte dann. Der Helikopter hob sich wie auf einem Wellenkamm. Als er sich wieder abwärts senkte, reichte sie mir Janus. Ich klemmte ihn wie einen Football unter meinen Arm. Dann sprang sie. Ich fing sie auf. Zu dritt drehten wir eine ungeschickte Pirouette, fielen aber nicht hin. Der Helikopter stieg dröhnend über die Baumwipfel.

»In Ordnung!« brüllte ich.

»In *Ordnung!*« brüllte sie zurück.

Ich reichte ihr Janus und löste das Netz. Während der Helikopter sich auf dem Rückflug zur Stadt befand, küßten wir uns.

»Hast du jemals gesehen, wie es von oben aussieht?« rief Melissa. »Alles ist grün. Überall! Ich kann dir gar nicht sagen, wie schön es ist!«

Ich war froh, daß sie auf so einfachem Weg von Talkeetna zu unserer Lichtung gekommen war. Ich wollte, daß sie das Gefühl hatte, mit den menschlichen Ansiedlungen in diesem gewaltigen Tal in Verbindung zu stehen. Ich wollte, daß sie sich sicher fühlte.

»Schau!« sagte ich und deutete auf unsere kleine Hütte.

Ich nahm ihre Hand. »Oh«, sagte sie. »Sie ist vollkommen!«

Dann drehte ich mich um und zeigte auf den Dschungel. »Und dort drüben werden wir unser *richtiges* Haus bauen.«

Sie starrte auf die Dornenbüsche und Erlen und Farne. Sie zwinkerte. Ein Moskito landete auf ihrer Stirn. Sie schlug danach.

»Aber das ist bereits *fertig!*« sagte sie und richtete ihren Blick wieder auf unsere kleine Hütte.

In den nächsten Tagen baute ich einen Tisch, Regale und eine Plattform für das Bett. Ich arbeitete mit gespaltenen Stämmen.

Das Ergebnis war »rustikal«, entschieden wir. Aber so grob meine Möbel auch waren, sie erfüllten ihren Zweck.

Melissa bereitete die Mahlzeiten auf einem Benzinkocher mit Coleman-Doppelbrenner zu, der auf einem Tisch neben der Getreidemühle stand. Wir schliefen auf einer Schaumstoffmatratze, die fast die ganze einen mal zwei Meter messende, auf Stümpfen stehende Sperrholzplattform bedeckte. Mit dem Stapel getrockneten Holzes in der einen, dem Holzofen in der anderen Ecke und dem fast die Hälfte der Fußbodenfläche einnehmenden Bett blieb uns wenig Bewegungsspielraum.

Aber wir waren uns einig, daß unser erstes Heim ausgesprochen »gemütlich« war.

Ich hängte ein Moskitonetz um das Bett herum. Melissa befestigte ein Tischtuch, das einst ihrer Mutter gehört hatte, über der Tür. Den Sonnenschein ließen wir ungehindert durch die Fenster.

Tagsüber hatten wir ungefähr fünfundzwanzig Grad. Nachts fiel das Thermometer auf zehn Grad, aber die Stämme der Hütte hielten die Wärme, so daß wir es angenehm hatten. Wir brauchten kein Feuer.

Melissa hatte Kartoffeln, Karotten und Kohl von Talkeetna mitgebracht – Frischgemüse, das nicht so schnell verfaulen würde. Im Schatten der Nordwand unserer Hütte bewahrten wir unter Farnen Käse, Tofu und getrockneten Lachs auf.

Das sechs Monate alte Baby beanspruchte das große Bett mehr oder weniger für sich. Er krabbelte lachend herum, von den niedrigen Fenstern an der einen Wand zum Bettende auf der anderen Seite.

»Ihm gefällt es hier«, sagte Melissa. »So lebendig hab' ich ihn schon lange nicht mehr gesehen.«

Ich war wie verrückt vor Freude, daß auch sie es erkannte.

Von neun Uhr abends bis zum mitternächtlichen Sonnenuntergang, bei dem sich die Sonne *seitlich* gegen den 4800 Meter hohen Gipfel neben dem Denali vorschob, hatte das Licht eine Farbe, die man fast anfassen konnte, wie Messing. Pollen und

Blütenstaub hingen in der Luft. Jede der zahllosen Mücken, Moskitos, Motten und Fliegen, die vor der Sonne herumflirrten, hinterließ einen Lichtstrahl. Jedes Blatt hatte einen Lichterkranz, sogar unsere Haare hatten einen Heiligenschein. Melissa und ich saßen am Fenster und nahmen alles in uns auf. Selbst das Baby beruhigte sich, als würde es in flüssigem Gold schweben.

»Flüssiges Gold kommt der Sache nicht einmal nahe«, sagte ich.

»Kupferfarbenes, karibisches Seewasser?« fragte ich.

»Noch schlimmer«, sagte sie.

»Du bist dran«, sagte ich.

Sie lachte. »Ich würde nicht mal den Versuch machen, es in Worte zu fassen.«

Nachdem wir unser vorläufiges Haus eingerichtet hatten, begann ich fast all meine Zeit draußen im Freien zu verbringen. Ich fällte ein Dutzend Bäume direkt an der Kammlinie oberhalb der Quelle. Die Bäume donnerten nicht zu Boden. Sie neigten sich langsam, gebremst von den Ästen ihrer Nachbarn.

Ich übernahm für jeden toten Baum die Verantwortung. Allein die Vorstellung war anmaßend, daß es sich bei ihnen »nur« um Bäume handelte. Mit der gleichen Selbstverständlichkeit, mit der Eskimos glaubten, daß sich Wale für Menschen opfern, die sonst verhungern würden, nahm ich an, daß in dem Blutbad, das ich unter den Bäumen anrichtete, ein Element der Gnade enthalten war, wenn schon nicht wegen der Gebete, die ich vor jedem Schlagen sprach, dann doch wenigstens deswegen, weil ich die gesündesten Bäume stehenließ. Es war schwierig, mit einem Blick die minderwertigen Bäume auf dem dicht bewaldeten Kamm zu entdecken. Trotz allem fiel es mir schwer, mit der Zerstörung fertig zu werden, die ich anrichtete, nur weil ich hier sein wollte.

Melissa hielt sich meist in der kleinen Hütte auf, kochte, sorgte für das Baby und schrieb Briefe an ferne Orte wie New York oder Talkeetna. Ich konnte es ihr nicht verdenken, daß sie mit der vertrauten Welt in Verbindung bleiben wollte.

Eine einzige dunkle Wolke senkte sich über diese ersten strahlenden Tage, als ich versuchte, unseren CB-Funk in Betrieb zu nehmen. Er stellte unsere Notfallverbindung mit dem Rest der Welt dar. Jedenfalls gab er keinen Mucks von sich. Tot. Eine Folge des heftigen Absetzens der Ladung vom Hubschrauber aus? Schicksal?

»Großartig!« verkündete ich, nachdem ich mir hatte eingestehen müssen, daß weitere Versuche sinnlos waren. »Jetzt *müssen* wir auf jeden Schritt achten. Ich meine, wir *müssen.*«

Melissa war alles andere als begeistert. »Und wenn was passiert?«

»Es wird nichts passieren. Es darf nicht. Mehr gibt's dazu nicht zu sagen.«

»Und wenn Janus krank wird?«

»Kein Kind, das so glücklich ist, wird krank.«

»Oder wenn er aus dem Bett fällt und sich einen Arm bricht?«

»Janus«, sagte ich, »fällt nicht.«

»Er ist ein *Baby!*«

»Wenn du es glaubst, wird er es auch glauben. So funktioniert das bei Kindern. Wenn du *weißt*, daß sie wunderschön sind, dann *werden* sie auch schön, auf ganz verblüffende Weise. Wenn du weißt, daß...«

»Du hörst nicht zu!« sagte sie.

»*Du* hörst nicht zu!« erwiderte ich.

Janus schreckte aus seinem Nickerchen hoch und sagte: »Waa?« Es war kein Geschrei. Es war mehr eine überraschte Frage: »Was ist hier los?«

Melissa und ich verstummten.

Diese kleine Pause brachte uns aus dem Takt. Statt zu sagen: »*Du* glaubst, es ist ein großer *Vorteil*, daß wir alle darunter zu leiden haben, daß du nicht in der Lage bist, die Dinge *richtig* zu machen«, sagte Melissa gar nichts.

Statt zu antworten: »Nun, wenn du auch nur ein bißchen Vertrauen hättest, daß auf dem, was wir tun, ein Segen liegt, dann hättest du nicht so viel gottverdammte Angst«, schwieg ich.

Janus schaute aus dem Fenster und grinste. Ein grauer Eichelhäher saß auf dem Sims und pickte nach Weizenkeimen, die wir dort verstreut hatten.

»Ist das nicht eine Lektion«, sagte ich ruhig.

»Hier kann man sich nicht aus dem Weg gehen, nicht wahr?« sagte Melissa, während sie sich neben das Kind auf das Bett setzte.

»Genau das ging mir auch gerade durch den Kopf«, sagte ich.

»Ich weiß«, sagte sie.

Ich setzte mich neben sie. »So weit von der zivilisierten Welt entfernt, wachsen die psychischen Fähigkeiten, davon bin ich überzeugt«, sagte ich.

»Der Streß nimmt auch zu«, sagte Melissa.

»Aber denk doch mal darüber nach, jetzt sind wir mit dem Himmel enger verbunden als mit irgendwas anderem. Wir versuchen nicht erfolgreich oder clever oder cool oder freundlich oder modisch oder *sonstwas* zu sein, was die Gesellschaft gerade schätzt. Und wenn du die Verbindung zu dem, was ›sie‹ für wichtig halten, durchtrennst, dann bleiben die restlichen neunzig Prozent unseres Gehirns übrig. Als könnte man Gedanken lesen. Oder die Wanderung der Zugvögel erspüren. Oder wissen, daß es nur ein Kaninchen und kein Bär ist, was hinter den Erlen raschelt. Verstehst du, was ich sagen will?«

Melissa lächelte. »Erinnerst du dich, als du bei Fiorello gegenüber vom Lincoln Center auf mich gewartet hast? Und ich mich verspätet hatte, weil ich Inventur machen mußte? Und du hast in dem Café gesessen und Wein getrunken, bis sie zugemacht haben. Als ich dann endlich kam, standest du am Broadway, die Hände hinter dem Rücken, und schautest über die Straße. Du hast mir nicht mal einen *Blick* zugeworfen. Du sagtest: ›Kannst du die Leidenschaft und Ekstase verstehen, die jedes Atom dieses Marmors gezeichnet haben?‹ Oder so was in der Art. Erinnerst du dich? Genauso hörst du dich jetzt auch an.«

Ich erinnerte mich nicht. Aber ich verstand die Botschaft.

»New York *ist* intensiv«, sagte ich. »Es ist eine *menschliche* Intensität. Doch diese Welt hier ist genauso intensiv. Nur hat es mit Menschen nichts zu tun.«

Sie öffnete ihre Bluse und zog Janus an ihre Brust.

»Wir haben lediglich eine überwältigende Welt gegen eine andere eingetauscht«, sagte ich. »Aber hier gibt es bloß Licht und Wind und Eis bis zum Horizont.«

»Und Moskitos«, sagte sie.

»Und Moskitos.«

Innerhalb einer Woche wurden die Moskitos weniger. Wir schliefen zwar immer noch unter dem Moskitonetz, aber es war morgens nicht mehr gesprenkelt von Insekten.

Als die Moskitos verschwanden, kam der Regen. Anfangs waren es tropische Regengüsse: gewaltige Gewitter, die über uns hinwegtrieben und große Tropfen gegen den Boden hämmerten, bevor sie einer kühlen Brise wichen. Doch dann kam der Monsun: ein silbergrauer Nieselregen, der sich zu Sturzbächen steigerte, bevor er wieder in Nieselregen überging. Das zog sich über Wochen hin.

Statt strahlenden Sonnenscheins hatten wir Nebel. Kein mandarinfarbenes Leuchten um zwei Uhr nachts. Keine Berge.

In New York hatte ich an regnerischen Tagen gelegentlich Zuflucht zum Muzak-Radiosender genommen und hatte, alte Songs vor mich hinsummend, am Fenster gesessen, aber ansonsten hatte ich nichts getan. Hier in den sommerlichen Wäldern summte ich immer noch, aber ich blieb in Bewegung.

Ich grub Pfahllöcher für das Haus. Ich hob zwanzig verschiedene Löcher aus, dreißig Zentimeter breit und über einen Meter tief, in die ich die getrockneten Rottannenstämme pflanzen wollte, die ich zum Schutz gegen Fäulnis mit Kreosot bestrichen hatte. Die Stämme für den Fußboden des Hauses würden auf das Pfahlwerk kommen, einen Fuß über dem modrigen Boden.

Die ersten fünfzehn Zentimeter des Grundes bestanden aus Grasnarbe und Erde. Russ hatte recht gehabt: Die nächsten dreißig Zentimeter bestanden aus Lehm, und dann kamen Steine. Es gab Kiesel, Steine und Felsblöcke, denen ich mit dem Meißel zu Leibe rückte. Es gab Granit, Quarz und Schiefer, aber kein Gold.

Ich hielt nach Gold Ausschau.

Als das Pfahlwerk eingelassen war – vier Pfähle auf jeder Seite und der Rest in der Mitte der Fläche, um die Querbalken des Fußbodens zu stützen –, holte ich die Winde hervor.

Die Winde war ein Seilzug mit einem starken, fünfzig Meter langen Hanfseil. Ich knotete ein Ende des Seils um eine gefällte Rottanne draußen im Wald. Das andere Ende führte ich durch die Winde, die mit einer schweren Kette an einem stehenden Baum befestigt war. Dann begann ich zu kurbeln.

Klick-klick-klick. Drei Drehungen der Kurbel bewegten den Stamm um drei Zentimeter. Drei Zentimeter! Wenn der Stamm sich nicht im Unterholz verklemmte, konnte ich ihn glatt aus dem Wald ziehen.

Gewöhnlich verklemmte er sich jedoch. Nach drei bis vier Stunden hatte ich den ersten Stamm zum Pfahlwerk gezerrt. Mit dem Haken brachte ich ihn in eine horizontale Lage zu den Pfählen. Dann baute ich mit dem Aushub der Löcher eine Rampe.

Ich transportierte das eine Ende des acht Meter langen Stammes die Rampe hoch, bis es auf einem Kreosotstumpf ruhte, und vertäute es dort mit einem Seil. Dann baute ich am anderen Ende eine weitere Rampe und tat das gleiche noch einmal.

Nach einigen vergeblichen Versuchen hämmerte ich den Stamm mit einem dreißig Zentimeter langen Nagel fest, nachdem ich mit dem Handbohrer ein fünfzehn Zentimeter tiefes Loch gebohrt hatte. Von der anderen Seite schlug ich als Gegenpol einen zweiten Nagel ein.

Nach zwei Tagen harter Arbeit rief ich Melissa von unserer dreißig Meter entfernten kleinen Hütte herüber und verkündete: »Schau!«

Ohne Umhang stand sie im Regen. »Ich wußte, daß du es schaffst!« sagte sie.

»Ich hab' gehofft, daß du das sagst.«

Sie lächelte und küßte mich auf die Wange. »Ich weiß«, sagte sie.

Ein Stamm an Ort und Stelle. Blieben noch hundert übrig.

Blockhüttenbau in diesem Maßstab war nicht so einfach, wie ich es mir vorgestellt hatte.

Zwei Wochen später hörte der Regen auf. Die vier Begrenzungsstämme, auf denen sich das Haus erheben würde, befanden sich an ihrem Platz. Jeder der Stämme mit einem Durchmesser von fünfunddreißig Zentimetern wog eine halbe Tonne. Ich war weit davon entfernt gewesen, mir einen der Stämme aufs Bein zu rollen.

Melissa war weit davon entfernt gewesen, unsere kleine Hütte niederzubrennen, als der Benzinkocher aufloderte und gelbliche Flammen zur Decke zuckten. Sie hatte das Feuer sehr effektiv gelöscht.

Es war Hochsommer, dem Kalender nach Juli, doch die Tage des Monats hatten keine Bedeutung. Unser Radio-Kassettenrecorder hatte den Vögeln Mozarts *Zauberflöte* beigebracht, bis die Batterien den Geist aufgegeben hatten. Als die Vögel ihren Gesang einstellten, um ihren Nachwuchs zu füttern, reduzierten sich die Geräusche des Waldes auf den Wind in den Bäumen, wenn man von dem Kreischen der Kettensäge und dem plötzlichen Schrei eines vorbeifliegenden Raben absah.

Der Pfad zur Quelle hinunter mußte alle paar Tage in Ordnung gebracht werden. Ich hackte Gräser und Farne weg, damit der Weg für mich und den 20 Liter fassenden Plastikeimer, in dem ich das Wasser heranschleppte, breit genug war. In dem Eimer waren sechzig Pfund Honig gewesen, die wir nun auf kleinere Behälter verteilt hatten. Unser Wasser war süß. Es blieb auch noch süß, lange nachdem der Honigduft verschwunden war.

Melissa hielt sich weiterhin meist in der kleinen Hütte auf. In dem einzigen Raum der Hütte roch es immer nach frischem Brot. Wenn ich sie zu überreden versuchte, mich tiefer in den Wald zu begleiten, lachte sie. »Du *kannst* nicht weiter«, sagte sie. »Wir *sind* in der Wildnis. Bis zum Hals. Außerdem ist Janus hier zufrieden.«

Jeden Abend trug ich Janus in die Dämmerung hinein. Er

grapschte nach Blättern und untersuchte Blumen, die ich ihm vor die Nase hielt, bis er sie zu essen versuchte. Wenn Windgeräusche oder Vögel das Schweigen durchbrachen, ruckte er in meinen Armen hoch und reckte den Kopf wie irgendein Tier des Waldes.

Diese Abendspaziergänge mit ihm waren mein geheimer Stolz. Melissa war dankbar, daß sie für ein paar Momente von ihrer Mutterrolle entbunden war. Ich war froh, eine Pause beim Hausbau einlegen zu können.

Als acht Pfosten, zwei auf jeder Seite, standen, verharrte ich in der Mitte des Rechtecks und träumte vom Dach. Ein Schneehase in seinem bräunlichen Sommerfell hoppelte zu den Stämmen, hielt inne, drückte sich unter dem Begrenzungsstamm durch, sprang *über* die Stämme auf der anderen Seite, nachdem er fast mein Bein gestreift hatte, und verschwand.

»Na ja«, dachte ich.

Sofort tauchte ein Marder auf. Er huschte von einer Seite zur anderen, der Spur des Hasen folgend. Er strich genauso selbstverständlich an mir vorbei wie der Hase. Auf der anderen Seite hielt er inne und schaute zu mir zurück.

»Er ist da lang«, sagte ich und deutete in die Richtung.

Der Räuber schnüffelte noch ein bißchen herum, fand die Spur und tauchte im Unterholz unter.

Während ich noch darüber staunte, mit welcher Leichtigkeit ich von der Fauna des Waldes akzeptiert wurde, kehrte der Hase zurück. Er bewegte sich nun etwas schneller, aber immer noch spielerisch. Er hoppelte in einer Schlangenlinie an dem Hausbau vorbei. Dann kam der Verfolger, schnüffelte, blieb stehen und eilte weiter.

Es war wie ein Film mit den Keystone Kops.

Ich wollte zurück zu Melissa und es ihr erzählen. Doch bevor ich über die Stämme klettern konnte, raste der Hase in vollem Tempo wieder vorbei. Er bewegte sich so schnell, daß ich mich verblüfft auf einen Stamm setzte.

Ich wartete auf den Jäger. Er näherte sich zögernd, versuchte eine Fährte von der anderen zu unterscheiden. Er sah so verwirrt aus, daß ich ihm einen Knochen hingeworfen hätte, wenn ich einen gehabt hätte.

Ich blieb sitzen und überlegte, ob man angesichts des Todes Spaß haben konnte. Dann betrachtete ich meine Beine, die nicht zerquetscht worden waren, meine Risse und Kratzer, die sich nicht infiziert hatten, und wußte nicht, ob mir nach Lachen oder Schaudern zumute war.

In dieser Nacht kam der Bär.

Melissas Ellenbogen weckte mich. Sie hatte einem Geräusch nachgelauscht, bis sie überzeugt davon war, daß es weder der Wind noch Mäuse waren. Ich erhob mich erschöpft und taumelte zum Nordfenster.

Direkt unter mir nagte ein Bär am Käse. Er schaute hoch. Sein erhobener Kopf befand sich auf gleicher Höhe mit meinem Kopf. Weiße Flecken vom Cheddarkäse an seiner Schnauze sahen aus wie Geifer.

Der Bär war riesig. Er war so massiv wie ein Nashorn und wirkte so bedrohlich wie ein Killerwal.

Ich war starr vor Schreck. Dann begann der Bär, während er mich weiter ruhig anstarrte und den Käse verschlang, auf die normale Größe eines 250 Pfund schweren Schwarzbären mit fünf Zentimeter langen Zähnen zu schrumpfen.

»Melissa!« zischte ich. »Schnell!«

Der Bär beugte sich wieder über sein Festmahl. Melissa sprang hoch. Als sie den Bären sah, sagte sie laut: »Es ist ein *Bär!*«

Der Bär trat zurück.

»Er frißt unsere ganzen Nahrungsmittel!« rief Melissa.

Der Bär begann sich zurückzuziehen.

Ich eilte zur Tür. »Aaawrrrr, verschwind hier!« brüllte ich.

Der Bär war verschwunden.

Ich rannte wieder hinein und packte die Schrotflinte. Ihr einziger Zweck bestand darin, uns Bären vom Leib zu halten. Ich schob eine Patrone in die Kammer und feuerte in den Himmel. Der Rückstoß warf mich fast um. Zerfetzte Blätter trieben wie Konfetti herab.

Der erste Laut, den ich wieder hörte, nachdem das Dröhnen in meinen Ohren nachgelassen hatte, war Janus' Geschrei.

»Es war ein Bär!« sagte ich und schlüpfte wieder in die Hütte. »Ein Bär!«

»Hast du gesehen, wie seine Muskeln sich beim Laufen bewegten?« sagte Melissa. »Hast du jemals etwas Derartiges gesehen?«

»Ich hatte keine Angst«, sagte ich. »Es kam zu plötzlich. Ich wußte gar nicht, *was* ich empfinden sollte.«

»Ich wußte, daß da draußen was war«, sagte Melissa. »Anfangs war ich mir nicht im klaren darüber, ob ich es mir nur einbildete, aber dann *wußte* ich es!«

»Er hat uns direkt angestarrt«, sagte ich. »Nur *sooo* weit weg!«

Melissa wollte noch etwas über die Begegnung sagen, als wir plötzlich beide bemerkten, daß Janus in seinem Bett wie am Spieß brüllte. Sofort nahmen wir ihn hoch. Sein Gesicht war zu einer purpurnen Grimasse verzerrt, wie es bei Babys der Fall ist, die nicht daran gewöhnt sind, daß sie nicht gleich beim ersten Schrei von den Eltern hochgenommen und getröstet werden.

Melissa schob ihm einen Nippel in den Mund. »Ein Bär!« sagte sie.

Janus machte noch ein bißchen Theater und trank dann.

Ich fing an zu lachen. »Kannst du dir vorstellen, wie uns zumute gewesen wäre, wenn es sich um einen Grizzly gehandelt hätte? Grizzlys sind doppelt so groß. Dreimal! Allein mit seinem *Atem* hätte er das Fenster zerschmettern können!«

Ein Teil von Melissas ursprünglicher Erregung schwand dahin. Sie hielt kurz die Luft an und preßte dann schnell ihr Gesicht gegen Janus, um ihren Ausdruck zu verbergen. Dann sah sie auf und sagte: »Du machst Witze, nicht wahr?«

»Ja, natürlich«, stimmte ich zu.

»Das war kein Witz«, entschied Melissa. Panik erschien in ihrem Gesicht.

Denny hatte mir wiederholt geraten, es langsam anzugehen und nicht zu übertreiben. Und ich stand da und redete fröhlich über Kraft und Gefährlichkeit von Bären. Ich war über das Ziel hinausgeschossen.

»Na, komm schon«, sagte ich. »Hast du nicht gesehen, was Bob für eine Angst gehabt hat?«

Melissa hob die Augenbrauen. »Bob?«

»Sicher! Bob der Bär. Unser Zirkusclown. Ein Wort von dir, und er ergriff die Flucht. Er legte einen *Salto* hin, um möglichst schnell wegzukommen!«

»Das hab' ich nicht gesehen«, sagte Melissa.

»Wahrscheinlich hat er noch nie in seinem Leben einen größeren Schrecken gekriegt«, verkündete ich. »Womöglich rennt er immer noch.«

Bären im Wald lösen Ängste aus, die fünfzigtausend Jahre zurückreichen in eine Zeit, in der wir mit ihnen um Höhlen konkurrierten. Doch ein Bär namens Bob stammte aus einem Kinderbuch. Er mochte unsere Nahrung fressen, aber als Gegenleistung zeigte er auch Tanzbärentricks.

Melissa war nicht überzeugt. Ich auch nicht. Es dauerte lange, bis wir wieder Schlaf fanden. Janus war am aufgeregtesten. Er plapperte vor sich hin, rollte sich herum und starrte aus dem Fenster.

»Siehst du?« sagte ich. »Er will, daß Bob zurückkommt.«

Melissa sagte nichts. Sie griff nach meiner Hand, und ich nahm sie dankbar.

Am nächsten Morgen ging ich hinaus, um zu sehen, was Bob gefressen hatte. Er hatte alles gefressen.

»Ich schätze, es ist an der Zeit, daß ich mich auf den Weg nach Anchorage mache, um Vorräte zu holen«, sagte ich.

»Aber nicht heute«, sagte Melissa.

Wir waren spät aufgewacht. Den restlichen Tag – meine erste verkürzte Arbeitsschicht – trieb ich mich im Wald herum und suchte die nächste Lage Rottannen für unsere Wände aus. Ich fand zehn Bäume mit kerzengeraden Stämmen, die bereit schienen, ihr Leben für unser Haus zu opfern. Bei jedem Schritt lauschte ich nach Bären.

In dieser Nacht hatten wir eine ernste Diskussion.

»Du bist eine stillende Mutter, die Proteine braucht«, argumentierte ich. »Ich glaube nicht, daß Bohnen ausreichen.«

»Da bin ich deiner Meinung«, sagte Melissa. »Aber vielleicht gibt es Lachse im Fluß.«

Am Morgen ging ich hinunter zum Fluß. Ich sah nichts. Wir lebten fünf Meilen von der Sickerstelle entfernt, wo unser Fluß entsprang. Lachse, die diesen Punkt erreichten, waren bereit zu laichen, nachdem sie Tausende von Meilen hinter sich gebracht und Meeresströmungen, Gletschergeröll und Biberdämme überwunden hatten.

»Vielleicht kannst du einen Vogel oder sonstwas schießen«, sagte Melissa.

Ich schulterte die Schrotflinte und marschierte in den Wald. In meinem ganzen Leben hatte ich erst einmal ein Gewehr abgefeuert und war dafür mit einem Konfettiregen belohnt worden. Murray Amukpuk hatte recht gehabt. Wir brauchten Fleisch. Aber ich hatte nicht den blassesten Schimmer, wie ich Wild aufspüren sollte.

Wir lagen im Bett und diskutierten darüber, was noch auf die Einkaufsliste für die Stadt kommen sollte. Ich schrieb großkalibrige Patronen, Sprit für die Kettensäge und einen Holzmeißel auf. Melissa schlug Seife vor, um die Windeln waschen zu können, und ein Buch über Kräuter und Thunfischdosen.

»Ich werde nicht lange weg sein. Hör bloß auf Janus«, sagte ich. »Er weiß, was los ist.«

Sie kniff die Augen zusammen. »Beeil dich«, sagte sie.

Ich beeilte mich. Ich rannte über die Tundra. Wie ein Bär stürmte ich durch die Wälder.

In Anchorage angelangt, bekam ich ein Taxi für den Nachtdienst. Ich war gnadenlos. Ich stieß Betrunkene aus dem Taxi und forderte nicht nur das Fahrgeld, sondern auch ein Trinkgeld. Ich achtete auf keine Geschwindigkeitsbegrenzung und fuhr so schnell, wie es nur ging. Ich platzte frühmorgens um sechs in die Werbeagentur – den Schlüssel hatte ich noch – und schrieb in einer Stunde drei Werbesprüche. Dann rannte ich vom Supermarkt zum Eisenwarengeschäft und weiter zum Waffenladen, bevor ich den Bus bis zum Eagle River am Rande von Anchorage nahm.

Von hier aus trampte ich. Ich wartete nicht mit hochgerecktem Daumen, sondern trat einfach mit rudernden Armen auf die Straße. Dem ersten Wagen in Richtung Norden blieb nichts anderes übrig, als zu halten.

»Ich muß heim, meine Frau bringt jeden Moment unser Kind zur Welt!« brüllte ich.

Ich log mich durch bis zur Petersville Road. Als ich am Ende einer kiesigen Bergwerkstraße ausstieg, hoffte ich, daß Mel Anderson vorbeikommen möge. Er tat es nicht. Die letzten paar Meilen fuhr ich in einem Wohnmobil aus Florida. »Sind Sie sicher, daß uns diese Straße zum Mount McKinley bringt?« erkundigte sich das unschuldige Pärchen vor mir.

»Näher kommen Sie nirgendwo ran«, sagte ich, während wir von einer Furche zur anderen schwankten.

Am Ende der Straße angelangt, bedankten sie sich überschwenglich bei mir (»Wenn sie nicht gewesen wären, hätten wir nie diesen Weg genommen!«) und machten Aufnahmen, während ich meinen achtzig Pfund schweren Rucksack schulterte, vier Liter Benzin in jeder Hand.

»Viel Glück!« riefen sie, als ich in den Wald marschierte.

Jeder Schritt war ein Witz. Ich fühlte mich wie Atlas, bis zur Brust im Mittelmeer stehend. Als ich stolperte und auf die Knie fiel, *flehte* ich einen Bären herbei, damit er mir den Weg bahnte.

Die Tundra war keine Erleichterung. Bis zu den Schienbeinen versank ich in der üppigen Pflanzenwelt. Am Rande des Sees versuchte ich, über einen schmalen Sumpfgraben zu steigen, den die Biber bei ihrer Nahrungssuche von ihrer Unterkunft zu den Bäumen gegraben hatten. Er war keine zwei Fuß breit. Es war nur ein kleiner Schritt. Ich schaffte es trotzdem nicht.

Kopfüber stürzte ich hinein. Ich spürte keinen Grund.

Ohne meine metallenen Benzinkanister loszulassen krallte ich mich in die Böschung – Metall gegen Schlamm –, bis mein Kopf frei war. Keuchend holte ich Luft. Ich warf beide Kanister hinauf und zerrte an der Tundra.

Mein Rucksack hatte sich in dem schmalen Kanal verklemmt. Ich befreite ihn und kletterte hinaus. Ohne Pause hob ich meine Kanister auf und marschierte weiter. Der Himmel war durchsichtig.

Eine Kumuluswolke, ein kleiner, purpurner Schein, reflektierte die letzte Farbe der sinkenden Sonne.

Ich blieb stehen. Das letzte Stück lag vor mir. Ich war zu Hause.

Die Tür der kleinen Hütte stand offen, genau so, wie ich sie zurückgelassen hatte, verhüllt von einem wehenden Tischtuch.

Ich brüllte: »Ich bin wieder da!«

Keine Antwort.

Ich ließ den Rucksack fallen und trat ein.

Melissa saß kerzengerade aufgerichtet im Bett. Ihre Augen waren groß und starr. Sie war ganz in Weiß gekleidet. Janus ruhte an ihrer Brust.

Wir sahen uns an.

»Ich hatte solche Angst«, flüsterte sie, ohne sich zu bewegen. »Ich war wie gelähmt.«

Ich ließ mich auf das Bett fallen.

Sechzehn Stunden später erwachte ich. Melissa hatte ein gewaltiges Frühstück bereitet: überbackene Kartoffeln mit Zwiebeln und Tofu mit Käse.

Ich konnte es riechen, aber ich rührte mich nicht. Ich war wie betäubt. Die Sonne hatte die Hütte erwärmt. Die Wärme wirkte wie ein Betäubungsmittel. Ich trieb zwischen Halbschlaf und Wachsein hin und her, weigerte mich aber, zu vollem Bewußtsein zurückzukehren.

»Ich hab' einen Garten angelegt«, sagte Melissa.

Einen Garten! Wir brauchten einen Garten. Es war unmöglich, ständig Fahrten nach Anchorage zu machen. Aber Denny hatte keinen Garten. Marvin und Anna hatten keinen Garten. Sie brauchten das nicht zum Überleben. Sie wohnten in Reichweite eines Ladens, ein Stück die Schienen runter.

Wir hatten keinen Garten angelegt, weil wir hier Mitte Juni

angekommen waren. Die Vegetationszeit ging im Susitna Valley bis Ende August. Pflanzen mußten schon im April im Gewächshaus treiben. Gemüse aus dem Susitna Valley hatte es sogar ins Guinness-Buch der Rekorde geschafft – eine Folge des Sommerlichts, aber nur, wenn die Samen bereits keimen, während der Schnee noch die Erde bedeckt.

»Ein Garten«, sagte ich verträumt.

»Ich bin heute morgen in den Wald gegangen«, sagte Melissa. »Ich hab' das Gebüsch weggehackt. Dann hab' ich mit der Schaufel etwas Erde umgegraben.«

»Das ist großartig!« sagte ich, richtete mich auf und fiel sofort wieder zurück.

»Wahrscheinlich wird es erst für nächstes Jahr sein«, sagte Melissa.

Ich versuchte, mir nächstes Jahr vorzustellen. Ich konnte mir nicht mal die nächste Minute vorstellen.

»Ich hab' Janus mitgenommen«, sagte sie. »Ich hab' ihn in den Babyrucksack gesteckt und ihm einen Moskitokopfschutz verpaßt. Er hat sich kein einziges Mal beschwert.«

»Du warst mit Janus draußen?« fragte ich und versuchte, mir das Bild auszumalen, aber ich sah nur eine weiße Wand.

»Wir haben eine Menge Arbeit erledigt«, sagte sie.

Ich hörte nur ihren Tonfall. Er war stark und zuversichtlich.

Ich richtete mich auf. »Riecht gut«, sagte ich.

Sie brachte mir eine eiserne Pfanne. »Wie fühlst du dich?« fragte sie.

»Ich fühl' mich ... fix und fertig. Und du?«

»Großartig. Ich übernehm' das Kommando.«

Melissa reichte mir eine Tasse mit Wasser. »Ich bin auch runter zur Quelle gegangen«, sagte sie. »Ich hab' zwanzig Liter geholt.«

Ich konzentrierte meinen Blick auf sie und dachte daran, wie weh es mir getan hatte, sie so im Bett sitzen zu sehen, Janus an ihre Brust gepreßt. Es war wie Orangensaft für einen Elektroschockpatienten.

»Danke«, sagte ich. »Ich danke dir.«

»Wir haben dich vermißt«, sagte sie.

»Ich bin in einen Bibergraben gefallen. Kopfüber. Ich wär' um ein Haar ertrunken. Aber nicht eine Sekunde lang habe ich daran gedacht, ich könnte es nicht zurückschaffen. Junge, Junge, riecht das gut.«

Sie setzte sich auf den Bettrand. »Möchtest du deinen Sohn in die Arme nehmen?«

Ich hielt meinen Sohn. Er pinkelte seitlich aus seiner Windel heraus. Der Strahl rann über mein Hemd.

Es hätte mir auch nichts ausgemacht, wenn er damit mein Frühstück getränkt hätte.

Die Komplikationen, die ich bei meiner mitternächtlichen Ankunft vorausgesehen hatte, waren morgens nach dem Aufwachen verschwunden. Ich konnte lediglich daran denken, daß Melissa ein Zuhause brauchte, wo sie sich sicher fühlte, ein *richtiges* Heim.

»Ich muß mich an die Arbeit machen«, sagte ich.

»Du mußt essen«, sagte sie.

Ich aß. Janus tobte im Bett herum. »Du bist ein Fels«, sagte ich.

Er krabbelte an den Rand des Bettes, schaukelte und fiel vornüber auf den Boden.

»Nichts passiert!« sagten Melissa und ich gleichzeitig. Vier Arme nahmen ihn sofort hoch.

Er schaute verblüfft drein, weinte aber nicht. Ich lachte.

»Lach nicht!« befahl Melissa. »Sonst macht er's gleich noch mal.«

Ich verbiß mir das Lachen. Sie hatte recht. Janus strampelte zwischen uns. Er befreite seine Arme und reckte sie wie ein siegreicher Boxer über den Kopf.

Als Melissa und ich – gemeinsam – hinausgingen, trug sie das Baby. Ich trug das Johnny-Jump-Up.

Das Johnny-Jump-Up war ein Geschenk von Russ und Gloria, ein an einer langen Feder befestigter Leinensitz. Bis jetzt hatte es in der Hütte herumgelegen.

Nun brachten wir es an einem kräftigen Ast einer Rottanne ganz in der Nähe des Bauplatzes an. Als Janus drin saß, berührten seine Füße gerade den Boden, wenn die Feder zusammengedrückt war, so daß er sich abstoßen konnte. Kichernd und krähend hüpfte er auf und nieder. Ich drapierte unser Moskitonetz wie eine Pyramide über seinen Thron.

»Ich kann jetzt Stämme abschälen!« sagte Melissa.

Ich war stolz, daß wir jetzt endlich alle gemeinsam arbeiteten.

Als Janus allmählich von dem Gehüpfe müde wurde, sank sein Kopf auf seine Schulter. Seine kleinen Beine baumelten dicht über dem Boden. Wenn ein Specht klopfte oder ein Eistaucher kreischte, dann ruckte sein Kopf hoch, und er drehte sich in seinem Sitz, um den Laut zu lokalisieren.

Seine Friedfertigkeit erlaubte es Melissa, sich zur Seilwinden-Königin von Alaska zu mausern. Während ich kurbelte, richtete sie die massiven Stämme aus und sorgte dafür, daß sie sich nicht verklemmten. Vor dem Transport schälte sie die Stämme, riß bereits im Wald die Rinde ab, während ich die Stämme kerbte, die wir herangezurrt hatten.

Als wir am Ende des Tages zu unserer kleinen Hütte zurückkehrten, waren wir eine echte Bilderbuch-Pionierfamilie. Ich begann allmählich zu glauben, daß wir noch vor dem Ende des Sommers das Dach errichten konnten.

In zwei Wochen zurrten, hievten und kerbten wir zwei weitere Runden Stämme. Das Pfahlwerk sah wie eine Festung aus. Zwei Menschen konnten drei- oder viermal soviel an Arbeit leisten wie eine Person, doch es war eine üble Schufterei.

Die offensichtliche Freude, mit der Janus den Aufenthalt im Freien genoß, hielt uns in Gang. Melissa war ruhig und gelassen. Ich trieb an.

Dann weckte mich Melissa eines Nachts und sagte: »Hör doch!«

Ohne nachzudenken, ging ich ans Fenster. Ich sah nichts. Ich ging hinaus. Das einzige Geräusch war der Wind in den Bäumen.

Ich legte mich wieder neben Melissa und sagte: »Kein Bär.«

Ich schloß die Augen. Ich konnte nicht mehr schlafen.

Melissa flüsterte: »Bist du wach?«

Ich nickte.

»Was glaubst du, wie lange das noch so weitergehen wird?« fragte sie.

Ich merkte, daß wir beide zu müde zum Schlafen waren. »Überstürz nichts, sonst wirst du sie verlieren«, hörte ich Denny sagen.

»Wir kommen großartig voran«, sagte ich.

»Glaubst du, daß wir je eine Ruhepause kriegen?« sagte sie.

Sie lächelte. Ich wußte, daß sie lächelte, obwohl ich ihr Gesicht nicht sehen konnte, aber ich wußte, daß sie wußte, daß ich wußte, daß sie lächelte.

»Bloß gut, daß wir keine Kulis sind«, fügte ich hinzu.

Ihr Drang, mit anderen Menschen Kontakt zu haben, schien weniger zwingend als ihr Bedürfnis, einfach nur *aus den Wäldern* rauszukommen. Doch dann wurde mir klar, daß das für sie wahrscheinlich ein und dasselbe bedeutete. Mir reichten hier, wo wir waren, meine Kontakte mit anderen Menschen vollkommen aus. Ich hatte meine Familie. Die Aussicht auf Essenseinladungen, mitternächtliche Barbesuche, neue Filme und Klassentreffen reizte mich nicht besonders. Ich mochte das, es gefiel mir, aber die Wildnis erschien mir viel verlockender.

Am nächsten Morgen traten wir unseren Urlaub an.

Zum erstenmal marschierte Melissa zu Fuß den Weg zur Straße. Sie war nun seit sechs Wochen hier oben auf dem Kamm.

Sie war sprachlos, als wir auf die Tundra hinaustraten. Sie hatte keine Ahnung gehabt, daß so nah bei unserer kleinen Lichtung eine derartige Weite existierte.

Doch nachdem wir uns eine Stunde durch den Wald geschlagen hatten, sagte sie: »Ich hätte nie gedacht, daß wir so weit weg sind.«

Ich trug Janus im Babyrucksack. Den Sack mit den Vorräten hatte ich mir unter einen Arm geklemmt. Mit der freien Hand hackte ich auf das Unterholz ein. Es hatte weiter gewuchert, aber ich war vertraut mit dem Weg, und die meiste Zeit über konnte man den Trail noch erkennen.

Melissa sang Songs, um die Bären von unserer Anwesenheit in Kenntnis zu setzen. Sie unterstrich »You Can't Always Get What You Want« mit »Sind wir fast da?«

Eine Stunde, bevor wir die Straße erreichten, ballten sich dunkle Wolken zusammen, und ein Platzeregen ging über uns nieder. »Wir sind fast da«, sagte ich.

Wir trampten nach Talkeetna. Zwei Tage blieben wir in Pecos' Stadtunterkunft – einem kleinen Sperrholzschuppen in der Nähe vom Teepee –, wo wir auf dem Fußboden schliefen. Melissa war ganz begeistert, all die Leute sehen zu können, die sie kannte. Ich war kein bißchen begeistert, daß der Himmel weiterhin seine Schleusen geöffnet hielt und es nicht aufhörte zu regnen. Marvin war nicht im Fairview, genausowenig wie Rosser, Denny oder Pecos. Vielleicht wußten sie, daß eine Flut im Anzug war.

Statt dessen entdeckte ich einen Hund, einen weißen, einjährigen Huskie, dessen Besitzer ihn loswerden wollte. Ein guter Wachposten, wenn es um Bären ging. Aus unerfindlichen Gründen taufte Melissa ihn Leonard.

Am Morgen des dritten Tages hielt es mich nicht länger. »Der Regen wird nur schlimmer«, argumentierte ich. »Wenn wir jetzt nicht aufbrechen, kommen wir nicht mehr über den Fluß.«

Melissa war überrascht. »Du meinst, wir wären *ausgesperrt?*«

Mir erschien es merkwürdig, von einem Ort abgeschnitten zu sein, an dem man im Falle einer Flut *in* der Falle sitzen würde. Aber ich machte mir Sorgen, daß es hineinregnen könnte, weil das Dach unserer kleinen Hütte nicht ganz dicht war. Ich sorgte mich um die Bäume, die ich nahe am Fluß gefällt hatte. Würden sie fortgespült werden? Ich hatte keine Ahnung.

»Sollen wir es nicht versuchen?« fragte ich.

Melissa nickte tapfer: »Janus mag nicht mehr auf meinen Knien reiten«, sagte sie. »In letzter Zeit hat er ziemlich viel gejammert.«

Das überzeugte mich. Wir erwischten einen Wagen, der nach Norden fuhr, und erreichten das Ende der Petersville Road in einem endlosen Wolkenbruch.

Ich schulterte den schweren Rucksack mit Nahrungsmitteln. Melissa nahm Janus, den wir in einen Regenschutz gewickelt hatten, auf den Arm. Wir marschierten zum Fluß. Der Hund versuchte wimmernd zu entkommen, aber ihm blieb kein Fluchtweg. Die Pappelbrücke lag unter den braunen Fluten verborgen.

Ich suchte einen anderen Platz zum Überqueren des Flusses. Ich wünschte mir *irgendeine* Brücke. Wo immer wir hinkamen, ging uns das Wasser bis zu den Knien.

»Vergiß es!« sagte Melissa.

»Hier entlang«, sagte ich.

Erschöpft und klitschnaß kehrten wir zur Straße zurück. Meine Schultern schmerzten. Der Hund duckte sich.

Ich ließ Melissa im Schutz einer riesigen Birke zurück und ging die Straße hoch. Ich marschierte Meile um Meile. Ein sechsrädriger Laster mit einem Bergarbeiter am Steuer kam angeschliddert, und ich hielt ihn an. Bei einem Telefon angelangt, rief ich den Helikopter von Talkeetna herbei.

Als ich spritzend und klatschend die Straße zurückging, näherte sich mir von hinten ein Pickup. Drinnen saßen zwei junge Männer mit Fahrermützen. Sie machten Urlaub, weil es hier oben »ganz sicher keine Jobs gibt, wie wir sie uns erhofft hatten«. Mit ihrem Allradantrieb waren sie auf Nebenstraßen unterwegs, weil sie zuviel Bier getrunken hatten und sich nicht mit den langsam fahrenden Winnebagos auf dem Anchorage–Fairbank Highway herumärgern wollten. Sie drängten mir ein Bier auf.

Wir schossen die schlammige Straße entlang. Im nächsten Moment wären wir alle um ein Haar tot gewesen.

»Du verdammte Scheiße!« brüllte der Fahrer, als der rutschende Wagen zum Stehen kam; die Stoßstange hing dicht über braunem, brodelndem Wasser.

Eine Stahlbrücke, die ich eben erst vor ein paar Stunden überquert hatte, war weg. Sie war *verschwunden*. Dahinschießendes Wasser in einer Breite von fünfzehn Metern teilte die Straße.

Wir stiegen alle aus und starrten im strömenden Regen in den Fluß. Keiner sagte ein Wort. Das Wasser schäumte um unsere Füße.

Dann flog ein Helikopter, der Straße folgend, dicht über unsere Köpfe. Er ging in einiger Entfernung nieder und kehrte dann zurück. Er schoß herunter und setzte hinter dem Pickup zur Landung an.

Ich rannte unter den wirbelnden Rotoren durch, riß die Tür auf und kletterte hinein. Noch bevor ich einen Sitz erreicht hatte, hob der Helikopter schon wieder ab.

Die beiden Typen aus Michigan sitzen wahrscheinlich immer noch in einer Bar bei einigen Bieren und rätseln, was das alles zu bedeuten hatte.

In einer Minute landeten wir schon wieder. Ich hatte mich noch nicht mal erheben können. Melissa verließ ihren Unterstand und kam angerannt. Sie reichte mir Janus, und ich half ihr an Bord. Dann sprang ich hinaus, packte den Hund am Genick und schob ihn in den Helikopter.

Schon befanden wir uns wieder in der Luft. Ich versuchte, unsere Route zu verfolgen. Es war sinnlos. Draußen vor den regenverschmierten Fenstern sah alles grün und braun und gleich aus.

Ich wollte was zu dem Piloten sagen, aber er drehte sich kein einziges Mal zu uns um. Ich dachte: »Krankennottransporte in Vietnam«, und ließ ihn in Ruhe.

Mein Gespräch mit Melissa bestand aus langen Blicken. Ihre Augen drückten aus: »Niemand hat mir je gesagt, daß ich mal einen ganzen kalten Nachmittag lang unter einem tropfenden Baum stehen und versuchen muß, einem Baby unter einem Regenponcho die Brust zu geben.«

Mein Blick sagte: »Aber ist das alles nicht aufregend? Welch ein Abenteuer! Für nur hundertzweiundneunzig Dollar die Stunde!«

Melissas stählerner Blick antwortete: »Dieser CB-Funk, den wir in der Stadt haben reparieren lassen, muß jetzt funktionieren, denn wenn er nicht funktioniert, sind wir tot.«

»Aber ist das nicht aufregend? Welch ein Abenteuer!«

Sie blickte weg.

Als wir unsere Heimstätte erreichten, warf ich unsere gesamten Ersparnisse auf den Sitz des Copiloten. Wir waren jetzt wieder einmal ganz offiziell pleite. Dann sprang ich hinaus und rollte mich ab.

Melissa reichte mir Janus, schubste den Hund aus der Tür und sprang dann ebenfalls hinaus.

Während ich am nächsten Tag mit dem CB herumhantierte, grub der Hund Löcher unter der Hütte.

Als ich das CB aufgebaut hatte und das kleine rote Licht glühte – Saft drauf! –, suchte ich die Kanäle nach einer menschlichen Stimme ab.

Auf allen zweiundzwanzig Kanälen war nichts weiter als Statik zu hören. Ich ging hinaus und spielte mit der Antenne. »Hallo! Hallo! Hört mich jemand?«

Niemand hörte mich. Wir waren zu weit draußen. Die Reichweite des Funks war zu gering, oder es gab außer uns niemanden im oberen Susitna Valley mit CB-Funk.

»Test! Test! Habe ich Kontakt?«

Melissa hing über meiner Schulter. Für sie war es kein Test. Für sie ging es ums Überleben. Sie hatte den Weg zu Fuß zurückgelegt und dabei gesehen, wie isoliert wir waren. Sie hatte die Flut gesehen, deren Wucht und Durchschlagskraft sie sprachlos gemacht hatten.

Ich fühlte mich, wie ich mich früher gefühlt hatte, wenn ich eine zögernde Geliebte zur verabredeten Zeit angerufen und das Telefon dreiunddreißig Mal geläutet hatte, zuerst bekümmert, dann verärgert und schließlich erleichtert: *frei!*

Es regnete weiter. Der Hund versteckte sich weiter.

Ich ging hinaus und kämpfte mit glitschigen Stämmen. Melissa blieb in der kleinen Hütte. Leonard wimmerte tagsüber und bellte wütend, wenn wir zu Bett gingen. Bären! Schatten! Paranoia!

Nichts davon munterte Melissa auf.

Ich tat mein Bestes, um sie etwas aufzuheitern, doch da das erste massive Tiefdruckgebiet des Sommers uns niederdrückte und der Wachhund inmitten unserer vollständigen Isolation den größten Teil der Nacht »Paßt auf!« jaulte, so wirkten meine Aufheiterungen wie ein Betrunkener auf einer Beerdigung.

Dann starb Leonard.

Er verschwand aus dem Loch unter der Hütte, wo er sich für gewöhnlich aufhielt. Ich rief eine Stunde nach ihm, bevor ich aufgab und mich an die Arbeit machte. Zu dem Zeitpunkt bewertete ich seine Abwesenheit noch positiv. Es war ein Zeichen seiner Stärke, daß er sich im Wald herumtrieb.

Am Ende eines planlosen Tages, an dem ich mir das Dach vorzustellen versucht und den Wald nach neuen Stämmen abgesucht hatte, ging ich hinunter zum Fluß. Ich wollte mal nachschauen, wie er aussah. Ich hatte ihn als harmlosen Bach erlebt, nicht höher als meine Stiefel. Ich hatte ihn als zweieinhalb Meter tiefen, reißenden Fluß erlebt, der ganze Brocken aus der Uferbank gerissen hatte. Und der Regen hielt immer noch an. Es hätte mich nicht überrascht, wenn eine spanische Galeone auf den Wellen vorbeigetanzt wäre.

Ich war entsetzt, als ich Leonard dicht neben der Strömung fand, die Beine von sich gestreckt, Schaum vor der Schnauze.

Er war so steif, daß ich nicht mal seinen Kopf hochbiegen konnte. Ganz plötzlich hatte ich nicht mal mehr die Kraft, ihn höher an Land zu ziehen.

Eine Weile blieb ich am Fluß sitzen. Ich lauschte dem dunklen Wasser. Tropfen von den überhängenden Bäumen klatschten um mich herum zu Boden.

Ich konnte nicht zurückgehen und es Melissa erzählen, weil ich Angst hatte. Trotz meiner bemühten Zuversicht, daß uns nichts passieren konnte, wenn wir nur aufpaßten, war etwas passiert.

Sporen, vom Wind getragen, haben ganze Zivilisationen vernichtet. Unerklärliche Plagen haben lebenssprühende Städte ausgelöscht. Und wir waren allein. Zusammen mit einem toten Hund. Der Löcher unter unserem Fußboden gegraben hatte.

Ein Rabe flog langsam vorbei, mit einem ganz schwachen Rauschen seiner Flügel. Bis zu diesem Augenblick waren Raben elegante, schwarze Adler gewesen, die ich um die obersten Hänge des Denali hatte kreisen sehen, unglaubliche Kreaturen, die, wie ich gehört hatte, hundert Jahre alt werden konnten. Jetzt konnte ich nur an Poe denken. Böses Omen. Böses Omen.

Als ich richtig durchgefroren war, ging ich zurück zum Kamm.

»Wo bist du gewesen?« fragte Melissa besorgt.

»Leonard muß noch in der Stadt irgendeinen Virus aufgelesen haben«, sagte ich. »Ich glaub', er ist tot.«

»Du *glaubst*, er ist tot?«

»Er ist tot«, sagte ich.

Melissa erhob sich vom Bett und füllte meinen Teller. Sie sagte kein Wort.

Ich schob den Teller auf meinen Schoß.

»Ich hatte Angst, daß etwas passiert ist«, sagte sie.

Keiner von uns sprach, bis ich mich ausgezogen hatte und zu ihr ins Bett geklettert war.

Als wir uns so hingequetscht hatten, daß Janus zwischen uns lag, sagte ich: »Ich liebe dich wirklich, weißt du.«

Melissa antwortete nicht. Sie lag da, die Hände auf Janus' Kopf. Ich hielt seine kleinen Füße.

Wir waren beide mit der Nähe des Todes konfrontiert. Wir konnten nicht reden. Der Tod besaß eine so unmittelbare Präsenz, daß wir ihn nicht fortreden konnten.

So schliefen wir ein – das Kind zwischen uns, das jeder von uns beschützte –, bis wir blinzelnd aufwachten. Die Hütte war von Licht überflutet.

»Die Sonne ist wieder da«, sagte ich.

»Ich sehe es«, sagte sie.

Janus befreite sich aus unserer beengenden Umarmung und begann seinen Tag. Er krabbelte ans Bettende, schaute sich um und drückte nach vorn wie ein kleiner Lastwagen, der mit angezogener Handbremse anzufahren versucht.

»Er weiß nicht, was los ist«, sagte Melissa.

»Er weiß es«, sagte ich.

»Fall bloß nicht!« befahl ihm Melissa.

Er kicherte. Er begann über die Bettkante zu rollen. Ich packte ihn. Er quietschte vor Begeisterung.

»Ich glaube nicht, daß ich damit fertig werde«, sagte Melissa im Ton eines Lotteriegewinners, dessen Haus gerade abgebrannt ist.

Ich warf Janus wie einen Ballon in die Luft, bis meine Arme schmerzten. Dann gab ich ihn an seine Mutter weiter. Sie schlang sofort ihre Arme um ihn.

»Ich bin auch nicht sicher, ob ich damit fertig werde«, gestand ich ihr. »Es ist zuviel. Ich kann nicht glauben, daß der Regen einfach *aufgehört* hat.«

Melissa richtete sich auf. »Sag das noch mal«, sagte sie.

»Was soll ich sagen?«

»Erzähl mir einfach noch mal, daß es dir auch zuviel wird.«

Ich zögerte. Ich blickte mich um. »Sonnenschein!« rief ich »Blauer Himmel!«

Melissa kniff die Augen zusammen. Sie wollte eine Bestätigung für den Kummer der Nacht, für die Tragödie, die in unsere Welt eingebrochen war. Ich konnte ihr das nicht geben.

Ich konnte mich nicht neben sie setzen und ihr versichern, daß unser Leben an einem Faden hing und wir nicht sehen konnten, womit der Faden verbunden war.

»Ich seh' jetzt alles klar«, begann ich zu singen. »Der Regen hat aufgehört.«

Melissa schwieg.

»Ich kann alle Hindernisse auf unserem Weg sehen.«

Mir war bewußt, daß ich der Betrunkene bei der Beerdigung war, der schrie: »Oh, hier kommt das Perlentor! Warum traurig sein?«, aber ich war nicht in der Lage, ihrem Blick zu begegnen.

Ich hatte Angst um unsere dürftige Sicherheit. Ich hatte mehr Angst als sie. Ich fühlte mich hilflos, wenn es darum ging, unsere Sicherheit zu gewährleisten. Wenn ich das eingestand, dann machte sie sich vielleicht noch mehr Sorgen. Also versuchte ich, das ganze Thema zu ignorieren.

Diese Unfähigkeit gefährdete unser gemeinsames Leben mehr als meine Unfähigkeit zu jagen oder schnell ein Haus zu bauen. Melissa verlangte lediglich nach Bestätigung, daß es nicht verrückt von ihr war zu glauben, daß unser Überleben an einem seidenen Faden hing. Und ich sorgte dafür, daß sie sich allein und isoliert vorkam.

Ich begrub Leonard unter Sumpfmoos. Ich zuckte zurück, als ich den Hund berühren mußte, um ihn in sein Grab zu zerren. Die Handschuhe, die ich dazu benutzt hatte, warf ich auf ihn.

Doch kaum hatte ich den Erdhügel mit der Rückseite der Schaufel geglättet, da fielen mir die Blumen auf. Neben dem Grab wucherten purpurne Blumen, vermischt mit wilden, roten Rosen. Als ich zum Kamm hochging, bewegte ich mich inmitten gelber Blumen zwischen dem hohen Gras. Selbst auf dem zwei Fuß hohen, pyramidenförmigen Rest eines verrotteten Baumstumpfes wuchs Moos mit winzigen Spitzen am Ende der grünen Härchen.

In einem abrupten Stimmungswandel, an den ich mich zu gewöhnen begann, beugte ich mich nieder, um den üppigen Reichtum des Lebens näher zu betrachten. Zitronengelbe Pilze schoben sich durch die Risse der rostfarbenen Borke.

Woher waren all diese Farben so plötzlich gekommen? War der Regen die Ursache? Oder war ich erst jetzt fähig, es zu sehen?

Ich hatte auf einmal nicht mehr das Gefühl, in einem eingeengten Regenwald leben zu müssen, sondern glaubte, einen botanischen Garten betreten zu haben. Ein Käfer mit einem schillernden Rückenpanzer kroch an einem Grashalm hoch. Die Flügelabdeckungen waren golden und grün, leuchteten aber während der Bewegung in allen Regenbogenfarben.

Dann kroch er direkt in ein Spinnennetz, das ich nicht bemerkt hatte. Er zuckte, als die Spinne nahte, um ihn zu töten. In der Schicht zwischen den Blüten am Boden und den von oben herabhängenden Blüten gab es zahllose Spinnennetze. Bei jedem Gang mußte ich Hunderte von ihnen zerstört haben. Und in ihnen starben herrlich anzusehende Insekten.

Ich eilte zum Bauplatz. Umgeben von dem Rechteck der Stämme, so solide wie purer Fels, empfand ich Erleichterung. Die Arbeit war mechanisch, aber sie beruhigte auch. Eine Stunde lang schlug ich Kerben in die Stämme, bis der Wind die letzte Wolke von den Bergen fortgetrieben hatte.

Die Gipfel in ihrem Mantel frisch gefallenen Schnees strahlten so hell, daß ich zur Hütte zurückging, um die Sonnenbrille zu holen.

Melissa hielt im Schlaf Janus fest umschlungen.

Wieder kippte meine Stimmung. Wie konnten wir auch nur daran *denken*, hier zu leben, wo der unsichtbare Tod allgegenwärtig lauerte?

Ich verzichtete auf die Sonnenbrille und ging zurück zur Baustelle. Mit zusammengekniffenen Augen schaute ich zu dem Gebirgszug hinüber. Er war so nah und doch so weit von meiner schwankenden Welt entfernt, daß ich eine gewisse Gnade zu erkennen begann. Gnade ist es, die Dinge so zu akzeptieren, wie sie sind. So wie die Dinge sind, darin äußert sich Gott.

Ich sank zum Gebet auf die Knie.

Aus den Augenwinkeln bemerkte ich eine Lücke zwischen einem Stützpfahl und dem abschließenden Stamm, der von diesem Pfahl hätte getragen werden sollen.

Ich dachte: »Gut! Die Stämme trocknen und schrumpfen bereits.« Ich stopfte einige Späne in die Öffnung.

Dann versuchte ich mich wieder Gott zuzuwenden, doch meine Neugierde, ob irgendwo noch weitere Lücken klafften, war größer. Auf Knien umrundete ich das Haus.

Es gab keine weiteren Lücken.

Melissa kam heraus und setzte Janus in das Johnny-Jump-Up. Ich wußte nicht, ob ich ihren Gesichtsausdruck als resigniert, insichgekehrt oder schlicht als Zeichen von Müdigkeit deuten sollte. Janus reckte sich in die Luft. Ein plötzlicher Windstoß drückte die Baumwipfel herunter. Der Wind war warm und duftend und brachte die silberne Unterseite der Birkenblätter zum Vorschein. Janus lachte mehrere Male laut auf.

Melissa und ich sahen einander an. Nichts war geklärt worden. Die Zukunft schien immer noch unvorstellbar. Doch etwas Lebensnotwendiges war erneuert worden. Es mochte so simpel wie ein durch überwältigende Schönheit ausgelöster, tiefer Atemzug gewesen sein. Es mochte so kompliziert wie Liebe oder Verpflichtung gewesen sein.

Den Rest des kurzen Alaskasommers brachten wir damit zu, uns im Blockhüttenbau zu üben. Melissa blieb manchmal mehrere Tage hintereinander – meist Regentage – in der Hütte. Aber sie schälte immer noch die Stämme.

»Es ist nicht die *Sicherheit*, was ich jetzt so vermisse, sondern meine Freunde«, sagte sie einmal. »Unser Leben ist so einsiedlerisch.«

Ich sagte, ich würde das verstehen, war aber gleichzeitig verblüfft darüber, daß so ein Leben im Gleichklang mit der Natur uns nicht von allen Sorgen und Nöten befreite.

Mitte August, noch keine drei Wochen nach der Flut, packte ich die Seilwinde wieder zusammen. Auf meinen Schultern schleppte ich zwei Meter lange Stämme mit einem Durchmesser von zwanzig Zentimetern aus dem Wald, um sie senkrecht auf die horizontalen Stämme zu nageln. *Staketenbau* war der technische Ausdruck dafür: 150 Pfund schwere Stämme, die jetzt zu einer senkrechten Wand aufgerichtet wurden, anstatt des monotonen Klick-klick-klick der Seilwinde, die viel größere Stämme über eine Strecke von einigen hundert Metern zerrte. Und auch keine Kerben mehr. Dafür massenhaft Nägel. Jetzt wuchs das Haus viel schneller empor.

Die Wände *mußten* fertig sein, bevor ich die Firstbalken einsetzen konnte. Ohne Firstbalken konnte es kein Dach geben. Und das Dach mußte vor dem ersten Schnee fertig sein.

Ich begann täglich sechzehn Stunden zu arbeiten. Manche Tage, an denen ich von zuckenden, zitternden Muskeln geplagt wurde, waren die reinste Schinderei. Es gab deprimierende Tage, vor allem wenn sich eine Seilrolle losriß und ein acht Meter langer Firstbalken herabgedonnert kam und wie ein Rammbock durch drei Wandstämme brach. Wenn die Sonnenstrahlen in den Raum fielen, entstand ein derartiges Leuchten, daß ich mir einbildete, wir würden so weit am Rande leben, daß wir auf die Sterne *hinab*sehen konnten.

Eines Morgens drehte der Wind. Er kam nun nicht mehr aus dem Süden vom Pazifik her, sondern von Norden von den Gletschern, vom arktischen Eis. In wenigen Tagen färbten sich die Birkenblätter erst gelb und dann golden. Nie habe ich den Herbst so schnell hereinbrechen sehen. Es gab keine ahornfarbenen Rottöne. Es gab nur einen Blizzard aus Gelb und Gold.

Und dann kam der Schnee.

Wir wachten auf, einer in den Armen des anderen. Wir konnten unseren Atem sehen. Janus kroch zum Fenster und zuckte dann zurück.

Die Welt war weiß!

Ich ging hinaus. Die Sonne im Osten strahlte durch die skelettartigen Äste hindurch keine Wärme ab. Zack!

Winter! Im September!

Ich blieb draußen, bis meine Füße in den Gummistiefeln, die ich stets wegen des Regens getragen hatte, erstarrten. Ich stampfte herum, hinterließ eine Anzahl Spuren im Schnee und eilte dann wieder ins Innere der Hütte.

Ich machte Feuer. Ich fühlte mich beschwingt. All meine Sinne ordneten sich neu. Das war meine asketische Belohnung für das monatelange Ausharren in der Enge des Regenwaldes.

Doch das Dach war noch nicht fertig!

Während der Nacht waren nur wenige Zentimeter Schnee gefallen. Doch die Geschwindigkeit, mit der die Jahreszeiten wechselten, beeindruckte mich.

»Ich werd' heut die Firstbalken hochziehen!« verkündete ich, während Melissa zusah, wie ich in der Hütte herumhüpfte.

Ich aß weder Frühstück noch Lunch. Ich kletterte eine Birke hinauf, hängte einen Flaschenzug an einen der oberen Äste und versuchte, einen gewaltigen Stamm hochzuziehen. Er kam höher und höher, wie ein die Wasseroberfläche durchbrechender Wal, und rutschte dann wieder zurück.

Ich arbeitete, bis es dunkel wurde. Am Horizont konnte ich den Mond sehen. Melissa trat aus der Hütte, in einem warmen

Parka. Ich saß rittlings auf einem Stamm, vier Meter über dem Boden.

»Willst du nicht schlafen?« fragte sie.

Beinahe hätte ich »Nein!« gebrüllt, doch dann schaute ich zu ihr hinab. Sie sah einsam aus. Und traurig.

»Fühlst du dich nicht besser, wenn du weißt, daß wir den Winter über sicher in unserem Haus sitzen?« fragte ich.

Sie starrte nur zu mir hoch. Ich hämmerte einen letzten Nagel hinein. Sie ging zurück in die kleine Hütte.

Ich rutschte zu Boden. Ich packte die Kettensäge, die Axt, den Flaschenzug und die restlichen Werkzeuge weg, für den Fall, daß es wieder schneite. Als ich hineinging und noch einige Scheite in den Ofen legte, schlief sie bereits.

»Wir sind fast am Ziel«, flüsterte ich, während ich mich an sie schmiegte. Sie reagierte nicht. Janus rollte sich in meine Arme.

Am nächsten Tag brachte eine weitere Kaltfront noch einige Zentimeter Schnee. Die Stämme waren zu glatt, um mit ihnen hantieren zu können. Als ich ausrutschte und schwer auf einen Arm stürzte, sprang ich wieder auf und rief: »Yeah!« Nichts konnte mich umwerfen.

Melissa schaffte es.

»Ich möchte nach Talkeetna«, sagte sie.

Ich tat so, als handle es sich um einen Scherz.

»Wir haben *Winter*«, sagte sie. »Wir sind darauf nicht vorbereitet.«

»Aber ich bin fast soweit, daß ich die Dachsparren hochziehen kann!«

»Du hörst mir nicht zu«, sagte sie. »Mir gefällt das nicht. Ich bin seit sieben Wochen nicht mehr von hier weggekommen. Ich will nicht hierbleiben. Wenn man die Dinge überstürzt, wird irgendwas passieren.«

»Das Dach!« sagte ich. »Das wird passieren. Es wird den Schnee abhalten. In einem Monat kann ich es fertigstellen.«

»Rick«, sagte sie. »Das geht zu weit.«

Ich weigerte mich einzugestehen, daß ich mich ernsthaft verschätzt hatte, daß ich angenommen hatte, wir würden mittlerweile den Küchentisch lackieren, doch als Dach diente immer noch der freie Himmel. Wenn wir jetzt aufbrachen, würden wir bis zum Frühling in Stanleys Hütte wohnen, während die Hülle unseres Hauses unter dem Schnee begraben lag. Ich hätte nichts weiter zu tun, als dumpf vor mich hin zu brüten. Janus würde in einem fremden Haus herumkrabbeln und es als sein Zuhause betrachten. Ich wollte, daß er die Sicherheit eines eigenen Heimes kannte. Ich wollte, daß er mit der Vielfalt der Wildnis aufwuchs. Ich wollte, daß Melissa durchhielt. Ich wollte noch mehr Wunder. Mehr!

7

VIEL ERREICHT – VIEL VERSÄUMT

Wir gingen nach Talkeetna.

Ich wollte nicht ohne Kampf aufbrechen. Ich gab nicht auf, um meine Familie zu retten oder weil mir der wahre Glaube fehlte, daß mein Traum, das Haus rechtzeitig fertigzustellen, in Erfüllung gehen würde. Ich gab auf, weil ich Melissa nicht zum Bleiben bewegen konnte.

Wir kehrten in Stanleys Hütte zurück. Es war, als würde man nach einer Grönland-Expedition wieder in eine subventionierte Universitätswohnung zurückkehren. Melissa fühlte sich sicher. Ich hielt ihr vor, daß ihr vor anderthalb Jahren der Dead Dog Ridge wie der Asteroidengürtel erschienen war, und jetzt war es eine bequeme Sache.

Sie zuckte mit den Schultern. Sie war glücklich.

Ich war dankbar. Ich hatte erkannt, daß wir beide nicht mit der Isolation unter schneebedeckten Gipfeln fertig werden konnten. Wir waren beide nicht fähig, entblößt vor der Welt zu stehen und zu sagen: »Ja.« Ganz gleich was kam, unvermeidlich, natürlich, zornig »Ja« zu sagen.

Wir hatten noch einen weiten Weg vor uns.

Janus war es sowohl physisch als auch philosophisch betrachtet völlig egal, wo wir waren. Er erkundete die Astlöcher im Fußboden. Gurgelnd kroch er auf dem Vorplatz herum. Er stand im Einklang mit seiner Welt. Melissa und ich waren noch damit beschäftigt, uns unsere Welt zu schaffen.

Die ersten paar Tage in Stanleys Hütte verbrachten wir unerwartet munter und vergnügt. Wir hatten Lebensmittel und Holz, und es gab nichts zu bauen. Also spielte ich den ganzen Tag mit dem zehn Monate alten Baby. Von morgens, wenn er auf meine Brust rollte und verkündete: »Beh!«, bis abends, wenn er einschlief, war ich nie weiter als zwei Fuß von ihm entfernt. Er bedeutete Spaß und Freude. Er war pure Magie. Seine Aufmerksamkeit richtete sich auf alles, was in dieser Welt geschah – Farben und Gewebe und die Launen seiner Eltern.

»Ja, ja«, sagte Melissa. »Was glaubst du denn? Er ist dein Sohn.«

»Ja, aber schau dir doch bloß mal an, wie er die kleinen Holzstücke von dem Anbrennholz untersucht. Er *studiert* sie. Er wird mal Wissenschaftler werden und die Natur studieren.«

Melissa verdrehte die Augen, lächelte aber.

»Und schau dir an, wie er an der Tür herumschnüffelt und den Temperaturunterschied zwischen Ofen und Türspalt testet. Er führt ein Experiment durch.«

Ich begann zu verstehen, daß Melissa ganz zufrieden damit gewesen war, in der kleinen Hütte zu bleiben, während mir Berge und Wälder wie Wunder erschienen. Ich fühlte mich sogar tatsächlich betrogen, weil ich so viel Zeit mit Arbeit zugebracht hatte, wo doch das Kind ein einziges Wunder war.

Dann begann er zu weinen. Er wollte nicht gehätschelt werden. Er wollte nicht, daß ich ihn in die Luft warf und dazu die Ouvertüre von *Wilhelm Tell* sang. »Buh-da-*bum*, buh-da bum-de-dum.«

»Er hat zuviel Aufregung gehabt«, sagte Melissa.

Verzweifelt zog ich einen Parka über uns beide und trat die Tür auf, um frische Luft zu bekommen.

Er reckte sich in meinen Armen und krähte vergnügt. Der Mond schien ihm voll ins Gesicht. Während ich an dem Parka herumzupfte, damit er zugedeckt blieb, starrte er weiterhin ohne zu klagen den Mond an.

»Mond«, flüsterte ich.

Es war nicht nötig, daß ich ihm das sagte. Ich kam mir wie ein

Eindringling vor, wie ein Taxifahrer, der einen Pilger nach Lourdes gebracht hat und dann einen Reisebericht abgibt.

Ich schaukelte ihn hin und her. Sein Blick blieb unverwandt auf den Mond gerichtet, bis er einschlief.

Als wir wieder hereinkamen, sagte Melissa: »Was hast du gemacht?«

»Nichts«, sagte ich. »Wirklich nichts.«

Marvin und Anna verbrachten einen langen Urlaub bei ihrer Familie in Georgia, um voller Stolz ihren Erstgeborenen zu präsentieren. Ihr Kind und unser Kind waren in einem Abstand von sechs Tagen geboren worden. Lara war zufällig in Rossers Hütte zur Welt gekommen, während Rosser in echt männlicher Hysterie mit seinem Gespann in die Nacht hinausgejagt war, um Hilfe zu holen. Eine Nachbarin hatte die Nabelschnur mit einem im Ofen sterilisierten Schnürsenkel abgebunden. Ich hatte sie seit der Geburt unserer Kinder nicht mehr gesehen.

Denny half unserem Mangel an Gesellschaft ab. Mit der für ihn typischen Plötzlichkeit tauchte er in unserer Hütte auf.

»Ich wußte, daß ihr da draußen keinen Winter überstehen könnt!« verkündete er. »Aber ist schon in Ordnung! Ihr seid immer noch zusammen!«

»Wir legen nur eine Pause ein«, sagte Melissa.

Ich war erstaunt, daß *sie* das sagte. Denny ebenfalls. Er begann herumzuspringen wie ein angeschlagener Boxer.

»Hartgesotten!« sagte er. »Das ist wirklich hartgesotten! Uh, ich bin eifersüchtig! Hast du eine Schwester? Wenn sie dir ähnlich ist, dann *muß* ich sie kennenlernen!«

Melissa war geschmeichelt, wollte es sich aber nicht anmerken lassen. »Sobald wir genügend Wintervorräte haben, gehen wir wahrscheinlich wieder zurück«, sagte sie. Es war das erste Mal, daß ich was von unseren Plänen hörte.

Denny geriet in überschwengliche Ekstase. »Das ist großartig! Du weißt gar nicht, wie wunderbar ich mich deswegen fühle! Als ich hörte, ihr wärt wieder zurück, hab' ich mir Sorgen gemacht. Aber jetzt hab' ich euch ein Angebot zu machen.«

Er setzte sich hin und beschäftigte sich damit, die verschiedenen Lagen seiner Wollhemden aufzuknöpfen.

»Ich hab' dich *vermißt*!« sagte Melissa plötzlich. Sie ging hinüber und umarmte ihn. Denny schaute drein, als wolle er sich verstecken, doch dann grinste er, zwar leicht beunruhigt, aber er grinste.

Es war wie ein Familientreffen.

»Junge, Junge, das schlägt sogar noch deine Kochkünste«, sagte Denny.

Melissa ging zum Herd, um etwas aufzuwärmen.

»Hey!« sagte Denny. »Wie würde es dir gefallen, den Winter über meine fünf herrlichen Riesenhunde und einen vier Meter langen, hölzernen Yukon-Transportschlitten zu bekommen? Ich habe gerade meine ATP-Prüfung bestanden. Ich hab' meine Airline-Transport-Pilot-Lizenz. Ich bin qualifiziert, eine 747 zu fliegen! Seid ihr nicht stolz auf mich?«

»Eine 747?« sagte ich und blickte Melissa an. Sie führte mit ihrer Hand ein imaginäres Mikrophon zum Mund und sagte: »Hier spricht Captain Denny. Das Cockpit steht nun Besuchern offen. Ladys first! Eine nach der anderen. Keine Eile. Wir haben einen langen Flug vor uns.«

Denny lachte. »Ich hab' zwei Busch-Firmen, die um meine Dienste betteln. Ich werde Profi. Ich werde bloß kleine 185er und 207er fliegen, aber eine 207 nimmt immerhin sechs Passagiere auf! Du mußt wirklich gut sein, um eine 207er neben irgendeinem entlegenen Dorf in einem Schneesturm hochzukriegen, um dann hundertfünfzig Meilen nur nach Instrumenten zu fliegen und bei einem anderen gottverlassenen Dorf zu landen. Ich werde Chefpilot bei Bush Air in Bethel oder bei Air North in Fort Yukon.«

»Ich bin beeindruckt«, sagte ich ohne Übertreibung.

Denny wußte, daß er über außergewöhnliche Fähigkeiten verfügte. Aber der Gedanke freute ihn, daß auch wir es wußten. »Ich werde deshalb für eine Weile weg sein«, sagte er. »Aber jetzt, wo ich weiß, daß ihr es ernst meint, überlass' ich dir mein Gespann, wenn du versprichst, gut für die Hunde zu sorgen.«

»Sie werden wahrscheinlich ganz froh sein, von ihren Ketten loszukommen«, sagte ich.

Denny senkte schuldbewußt den Kopf. »Ich weiß, ich weiß. Dieses Jahr war ich wegen meiner Lizenz so oft von Anchorage weg, daß ich sie praktisch kaum habe laufen lassen. Sie sind in der Stadt geblieben und faul geworden. Aber es sind wirklich gute Hunde. Groß! Niemand hat mehr große Transporthunde laufen.« Er seufzte. »Aber ich schätze, daß du dich an diese kleinen, dämlichen Rennhunde von Marvin gewöhnt hast. Wuff, wuff, kläff, kläff, kläff.«

»Mir ist es lieber, wenn ich einen Herd nach Hause transportieren kann«, sagte ich.

»Richtig!« stimmte Denny zu. »Eine Ladung von sechshundert Pfund! Direkt durch Schneestürme und gefrorene Flüsse hoch.«

»Das ist ein wahrer Segen«, sagte Melissa.

»Für mich auch«, sagte Denny. »Falls ihr versprecht, gut für sie zu sorgen.«

»Ich verspreche es«, sagte Melissa.

»Abgemacht!« sagte Denny. »Laßt euch bloß nicht von Jake einschüchtern. Er ist mein Führungshund. Er hat ein paar Hunde getötet, aber wenn du ihm klarmachst, daß *du* der Leitwolf des Rudels bist, dann wird er nicht versuchen, dir an die Kehle zu gehen.«

Melissa wurde blaß und sagte dann: »Aber sonst ist er süß, nicht wahr?«

»Ein absolutes Herzchen«, stimmte Denny zu.

Jake war bösartig und knurrte.

Wir lernten ihn ein paar Tage später in der Stadt kennen, wo wir unsere Wäsche wuschen. In einer Waschmaschine. Mit Vierteldollars und anstatt Windeln mit der Hand über einer Aluminiumschüssel auszuwinden und dann Tannenäste als Wäscheleine zu benützen. Den größten Teil des Jahres war das Windelnwaschen eine ermüdende Arbeit gewesen. Ich war beeindruckt, wie leicht es nun ging.

Melissa und ich waren in die Stadt marschiert. Janus steckte in seinem Babyrucksack, und hinter uns zogen wir unsere Wäsche auf einem Plastikschlitten her. Die Schienen waren vom Schnee befreit. Die aufsteigende Wärme von dem noch nicht zugefrorenen Susitna River hatte die Umgebung erwärmt. Dicke Wolken hingen über der Alaska Range, bis zu unserer Kammlinie – im Hinterland lauerte Schnee.

Denny hatte uns von Anchorage aus eine *Bush-Pipeline*-Nachricht über das kommerzielle AM-Radio geschickt, mit der Aufforderung, ihn zu treffen. Drei verschiedene Sender in Anchorage brachten zum Zeitpunkt der Werbesendungen persönliche Nachrichten für Buschbewohner, die kein Telefon hatten. »Für Jane: Ich kann ohne dich nicht leben. Butch.«; »Für die Gang am Biberteich: Ich hab' einen Vergaser für den Motorschlitten gefunden. Werde versuchen, gegen Mittag wieder zu Hause zu sein. Blackjack.«; »Für meine guten Freunde in Stanleys Hütte; seid morgen gegen eins in der Stadt, damit ich euch die Hunde zeigen kann. Captain Denny.«

Wir waren mit Denny vor dem Fairview verabredet. Melissa stand in der Main Street und unterhielt sich mit einer neuen Freundin – eine ganz neue Freundin, die sie gerade eben vor fünf Minuten kennengelernt hatte; eine junge, alleinstehende Frau, die Helikoptermechanikerin werden wollte und die Melissas Weiblichkeit und Eleganz in dem rustikalen Talkeetna beeindruckt hatte. Ich stand müßig beiseite, trank ein Bier und wußte zum erstenmal in diesem Jahr zu schätzen, daß Melissa *tatsächlich* eine West-Side-New-Yorkerin im ländlichen Alaska war.

Es war ein strahlender Herbsttag, obwohl die Bäume nackt und kahl waren und knöcheltiefer Schnee den Boden verkrustete. Janus hockte zufrieden auf meinem Rücken und spielte mit meinen Haaren.

Denny fuhr in einem Pickup vor, die Hundezwinger hinten auf der Ladefläche. Er sprang heraus. »Die Kommunikationstechnologie bringt uns *pünktlich* zusammen!« sagte er. »Und wer bist *du*?« fügte er sofort an Melissas neue Freundin gewandt hinzu.

»Das ist Tanya«, sagte Melissa. »Sie ...«

»Ich hab' darauf *gewartet*, dich kennenzulernen!« sagte Denny. »Ich hab' dich ein paarmal in der Stadt gesehen.«

Tanya war sehr attraktiv.

Der Hundezwinger ganz hinten auf dem Wagen bebte, und dann ging das Getobe los. »Hoppla! Jake weiß, daß wir da sind«, sagte Denny. »Ich hab' das Gespann beim Hundehalter abgeholt.« Er ging zu den aufgereihten Sperrholzkisten und öffnete eine Tür. Jake, ein Wolf von der Größe eines Bären, sprang heraus.

Denny nahm beiläufig einen Axtgriff von der Ladefläche und kommandierte: »Sitz!« Jake setzte sich.

Denny öffnete Jakes Maul mit einer Hand und streckte sein Handgelenk hinein. Jake biß nicht zu. »Siehst du?« sagte Denny. »Sanft wie ein Lamm.«

Denny fuhr durch das Fell und begann spielerisch den Kopf des Hundes zu knuffen.

Jake und Denny tanzten herum wie zwei Sumoringer.

»Wollt ihr den Rest auch sehen?« fragte Denny.

»Nicht unbedingt jetzt«, sagte Melissa.

»Bist du der neue Pilot in der Stadt?« erkundigte sich Tanya.

Denny kämpfte seinen Hund in eine sitzende Position nieder und richtete sich auf. Dann sank er sofort wieder in sich zusammen. »Aber morgen früh muß ich mich auf den Weg nach Bethel machen«, sagte er, als wäre er nicht bereit, sein Schicksal zu akzeptieren. »Das liegt näher bei Sibirien als bei Talkeetna«, fügte er hinzu und sackte noch mehr zusammen.

Jake leckte ihm plötzlich das Gesicht.

Denny, dieser Urtyp eines Waldläufers, wandte sich von dem hübschen Mädchen ab und streichelte seinen Leithund. Der Axtgriff fiel zu Boden.

»Aber ich komme zurück!« sagte er, neuen Mut schöpfend.

»Wann?« fragte ich und trat einen Schritt vor.

Melissa und Tanya wandten sich wieder ihrer Unterhaltung zu. Denny und ich ebenfalls. Wir sprachen über Fütterungszeiten, Frachtladungen und Herrschaftsverhalten bei Hunden. Ich konnte nicht mehr hören, was Melissa sagte, aber ich konnte sehen, wie beschwingt sie war.

Mir war bewußt, mit welcher Leichtigkeit sie sich an diese Welt in Alaska angepaßt hatte, mit ihren die ganze Nacht hindurch geöffneten Bars und den Hundegespannführern mit Freundinnen, die Helikopter reparierten und Elche zerlegten. Sie hatte weder etwas von ihrer Weiblichkeit noch von ihrer Lebhaftigkeit eingebüßt. Doch gleichzeitig war ich mir auch der dunklen Sturmwolken draußen über der Alaska Range bewußt.

»Dort draußen, wo du bist, schneit es *immer* mehr«, erklärte Denny. »Du bist höher, die Jahreszeit ist um Wochen weiter vorangeschritten, und du wärst ein Narr, wenn du jemand wie Melissa verlieren würdest.«

Ich versicherte ihm, daß ich versuchen würde, sie glücklich zu machen, und stets den Axtgriff bei mir tragen würde, wenn ich mit seinen Hunden unterwegs wäre.

Eine Woche später fuhr ich mit seinen Hunden zu unserer Heimstätte. Seit unserer Ankunft in Talkeetna hatte es kaum geschneit. Doch als wir den Susitna River überquert hatten und fünfzig Meilen tiefer im Tal waren, bedeckte frischer Schnee, gute zwanzig Zentimeter hoch, unseren Trail.

Melissa hatte mir beim Abladen von Dennys fünf Hunden von dem Wagen geholfen. Sie hatte hinter mir gestanden, den Axtgriff in der Hand, während ich sie zu Boden setzte. Jake war fügsam.

Ich hatte geplant, mit dem Hundegespann eine Spur zu legen und dann wieder zurückzufahren, um Melissa und Janus zu holen.

Melissa hatte es nicht eilig. Sie war zufrieden, nahe der Stadt zu sein, entweder in Stanleys Hütte, wo abenteuerliche Freunde zu Besuch kamen, oder in einem Umkreis von fünf Blocks zum Fairview und dem B&K, wo die meisten Einwohner lebten.

Ich hatte es eilig, nach Hause zu kommen. Obwohl der erst kürzlich gefallene Schnee die Spur teilweise zudeckte, wußte Jake genau, wohin er mußte. Roch er die Fährte?

Alles ging so einfach, daß ich am liebsten umgekehrt wäre, um es Melissa zu erzählen. Doch im Wald standen die Bäume zu dicht beieinander, um einen so großen Schlitten wenden zu können. Es war, als würde man sich ans Steuer eines Lasters setzen, nachdem man einen Sportwagen gefahren war.

Der große Tundrasee war zugefroren. Ich hielt an, um die Dicke des Eises zu untersuchen. Nachdem ich die Schneeschicht weggewischt hatte, konnte ich tief im schwarzen Eis die eingeschlossenen silbernen Bläschen sehen. Als ich aufstampfte, erschienen keine Risse.

Wir flitzten über die Eisfläche.

Am nächsten Tag zog ich mit den Hunden Stämme aus dem Wald. Ich lud drei oder vier für die Seitenwände gedachte Stämme auf den Schlitten und transportierte die Ladung problemlos zum Bauplatz. Keine mühsame Schinderei mehr, bei der sich ein hundertfünfzig Pfund schwerer Stamm in meine Schulter bohrte. Zwei Personen, das hatte ich gemerkt, konnten viermal soviel leisten wie ein Mann. Doch ein Mann mit einem guten Hundegespann war ebenso effektiv. In einem Monat würde das Haus fertig sein!

Dann begann es zu schneien.

Es schneite ununterbrochen. Es schneite so viel, daß jede Andeutung eines Trails verschwand. Es schneite genug, um die Bäume, die ich im Wald gefällt hatte, unter einer dicken, weißen Decke zu begraben. Während der Nacht schneite es dreißig Zentimeter und tagsüber noch mal dasselbe.

Der Schnee war naß, schwer und klebrig. Die Flocken waren so dicht, daß ich nicht mal mehr die Bäume auf der anderen Seite des Flusses erkennen konnte. Eine weitere Flut – diesmal lediglich lautlos und ohne Turbulenzen. Aber genauso störend.

Ich brauchte einen Tag, um die Stämme für das Haus freizuschaufeln; danach kamen die Hundehütten an die Reihe und dann wieder die Stämme.

Am Morgen des dritten Tages schirrte ich das Gespann an, um

zur Straße zu fahren. Jake stürzte sich pflichtbewußt in eine Schneewehe, pflügte wie ein Delphin hindurch, tauchte in die nächste Schneewehe und wich dann zurück. Mit dem Axtgriff in der Hand ging ich auf ihn zu. Er knurrte laut. Ich zog mich zurück. Wir alle zogen uns zurück.

Es dauerte zwei Stunden, bis ich den Schlitten und die Hunde umgedreht hatte. Der Schnee war wie Wasser. Die Hunde wollten nicht durch diese Massen waten. Leinen verhedderten sich. Als Jake sich auf den zweitgrößten Hund stürzte, prügelte ich sie mit dem Axtgriff auseinander. Hätte ich sie bloß mit Schreien und einem Stiefeltritt zu trennen versucht, hätten sie sich gegenseitig und dann wahrscheinlich auch noch mich umgebracht.

Nachdem ich sie wieder an ihre Bäume gekettet hatte, taumelte ich erschöpft in die kleine Hütte. Vom Himmel fielen weiterhin nasse Flocken.

Ich machte mir einen gewaltigen Topf Überlebens-Stew – Reis mit Tomaten aus der Büchse und Thunfisch – und blieb dann benommen und resigniert auf dem Bett liegen.

Als ich erwachte – nach zehn Stunden? vierzehn Stunden? –, sah ich, wie ein heftiger Sturm die Bäume zu Boden drückte. Ich kontrollierte das Thermometer. Knapp über null Grad.

Es war ein Chinook; ein tropischer Wind vom Pazifik, der den bereits feuchten Schnee in Kleister verwandelte. Der Schnee klatschte von den Ästen wie Kuhfladen.

»Ich sitz' in der Falle«, gestand ich mir ein. »Der Schlitten versinkt einfach in dem Zeug. Versinkt und hängt fest. Was würde jetzt ein echter Arktis-Abenteurer tun?«

Ich wußte es nicht.

Ich fütterte die Hunde. Ich wühlte mich durch den Schnee, der mir bis zu den Schenkeln reichte, bis ich völlig durchnäßt war. Dann heizte ich ein und las im Schein der Kerosinlampe Jack London. Als ich auch dort keinen hilfreichen Rat fand, schlief ich schließlich ein.

Ich wachte durchfroren auf. Der Himmel war klar. Die Temperaturen waren gefallen, das Thermometer zeigte zehn Grad minus an. Der Wind kam in Böen, jetzt allerdings von Norden.

Als ich hinausging, sank ich nicht mehr so tief ein. Wenn es kräftig schneit, ist der Schnee meist feucht, aber dann setzt er sich ab. *Natürlich* wußte ich das, aber woher? Jack London? Aus irgendeiner Urerinnerung?

Ich legte die Schneeschuhe an. Ich konnte mir nicht mehr vorstellen, wieso ich mich gefangen und allein gefühlt hatte.

Ich marschierte fünfzig Meter über den Punkt hinaus, an dem ich mit den Hunden umgekehrt war. Unter der oberen Schicht kalter Kristalle war der Schnee immer noch weich. Er blieb an den Schneeschuhen kleben. Es war, als würde man sich mit Bleigewichten an jedem Bein bewegen.

Das war es, was mir hätte Sorgen bereiten können. Selbst wenn ich die Straße und schließlich Talkeetna erreichte, bestand kaum Hoffnung, daß ich Melissa und Janus einem Winter aussetzen konnte, in dem sie wieder mit den erschreckenden Problemen einer Flut konfrontiert würden.

Ich setzte mein ganzes Vertrauen in den Trail. Wenn ich ihn richtig festtreten konnte, ihn zu einem sichtbaren Bindeglied zwischen unserer Heimstatt und dem Rest der Welt machen konnte, dann würde sie vielleicht das Gefühl haben, mit der Welt in Verbindung zu stehen.

Ich kehrte zur Hütte zurück, fütterte die Hunde, grub das Gehäuse des größeren Hauses aus und richtete dann zwei weitere Stämme auf, damit ich einen Fortschritt erkennen konnte.

Am Spätnachmittag brach ich auf. Die Hunde wühlten sich durch den aufgetürmten Schnee, aber sie wichen nicht zurück. Ich ging mit den Schneeschuhen voraus; Jake blieb mir dicht auf den Fersen. Ich trug meinen Eispickel bei mir, mit dem ich nach jedem Schritt den Schnee von den Schneeschuhen schlug. Ich hob einen schweren Fuß – zack! – und setzte einen leichten Fuß wieder ab.

Zwischen der Tundra und der Straße legten wir alle völlig erschöpft eine Rast ein. Im Sternenschein brach ich Tannenreiser von den Bäumen, benützte sie als Isolierschicht und bereitete meinen Schlafsack darüber. Die Hunde sackten einfach in sich zusammen.

Ich schlief wie ein Held. Kein Hund nagte sein Zaumzeug durch.

Am nächsten Tag kettete ich sie in der Nähe der Straße an und trampte nach Talkeetna. Ich war mir immer noch nicht sicher, was ich tun sollte, aber ich wußte, was ich getan hatte. Ich sang einen Jimmy-Cliff-Song, während ich zum Highway marschierte, um ein Auto anzuhalten: »I don't know where I'm going / But I know where I've been. / I can't say what life will show me / But I know what I've seen...«

Melissa schien ungewöhnlich glücklich, als ich sie in der Stadt im Haus einer Freundin aufspürte. Ich hatte nicht angenommen, daß sie in Stanleys Hütte eingeschneit sein könnte.

»Gelobt sei Gott!« rief sie, als ich sie umarmte.

Ich erzählte, was ich durchgemacht hatte. »Es war ein ziemlicher Kampf«, sagte ich. »Aber nichts, womit ich nicht hätte fertig werden können.«

Melissa merkte nicht, daß ich sie damit zu der Frage verleiten wollte: »Aber wie konntest du einen derartigen Sturm überstehen?« Auch Talkeetna war tief verschneit.

Statt dessen sagte sie: »Ich habe gebetet, daß alles in Ordnung sein möge! Ich wußte, der Herr würde dich beschützen.«

Ich warf Janus in die Luft – huu! huu! – während er lauthals aufjuchzte. »Ich habe einen Trail gespurt, der den ganzen Winter halten sollte«, sagte ich.

Melissa behielt ihr strahlendes Lächeln bei. Als ich mich, selbst einfältig grinsend, neben sie setzte, sagte sie: »Ich habe dir etwas Wichtiges mitzuteilen.«

Sofort dachte ich: »Schwanger!« Mein Grinsen verschwand. Ich war dafür noch nicht bereit. Ich war dafür eindeutig noch nicht bereit.

Ich starrte sie an, mit dem Schlimmsten rechnend und auf eine Begnadigung hoffend.

»Ich habe Jesus angenommen«, sagte sie.

»Bist du schwanger?« erwiderte ich.

Sie schaute mich verwirrt an. »Nein!« sagte sie. »Hör zu! Ich habe den Herrn akzeptiert.«

Ich brach in Gelächter aus. »Ich auch!« sagte ich. »Jeden Tag auf jede nur denkbare Weise. Bleibt uns eine andere Wahl?«

»Die Wahl ist Satan«, sagte sie dunkel.

Ich täuschte Entsetzen vor: »Du meinst... *der Teufel?*«

»Ich meine es ernst«, sagte sie ernst.

Ich spürte, wie sich die Wände des kleinen Sperrholzraumes auf mich zuschoben. »Hast du nicht *stets* versucht, Gottes Geboten zu folgen?«

»Nun ja, selbstverständlich.«

»Wo also ist der Unterschied?«

Sie war verblüfft. »Es gibt keinen, wenn du es so formulierst.«

»Warum ist es dann so wichtig?«

»Weil ich es jetzt in Worte fasse«, sagte sie.

»Was soll *das* nun wieder heißen?«

»Das heißt, daß ich es laut sage.«

Der Raum legte sich drückend auf mich.

»Das heißt, es ist *realer«*, fügte sie hinzu. »Es ist wie ein *Schwur.*«

»Aber was macht es für einen *Unterschied?*« wiederholte ich.

Melissa zögerte. Sie hatte offensichtlich nicht damit gerechnet, daß ich den Advocatus diaboli spielen würde. »Ich dachte nur, du solltest es wissen«, sagte sie.

Ich sah sie genauer an. Trotz ihres nun etwas gedämpften Enthusiasmus konnte ich sehen, wie glücklich sie war. Ich verstand es nicht, wollte ihr aber auch keine wie auch immer geartete Freude nehmen. Ich war gerade eben der trostlosen Einsamkeit entronnen. Gott allein mochte wissen, welche Prüfung uns als nächstes erwartete.

»Erzähl mir mehr darüber«, sagte ich, meinen Jungen wiegend. »Dir muß es in der Stadt recht gut gegangen sein.«

Melissa beschrieb die Einsamkeit, die sie empfunden hatte, als sie nach Talkeetna zurückkehrte, nachdem sie mich am Ende der Straße verlassen hatte. Mit Ausnahme unseres Kindes hatte sie sich von allem losgelöst gefühlt, ohne jede Verbindung zu irgendwelchen anderen Dingen. Dieses Gefühl, allein auf sich gestellt zu sein, isoliert von ihrer Familie, getrennt von ihrem

Vater, der sich nicht um sie kümmerte, ohne irgendein Zuhause, war ihr persönliches Kreuz, das sie zu tragen hatte. Sie war mit einer Fremden ins Gespräch gekommen und hatte gleich eine neue Freundin gewonnen, wofür sie ja eine besondere Begabung besaß. Charlene hatte entsprechend reagiert und ihr die Geschichte ihres eigenen turbulenten Lebens erzählt, das darin gipfelte, daß sie sich zu Jesus bekannt und Frieden gefunden hatte. Charlene machte Melissa mit anderen Mitgliedern der Charisma-Kirche von Talkeetna bekannt, alle jung, die meisten ehemalige Drogensüchtige oder Abenteurer, die nun Familien gegründet hatten. Sie hatten Melissa ihre Türen geöffnet. Bis zu dieser Woche hatten sie Melissa zu den Personen gerechnet, die »den Schienenstrang hoch« wohnten und das Fairview besuchten, anstatt in die Kirche zu gehen.

Melissa hatte die Kluft zwischen den gegensätzlichen Parteien der Goldminenstadt überbrückt. Am Tag vor meiner Rückkehr hatte sie sich taufen lassen und war von Halleluja-Rufen begrüßt worden. Sie hatte überall Freunde.

Ich wußte nicht, wie ich darauf reagieren sollte. Ich hatte einige der örtlichen Christen kennengelernt. Sie waren mir engstirnig erschienen und genauso fanatisch wie all die anderen religiösen Kleinstadteiferer. Doch Melissa kam mir so glücklich vor wie damals bei unserer ersten Hundeschlittenfahrt in die Stadt. Durch den Zusammenhalt mit dem größten Teil der Bevölkerung von Talkeetna fühlte sie sich als Teil des Ganzen.

»Du kommst also am Sonntag mit mir in die Kirche?« schloß sie.

»Ich habe Dennys Hunde an der Straße zurückgelassen«, sagte ich. »Ich muß zurück, um sie zu füttern.«

»Es würde uns einander viel näherbringen, wenn du Jesus akzeptieren würdest«, sagte sie.

»Melissa, ich beeil' mich, unser Haus zu vollenden, damit wir einander akzeptieren können.«

»Nachdem du getauft worden bist«, erwiderte sie.

Bei all der Plackerei da draußen hatte ich beschlossen, daß ich auf keinen Fall riskieren würde, daß das Baby Frostbeulen bekam. Doch jetzt fühlte *ich* mich einsam. Ich brauchte Unterstützung.

»Was hältst du davon, wenn wir mit einem Buschflugzeug rausfliegen?« erkundigte ich mich.

Melissa war überrascht. »Während einer Kälteperiode? Mit Janus?«

Wir hatten noch keinen Winter auf unserem eigenen Land erlebt. »Wenn die Kältewelle vorbei ist?« schlug ich vor.

Ich konnte sehen, wie sie mit sich kämpfte: die zu erwartende Isolation nach der Wärme der Gemeinschaft in der Stadt. Wer würde schon liebevolle Unterstützung gegen das Unbekannte eintauschen?

»Sicher«, sagte sie.

»Gelobt sei Jah«, sagte ich.

»Jesus«, korrigierte sie mich.

»Ist doch dasselbe«, sagte ich.

»Es ist *nicht* dasselbe!« fuhr sie auf. »Und ich kann dich auf keinen Fall heiraten, bevor du den Herrn nicht annimmst als deinen persönlichen Retter und Erlöser!«

Am nächsten Tag kehrte ich nach Hause zurück. Ich fühlte mich niedergedrückt. Erst bei Anbruch der Dunkelheit hatte mich ein Auto mitgenommen. Als ich die Hunde angespannt hatte, konnte ich ein blaues Geschirr nicht mehr von einem schwarzen unterscheiden.

»Für viele von uns sind heutzutage intime Beziehungen zu einer neuen Wildnis geworden, die uns Auge in Auge mit unseren Göttern und Dämonen bringen«, hatte mir Alexander erst kürzlich geschrieben.

Die Hunde zogen so schwer an, daß ich von hinten den Schlitten schieben mußte. Nach hundert Schritten stoppten wir.

Die Sterne zwischen den Bäumen waren wie Silberpunkte auf einem pointillistischen Gemälde, aus zu großer Nähe betrachtet, als daß man ein Muster hätte erkennen können.

Wir kämpften uns weitere hundert Schritte vor. Wir stoppten.

Wenn ich hinter dem Schlitten den Kopf hob, konnte ich

jenseits der kahlen Äste den Horizont erkennen. Weit voraus sah ich den Trail. Die Nacht war nicht finster.

Die Hunde nahmen Tempo auf. Ich stellte mich auf die Kufen, bis sie wieder langsamer wurden, hielt sie aber in Trab, indem ich mich wie auf einem Tretroller mit einem Fuß abstieß. Ich duckte mich vor den Zweigen, die sich als Silhouetten vor dem leuchtenden Schnee abzeichneten.

Nachdem wir den Fluß überquert hatten, sah ich im Norden den grünen Bogen des Nordlichts. Der Wald wurde von grünem Glanz und bläulichem Sternenschein erhellt, ein ironischer Seitenhieb auf die Geschichten von den dunklen Wintern in Alaska.

Die Schönheit und das Licht kamen unerwartet. Die leuchtende Landschaft hob meine Stimmung. Wie konnte es sein, daß eine solche Welt Melissa kaltließ?

Als wir schließlich die Tundra erreichten, begannen die Hunde zu rennen. Eine Meile vor mir konnte ich den Waldrand so deutlich sehen, als wäre es heller Morgen.

Jake führte uns nach Norden. Jake und seine Artgenossen würden uns in die hintersten Winkel dieses strahlenden Tales bringen. In die Berge. Die Gletscher hoch.

Als wir den höchsten Punkt der Tundra erreicht hatten und wieder in den Wald eindrangen, explodierte plötzlich der Himmel. Ich packte die Griffe des Schlittens. Die Hunde kauerten sich alle gleichzeitig nieder.

Rote, gelbe und blaue Lichter ließen die Baumwipfel aufstrahlen. »Atomangriff!« dachte ich, ein Kind des kalten Krieges.

Ich duckte mich gegen die zu erwartende, dröhnende Flutwelle. Schweigen. Der Himmel wirbelte durcheinander.

»Los, los!« schrie ich, in der Hoffnung, noch rechtzeitig in den Schutz der Kammlinie zu gelangen. Die Hunde blieben sitzen und starrten.

Eine unglaubliche Aurora wogte auf und nieder. Die Hunde rührten sich nicht. Die Spitzen der Bäume wurden nicht zu Boden gepreßt. Kein Laut ertönte.

Ich lehnte mich gegen die Griffe und sah eine Art flackerndes Feuer über meine Handschuhe huschen.

Dies war das deutlichste Zeichen, das mir in meinem Leben je zuteil geworden war. Es war ein Zeichen von... ja, von was? Plötzlicher Strahlung? Himmlischer Macht?

Schnee, der auf den Schlitten geschleudert worden war, brannte rot und dann gelb. Ich schaute hoch, genauso bewegungslos wie die Hunde.

Und dann verschwand das Schauspiel. Weiße Impressionen hatten sich in den blauen Himmel geprägt wie Negativbilder auf Fotos. Das Feuerwerk hatte silberne Wolken hinterlassen.

Die Hunde erhoben sich und schüttelten sich, als würden sie aus einem Fluß kommen. Jake zog an. Der Schlitten bewegte sich. War dies ein gewöhnliches Ereignis gewesen, das die Hunde genauso akzeptierten wie ihre Arbeit?

Als wir die Kammlinie erreichten, leckte Jake meine Hände, als ich ihn zu seiner Kette führte. Keiner der Hunde leistete Widerstand. Wir alle hatten etwas gesehen – Gott oder ein unaussprechliches Wunder. Diese Erkenntnis und das Erkennen hatte uns alle innehalten lassen.

Ich beeilte mich, den Hunden ihr Fressen zukommen zu lassen, als Dank für ihre Stärke, damit ich ein bißchen schlafen konnte.

Ich wachte auf in ein tiefes Schweigen hinein. Kein rhythmischer Atem von Mutter oder Sohn neben mir zu hören, kein Moskito oder Bär oder der Pulsschlag meiner eigenen Angst. Ich lag in meinem Schlafsack, die Kapuze über den Kopf gezogen, und genoß die Stille. Es kam mir wie Frieden vor.

Nachdem ich aufgestanden war, um ein Feuer in Gang zu bringen, kontrollierte ich das Thermometer. Ich bezweifelte nicht, daß es tatsächlich zwanzig Grad Kälte waren, aber ich war mir nicht sicher, was das bedeutete. Schweigen, das war klar. Aber was bedeutete es für Melissa und Janus? Konnte ich sie mir in einer derartigen Kälte vorstellen?

Unmöglich. Ich wußte, daß fünfundzwanzig oder dreißig Grad Kälte nicht nur möglich, sondern unvermeidlich waren. Die einzige Assoziation, die mir dazu einfiel, war die alle Energie verschlingende Trägheit, die ich in Fairbanks erlebt hatte.

Das arktische Wetter dauerte an. Oft genug schlug ich mit den Händen gegen meine Beine, um die Blutzirkulation in Gang zu halten. Das einzige, echte Problem in diesen ersten, hochwinterlichen Tagen tauchte auf, als ich einen fünfundzwanzig Zentimeter langen Nagel einschlagen wollte und plötzlich sah, wie der Hammer zurückprallte, genau auf meinen Schädel zu. Ich war zu überrascht, um mich zu ducken. Ich bekam den Schlag voll gegen die Stirn. Gefrorene Stämme! Rote Nordlichter zu Mittag! Ich schwankte oben auf meiner selbstgebastelten Leiter und lachte.

Natürlich war ich benommen. Alles an diesem Wetter machte einen benommen.

Ich lernte es, den Hammer seitlich zu schwingen und mit dem Rückschlag zu rechnen.

Drei Tage später trat ein Wetterumschwung ein. Wolken tauchten wieder auf. Die Temperaturen stiegen um fünfzehn Grad.

Mit Schneeschuhen marschierte ich hinaus auf die Tundra und stampfte eine Landebahn fest, die ich mit kleinen Sumpftannen markierte, indem ich sie zu einem fünf Meter langen Pfeil anordnete.

An diesem Nachmittag landete die Super Cub auf ihren Skikufen. Ich wartete mit den Hunden. Melissa brachte frische Nahrungsmittel mit. Sie war beschwingt von dem Flug und auf der Hut vor den Dingen, die da kommen mochten.

Ich lud Familie und Vorräte auf den Schlitten und fuhr nach Hause. Janus war von den Hunden fasziniert. Er machte sich ständig aus der Umarmung seiner Mutter frei, um zu sehen, was los war. Auch er schien auf der Hut zu sein, als der Schlitten durch den Wald glitt wie ein Segelboot durch schwere See, aber er plärrte los, als wir stehenblieben.

Eiszapfen hingen von der Dachkante der kleinen Hütte. Die Vegetation, die Melissa vertraut geworden war – auch wenn sie bei unserer Abreise schon der erste Schnee bedeckt hatte –, war verschwunden. An Melissas Blick konnte ich ablesen, wie sehr sich unsere Welt verändert hatte.

Ich fühlte, wie sie zitterte, selbst in der relativen Wärme von fünf Grad unter Null, selbst nachdem wir die kleine, vom Herd erwärmte Hütte betreten hatten.

»Nun«, sagte sie und setzte sich in ihrem Parka aufs Bett, »jetzt kann ich wenigstens ermessen, was du durchgemacht hast.«

»Ist es nicht herrlich?« fragte ich, bemüht, nicht zu drängend zu klingen.

»Niemand in der Stadt will glauben, daß wir im Winter hier draußen sind«, erwiderte sie.

»Aber schau dir Janus an«, sagte ich impulsiv.

Er war wie ein Tier aus dem Zoo, befreit aus seinem Käfig. Er kämpfte sich aus ihren Armen aufs Bett und raste dann in größer werdenden Kreisen herum.

»Deshalb bin ich so schnell gekommen«, sagte Melissa. »Er wurde langsam unmöglich.«

Ich eilte hinaus und packte eine Handvoll Tannennadeln, die ich unter seiner Nase zerrieb. Er hielt inne, um zu riechen. »Und der Mond kommt auch«, erklärte ich ihm.

Statt dessen kam Schnee. Dann aufklarende Winde. Dann arktische Kälte.

Melissa hielt das Feuer im Ofen in Gang. In Talkeetna hatte ich ein paar gebrauchte Armeestiefel aus dem Koreakrieg für extreme Kälte für mich gefunden. Für sie hatte ich nichts gefunden. Das war für sie Grund genug, in der Hütte zu bleiben. Sie las die Bibel.

Ich brachte viele Stunden damit zu, Janus mit dem *richtigen* Winter vertraut zu machen. Ich zeigte ihm die Elchspuren, die Eiszapfen und die Sterne. Er jammerte, wenn ich ihn *ins* Haus brachte. Die Hunde rollten sich, genau wie ihre Wolfsvorfahren, zu Kugeln zusammen, die Schwänze über den Nasen.

Melissa machte in der überfüllten Hütte einen Platz frei, wo ich die Palisadenstämme auftauen ließ. Wenn sie dann die Stämme schälte, versickerte der Saft wie flüssiger Weihrauch im Boden.

Für sie war das nicht gerade ein Vergnügen. Man sah keinen

unmittelbaren Erfolg bei dieser Arbeit. Das große Haus war nur ein Gehäuse aus Stämmen ohne Dach. Das Dachmaterial lag unter dem Schnee begraben.

Ich versuchte alles so darzustellen, daß es ihr Freude bereitete. Ich schilderte ihr die erregende Klarheit des Himmels, aber die klarsten Himmel brachten stets auch die größte Kälte mit sich. Ich versuchte, sie die Leiter zum zweiten Stock hochzulocken, wo sich einmal unser Schlafzimmer befinden würde; jetzt befand sich darüber lediglich der leere Himmel und darunter das nackte Eis. Es war, als würde man einen Kletterneuling an der kahlen, senkrechten Felswand festzurren und dazu rufen: »Aber schau doch, wie hoch wir sind!«

Einige Tage später wurden Melissa und ich von wimmernden Lauten geweckt. Draußen entdeckte ich drei Pelzbündel, die sich gegen den Bauch unserer einzigen Hündin drückten.

Melissa wurde munter. »Wir haben Babys!« rief sie.

Ich war verblüfft, daß ich nicht mal was von der Schwangerschaft der Hündin gewußt hatte.

Ich wollte keine Bastarde. In Talkeetna mußte irgendein streunender Hund in den Zwinger eingedrungen sein, wo Dennys Hunde gefüttert wurden. Als Vater kam ein Cockerspaniel oder ein Collie in Frage.

Melissa taufte die Hündchen sofort. Der größte Welpe bekam den Namen Norton, wobei nicht klar war, ob er nun nach dem Norton-750-Commando-Motorrad, das ich in New York gefahren hatte, oder nach Ralph Cramdens Kumpan benannt worden war. Der weibliche Welpe hieß Van Dyke, nach Alexanders Van-Dyke-Ltd.-Kaleidoskopen. Dick für ein offensichtlich männliches Hündchen. Dicks Name war mein Beitrag.

Melissa gab Hoonah, der Mutter, soviel zu fressen, wie sie nur konnte. Melissa bestand darauf, daß wir die Hündchen behielten, während ich für einen »besseren« Wurf stimmte.

»Das sind wir Denny schuldig«, sagte sie hitzig. »Ich weiß, daß es großartige Hunde werden.«

Ich tat ihr den Gefallen. Meiner Meinung nach konnten sie nichts anderes als nutzlose Köter werden.

Zehn Tage später machte ich den Fehler zu sagen: »Schau, wie hell es noch um neun Uhr ist!«

Melissa griff nach der Uhr, die sie von Talkeetna mitgebracht hatte. »Es ist halb fünf«, sagte sie.

Ich wollte die Zeit nicht akzeptieren. Ich bezweifelte die Fähigkeit der Uhr, die Zeit zu erfassen.

Melissa starrte mich an, als wäre ich ein Gefängniswärter; dann legte sie sich aufs Bett und kümmerte sich um Janus.

Mein Rücken begann plötzlich zu schmerzen. Mein Rücken war nie völlig schmerzlos gewesen, aber jetzt verkrampfte er sich zu Knoten. Ich legte mich neben sie.

Janus unterbrach seine Mahlzeit, schaute mich an, grinste und stürzte sich dann wieder auf seine Nahrung.

Nach einer Minute relativen Schweigens – Melissa atmete in langen Zügen, Janus schlürfte und schmatzte – frage ich: »Möchtest du gern in den Osten und Janus herumzeigen?«

Ein weiteres Schweigen. Ich stemmte mich schmerzerfüllt hoch und sah, daß Melissa weinte. Ich rollte mich auf den Bauch.

»Es ist nur eine Woche Taxifahren«, sagte ich. »Wenn ich Glück habe.«

Ich hatte meinen Kopf zwischen den Armen vergraben. Melissa berührte meinen Rücken, und der Schmerz ließ nach.

»Du weißt, was Jesus sagte«, fuhr ich fort. »›Teile deinen Segen mit allen, vor allem mit Verwandten und alten Freunden‹, Sprüche Salomons 6:19.«

Melissas Hand ruhte auf meinem Rücken wie ein kleines Heizkissen.

»Außerdem«, fuhr ich fort, »geht das Geschäft der Nutten wahrscheinlich schlechter, seit ich ihnen keine Freier mehr bringe.«

Melissas Hand auf meinem Rücken verkrampfte sich und entspannte sich dann wieder. Sie begann mich mit beiden Händen zu massieren. Janus rollte vor zu meinem Kopf und versuchte an meiner Nase zu saugen. Ich schnitt eine Grimasse. Er kicherte.

Wir fuhren los, Melissa und Janus zusammen in einem Schlafsack hinten auf dem Schlitten. Die Hunde zogen uns über die Tundra, als ginge es eine Wasserrutsche in einem Vergnügungspark hinunter. Als wir wieder in den Wald eintauchten, schwankte der Schlitten wie eine Achterbahn. Wenn es abwärts ging, sprühte Schnee in den Schlitten. Melissa lachte; auch wenn dieses Lachen mehr einem Keuchen glich, so festigte es doch unser Selbstvertrauen.

Zweimal konnte ich den Schlitten nicht mehr kontrollieren. Er stellte sich auf eine Kufe und kippte dann seitlich in den Schnee. Während ich den Schlitten wieder aufstellte, sagte Melissa: »Ich bin okay!«, und Janus leckte den geschmolzenen Schnee, der ihm übers Gesicht lief.

So hatte ich unser Leben vorausgesehen – im Sommer dichten Dschungel und im Winter Achterbahnfahrten.

Als wir die Straße erreichen, trieb ich das Gespann zwischen die Spuren, die ein großes Fahrzeug in den unberührten Schnee gepflügt hatte. Als wir den Highway erreichten, kettete ich die Hunde an die Bäume.

Ich teilte zehn Pfund Hundefutter zwischen ihnen auf. Melissa ging mit Janus auf und ab und behielt die Straße im Auge.

Schließlich tauchte aus dem Dunkel der Nacht ein Streifenwagen auf. Ich hielt ihn an. Nachdem wir eingestiegen waren, erklärte ich, was wir hier taten. »Ich bin auf einer Heimstätte aufgewachsen«, sagte Officer DeHart. »Von hier aus fünfzig Meilen den Highway runter, zu einer Zeit, wo es noch gar keinen Highway gab.«

Er griff zum Mikrophon und sagte: »Ich hab' eine 10-86 nach Talkeetna«, während wir uns zurücksinken ließen.

»Halb erfrorene, verzweifelte Tramper«, versuchte ich in Gedanken den Code zu erraten.

Nie zuvor oder danach war mir die Polizei so sympathisch gewesen.

»Ich hab' gehört, daß es da draußen neues Heimstättenland gibt«, sagte Officer DeHart. »Aber ich wußte nicht, daß es jemand versucht hat.«

»Es ist hart«, sagte Melissa.

»Ja, ich hatte auch nicht viel Spaß«, sagte Officer DeHart, während die Scheinwerfer des Streifenwagens die flankierenden Wälle des Waldes aus dem Dunkel rissen. »Wir Kinder waren von morgens bis nachts mit irgendwelchen Pflichten beschäftigt.«

Mitten auf der Straße tauchte ein Elch auf. DeHart verlangsamte das Tempo, machte die Lichter aus, und als er sie wieder einschaltete, war der Elch verschwunden, ohne daß er eine Vollbremsung hätte hinlegen müssen. Jeden Winter gibt es auf den Highways von Alaska durch Zusammenstöße mit Elchen ein Dutzend Schwerverletzte oder Tote.

»Ich weiß nicht, ob ich meinen Kindern so ein Leben wünschen würde«, sagte er. »Es ist hart.«

»Es ist hart«, wiederholte Melissa.

»Aber es hat mir gefallen«, sagte er. »Alles in allem.«

Wir schliefen auf dem Fußboden von Tanyas Hütte, ein paar Blocks vom Fairview entfernt. Melissa blieb abends lange auf und sprach über ihre bevorstehenden Reisen.

Am Morgen borgten wir uns einen Lastwagen von einem Mann, den ich nicht kannte. »Das ist Fred!« erklärte mir Melissa. »Du kennst doch Fred-und-Judy?«

Die meisten Leute, denen man am 62. Breitengrad begegnete, waren nicht durch ihre Familiennamen, sondern durch ihre Beziehungen und Zugehörigkeiten bekannt. »Mike-und-Debbie.« »Scott-und-Tricia.« Der Mann, den Melissa mir vorstellte, war mir immer noch unbekannt.

»Oh, sicher! *Fred!*« sagte ich und schüttelte seine Hand.

»Fred weiß, daß du vielleicht noch ein paar zusätzliche Tage in Anchorage bleibst, um zu arbeiten«, erklärte Melissa. »Aber er muß in nächster Zeit nicht weg.«

Fred, ein sanfter, bärtiger Mann, nickte zustimmend. Ich machte mir eine geistige Notiz, ihm die Hälfte unserer Gewinne in der nächsten Lotterie zukommen zu lassen.

Auf dem Weg zum Flughafen von Anchorage sprühte Melissa

geradezu vor Leben. Die Rückkehr zu dem Leben, das sie hinter sich gelassen hatte, war nach dem Leben, das wir aufzubauen versucht hatten, genauso ein Abenteuer wie der Flug in die winterliche Wildnis.

Ich hielt bei der Werbeagentur, um mir das Geld für das Flugticket zu borgen. Als Sicherheit bot ich nicht meine Dienste an, sondern den Tausend-Dollar-Scheck aus dem ständigen Fonds, den jeder Bürger von Alaska bald schon erhalten würde – die Verteilung der Zinsen der Dollarmilliarden, die durch die Ölsteuer in die Staatstresore geschwemmt worden waren. Es war die erste der geplanten jährlichen Zahlungen.

Zwanzig Minuten, nachdem Melissas Maschine gestartet war, hockte ich in einem Taxi. Vor dem Montana-Club zerrte ich meinen ersten Fahrgast vom Rücksitz und verlangte fünf Dollar für eine Drei-Dollar-Fahrt. Ich bekam einen Zehner. Ich knüllte ihn zusammen und stopfte ihn in meine Hemdtasche.

Die Ampel schaltete auf Gelb, ich gab Gas, aber das rote Licht war schneller. Ungeduldig stand ich an der Kreuzung, bis ich einen Blick aus dem Fenster warf. Aus einem beigen Mercedes neben mir starrten mich der Präsident der Werbeagentur und seine Gattin an. Ich versuchte mich zu ducken. Sie sahen sehr betroffen aus.

Am nächsten Morgen, nachdem ich meine Armeestiefel gegen meine Second-Hand-Klamotten eingetauscht hatte, betrat die Präsidentengattin zögernd mein Büro und platzte dann heraus: »Soll das heißen, daß Sie gar kein unabhängiges Einkommen haben?«

»Ich schreibe gerade einen Artikel für *Commentary* über die letzte Pionierstadt in Amerika«, sagte ich glattzüngig. »Ich muß die Recherche vor Ort machen.«

»Oh«, sagte sie. »Gott sei Dank.« Sie nahm Haltung an. »Und was wollen Sie zum Ausdruck bringen?«

»Daß Travestie und Verzweiflung selbst in der blondesten Brust wohnen«, sagte ich.

»Verstehe«, sagte sie, sich rücklings aus meiner Tür schiebend, eine Hand an der Kehle.

Nachdem ich einen Tag später mein Taxi zurückgegeben hatte, fuhr ich gegen 5 Uhr morgens mit Freds Laster wieder nach Talkeetna und trampte dann weiter nach Norden.

Ich hatte Dennys Hunde zwei Tage ohne Fressen gelassen, aber zumindest hatte ich jetzt Futter für sie. Ich gab ihnen Speck von einem Safeway-Supermarkt und Käse von einem 7-Eleven.

Kein neuer Schnee war gefallen. Die Petersville Road war glatt gewalzt. Wir rasten die glatte Straße entlang und bogen so plötzlich in unseren Trail ein, daß ich in den Schnee fiel. Ein paar Meter wurde ich hinter dem Schlitten hergeschleift. Als die Hunde stoppten, stand ich lachend wieder auf. Es ging nach Hause!

Während der nächsten vier Wochen versuchte ich, das Dach zu errichten. Anfangs war es das reinste Vergnügen. Nach wenigen Tagen schon wurde es so frustierend, als versuche man eine Hängebrücke ohne Bauanleitung zu bauen.

Ich sägte Dachsparren für einen flachen Rahmen zurecht. Dächer sollten eben sein und dann nach unten abfallen. Mein Dach hob und senkte sich und fiel dann ab. Ich hatte mir drei große Schlafzimmer mit Blick auf die Berge vorgestellt. Aus irgendeinem Grund führte dieser Entwurf zu einem Dach mit bizarren Krümmungen und Kurven.

Ich fuhr mit den Hunden hinaus zur Straße und schlug so einen Tag tot.

Ich rief Melissa im Haus meiner Eltern an. Sie weinte. Irgend etwas war nicht in Ordnung, aber sie konnte mir nicht sagen, was es war.

Ich rief einen Meister des Blockhüttenbaus in einer entfernten Gegend des Staates an, dessen Namen ich aus einem meiner Bücher über den Bau von Blockhütten kannte. Er lachte. »Wenn ich Sie richtig verstehe, haben Sie eine hyperbolische Parabel«, erklärte er mir. Als ich nichts erwiderte, fügte er hinzu: »Das heißt, das Dach ähnelt einer Vogelschwinge im Flug – flach oben am höchsten Punkt, und dann verläuft es in einer Kurve bis zu den Federspitzen. Ziemlich kitzlige Sache, was?«

Das Dach sah keineswegs so aus wie eine Vogelschwinge im

Flug. Es sah aus wie das Skelett eines versteinerten Albatrosses, der in einer unnatürlichen Haltung gestorben war.

Doch selbst in meinen frustriertesten Momenten, in denen ich rittlings auf einem Stamm hockte, vier Meter über dem Boden, und eine Dachsparre festzunageln versuchte, damit sie nicht wie eine widerspenstige Haarlocke herausstand, war da immer noch das Land. Vielleicht hatte Sisyphus von seinem Hügel genauso einen Panoramablick wie ich von meiner Kammlinie – vielleicht war das der Grund, warum er nicht einfach aufgab.

Kummer und Freude kamen und gingen. Ich bekam Wutanfälle wegen krummer Nägel und erfreute mich am Anblick der schneebedeckten Gipfel. »Wer kämpft sich durch den Schnee?« fragte Ho-san. »Bin ich das oder meine tausend Ängste? Sie gehen voraus!«

Als Melissa zurückkehrte, brachte sie überraschende Neuigkeiten mit. »Niemand kann das tun, was wir zu tun versuchen, und dabei glücklich sein«, sagte sie, nachdem ich mit Janus von einem Ende des Flughafens zum anderen gerannt war, nachdem sich der Freudentaumel des Wiedersehens langsam gelegt hatte.

»Alexander hat mir Beweise für dich mitgegeben«, sagte sie.

»Wie geht es ihm?« erkundigte ich mich. Ich hatte Melissa zweimal angerufen; einmal in Chicago und einmal im Haus ihrer Tante in Pennsylvania. Nach New York hatte ich gar nicht telefoniert.

»Oh, prächtig«, sagte sie. »Ich meine, er *leuchtet* geradezu. Das hier hat er mir mitgegeben.« Sie holte einen Stapel kopierte Blätter aus ihrem Beutel. »Es ist eine Harvard-Studie über Isolation und den damit verbundenen Streß. Isolation erzeugt *immer* Streß. Ich nehme an, Heilige können damit fertig werden, aber Heilige haben auch keine Kinder.«

»Wie geht's dir?« fragte ich. »Wie ist es dir ergangen?«

Sie schob sich eine Haarsträhne aus dem Gesicht. »Ich bin okay«, sagte sie. »Es war nicht leicht, aber zumindest weiß ich jetzt, was uns bevorsteht.«

»Streß«, sagte ich.

»Du hast keine Ahnung!« erwiderte sie.

Ich bemühte mich, die Seiten zu überfliegen, konnte mich aber nicht darauf konzentrieren. »Wie ist es Janus ergangen? Hat er eine gute Zeit gehabt?«

Er kam mir vor wie ein ganz anderes Kind. Fast fünf Wochen der Wandlungen und Veränderungen! Es hätte mich nicht überrascht, wenn er mit Baßstimme gesagt hätte: »Und wie war's bei dir, Dad? Hast *du* dich gut amüsiert?«

Nur seine Augen sagten: »Mein Dad! Mein Dad!«

»Er war ein einjähriges Baby!« sagte Melissa leichthin.

Ich verstand nicht, was sie damit meinte. Ich erinnerte mich daran, daß Janus im Hintergrund geweint hatte, während ich mit ihr am Telefon gesprochen hatte. Aber ich wußte auch, daß er einem solche Freude bereiten konnte, daß alles andere keine Rolle mehr spielte.

Dann erkannte ich, daß es mir egal war, was sie damit meinte. Ich konnte nicht das Geringste tun, was die Vergangenheit anbetraf. Wir waren alle wieder zusammen, und das höchste, was ich verlangen konnte, war, daß wir auch zusammenblieben. Wir hatten weder die Frage der Religion noch des Wohnortes, noch der unterschiedlichen Bedürfnisse geklärt, aber es hatte uns auch nicht *auf Dauer* getrennt gehalten.

»Ich hab' uns ein ziemlich ungewöhnliches Dach gebaut«, sagte ich. »Wäre ich ein Bildhauer, dann würde ich es nie beenden. Ich würde lediglich Eintritt für die Besichtigung des Gerüstes verlangen.

»Aber was hältst du von *dieser Sache* hier?« sagte Melissa und deutete auf Alexanders Studie.

»Ich kann mich nicht darauf konzentrieren«, sagte ich. »Erzähl' mir, worum es geht.«

Während wir uns zur Gepäckausgabe begaben, faßte Melissa die Studie für mich zusammen. Isolation in Tanks für sensorische Deprivation erzeugt Halluzinationen. Es überhöht Ängste und Begeisterung. Isolation schafft durchschlagende Veränderungen.

»Und als dann die Leute, die sie studiert hatten, wieder auf *andere* Leute trafen, waren sie völlig desorientiert«, schloß sie. »Sie waren sich nicht mehr sicher, *was* real war und was nicht.«

»Ich bin froh, dich zu sehen«, sagte ich.

»Nur deswegen, weil du so lange allein gewesen bist«, sagte sie.

Ich ließ das durchgehen.

Wir luden ihr Gepäck hinten auf den Laster, den ich mir von Marvin geborgt hatte. Vier Stunden lang fuhren wir den schneebedeckten Highway hoch. Janus schlief erschöpft in Melissas Armen, während Melissa so dicht neben mir saß, wie es die Gangschaltung zuließ. Ich trug die White-Sox-Mütze, die Janus in Chicago geschenkt bekommen hatte. Wir waren die klassischen Alaskabewohner der achtziger Jahre: Halbtonner-Pickup, Paar in mittleren Jahren mit Kind, Baseballmütze.

Außerdem waren wir auch noch die klassische weiße Buschfamilie in Alaska: Wir kämpften darum zusammenzubleiben.

»Ich glaube, das verstehe ich«, erwiderte ich: »Im letzten Monat habe ich mich den Bäumen und dem Himmel so verbunden gefühlt, daß es mir immer etwas leid tat, wenn ich in die Hütte ging.«

»Ich meine, Verbindung zu *Menschen*«, erklärte sie.

»Wie meine Eltern in Chicago oder deine Tante Rose und Lamonda?« fragte ich.

»O Gott«, sagte sie seufzend. »Die haben mich nicht verstanden. Die hatten keine Ahnung, wo ich gewesen bin.«

»Du hast dich isoliert gefühlt«, sagte ich pflichtgemäß.

»Es kam so weit, daß ich schließlich Halluzinationen auf der Madison Avenue hatte!« sagte sie. »Ich habe die Madison Avenue *geliebt*. Aber alle Passanten kamen mir so merkwürdig vor. Sie hasteten die Straße lang, in Gedanken bei ihrem neuen Porzellan oder ihren dämlichen Karrieren oder bei der Frage, wieviel Zeit sie dadurch verloren, daß sie Janus und mich anrempelten. Und ich war früher mal *genau* wie sie! Ich wollte sie anhalten und brüllen: ›Wißt ihr denn nicht, daß ihr *nichts* seid?‹ «

Ich nahm meine Hand vom Schalthebel und legte sie in ihren Schoß.

»Weißt du, was Lamonda sagte? Sie sagte: ›Du bist ja absolut verrückt, daß du zurück willst.‹ Ich wurde wütend. Ich sagte: ›Du hast ja keine Ahnung! Dein Freund schnupft Kokain, und du nimmst Valium, um schlafen zu können, und da erzählst *du mir*, daß *ich* verrückt bin?‹ Oh, ich wollte, du könntest sehen, wie die Seventy-fifth Street aussieht, nachdem man einige Zeit in Alaska war! Ich konnte nicht mal in meinem eigenen Apartment schlafen! Da bin ich dann zu Alexander gegangen.«

Ich verlangsamte das Tempo auf fünfundvierzig Meilen, um die Reifen in den Schneerinnen zu halten. »Alexander«, sagte ich, an die Abgeschiedenheit seiner Wohnung denkend.

Melissa lachte. Sie schien zu wissen, was ich dachte. »Zumindest ist es dort still. Aber weil wir gerade von merkwürdigen Sachen reden! Nachdem er die Couch ausgezogen hatte, hörten wir die Nachrichten ab, die auf seinem Anrufbeantworter waren: ›Ich bin im Studio auf der Toilette, weil ich mich hier selbst verstehen kann. Ich vermisse deine Berührung.‹ ›Es ist drei Uhr morgens, aber ich mußte dich anrufen, weil ich mir nicht sicher bin, ob es sich noch lohnt weiterzuleben.‹ ›Ich ruf' nur an, weil mich sonst niemand versteht. Mich mit deinem Anrufbeantworter zu unterhalten ist immer noch besser, als Selbstgespräche zu führen.‹ Genau da waren sie alle: nirgendwo! Als würde man sich im Niemandsland befinden!«

»Ich schätze, deswegen haben sowohl Alexander als auch ich versucht, uns eine Rückzugsmöglichkeit zu schaffen«, sagte ich. »Einen Ort der Schönheit, wo wir vor all dem Kummer, der uns überall begegnet, in Sicherheit sind.«

»Aber er steckt immer noch mitten drin!« sagte Melissa. »Und du bist so weit draußen, daß nur ich noch deine einzige Verbindung zum Boden bin.«

»Und unser Heim und die Berge.«

Sie lehnte sich zurück. »*Ich* muß mit der *Realität* verbunden sein.«

Ich merkte, daß ich schon wieder auf sechzig beschleunigt hatte, und fuhr langsamer.

»Die Bibel sagt, daß Gemeinschaft notwendig ist«, sagte Melissa. »Deshalb hat Paulus die Kirche gegründet. Deshalb versammeln sich geistig gesunde Menschen an Sonntagen.«

»Es hat auf Erden niemals eine religiöse Tradition gegeben, die die Einsamkeit einer persönlichen Vereinigung mit Gott nicht zu schätzen gewußt hätte«, sagte ich. »Den Weg zum Gipfel des Berges muß man immer allein zurücklegen.«

»Aber Moses stieg herab!« sagte sie. »Jesus kam aus der Wüste! Hat Buddha nicht den Rest seines Lebens unter *Menschen* verbracht?«

»Ich nehme also an, du wartest darauf, nach Talkeetna zurückzukehren?«

»Ich warte darauf, *irgendwohin* zurückzukehren«, sagte sie.

Wir verbrachten die Nacht im Fairview in einem Zimmer für fünfundzwanzig Dollar, genau über der Bar. Janus wachte auf, als ich ihn die Treppe hochtrug. Er griff nach meinem Gesicht und lächelte. Seine Liebe überraschte mich so sehr, daß ich mich am Treppengeländer festhalten mußte. Die Hand immer noch an meiner Wange, schlief er wieder ein.

Am nächsten Morgen sagte Melissa: »Ich bin noch nicht bereit, in die Wildnis zurückzugehen.«

Ich sagte nichts, sondern verbrachte die nächsten Tage mit Babysitten, während sie ihre Freunde besuchte. Sie sagte: »Ich fühle mich, als wäre ich zu Hause.« Ich spazierte mit dem Kind über den zugefrorenen Fluß. Wir studierten die Schneeverfrachtungen und die eingeschlossenen Luftblasen im Eis.

Dann zog ich alleine wieder los.

Den Rest des Winters arbeitete ich an der Fertigstellung des Hauses. Drei oder vier Tage lang rückte ich mit der Motorsäge den Stämmen zu Leibe, nagelte Sperrholz auf hyperbolische Dachsparren, hämmerte Nägel ein und fuhr jeden Abend mit den Hunden zur Straße, um weiteres Sperrholz und noch mehr Nägel und Baumaterialien aus meinem Vorratslager zu holen. Zwischendurch fuhr ich nach Talkeetna, um bei meiner Familie zu sein und um meine Lebensmittelvorräte aufzustocken. Und so verging eine Woche und dann noch eine und noch eine.

Melissa kam gelegentlich heraus, um die Verbindung aufrechtzuerhalten. Wenn sie im Schlitten über die Kammlinie glitt, war sie wunderbar. Sie zeigte sich verblüfft von den Fortschritten, die ich erzielt hatte, und veranstaltete ein Großreinemachen in der kleinen Hütte.

Wildnis ist ein Ideal, das Weise und Höhlenbären mühelos erfassen. Ich war kein Höhlenbär und weit davon entfernt, ein Weiser zu sein. Ich wollte nichts weiter als Kontinuität, ein dauerhaftes Heim, wo mein Sohn die Realität erkennen konnte: Leben und Tod, untrennbar miteinander verwoben, unerklärlicher Kummer und plötzliches Strahlen. Ich wollte Huckleberry Finns Idylle und Crazy Horses Verbindung zu der natürlichen Welt.

Ich war der Sohn eines Immigranten aus Süditalien. Ich wollte eine Familie. Ich hatte einen Sohn mit einer Frau gezeugt, die fast reinrassige Italienerin war. Familie! Auf Dauer!

Als der Frühling kam – in der letzten Woche im April –, war das Haus fertig. Dachpappe hielt den Regen fern. Der dreitausend Dollar teure Kochherd, für den uns Alexander das Geld geliehen hatte, funkelte in seiner Ecke. Durch Dreifachfenster blickte man hinaus auf die Gletscher.

Endlich konnten wir feiern. Als wir alle zusammen über den letzten, schwindenden Schnee heimfuhren, hatte ich außer Melissa und Janus auch eine Flasche Moët & Chandon auf dem Schlitten. Die Tundra zeigte sich nackt und kahl, obwohl der von den Schlittenkufen festgepreßte Schnee wie ein glitzerndes Band auf dem Trail lag.

Während ich die Hunde an ihre Bäume kettete, öffnete Melissa die aus gespaltenen Stämmen bestehende Tür zu unserem neuen Haus.

Ich sammelte einen Arm voll trockener Äste, klopfte den Schnee von meinen Stiefeln, und ging zu ihr hinein.

Sie stand mitten im Raum, die Decke drei Meter über ihr. Bläuliches Licht erhellte die Stämme. Sie schwieg. Ich zündete das Kleinholz an. Weiße Rauchfetzen ringelten sich aus dem Herd und stiegen zu der gelben Fiberglasisolierung hoch, hinter der sich die komplizierte Anordnung der Stämme verbarg. Die Isolierung, getragen von einem durchsichtigen Plastikbezug, sah wie eine goldene Gewitterwolke aus. Der Fußboden knarrte nicht.

Janus wand sich in Melissas Armen. Sie setzte ihn ab. Er richtete sich selbst auf und schwankte von einer Wand zur anderen.

»Na ja«, sagte Melissa.

»Es gibt immer noch viel zu tun«, sagte ich. Mit einer gewissen Überraschung, die ich zu verbergen suchte, bemerkte ich, daß sich Janus bei seinem Gang durch die Hütte nichts in den Weg stellte: keine Möbel, keine Einrichtung, nicht mal ein Teppich. Plötzlich sah alles ziemlich trostlos aus.

Melissa nickte.

Das Feuer hörte auf zu rauchen und begann zu knacken. Hitzewellen zeigten sich über der schimmernden, gußeisernen Kochplatte.

»Schau dir mal an, wie's oben aussieht«, sagte ich schnell.

Wir kletterten eine grobe Holzleiter hoch. »Ich bau' noch eine richtige Treppe ein«, sagte ich, als eine der Sprossen unter ihrem Gewicht nachgab.

Oben lag eine Matratze auf dem Fußboden, bedeckt mit einer Steppdecke. Ich hatte die gewaltigen Firstbalken unverkleidet gelassen. Melissa schlug sich den Kopf an – sehr heftig. Sie stolperte auf das Bett zu und setzte sich hin.

Ich kniete neben ihr nieder und rieb die Beule. Es war ein Moment der Versöhnung. Ich ließ meine Hände von ihrem Kopf zu ihrem Nacken gleiten. Unten lachte Janus wie ein Junge im Kasperletheater.

Melissa blieb vornübergebeugt sitzen. Sie entspannte sich nicht unter meiner Berührung. »Na, wie fühlst du dich, hier zu sein?« fragte ich tapfer.

Sie blickte mit Tränen in den Augen auf: »Ich weiß nicht«, flüsterte sie. »Es ist so wunderschön. Aber es ist auch so weit weg. Ich *möchte* glücklich sein, aber ...« Zögernd lehnte sie sich gegen meine Arme.

Wir lauschten dem Klatschen von Janus' Füßen auf den nackten Brettern. Die aufsteigende Wärme vom Herd unten verdichtete sich um uns herum. Ich nahm eine Hand von ihrem Nacken und legte sie auf ihre Taille. Sie schien zu erstarren.

Ich schoß hoch, ging nach unten und stocherte im Ofen. Ich tollte mit Janus herum, bis er mir deutlich zu verstehen gab, daß er lieber den Fußboden erkunden würde. Dann packte ich den Champagner aus. Oben angekommen, ließ ich den Korken knallen. Er prallte an einem Balken ab und rollte vor ihre Füße.

»Auf die ganze weite Welt!« sagte ich und nahm einen Schluck.

Ich ging zum Bett und reichte ihr die Flasche. Sie legte sie, mit noch feuchten Wimpern lächelnd, in ihren Schoß. »Und auf uns«, sagte sie und gab mir die Flasche zurück.

Sie hatte nichts getrunken. Meine Verwirrung mußte deutlich zu sehen gewesen sein. »Einer meiner Schwüre geht dahin, keinen Alkohol mehr zu trinken«, sagte sie.

Ich setzte mich neben sie und nahm einen weiteren Schluck. Der Champagner sprudelte über. Ich steckte den Flaschenhals in meinen Mund. Der Schaum stieg mir in die Nase. »Was für Schwüre?« brachte ich heraus.

»Letzten Sonntag bin ich vor die Kirchengemeinde getreten und habe um Anweisungen von Gott gebeten. Alle haben für mich gebetet. Es war so eine wundervolle Kraft! Die Menschen weinten! Dann hörte ich die Stimme des Herrn, der mir sagte, ich sollte Seinen Spuren folgen. Ich hörte ihn so deutlich, wie ich jetzt Janus höre. Du kannst dir nicht vorstellen, welch ein Frieden darin lag. Ich habe den Ruf vernommen! Ich weiß jetzt, weshalb ich hierhergekommen bin!«

Ich packte die Flasche am Hals. »Ist es um unsretwillen?« fragte ich.

»Natürlich!« sagte sie und ließ sich gegen meine Brust sinken. »Und für jeden, der so viel Pein und Verwirrung durchlitten hat.«

Ich hielt sie in meinen Armen. Von unten ertönte ein Bums, dann Schweigen und dann ein Kichern.

»Den letzten Monat habe ich größtenteils in Tränen aufgelöst verbracht«, sagte sie.

»Du hast mir nichts davon erzählt.«

»Das konnte ich nicht. Ich hatte Angst, du würdest denken, ich wäre nicht stark oder tapfer genug. Meine Aufgabe sind *Menschen*. Menschen *reagieren* auf mich. Ich *höre* ihren Schmerz. Ich *fühle* mit ihnen. Ich bin hier bis ans Ende der Welt gekommen. Sie schauen mich an, um zu erfahren, was in dieser Welt real ist.«

»*Dies hier* ist real!« sagte ich eine Spur zu laut. »Noch näher kannst du an die Welt nicht herankommen. Du kannst dich nicht von den Sternen isolieren, außer du hältst deine Augen fest geschlossen. Dazu braucht man weder Stärke noch Mut. Klarheit ist nötig, offene Augen.«

Melissa atmete tief durch und begann dann zu schluchzen. Janus rief: »Waa?« Ich nahm einen kräftigen Schluck Champagner.

Ich ging nach unten und holte Janus hoch. Er schien erstaunt zu sein, daß die Welt noch größer war als der Teil, den er gerade eben erforscht hatte. Er zwängte sich aus meinen Armen, kroch an den Rand des Fußbodens und starrte aus einer Höhe von zwei Metern hinunter. Er wich zurück, spähte wieder über die Kante und quietschte vor Aufregung.

»Laß ihn nicht fallen!« rief Melissa.

Ich hob Janus hoch. »Ich muß hier oben eine Wand bauen«, sagte ich.

Janus wollte sich nicht halten lassen. Sowohl Melissa als auch ich krochen hinter ihm her. Vielleicht hätte es komisch wirken können, wenn es nicht so traurig gewesen wäre. Wir trauten nichts und niemandem.

Wir erlaubten ihm, im oberen Stock seine Kreise zu ziehen. Dann hielt ich ihn seiner Mutter hin, damit sie ihm die Brust geben konnte. Er grinste mich an, blinzelte ihr zu und fiel in friedlichen Schlaf.

Melissa und ich setzten unser Gespräch fort. Ich versuchte, das Wunder herauszustellen, daß man in einer Landschaft sicher sein konnte, in der seit Jahrtausenden ein schrecklicher Kampf herrschte. Wir hatten einen Metallofen und Fenster mit Dreifachverglasung und einen Vorrat an trockenem Holz. Wir hatten Spaltholz zum Anzünden und ein Dach mit Fiberglasisolierung. Keine dunklen Höhlen. Keine Notwendigkeit, im tiefen Schnee nach Nahrung zu jagen. Und doch konnten wir sehen, was unsere fernen Vorfahren jenseits ihres Lagerfeuers gesehen hatten: den blauen Glanz der Gletscher, die Gegenwart Gottes.

Melissa reagierte darauf, indem sie mich bat, die Notwendigkeit menschlicher Gesellschaft zu akzeptieren. Niemand lebte allein. Es hatte immer Verbindungen zum Stamm gegeben. Mit welchem Recht konnten wir diese Wahrheit ignorieren?

Ich wußte nicht, was ich darauf sagen sollte. Ich wollte nur, daß wir glücklich waren.

Melissa wollte nur, daß wir glücklich waren.

Es endete damit, daß ich, an einem mondhellen Fenster stehend, die ganze Flasche Champagner allein leerte. Ich schlief unten ein, unter gelben Wolken. Als ich schließlich zitternd nach oben stolperte, war Melissa eingeschlafen.

Am nächsten Tag fuhren wir nach Talkeetna zurück. Im Laufe eines warmen Apriltages war so viel Schnee geschmolzen, daß die Tundra regelrecht überflutet wirkte.

Einige unserer Freunde waren angeheuert worden, um eine zwölf Meter breite Bresche für eine Stromleitung in den Wald zu schlagen, die sich von Fairbanks bis Anchorage erstrecken sollte. Andere Freunde von uns waren erbost, daß das Land in der Nähe ihrer Häuser wegen des noch zu erbauenden Kraftwerks verschandelt würde. Und das alles wegen eines Strombedarfs, den Alaska lediglich dann benötigen würde, wenn die Bevölkerungsdichte sich der von Connecticut näherte.

Ich heuerte an. Ich bekam fünfundzwanzig Dollar die Stunde dafür, daß ich einen alten Wald mit der Motorsäge kurz und klein schnitt. Ich stand im Morgengrauen auf und begab mich zum Helikopterstartplatz direkt neben der Landebahn. Von dort aus wurde ich mit der restlichen Mannschaft in den Wald transportiert. Melissa, Janus und ich hausten in einem Zelt am Ufer des Susitna Rivers. Melissa beschwerte sich kein einziges Mal darüber, daß man in der Stadt keinen Wohnraum mieten konnte.

Wir waren Teil einer Zeltstadt, die aus der Notwendigkeit heraus von den Arbeitern gegründet worden war, die aus fernen Gegenden des Staates geholt worden waren. Alaskas Wirtschaft hatte immer schon ihre Hochs und Tiefs gehabt, und jetzt hatten wir gerade den größten Boom, den Talkeetna seit fünfzig Jahren erlebt hatte.

In diesem Sommer verdiente ich genug, um Alexanders Darlehen zurückzahlen zu können, um uns einen eigenen Wagen kaufen und Melissa eine Art finanzieller Sicherheit bieten zu können, zum erstenmal, seit wir in den Norden gezogen waren.

Erst im September ging ich wieder zurück. Seit ich mit der Champagnerflasche im Mondlicht am Fenster gestanden hatte, war ich nicht mehr dagewesen.

Bären hatten die Außentoilette zerstört. Ein Fenster der kleinen Hütte war eingeschlagen, aber es gab kein Anzeichen dafür, daß jemand eingedrungen war. Ein Vorratslager mit fünfzig Pfund biologischem, braunem Reis hatte keine Waldtiere angelockt. Doch die Säcke mit roten Bohnen und Linsen waren leer. Ich entdeckte Teile ihres Inhalts unter dem Kopfkissen, in meinen Winterstiefeln und in der Getreidemühle.

Ich säuberte die winterliche Speisekammer von Feldmäusen und Spitzmäusen. Ich kehrte alles zu einem großen Haufen in der Mitte des Fußbodens zusammen. Das raubte mir nach dem Marsch und der Sorge, was ich hier wohl vorfinden mochte, die letzten Energien. Ich schaffte es nicht mal mehr, zu dem größeren Haus zu laufen, dessen Tür zugenagelt war.

Am Morgen war der Haufen Bohnen verschwunden. Meine Stiefel waren gefüllt. Es lagen sogar Bohnen unter meinem Kopfkissen. Ich war empört, daß sich Nagetiere unter meinem Kopf zu schaffen gemacht hatten, während ich schlief. Dann mußte ich lachen. Wir ernährten die Fauna des Waldes. Wir spendeten allen Kreaturen des Feldes. Wenn ich sie erwischte, wie sie unsere Nahrung auffraßen, würde ich ihnen eins mit dem Prügel überziehen, aber bis dahin – welch einen Überfluß hatten wir doch geschaffen!

Ich riß die Nägel aus der Tür des großen Hauses. Sie schwang leicht auf, eine perfekte Fassung. Ich fühlte mich wie damals, als ich das erste Mal die Kathedrale von Notre Dame betreten hatte. Das von den schneebedeckten Gipfeln reflektierte Licht, das durch die drei Scheiben der Fenster hindurchdrang, war wie Licht von blauem Glas. Die leuchtenden Palisadenstämme sahen aus wie hundert Kreuze – jeder Stamm von meiner Schulter in seine Position gehievt.

Dann wandte ich mich wieder den gewöhnlichen Dingen zu und suchte das Haus nach Schäden ab. Ein gewaltiger, horizontaler Stamm, der den zweiten Stock gestützt hatte, war abgesackt. Ich notierte mir im Kopf, ihn wieder aufzurichten.

Ich ging zum Fenster. Durch die Magie des Zufalls tauchte im gleichen Moment ein Elch hinter absterbenden Erlen auf, äste und trabte dann gemächlich über den Vorplatz. Urplötzlich kam mir der Gedanke, das Gewehr zu packen und uns unseren Wintervorrat an Fleisch zu schießen. Es war Jagdsaison. Aber jedes Leben hier erschien mir jetzt gesegnet. Ich sah zu, wie der Elch langsam zwischen den Rottannen verschwand.

Ich kehrte nach Talkeetna zurück, um Melissa und Janus zu holen. Ich kam mir wie ein reicher Mann vor, als ich nach Erreichen der Straße einfach nur den V-8-Motor unseres »neuen« 72er Chrysler anließ, der gerade mal fünfundsechzigtausend Meilen auf dem Tacho hatte.

Als wir alle nach Hause marschierten, gab es weder Moskitos noch hinderliche Gräser. Eis säumte das Ufer des Tundrasees. Die Dornenbüsche hatten goldene Blätter. Hagebutten waren erfroren und süß. Wir pflückten sie im Vorbeigehen.

Sofort nach unserer Ankunft zogen wir in unser Haus. Es dauerte Tage, bis wir alle Regale und Tische und Kleider und Lebensmittel von der kleinen Hütte in die große Hütte transportiert hatten. Melissa bedauerte, die kleine Hütte verlassen zu müssen. »Es ist mir schon schwergefallen, von Pennsylvania nach Manhattan zu ziehen«, sagte sie, »weil ich deswegen mein Familienleben aufgeben mußte. Dann zogen wir nach Alaska, und das kostete uns auch eine ganze Menge. Und jetzt scheint auch dieser kleine Umzug kompliziert, obwohl ich wirklich nicht sagen kann, warum.«

Auch für mich war es schwierig. Allerdings kannte ich den Grund. Das *war's*. Es gab jetzt nichts mehr zu tun, um noch mehr Sicherheit zu schaffen. Wenn wir keine aus Lockerheit und Harmonie und Vertrauen bestehende Routine zustande brachten, dann blieben uns nur noch die kalten Winde und der kommende tiefe Schnee.

Melissa und ich gähnten uns dem Bett entgegen: Wir schliefen unruhig, während Janus sich wie ein Prinz in seinem Palast benahm.

Während der nächsten Tage gingen wir allen unerfreulichen Diskussionen aus dem Wege.

Der Wind wurde kalt. In bronzefarbenen Schauern fegte er die letzten Blätter von den Birken. Und dann kam der Schnee.

Ein Schneesturm peitschte die Flocken gegen das Nordfenster, wo sie schmolzen und in kleinen Bächen hinunterliefen, um schließlich zu Eis zu gefrieren. Nächtliche Windböen drückten den Rauch vom Ofen in so dichten Wolken zurück in die Hütte, daß wir in die kleine Hütte flüchten mußten. Kaum waren wir in dem jetzt ausgeweideten Haus, in das wir einst so große Hoffnungen gesetzt hatten, gingen uns beiden die Nerven durch.

»Großartig, die kleine Hütte als Sicherheit zu haben«, sagte ich.

»Unser Haus riecht wie ein Lagerfeuer!« sagte Melissa.

»Das zieht wieder ab.«

»Es wird immer nach Rauch stinken!«

»Unsinn. Wir werden lüften. Aber jetzt sind wir in Sicherheit.«

»Wir sind am Ende!«

»Solche Kleinigkeiten wie das jetzt sind unvermeidlich«, sagte ich.

»Was für eine schreckliche Art zu leben«, erwiderte sie. »Eine unerwartete Bescherung nach der anderen.«

»So ist das Leben überall«, sagte ich.

»Das hier ist kein Leben. Das ist *Überleben.*«

Ich begann zu brüllen. Melissa begann zu kreischen. Janus weinte jämmerlich, während wir uns zerfleischten.

»Ich will nach Hause!« schrie Melissa.

»Du *bist* zu Hause!« brüllte ich.

Am Morgen behoben wir den Schaden. Wir lüfteten das Haus. Melissa arbeitete schweigend, wie ein Opfer in einem Kriegsgebiet.

Am nächsten Tag fiel aus der Wand, die ich im ersten Stock zu errichten versuchte, ein Stamm, der nur zu leicht Melissa mit Janus auf dem Arm hätte treffen können. Wieder stritten wir. Wann würde der schwarze Lacktisch kommen? Wie lange konnten wir an einem Ort leben, wo von oben Stämme auf einen herabfielen?

Wieder reparierten wir den Schaden.

Das einundzwanzig Monate alte Kind, das die ersten Anzeichen von Sprache gezeigt hatte – »Mahmah, mahmah« –, kehrte zu »Beh!« zurück.

Mit statistischer Unausweichlichkeit bewiesen wir, daß Alexanders Universitätsstudie zutreffend war.

Wir waren voneinander isoliert. Ich verlangte von ihr, daß sie bestätigte, daß wir uns ein Leben inmitten ungewöhnlicher Schönheit schufen. Melissa wollte mein Eingeständnis, daß es auch hier ohne den täglichen Kampf nicht abging. Unser häuslicher Streit hätte auch der Streit eines amerikanischen Pärchens der oberen Mittelklasse sein können, die hin- und hergerissen waren zwischen der angenommenen Entspannung, die man in einer weiträumigen Stadtwohnung finden konnte, und den tatsächlichen Anforderungen eines zwölfstündigen Arbeitstages, der die Karriere zur Priorität erklärte.

»Wofür leben wir denn?« schrie ich.

»Für Janus!« antwortete sie und richtete sich im Bett auf.

»Richtig!« stimmte ich zu. »Ein Heim, von wo aus er die Welt sehen kann. Die Fähigkeit, Gott zu entdecken, indem er einfach nur zur Tür hinaustritt.«

»Vor der Tür lauern Bären! Und der Winter!«

»Genau das meine ich!« sagte ich, stand auf und lief hin und her. »Vielleicht bin ich zu aggressiv. Das tut mir leid. Aber ich wurde in Amerika geboren. Ich will das kriegen, was ich will. Ich habe zuviel gesehen, um darauf zu beharren, daß *ich* weiß, was richtig ist. Schau! Schau aus dem Fenster! *Das* ist real. *Da* ist Gott.«

Melissa schwieg. Als ich mich wieder beruhigt hatte, sah ich, daß sie weinte.

Ich sackte in mich zusammen und kroch zurück ins Bett.

Am nächsten Nachmittag nagelte ich die Tür hinter uns zu. Wir waren alle für einen Marsch gekleidet.

Ich schlug den letzten Nagel so heftig ein, daß es mich selbst überraschte. Melissa beobachtete mich. Ich schaute zu den Bergen hoch, bemerkte aber ihren Blick.

»Das war es also?« fragte sie, Janus auf dem Arm.

»Das ist nur ein weiterer Schlag«, sagte ich, mich um einen leichten Ton bemühend, aber es klang, als wäre ich bei meiner eigenen Beerdigung.

»Ich kann dir gar nicht sagen, wie traurig das für mich ist«, erklärte Melissa.

Ich wollte von kummervollen Dingen nichts mehr hören. Ich hatte die Tür in der Hoffnung verschlossen, sie sagen zu hören: »Warte!« Ich wollte, daß sie eine Beziehung zu den Wundern um uns herum entwickelte und unsere Bande zu den Wäldern und Bergen und zueinander akzeptierte.

Janus konnte es nicht erwarten aufzubrechen. Melissa steckte ihn in den Babyrucksack, den ich mir über die Schultern schwang. Die Schneeschuhe klemmte ich mir unter den Arm. Wir gingen los.

»Nun, ich schätze, das *war's*«, sagte ich und stapfte tief in den Schnee.

Die Bitterkeit in meiner Stimme ließ mich schneller gehen.

Als wir auf die Tundra hinaustraten, zogen hoch über uns vereinzelte Wolken nach Norden. Die Sonne vor uns im Süden schien bei jedem Schritt auf unsere Füße.

Ich fühlte mich wie Whymper bei seiner Erstbesteigung des Matterhorns: Nachdem sein Seil gerissen war und seine Kameraden in den Tod gestürzt waren, hatte sich ein strahlendes Kreuz in den aufklarenden Himmel geschoben.

Janus reckte sich in seinem Rucksack und griff mit beiden Händen nach dem Horizont. Über meinem Kopf konnte ich seine kleinen Finger sehen.

Ich blieb stehen. Melissa hinter mir stoppte. Janus, einen Arm ausgestreckt, bewegte sich nicht.

Ich hörte Melissa weinen. Ich starrte die Hände des Kindes an, die nach dem Licht griffen. Es waren meine Hände, die Breite der Handfläche, der dicke Daumen, die Krümmung des kleinen Fingers.

»Oh! Wenn du es nur sehen könntest!« sagte Melissa.

Ich wollte mich umdrehen, aber wir befanden uns immer noch auf dem Trail. Ich machte einen Schritt und schleuderte eine Fahne neuen Schnees empor. Der goldene Nebel um meine Füße war ebenso wunderbar wie jede Halluzination im Isolationstank. Auf einmal wußte ich nicht mehr, ob ich wahnsinnig glücklich oder traurig war. Ich konnte nur denken: »Wir gehen zurück. Wir sind am Ende. Und ich habe keine Ahnung, was diese Schönheit bedeutet.«

Als wir wieder den Wald betraten, marschierte ich schneller. »Rick! Langsamer!« rief Melissa.

Ich konzentrierte mich darauf, ein Bein nach dem anderen aus dem Schnee zu heben und mich so schnell wie möglich zu bewegen. Bei dem Tempo hüpfte Janus auf und ab. Er kicherte.

»Rick!« schrie Melissa. »Bitte!«

Das brachte mich zum Stehen. »Bitte *was?*« schrie ich über die Schulter zurück. »Bitte geh zurück? Das willst du nicht. Bitte geh *langsam* von unserem Zuhause fort? Bitte *akzeptiere* es einfach? Das kann ich nicht!« Ich wirbelte herum, um ihr ins Gesicht zu sehen. »Das kann ich nicht!«

Ich wünschte mir immer noch, sie möge in meine Arme kommen. Sie hielt inne, fünf Schritte entfernt. Ich wartete. Der Wald lag still und schweigend da. Kein Bär stürzte dramatisch hinter einer Schneewehe hervor. Kein wildgewordener Elch stürmte über unseren Trail.

Wir waren allein.

Janus, erschreckt von unserem Geschrei, wurde unruhig. Als er zu wimmern begann, ging ich weiter, nun langsamer, aber stetig. Kein Wort wurde gesprochen, bis wir schließlich die Straße erreichten.

»Fahr nur nicht so schnell«, sagte Melissa, nachdem wir in den Wagen gestiegen waren.

Ich fuhr so langsam, daß ein Engel auf dem Wagendach hätte landen können. Meilen blieben hinter uns zurück. Und dann noch mehr Meilen.

Ich bog in den Eisenbahnparkplatz in Talkeetna ein. Wir saßen eine Minute schweigend da. Janus erwachte aus seinem Schlaf und begann herumzuhüpfen. »Kannst du ihn halten?« sagte Melissa sanft. »Ich möchte den Pastor besuchen gehen.«

Ich hielt Janus. Melissa öffnete die Tür, trat hinaus, senkte den Kopf und lief los. Janus und ich gingen ins Fairview.

»Yo!« rief Rosser, als wir die Bar betraten.

»Gib diesem Mann ein Michelob!« rief Marvin.

Ich trat hinter die Bierzapfhähne und nahm einen Zimmerschlüssel von dem Haken an der Wand, dann ging ich mit Janus hoch. Das Schweigen hinter uns war das Schweigen eines Leichenschauhauses.

Früh am Morgen ging ich zum Haus des Pastors. Zögernd klopfte ich an die Tür. Keine Antwort. Ich hörte Stimmengemurmel. Mit Janus auf dem Arm trat ich ein.

Melissa saß im Wohnzimmer in einem Sessel, umgeben von all den jungen Mitgliedern ihrer Kirchengemeinde. Der Pastor erhob sich von einem Stuhl mit gerader Lehne und stellte sich hinter sie. Seine Hände ruhten auf ihren Schultern.

»Ich denke, Janus und ich gehen wieder zurück«, sagte ich.

Melissa nickte.

»Uns wird's an nichts fehlen«, sagte ich. »Kein Anlaß zur Sorge.« Janus begann mit meiner Nase zu spielen.

»Sie muß jetzt nur allein sein«, sagte der Pastor ruhig.

Ich nickte.

Janus packte mein Haar und krähte: »Beh!«

»Wirklich, uns wird's gutgehen«, sagte ich.

Melissa machte eine Bewegung, als wollte sie sich erheben, doch der Pastor hielt sie zurück. Sie versuchte zu lächeln. »Ich weiß«, flüsterte sie.

»Wir lieben dich«, sagte ich. »Mach dir bitte keine Sorgen.« Janus krümmte sich in meinen Armen.

Ich ging rückwärts zur Tür hinaus. Das Letzte, was ich sah, war Melissa, den Kopf in den Händen vergraben, während sich der Kreis der sie unterstützenden Kirchenmitglieder enger um sie schloß.

Draußen vor der Tür atmete ich so tief ein, daß ich dabei Janus unwillkürlich in die Luft hob. Er wollte bei der Bewegung lachen, die gewöhnlich mit einem »Huu!« endete, hielt aber inne, als er merkte, daß ich gar nicht mit ihm spielte.

Ich sah seine Verwirrung. Ich warf ihn hoch und sagte so laut: »Huu!«, daß er ganz überrascht war. Dann lachte er zögernd.

Ich lud die drei Hundebabys – die mittlerweile erwachsen waren – hinten in den Wagen, zusammen mit den beiden neuen Hunden, die unsere Hundepfleger uns geschenkt hatten. Auf dem Wagendach zurrte ich den leichten Toboggan mit Plastikboden fest, den Pecos während des Sommers für uns gebaut hatte.

Als wir die Zubringerstraße zum Highway entlangfuhren, wurde mir bewußt, daß Janus ganz allein auf dem Beifahrersitz saß, ohne seine Mom, ohne eine Brust oder eine Flasche. Er stützte sich am Armaturenbrett ab und sagte: »Uuh! Beh! Ah!«

Ohne Probleme erreichten wir das Ende der Petersville Road.

Ich spannte den nun zehn Monate alten Norton als Führungshund ein. Nie zuvor hatte er einen Schlitten gezogen, genausowenig wie die anderen Hunde, die nun hinter Norton bellten.

»Jetzt sind nur noch wir beide übrig, Kumpel«, sagte ich, als ich Janus hinten auf dem Schlitten in einen Daunenschlafsack steckte.

Als ich dic straff um einen Baum gespannte Leine löste, stürmten die Hunde schneller los, als ich es mir hätte vorstellen können. Ich hatte keine Ahnung gehabt, was ich von ihnen erwarten sollte. Im Schnee jaulende Welpen? Noch größere Schwierigkeiten?

Norton legte sich mächtig ins Zeug. Die Bäume flogen nur so vorbei. Schneeperlen stoben in den Schlitten.

Ich brachte das Gespann zum Stehen, damit ich mich über die Griffe beugen und Janus richtig zudecken konnte.

Er griff mit beiden Händen nach mir, den Kopf zurückgelegt. Er sagte ganz deutlich: »Mein Dod.«

Wir starrten einander an. Ich beugte mich hinunter, um ihn auf die Stirn zu küssen. Die Hunde ruckten an und rasten den Trail entlang.

Ich stellte mich auf die Schlittenkufen, damit wir nicht umkippten.

Dann brach ich in Tränen aus.

8

PERSPEKTIVEN

»Das ist Reiscreme und Honig mit Rosinen«, erklärte ich. Janus saß an dem neuen schwarzen Lacktisch auf seinem neuen Stuhl, einem Tannenstumpf, und untersuchte mißtrauisch seine Schale.

»Ui?« erkundigte er sich.

»Nein, das schmeckt großartig. Paß auf.« Ich schob mir einen vollen Löffel in den Mund. »Mmmm. *Guuut*!«

Er wartete, ob ich plötzlich alles würgend auf den Boden spucken würde. Wieder füllte ich den Löffel. »Was Besseres gibt es nicht!«

Eifrig hob er seinen eigenen Löffel.

Braver Junge!

Dann schob er ihn mir ins Gesicht. Ich lehnte mich zurück.

Seine Hand schwenkte herum, und das Essen klatschte auf den Tisch.

Er lachte und saugte an dem leeren Löffel.

»Mmmm!« freute er sich. »'uut!«

»Dir ist natürlich klar, daß du jetzt entwöhnt bist«, sagte ich.

Er grinste.

»Ich meine, dir bleibt gar nichts anderes übrig, als alles zu probieren, was auf dem Frühstückstisch steht, weil mit Chi-chi Schluß ist.«

»Chi-chi« war der Ausdruck, den Melissa und ich für das Stillen benutzt hatten. Die zur Hälfte mexikanische Frau meines besten Freundes in Chicago behauptete, daß dies eine übliche Bezeichnung wäre. Es klang besser als »Brust«.

Bei der Erwähnung seiner Mom schaute sich Janus um, zuerst über die eine Schulter, dann über die andere. Noch nie war er so lange von ihr getrennt gewesen, aber er hatte sich nicht beklagt.

»Deine Mom *will*, daß du ißt«, fügte ich hinzu.

Er verstand mich. Er war noch nicht ganz zwei Jahre alt, aber er verstand alles, was ich sagte, solange es einen direkten Bezug hatte, wie »Nein« oder »Ich liebe dich« oder »Zeit fürs Frühstück«.

Seine eigenen verbalen Kommunikationsbeiträge waren weniger deutlich formuliert, aber auch ich verstand alles, was er sagte. Glück besitzt ein simples Vokabular.

Mir war bewußt, daß es nicht an meinen elterlichen Fähigkeiten lag, daß er so selbstverständlich entwöhnt worden war. Es lag nicht an meiner Liebe oder meinen Kochkünsten. Es lag an unserer Welt.

Die meiste Zeit verbrachten wir im Freien.

Nach dem Frühstück machten wir einen Morgenspaziergang. Ich zog die Schneeschuhe an, steckte ihn in seinen Babysack auf meinem Rücken, und dann zogen wir los: hinunter zum Fluß, wo Wasserrinnsale zu langen Rutschbahnen froren, über die ich ihn wie einen Curlingstein schlittern ließ; auf unterschiedlichen Wegen hinaus auf die Tundra, wo gelegentlich plötzlich Waldhühner aufflatterten, nur um nach zwanzig Metern wieder zu landen; tief hinein in die Wälder, wo wir Tierfährten oder eine Adlerfeder im Schnee entdeckten.

Nach der *Bush-Pipeline*-Radiosendung machten wir unseren Abendspaziergang. Während der letzten Wochen hatten wir – oder vielmehr ich – auf eine Botschaft von Melissa gewartet, die ich über unser batteriebetriebenes Radio hätte empfangen können. Wenn der Sprecher schloß: »Und das war es für heute abend mit *Pipeline*, heute von Susitna Air, der zuverlässigen Charterlinie in die Wildnis«, sackte ich in mich zusammen, während Janus, der dem Radiosprecher nicht folgen konnte, mit seinen Legosteinen weiterhin Türme baute.

Das war dann meist der Moment, wo ich ihn hochnahm und wir wieder hinausgingen.

Zuerst fütterten wir die Hunde. Vor jeden Hund schaufelte ich aus dem großen Plastikeimer Futter in einen Metallnapf, während Janus den Kopf des Hundes tätschelte. Er reichte ihnen bis zur Schulter. Sie leckten ihm das Gesicht, verschlangen ihr Futter und leckten ihm wieder das Gesicht, ohne je zu knurren. In klaren Nächten konnten wir jede Steigung und Senkung des Trails erkennen. Bei wolkenbedecktem Himmel – wobei es auch da noch hell genug war, um die hinterste Ecke des Hauses zu erkennen – trug ich eine Grubenlampe am Kopf, damit das Kind in dem diffusen, schattenlosen Licht nicht stolperte. Der gelbe Lichtstrahl führte ihn, so daß er vor mir zu schweben schien, mein schwankender Cherub.

Die Hunde waren unsere Rettungsleine. Sie schleppten das Holz, um unser Haus zu wärmen. Sie standen bereit, um zur Straße zu rasen, falls ein Notfall umfangreichere Versorgung nötig machte, als mein Erste-Hilfe-Koffer für $ 12,95 gewährleisten konnte. Sie stellten unsere Transportmöglichkeiten zu den Bergen dar.

Nur ganz am Rande stellte ich die Fähigkeit dieser elf Monate alten Huskies, einen Schlitten zu ziehen, in Frage. Ich nahm an, daß sie aufgrund ihrer Erbanlagen gar nicht anders konnten, als einen Schlitten zu ziehen. Gelegentlich jedoch fragte ich mich, ob ihr Drang zum Ziehen weniger dem Instinkt eines Huhnes zum Picken ähnelte, sondern mehr einem wilden, ziellosen Forscherdrang entsprang. Ich wußte, daß Joe Redington, der Gründer des Schlittenhunderennens über tausend Meilen von Anchorage nach Nome Iditarod, ein paar hundert Hunde hatte züchten müssen, um zehn gute Hunde zu bekommen.

Letzten Endes glaubte ich daran, daß unsere Hunde auf Liebe reagierten, daß sie aufgrund eines mir nicht zugänglichen tieferen Einfühlungsvermögens wußten, was wir brauchten, und bereit waren, uns unsere Liebe zu vergelten.

Für die komplizierteren Dinge brauchten sie jedoch etwas Training. Ich bestand darauf, daß die Hunde stoppten, wenn ich es ihnen befahl – und dann auch stehenblieben –, denn wenn man mit einem Kind unterwegs war, brauchte man ein Gespann, das sich leicht kontrollieren ließ. Ich lernte, daß sich die Hierarchie eines Wolfsrudels bei diesen Halbwölfen widerspiegelte. Wenn ich nicht auf strenge Disziplin achtete, ließ auch ihr Gehorsam zu wünschen übrig. Ein so leicht erregbarer Hund wie Van Dyke brauchte in regelmäßigen Abständen eine harte Hand, um ihn daran zu erinnern, daß ich der Alpha-Hund war – der Boß – und daß mein Wort Gesetz war.

Im Gegensatz dazu verstand ein Hund wie Norton die Botschaft auf Anhieb und vergaß sie auch nicht wieder. Seine Aufgabe als Leithund bestand darin, die Leine straff zu halten, vor allem, wenn ich die anderen Hunde hinter ihm einspannte. Wenn er anzog, folgten ihm die anderen, und ich mußte ihnen nachjagen. Allein durch die Stärke seines Willens hielt er die Leine gespannt. Wenn wir losfuhren, blieb er einen Schritt vor den ihn verfolgenden Hunden: Die Leine, die alle fünf Hunde miteinander verband, schleifte nie über den Boden.

Nach der Fütterung der Hunde stampften wir um das Haus herum den Schnee fest. Wir gruben Schneehöhlen. Wir untersuchten vertrocknete Gräser und Samenkörner. Wir lauschten den Hunden, die ihren unvermeidlichen Nachtgesang gen Himmel schickten: der nervenzerfetzende Chor von Wölfen, die gut gefressen hatten. Eichelhäher beschimpften uns, wenn wir sie vom Rand des Eimers mit dem Hundefutter verscheuchten. Wenn wir ihnen mit ausgestreckter Hand Futter hinhielten und ganz still stehenblieben, dann landeten sie und packten unsere Finger mit ihren kleinen Klauen. Der Junge zuckte nicht zurück. Den mutigsten Eichelhäher tauften wir »Braver«. Wenn in der Ferne eine Eule rief, verschwanden die Eichelhäher.

Das alles wurde Routine. Es hatte den Anschein, als hätten wir morgens schon immer die Wälder erkundet und abends nach der *Bush Pipeline* um sieben Uhr auf unserer Lichtung gespielt. Ich war mir bewußt, daß meine Perspektive die eines Kindes war, wo eine Woche einem Jahr entsprach und das Vergnügen eines Augenblicks jeden anhaltenden Schmerz linderte.

Unsere Routine veränderte sich nicht. Es gab nichts, was sich verändern ließ. Anfangs, als er am Nachmittag ein Nickerchen machte, schälte ich Stämme und nagelte sie zu einem Gitter zusammen, um die Basis eines Tisches zu bekommen; danach deckte ich die Platte mit gespalteten Stangen ab und lackierte sie schwarz. Nach dieser Aufgabe machte ich mich in meinen zwei freien Nachmittagsstunden daran, gewaltige Stämme für das Fundament eines Gewächshauses zu schälen, das ich an die Südseite des Hauses anbauen wollte. Wenn Janus aufwachte, sammelten wir gemeinsam Anbrennholz, das wir von den abgesägten Ästen der geschälten Stämme abbrachen. Jeden Nachmittag führte er mich stolz zur Quelle hinunter, wo ich unsere Wassereimer füllte. Auf dem Rückweg zum Haus summte er vor sich hin.

Nur wenn er abends neben mir eingeschlafen war, nachdem ich ihm unsere Version von Brahms Wiegenlied vorgesungen hatte – »Gute Nacht, gute Nacht / Schlaf schön, glücklicher Janus / Denn deine Mama liebt dich / Und dein Daddy liebt dich auch ...« –, verfiel ich in meine ganz persönliche Routine.

Ich machte mir Sorgen.

Ich sorgte mich, daß ich nicht zufrieden bleiben würde, daß unsere Ausflüge langweilig werden oder Stürme uns im Haus festhalten könnten, daß die Sehnsucht nach seiner Mom überwältigend werden würde. Und warum hatte uns Melissa keine Botschaft geschickt? Sie brauchte Zeit, um mit sich ins reine zu kommen, jenseits meines Einflußbereichs, weg von unserer Isolation. Aber ich wollte wissen, was sie dachte!

Janus, der friedvoll in der Beuge meines Armes atmete, wußte ohne den leisesten Zweifel, daß seine Mama ihn liebte und sein Daddy ebenfalls.

Am Morgen, als der Himmel klar war und der Gebirgszug direkt über unserem Haus emporragte, sagte ich, mit dem Finger deutend: »Berg.«

»Be'g«, echote er.

Seine plötzliche Fähigkeit zur Sprache kam mir wie ein Wunder vor.

»Roger«, sagte ich.

Er schüttelte den Kopf. »Jay-nut«, korrigierte er, seinen Namen aussprechend.

Melissa hatte darauf bestanden, ihm eine »Identität« zu geben. Von seiner Geburt an hatte sie seinen Namen stets wiederholt. »Janus« hier und »Janus« da. Sie hatte gesagt: »Ich bin mir nicht sicher, wer *ich* bin, aber *er* wird es wissen.«

»Mein wunderschöner, wunderbarer kleiner Janus«, sagte ich.

»*Großer* Jay-nut«, erwiderte er.

Ich nannte ihn nie wieder »klein«.

Und doch wußte ich, daß ich den Verdienst für diese gesunde Entwicklung nicht für mich in Anspruch nehmen konnte.

»Schau! Der Mond ist wieder da!«

»Mooond!«

Mit sechzehn Jahren hatte ich eine Phase gehabt, wo ich nichts anderes als Science-fiction las. Ich las H. G. Wells' *Die Insel des Doktor Moreau.* Als Sohn eines Zeitungsmannes, der weder den Morgenzeitungen noch den mittäglichen Radionachrichten, noch Walter Cronkite zum Abendessen aus dem Weg gehen konnte, war mir bewußt, daß ein Großteil der menschlichen Welt aus Aggression, Not, Entbehrung und Verzweiflung bestand. Ich zog mich in Geschichten von einer besseren Zukunft zurück. Doktor Moreau brachte die Vorstellung ins Spiel, daß bessere *Menschen* erschaffen werden konnten.

Als ich das Buch Jahre später noch einmal las, störte mich die Erkenntnis, daß die Vorstellung des wahnsinnigen Doktors von einem »besseren« Leben auf chirurgischer Basis beruhte.

Als ich ganz allein mit Janus in dem mondhellen Wald stand und ihn anblickte, wußte ich, daß mir ein Laboratorium zur Verfügung stand, in dem ich Rousseaus Theorie vom »edlen Wilden« testen konnte, eine Theorie, die besagt, daß der Mensch von Natur aus gut ist. Ich hatte gewiß nicht versucht, irgendein Experiment durchzuführen. Aber hier hatte ich es vor mir: eine *Tabula-rasa*-Welt – sicherlich an der Peripherie mit Kummer und Sorge behaftet, aber doch eine Welt, die fast völlig frei war von irgendwelchen kulturellen Einflüssen.

Janus jedoch zeigte mir, daß der *Homo sapiens*, vor allem im Alter von zwei Jahren, viel lieber Dominanz als Güte praktizierte. Er liebte es zu *gewinnen*.

Wir spielten Spiele – Ringkämpfe morgens im Bett, Wettrennen im Haus (das Klatsch-klatsch-klatsch nackter Babyfüße auf dem lackierten Sperrholzfußboden), Verstecken. Zuerst verwirrte ihn das alles, und dann ärgerte er sich auf Teufel komm raus, wenn er mich nicht »schlagen« konnte.

An diesem Punkt gab ich meine Hoffnung auf, daß ein Kind der Wildnis gütig wäre. Mein freigeborener Junge strebte instinktiv die Kontrolle an. Adam und Eva schienen ein ziemlich zutreffender Mythos zu sein.

Doch Janus bestand auch auf Liebe. Er verlangte, daß die Vögel gefüttert wurden, daß die Hunde von ihren Ketten befreit herumtollen durften, daß abgefallene Tannenzapfen nicht berührt werden durften, für den Fall, daß sie »Babys« hatten. Zehnmal am Tag brachte er mir Geschenke: einen Haufen neue Tannennadeln, Buntstiftzeichnungen, Birkenrindenteile, die seiner Meinung nach wie Berge aussahen.

Ich sah eine Fähigkeit zur Fürsorge in meinem aggressiven Kind, die mir das Herz erwärmte. Ihm mußte man nicht beibringen, daß die Welt es wert ist, daß man ihr vertraut, daß sie ein *Ganzes* bildet.

Sicherlich war es das, was *ich* sehen wollte. Aber wenn er sich weigerte, sein Mittagsschläfchen zu machen, und quengelte, dann brachte ich ihn stets damit zur Ruhe, daß ich ihn mit ins Freie nahm, wo er mit geneigtem Kopf dem Lied eines Vogels lauschte und sich in meine Arme sinken ließ, um zu den Bäumen hochzuschauen.

Das war der Extrakt meiner »wissenschaftlichen« Studie: Geh hinaus ins Freie. Was brauchte man noch mehr über das Glück zu wissen?

Am achtzehnten Tag unserer Zweisamkeit schickte Melissa eine Radiobotschaft. »An Rick und meinen Janus oben auf dem Kamm: Ich liebe euch und vermisse euch. Mir geht es gut. Ich hoffe, daß bei euch alles zum besten steht. Von Mom.«

»Das war deine Mom!« rief ich.

Janus blickte von dem Buch auf, das er verkehrt herum hielt und dessen Seiten er von hinten nach vorn durchblätterte, während er vor sich hin nickte und weise murmelte: »Ja«, als Antwort auf das, was er »las«.

»Chi-chi!« schrie er.

»Ja, aber das kannst du für eine Weile vergessen«, sagte ich, als ich ihn aufhob.

Er drückte sich in meine Arme und versuchte, mir mein Hemd auszuziehen. Ich hinderte ihn nicht daran. Die Männer des Nuer-Stammes in Afrika beruhigen adoptierte Kinder damit, daß sie ihnen eine Brustwarze geben.

Er fand meinen Nippel und saugte eine volle Minute daran, mich dabei anstarrend. Ich starrte zurück. Es hätte ein mächtiges Band zwischen uns sein können.

Was es nicht war.

»Zeit, die Hunde zu füttern?« fragte ich.

Er ließ los und nickte eifrig.

»Dann können wir vielleicht die Eule suchen. Ich glaube, sie haust auf dem Baum hinter Norton. Würde dir das gefallen?«

Er rannte los, um seinen Schneeanzug zu holen.

Die Eule entdeckten wir nicht, aber dafür fanden wir im Schnee die winzigen Spuren einer Wühlmaus. Wir gruben vorsichtig an der Stelle, wo die Spur unter einem Baum verschwand, und fanden etwas braunen Kot auf dem Rauhreif einen Fuß unter der oberen Schneeschicht.

»Hier lebt sie«, verkündete ich. »Willst du der kleinen Maus was zu essen geben?«

Er wollte. Wir ließen Weizenkörner bei dem Loch zurück.

»Jetzt wird die Maus unser Freund«, sagte ich. »So wie all die anderen Tiere.«

Das war die wahre Natur unserer Bindung.

Melissas Radiobotschaft wurde während der nächsten drei Tage jeden Abend wiederholt, wie es bei *Bush Pipeline* üblich war. Aber es überraschte mich doch, eine so beständige Verbindung mit dem fernen menschlichen Universum zu haben.

Am dritten Abend von »An Rick und meinen Janus ...« brachen wir zu unserem Spaziergang auf und standen atemlos vor dem Schauspiel eines gewaltigen Nordlichts. Direkt über uns schossen grüne Lichtpfeile aus einem pulsierenden Oval. Die Berge am Horizont schienen fast durchsichtig. Schnell fütterten wir die Hunde und holten dann eine Bodenmatte und einen Schlafsack aus dem Haus, um uns in den Schnee zu legen. Wir zogen unsere Stiefel aus und hüllten uns in den Schlafsack. Es war windstill bei Temperaturen um minus fünf Grad.

Ich lag auf dem Rücken. Janus ruhte an meiner Brust, sein Kopf an meinem Kinn. Beide starrten wir zum Zenit hoch, von wo aus sich das Licht ausbreitete. Ich erzählte ihm, daß Gott gerade Bilder an den Himmel malte. Ich erzählte ihm, daß kein Junge in der ganzen Welt mit seinem Dad zusammen im Schnee lag und sich das Nordlicht anschaute. Ich sagte ihm, daß ich ihn lieb hatte.

Er war schweigsam, aber hellwach. Als ich schließlich nach einiger Zeit merkte, daß er eingeschlafen war, rollte ich ihn neben mich. Und dann schlief ich überraschenderweise auch ein.

Ich wachte auf, weil sich neben mir etwas rührte. Ich hob ihn auf die Knie und zog ihm die Hosen runter. Er pinkelte in den Schnee. Sein Kopf fiel schläfrig von einer Seite zur anderen. Ich legte ihn wieder neben mich, weil das einfacher zu sein schien, als die Schuhe anzuziehen, ihn auf den Arm zu nehmen und in das dunkle Haus zu stolpern. Er seufzte einmal tief, spitzte die Lippen mit einem saugenden Laut und schlief dann ein. Ich schaute zu den Sternen empor. Das Nordlicht war verschwunden; lediglich ein bläulicher Schimmer war in der Nacht zurückgeblieben.

Mit einem plötzlichen Erschauern wurde mir klar, daß wir zusammen im Winter campieren konnten. Wir konnten ganz beiläufig im Schnee schlafen. Wir konnten, daran hegte ich keinen Zweifel, mit den Hunden in die Berge fahren und dort ein paar Tage verbringen. Er liebte Erkundungsgänge. Keiner von uns machte sich groß Gedanken darüber, »im Wald« zu schlafen. Stundenlang schien ich den Lauf der Sterne über den Rottannen zu beobachten, doch als wir beide morgens gemeinsam aufwachten, mußte ich mir eingestehen, daß ich fast sofort wieder eingeschlafen war und nur innere Horizonte gesehen hatte.

Wir gingen ins Haus zurück und machten Feuer. Janus holte seine Buntstifte unter dem Tisch hervor und kritzelte auf Malpapier, während ich Reis mit Rosinen zubereitete. Erst am nächsten Tag, als ich etwas in mein Tagebuch schrieb, bemerkte ich, daß er die Bilder gemalt hatte, die Gott an den Himmel gezeichnet hatte.

Das war der Tag, an dem ein Elch auf die Lichtung spazierte.

Die Hunde sprangen wütend bellend auf. Ich rannte ans Fenster. Ein sehr großer Elch stand zehn Meter vom Haus entfernt und scharrte müßig unter dem Schnee. Er schien den Tumult um sich herum gar nicht zu bemerken, nicht mal, als ich mit Janus auf dem Arm die Tür aufstieß und brüllte: »Schau!«

Ganz offensichtlich weigerte sich dieser Elch zu glauben, daß sich derart wilde Aktivitäten in seinem Herrschaftsbereich breitgemacht hatten.

Ich rannte einige Schritte auf den Elch zu, damit Janus ihn in seiner ganzen Größe sehen konnte. Urplötzlich kam er schnaubend auf uns zu.

Ich stoppte, als wäre ich gegen eine Wand gerannt, und wich langsam mit zitternden Knien zurück. »Ist er nicht riesig?« sagte ich, bemüht, gefaßt zu klingen.

Es ließ sich nicht übersehen, daß dieser Elch die Ausmaße eines Halbtonner-Pick-ups hatte und wütend war.

Ich ärgerte mich, daß ich Janus mit Großwild konfrontiert hatte. Adrenalin schoß durch meine Adern. Natürlich würde der Junge spüren, daß die Angst überwog, daß dieser Elch schreckenerregend war.

Er rief ganz deutlich: »Nein!«

Der Klang seiner Stimme elektrisierte mich. Ich drehte mich um und wollte uns in Sicherheit bringen.

Er wand sich fast aus meinen Armen. »Nein!« wiederholte er.

Ich stolperte, mußte meinen Griff lockern. Als er zu Boden glitt, sah ich, daß er kein bißchen erschrocken war. Er war nicht mal besorgt. Er war begeistert. Er wollte *näher* an den Elch heran.

Ich saß im Schnee und hielt ihn an der Taille fest, während er sich loszureißen versuchte, um sich dem Elch zu nähern.

Ich bemühte mich, ein Lachen zu unterdrücken, platzte aber dann doch laut heraus.

Der vollkommen verwirrte Elch trabte über die Kammlinie. Die Hunde jaulten am Ende ihrer Ketten.

Nachdem ich an diesem Abend die Kerosinlampe gelöscht und wir uns zum Schlafen niedergelegt hatten, erfand ich eine Gutenachtgeschichte über einen Elch, der einen Jungen auf seinem Rücken trägt und durch die Wälder den Bergen entgegenfliegt. Janus' Augen leuchteten hell. In Alaska werden jedes Jahr wesentlich mehr Menschen von Elchen als von Bären angegriffen. Auch wir hatten die Kraft des Elches entdeckt, aber wir hatten auch seinen Zauber gesehen.

Am nächsten Tag fuhren wir nach Talkeetna. »Bring mein Baby«, hatte die Radiobotschaft gelautet. Es hatte wie ein Messinggong geklungen.

»Willst du deine Mom sehen?« fragte ich den Jungen, der gerade seinen Schneeanzug in Erwartung unseres abendlichen Spaziergangs anzog – verkehrt herum, die Füße in den Ärmeln, der Reißverschluß mysteriöserweise verschwunden.

»Jede Wette!« sagte er aufblickend.

Wenn mein Vater etwas bekräftigen wollte, dann lautete sein Lieblingsausdruck stets: »Jede Wette.« War dies eine genetisch bestimmte Antwort? Wie *lernen* wir unsere Sprache?

»Okay. Morgen fahren wir mit den Hunden zur Straße«, sagte ich.

Dann zeigte er in wütender Frustration, daß er immer noch in dem Gewirr des Schneeanzugs gefangen war.

Ich befreite ihn. Anschließend gingen wir auf Eulensuche. Wir sahen einen Raben. Er thronte ganz oben auf einer Tanne, deutlich gegen den Himmel erkennbar. Er sagte: *»Kluwok!«*

»Das bedeutet: ›Ich treff' dich da unten‹«, erklärte ich.

»Ja«, sagte der Junge beiläufig.

Raben, die die oberen Hänge des Denali umkreisen, die zweihundert Jahre alt werden, haben unterschiedliche Schreie. Die meisten Vögel haben zwei. Sowohl Janus als auch ich schienen unseren Raben so deutlich wie einst Poe verstanden zu haben. Wir gewöhnten uns alle Arten von Sprache an.

Am Morgen machten wir kein Feuer. Wir brachen in der Kälte auf.

Ich hatte alle Hundeketten um den hinteren Teil des Schlittens gewickelt. Ich hatte auch Futter für sie dabei, nur für den Fall, daß die Welt voller Gnade und Vergebung sein sollte und ich die Nacht in Talkeetna zusammen mit meiner Familie verbringen würde.

Die Welt jedoch war kompliziert. Melissa war wütend, daß ich Janus so lange bei mir behalten hatte. Ich erklärte, daß ich lediglich auf irgendeine Nachricht von ihr gewartet hätte.

Sie wies darauf hin, daß sie vor vier Tagen eine Nachricht gesandt hatte und daß sie selbst *an drei aufeinanderfolgenden* Abenden die Wiederholung gehört hatte, daß sie nicht verstanden hätte, weshalb wir darauf nicht reagiert hätten.

Ich sagte, *ich* hätte nicht begriffen, was sie wollte, bis ich die direkte Nachricht gehört hatte.

Sie sagte, ich hätte es wissen müssen.

Janus versuchte uns zusammenzubringen. Er rannte von Mutter zu Vater, mit ausgebreiteten Armen, während Mom und Dad die ganze Breite des Zimmers zwischen sich hatten.

Ich war entsetzt, daß Janus bemerken könnte, daß diese Spannung der Feindseligkeit entsprang. Liebe ist Wohlgefühl, und Wohlgefühl ist Vertrauen, und Vertrauen ist eine absolute Notwendigkeit, um sich in der Wildnis zu Hause zu fühlen. Feindseligkeit ist nicht Liebe. Aber ich wußte nicht, was ich dagegen tun sollte.

Manche Sprache lernt man am besten jung.

Melissa war empört, daß ich nicht im geringsten berücksichtigt hatte, wie schwierig ein »unabhängiges« Leben für sie war. Es war schon rücksichtslos genug von mir gewesen, daß ich ihr Bedürfnis auf Erholung von den Wäldern ignoriert und statt dessen darauf beharrt hatte, daß ihr dieses Leben *gefiel*. Und so war es wohl nur typisch für mich, daß ich keinen Gedanken darauf verschwendet hatte, wie hart ein getrenntes Leben für sie sein würde – finanziell, emotional, familiär. Selbstverständlich *wollte* ich solche Gedanken nicht denken, ich wollte nicht, daß sie so »unabhängig« war. Und jetzt waren wir wieder zusammen und bewiesen, wie chaotisch das Auseinanderbrechen einer Familie sein konnte. Wir waren vom Schmerz überwältigt, der sich in Zornesausbrüchen Luft machte.

»Ich werde in der Stadt *Hamburger* braten müssen!« rief sie. »Während du einfach tust, was dir gefällt!«

»Ich geh' nach Anchorage und arbeite dort eine Woche!« brüllte ich.

»Du hast keine Ahnung, wie tief du mich verletzt hast!« erwiderte sie.

Janus blieb plötzlich stehen und sagte so ruhig wie ein Eheberater, der neunzig Dollar die Stunde kassiert: »Na und?«

Melissa war verblüfft von der plötzlichen Fähigkeit ihres Babys, sich artikulieren zu können. Ich hätte beinahe laut aufgelacht, fürchtete aber, sie könnte das mißverstehen. Janus' Haltung war drollig. Seine Eltern unglücklicherweise nicht.

»Ich komme wieder«, sagte ich.

»Ich hab' beim Bau dieses Hauses geholfen!« sagte sie.

»Bye, Dod!« sagte Janus.

In Anchorage schlief ich vier Nächte lang im Fond des Wagens – wenn ich überhaupt schlief. Einen halben Tag nahm ich mir frei und raste über den glatten, winterlichen Highway zurück, warf den wartenden Hunden fünfzig Pfund Hundefutter zu und kehrte wieder zu meiner Arbeit zurück.

Als ich nach Talkeetna zurückkam, reicher, älter, trauriger, hatte sich Melissa beruhigt. »Ich brauch' einfach mehr Zeit«, sagte sie. »Ich brauch' mehr Zeit, um mich ... an alles zu gewöhnen.«

Ich gab ihr das Geld, das ich verdient hatte. »Wir schalten das Radio ein«, sagte ich.

»Gib mir noch ein oder zwei Wochen«, sagte sie.

Junge und Vater fuhren nach Hause, der Vater, innerlich vor Erregung zitternd, der Junge entspannt. Er freute sich ebenso über den Anblick der Hunde, wie sie sich freuten, uns zu sehen. Wie alle Raubtiere, denen die Beute des Tages versagt geblieben war, ergaben sie sich in ein Schicksal, das sie nicht ändern konnten. Die Hunde rasten heim.

Wir fütterten sie gut. Wir fütterten auch uns gut – Honig und Reisküchlein vor dem Abendessen! Wir blieben lange auf, spielten, erkundeten, erzählten Geschichten.

Am Morgen gab ich den Hunden mit Thunfisch aus der Dose angereichertes Wasser. Dann belud ich den Schlitten. Janus thronte oben auf Schlafsack, Zelt und Isoliermatten, auf einem Packen Getreide, Käse und Kleidern; vor sich hatte er einen Sack mit einem fünfundzwanzig Liter fassenden, rostfreien Topf mit Hundefutter.

Die Berge im Norden waren klar. Wolken über unseren Köpfen, die die Wärme noch auf der Erde festhielten, zogen nach Süden ab, und ein klarer Himmel kam zum Vorschein, wie das Auge unter einem sich öffnenden Lid.

»Fertig?« fragte ich, nachdem ich das Haus abgesperrt und die Hunde angeschirrt hatte.

Janus nickte begeistert.

»Dann los!« schrie ich.

Wir fegten über den Hof und stürzten uns den Kamm zum Fluß hinunter, alles in einem Atemzug, oder genauer gesagt in hundert hechelnden Atemzügen.

Der Schnee auf dem Fluß war zusammengepreßt. Das Flußbett wand sich in trägen Kurven vor und zurück. Wir waren nach Norden unterwegs, fuhren aber oft genug in östlicher oder westlicher Richtung und gelegentlich sogar zurück nach Süden, anstatt auf die Berge zu.

Der Fluß stieg bald bis zu einer flachen Ebene an. Unser Tempo wurde langsamer, als der Schnee weicher und tiefer wurde. Das Thermometer, das ich hinten am Schlitten festgezurrt hatte, zeigte nur noch wenige Grade unter Null – warm für einen im Schneeanzug herumhüpfenden Jungen. Eine Periode klarer Kälte, gefolgt von feuchten Winden, hatte den Schnee zusammenfallen lassen – ideale Bedingungen für eine Expedition. Vor uns lag ein steiler Hang zwischen flankierenden Bergkämmen.

Ich stoppte, um die Karten zu studieren. Janus aß eine Handvoll Schnee, dann einen Beutel voll mit ungesüßten Johannisbrotchips und Rosinen, den ich aus meiner Tasche geholt und ihm in den Schoß gelegt hatte.

Die Karte zeigte, daß die Route nun dreißig Meter anstieg bis zu einer langgestreckten Tundraebene, die sich fast ohne Unterbrechung bis zu den Vorbergen hinzog.

Wir hatten zwei Meilen Luftstrecke – den sich schlängelnden Fluß entlang war es wesentlich weiter gewesen – in knapp einer Stunde zurückgelegt. Acht Meilen lagen noch vor uns, die wir auf direktem Weg zurücklegen konnten. Ich war so begeistert, daß wir uns problemlos den schneebedeckten Gipfeln näherten, daß ich nichts von den Köstlichkeiten essen konnte, die mir Janus über seine Schulter reichte.

Wir begannen uns den Steilhang hochzukämpfen. Norton zögerte keinen Moment. Er wußte, was ich von ihm wollte. Ich versuchte nicht einmal, seine Voraussicht zu verstehen. Aber seine Kompetenz war ein Zeichen, aus dem ich schloß, daß unsere Möglichkeiten unbegrenzt waren. Die anderen folgten ihm so sicher, wie Greyhounds hinter einem Hasen her rasen.

»Nnn*ortee*!« schrie Janus plötzlich.

»Braver Hund!« stimmte ich ein.

Ich drang in die Wildnis ein mit so vielen intuitiv klugen Gefährten, daß ich nicht einen Moment lang über meine eigenen Fähigkeiten nachdachte.

Ich stieß den Schlitten den Hang hoch und blieb keuchend stehen, als die Hunde stoppten. Nach Überwindung des Steilhanges bot sich mir nicht der Ausblick, den ich mir vorgestellt hatte, sondern ich sah nur einen Sattel vor mir, der sich zu sanft neigte, als daß er auf der Karte hätte verzeichnet sein können.

Wir nahmen Tempo auf und bogen dann plötzlich nach links ab, den angrenzenden Kamm *hinauf*, anstatt dem sanft abfallenden Hang zu folgen, bevor es hoch zur Tundra ging.

»Whoa!« brüllte ich.

Was zum Teufel tat mein genialer Leithund?

Er folgte einem Trail, der Spur eines Motorschlittens.

In zwei Jahren hatte ich kein Anzeichen dafür gesehen, daß sich hier in der Gegend Menschen aufhielten. Und jetzt plötzlich, auf unserer jungfräulichen Reise zum letzten Winkel der Erde, lag eine befahrene Route vor uns.

Uns blieb nichts anderes übrig, als dem Trail zu folgen. Die Hunde waren begierig, festen Schnee unter den Pfoten zu haben. Ich war neugierig, was am Ende auf uns warten würde: Zyklopen, Circe oder Lotus-Esser?

Wir fanden Penelope und Rex.

Zuvor aber kamen wir an Baumstümpfen – das Werk einer Motorsäge – vorbei und sahen noch frisches Sägemehl in parallelen Linien, einen Fuß auseinander: Anzeichen für einen auf Brennholzlänge zersägten Stamm. Dann passierten wir an einer Stelle, wo der Trail steil anstieg, einen im Schnee vergrabenen Metallschlitten, beladen mit Benzinkanistern und einem kleinen Generator. Wer immer die Sachen so weit transportiert hatte, war nicht nur auf der Durchreise. Dann sahen wir gegen den Himmel die klare Silhouette des Hauses, aus dessen Kamin Rauch aufstieg: ein hübsches kleines Blockhaus mit einem Wellblechdach, erbaut auf dem höchsten Punkt des langgezogenen Kammes, dem wir nun schon einige Meilen gefolgt waren.

Die Hunde begannen zu bellen, als wir uns näherten. Ein Mann und eine Frau kamen aus der Tür geeilt und starrten uns mißtrauisch entgegen. Dann begannen sie zu grinsen, dann zu winken.

Penelope war groß und geschmeidig. Rex war untersetzt und bullig; er vibrierte geradezu vor Energie.

»Ihr seid unsere Nachbarn!« dröhnte er. »Willkommen!«

Ich war erleichtert, daß man uns willkommen hieß, denn die Hunde zogen und zerrten weiter, trotz meines Kommandos und der Bremse und meines in den Schnee gestemmten Stiefels. Als Norton nur noch wenige Meter von ihrer Veranda entfernt war, warf ich den Schlitten auf die Seite und setzte mich drauf. Die Hunde stoppten. Janus nicht. Kaum hatte er sich aus dem Schnee aufgerappelt, da stürmte er auf die beiden fremden Erwachsenen zu, breitete die Arme aus und verkündete: »Ta-da!«

»Dieser Mann braucht eine heiße Schokolade«, sagte der Mann.

Wir gingen alle hinein und machten uns miteinander bekannt. Sie hatten gerade erst in dieser Woche ihr Haus fertiggestellt – nachdem sie einen Monat nur geschleppt und drei Wochen am Gerüst gebaut hatten –, mit einem *normalen* Dach, das sich leicht errichten ließ. Ihr Trail zweigte eher von der Straße ab als unserer, schwang im Bogen wieder über die Straße zurück, folgte offenen Tundrastrecken und kurvte schließlich zu dem Kamm empor, der zu ihrem Land führte. Sie hatten sich im tiefsten Alaska in einem Stripschuppen kennengelernt, in dem Penelope als Barkeeperin gearbeitet hatte. Als einzige Frau unter lauter Mädchen war sie Rex sofort aufgefallen. Ihr Wunsch, sich eine Heimstätte in der Wildnis zu bauen, erwuchs aus der gemeinsamen Sehnsucht, etwas von großer Bedeutung zu schaffen. Allerdings zögerten sie, mir zu verraten, was das war.

Ihr Zögern erlaubte es mir, mich ebenfalls recht vage zu äußern. Obwohl ich mich nicht absichtlich zurückhielt. Voller Verblüffung stellte ich fest, wie kompliziert eine Erwachsenenunterhaltung war, nachdem sich meine ganze Aufmerksamkeit uneingeschränkt auf einen Zweijährigen konzentriert hatte. Ich brachte die richtigen Worte nicht über die Zunge.

»Spaß!« wollte ich sagen, um etwas zu erklären.

Ich merkte, daß sie mich für geistig etwas minderbemittelt hielten, allerdings auch für harmlos und freundlich.

»Daankeschön!« jubelte Janus, schlürfte seine heiße Schokolade und rettete mich so vor einem Dialog.

»Ja«, stimmte ich zu. »Danke. Ich meine, danke.«

Sie tauschten einen Blick aus und lächelten tolerant.

»Wir wußten, daß du da draußen bist«, sagte Rex. »Es gehört zu meinem Geschäft, daß ich weiß, was vor sich geht. Verstehst du, was ich meine?« Sein Auftreten war intensiv und präzise. Er hatte einen kurzen, schwarzen Bart; auf seinem Kopf saß eine enge, schwarze Strickmütze.

Ich nickte bloß.

»Wo ist deine Frau?« fragte Penelope. Ihr Blick war genauso intensiv, aber ihre Stimme klang sanft. Sie trug einen Arbeitsoverall, der ihre Weiblichkeit nicht verbarg.

»Weg«, sagte ich, suchte nach präziseren Worten, bevor ich merkte, daß ich genug gesagt hatte.

»So was passiert«, sagte Rex entschieden. »Außer man arbeitet gemeinsam für den gleichen Traum.«

Seine Worte kamen so volltönend, daß ich ihn nur anstarrte.

»Aber es ist schon eine Leistung«, sagte er, bemüht, mir Hilfestellung zu geben. »Offensichtlich hast du genügend Mumm, um mit einem ordentlichen Hundegespann in diese« – er wedelte mit einer Hand – »großartige, unbekannte Welt aufzubrechen.« Mir fiel an seiner Sprache und Gestik ein Hang zum Grandiosen auf.

»Wir haben euren Trail ganz zufällig gekreuzt«, sagte ich, bloß um etwas zu sagen.

Er machte sich nicht die Mühe, »Ich weiß« darauf zu erwidern.

»Aber ich bin beeindruckt, daß ihr euch in so kurzer Zeit so gemütlich eingerichtet habt«, fügte ich hinzu.

Ich merkte, daß ich mich schon einen kleinen Schritt von dem grinsenden Trottel, den ich hier verkörperte, entfernt hatte. Aber es war angenehm einfach gewesen, nur nickend dazusitzen, ohne Worte formulieren zu müssen, ohne jemanden beeindrukken oder für etwas verantwortlich sein zu müssen. In der Isolation spielt Persönlichkeit keine Rolle.

»Ich mag euch«, fuhr ich fort. Ich mochte jeden, der Kinder mochte.

Janus hielt von meinem Schoß aus seine leere Tasse hoch.

»Mit Vergnügen«, sagte Penelope. Sie erhob sich vom Boden neben dem Herd, nahm Janus hoch und ging um eine Sperrholztrennwand in den Küchensektor.

Ihr Haus, das ungefähr vier mal fünf Meter maß, war sauber und ordentlich: Teppichreste bedeckten den Boden von Wand zu Wand, dazu kamen eine Couch, ein Sessel, ein Propankocher mit vier Brennern – all das hatte transportiert werden müssen. Ich kannte mich aus mit solchen Ladungen. Hätten sie einen Helikopter benützt, dann hätte ich es selbst drei oder vier Meilen jenseits des Kammes gehört. Aber sie waren näher an der Straße dran und hatten sich einen großen Motorschlitten geleistet.

An einer Wand hingen in typisch ländlicher Alaskamanier eine 22er, ein 12-schüssiges Repetiergewehr und ein großkalibriges Gewehr mit einem Zielfernrohr. Die angrenzende Wand war mit einem vom Fußboden bis zur Decke reichenden Bücherregal bedeckt. *Eine Solaranlage für dein Haus* und *Moderne Schreinerei, Überleben im einundzwanzigsten Jahrhundert* (Illustrationen von Peter Max), Soma: *Göttliche Pilze der Unsterblichkeit* und Lowrys *Unter dem Vulkan.*

»Also nur du und der Junge, was?« erkundigte sich Rex.

»Und die Hunde und die Berge«, sagte ich.

»Muß ein ganz schöner Kampf sein«, sagte er, sich eine kleine Elfenbeinpfeife ansteckend.

»Jetzt nicht mehr. Jetzt ist es eine Freude.«

»Gut!« sagte er mit einem schnellen Lachen. »Das ist ermutigend.« Er reichte mir die Pfeife.

Er erzählte mir, wie er in Alaska von einem Ort zum anderen gezogen war, Möglichkeiten erkundete und Fähigkeiten erwarb, und schließlich mit Penelopes Unterstützung den Sprung in die Wälder gewagt hatte, um das zu schaffen, was er sich schon immer erträumt hatte. Er ließ deutlich durchblicken, daß er sich immer noch nicht entschieden hatte, ob er mir erzählen sollte, worum es sich dabei handelte.

»Ich bin vor allem wegen Janus froh, hier draußen zu sein«, sagte ich. »Er ist auch froh.«

Penelope setzte sich wieder hin und ließ Janus auf einem ihrer langen Beine Platz nehmen. »Offensichtlich«, sagte sie.

»Und weißt du was?« sagte Rex, klopfte die Pfeife im Aschenbecher aus und beugte sich vor. »Genau so wird er auch werden. Da ist es, was er ist. Wir werden nie etwas anderes sein, als was wir scheinen.«

»Gott sei Dank«, sagte ich.

Rex hob den Kopf und lachte. »Nun, Nachbar«, sagte er. »Freut mich, daß wir uns endlich kennengelernt haben. Hier gibt's bloß dich und uns, und damit hat sich's auch schon.«

»Wir glauben nicht, daß noch jemand in die Gegend kommen wird«, sagte Penelope. »Wir haben letztes Frühjahr den Straßenrand überprüft und keinen anderen Trail als deinen entdeckt. Nach zwei Jahren hätte jeder, der hier siedeln will, zumindest einen Versuch unternommen.«

»Aber es gibt fünfzig andere abgesteckte Heimstätten«, fügte Rex hinzu. »Landgeier ohne Mumm. Gierige Städter, die Führer angeheuert hatten. Immobilie ist Immobilie. Um sich ein Stück vom *Mond* aufgrund von Anzeigen im *Parade*-Magazin zu sichern, kamen ganz schöne Geldmengen in Bewegung. Erinnerst du dich noch? Und *dieses* Land besitzt einen gewissen Wert. Verstehst du, was ich meine?«

Ich verstand, was er meinte.

Wir unterhielten uns über das Wetter, die Blizzards und die Überschwemmungen – keine müßige Konversation in diesen Breitengraden. Wir redeten über das Gewicht von Schnee auf dem Dach. Rex überzeugte mich, daß der Schnee bei einer Höhe von einem Fuß auf meinem fünfzig Quadratmeter großen Dach Tausende von Pfund wiegen würde. Wir rissen Witze über Kulis mit Schaufeln.

Nach einer Stunde setzten Janus und ich unsere Fahrt fort.

Penelope gab Janus ein Paket mit Schokoladepulver mit.

»Jederzeit«, rief Rex. »Zu jeder Zeit!«

Wir folgten der Spur des Motorschlittens einige hundert Meter, bis sie von der weiten, nach Norden führenden Tundra abbog. Dort mußte ich Norton am Kragen von dem Trail wegzerren und in Richtung Ebene treiben. Der Horizont vor uns bestand aus einem Wall von Gipfeln. Der Denali bildete den Mittelpunkt. Norton strebte plötzlich stolz darauf zu.

»Weitere Freunde!« sagte ich während der Fahrt. »Die Hunde, die Mäuse, der Elch und jetzt auch noch Penelope und Rex.«

Janus nickte, aber ohne Begeisterung. Er streckte sein Gesicht dem Wind entgegen. Seine Wangen waren gerötet. Ich stopfte ihn tiefer in seinen Schlafsack.

»Du kannst ein Schläfchen machen, wenn du willst«, sagte ich.

Sofort schlief er ein.

Ich stand mit weit geöffneten Augen auf den Schlittenkufen, während die Tränen, die mir der kalte Wind aus den Augen trieb, an den Spitzen meiner Wimpern froren. Weit voraus konnte ich die breite Einbuchtung einer Gletscherschlucht sehen. Ein dunkler Strom aus Bäumen ragte hinein. Die strahlend weißen Vorberge mit den runden Kuppen, die zu dem Canyon hin abfielen, wirkten durch die scharfen Felsgipfel hinter ihnen wie eine Festung. Ich streckte eine behandschuhte Hand aus, um all das zu berühren, so nah kam es mir vor. Und bei Gott, ich berührte es, obwohl ich mir nachträglich widerwillig eingestehen mußte, daß es möglicherweise auch nur der Druck des Windes gewesen sein kann.

Die Tundra rollte in Bachniederungen, stieg dann wieder zu einer höhergelegenen Ebene an und zog sich durch immer häufiger werdende Bänder von Bäumen hin. Wir trafen auf keine anderen Spuren als die von Elchen, kleinen Raubtieren und Hasen.

Als wir nahe der Baumlinie vor einem Wäldchen mit verkümmerten, schwarzen Tannen stoppten, sprang Janus vom Schlitten, während die Hunde in den Schnee sackten.

»Zeit, ein Freudenfeuer zu machen«, sagte ich.

Bei aufklarendem Himmel war die Temperatur stetig gefallen.

Das Schlittenthermometer zeigte auf knapp zehn Grad unter Null.

Ich ließ die Hunde liegen, brach abgestorbene Äste von den Bäumen und häuft sie in eine Mulde, die ich in den Schnee gestampft hatte. Janus stolzierte herum, ging von mir zu den Hunden, die er streichelte, und zurück zu den Ästen für das Lagerfeuer, vor denen er sich hinkniete, um sie genau zu untersuchen. Ich holte die Machete aus ihrem Lederfutteral, das ich hinten am Schlitten festgebunden hatte, und hackte einen dürren, abgestorbenen Baum um.

Während ich arbeitete, drehte Janus immer langsamer seine Runden und streckte mir schließlich seine Hände entgegen. »Dod!« sagte er erschrocken.

»Ich weiß, daß deine Hände kalt sind«, sagte ich. »In fünf Minuten brennt das Feuer.«

»Dod!« wiederholte er noch betonter und schaute kummervoll drein.

Ich stieß die Machete in den gefällten Baumstamm und ging zu ihm. Ich zog den Reißverschluß meines Parkas auf, schob mein Hemd beiseite, zog ihm die Handschuhe aus und drückte seine nackten Hände gegen meinen Bauch.

Er verdrehte die Augen und lehnte sich an mich. »Ahh«, seufzte er.

Ich umarmte ihn ganz fest.

Am nächsten Tag, vielleicht auch in der nächsten Woche, wurde mir klar, daß ich keine Ahnung hatte, wieso ich so genau die beste Methode gekannt hatte, um kalte Gliedmaßen zu wärmen. Hatte ich irgendwo davon gelesen? War es die Erinnerung des Cro-Magnon-Menschen, die plötzlich aus verschütteten Tiefen wieder auftauchte? Ich entschied schließlich, daß es so offensichtlich und simpel war, eben *weil* es so einfach war – so einfach wie die Methode, Stämme mit einem Gewicht von einer halben Tonne zum Dach hochzuhieven, so einfach wie das Rentier, das verhungernde Eskimojäger auf der anderen Seite eines Bergpasses »sehen« können, mit einigen verstreuten Spuren als einzigem Hinweis.

Wir *kannten* diese Dinge. Das war das *Leben*, es war viel offensichtlicher als das Vokabular, das man zur Schlichtung von Konflikten in menschlichen Beziehungen benötigte. Das war *neu* und umständlich, wenn auch notwendig, doch das gegenwärtige *Oxford English Dictionary* führt *zweihunderttausend* Wörter mehr auf als das Dictionary zu Shakespeare-Zeiten (»Psychiatrie«, »unabhängig«, »Beziehung«). Und das 17. Jahrhundert war gerade erst *gestern* gewesen in all den Jahrtausenden des *Homo sapiens*. Wir lernen immer noch! *Ancora imparo*.

Ich zog ihm die Handschuhe wieder an und erklärte ihm: »Ich *beeile* mich schon.« Dann packte ich schwarzes Moos, das von den Bäumen herunterhing, und zündete ein Büschel davon unter den Zweigen an. (Es war ein ganz offensichtlicher Zunder. Ich hatte es noch nie benutzt.) Sofort schoß eine Flamme hoch. Ich fügte kleine Baumstückchen hinzu, bis die Flamme so heiß war, daß ich mich ihr mit der Hand nicht mehr nähern konnte.

Janus war beeindruckt. Er umkreiste das Feuer. »Ha!« sagte er. »Ho! Wuu-huu!«

Ich nahm den Hunden das Geschirr ab und häufte Schnee vor den Schlitten, um ihn zu verankern. Dann holte ich die Kochtöpfe heraus.

Unser jetzt nur noch matt flackerndes Feuer war einen Fuß tief in den Schnee gesunken.

»Bye-bye«, sagte Janus traurig.

»Warte«, sagte ich. »Ich habe eine Idee.«

Hastig hackte ich einen kleinen Baum um, der immer noch grüne Nadeln trug. Weil ich so intensiv zu hacken begonnen hatte, ohne vorhergehende Pause, grunzte ich bei jedem Schlag eine Entschuldigung: »Sorry, sorry, sorry.«

Als der Baum niedergestürzt war, hackte ich ihn in drei Fuß lange Stücke. Dann hob ich die sterbende Glut auf zwei Stücke des grünen Stammes, indem ich das frisch gefällte Holz in den Schnee der Feuergrube schob. Oben legte ich schnell weitere trockene Zweige nach, kniete nieder und blies die Flamme wieder ins Leben zurück. Schließlich pflanzte ich die beiden letzten grünen Holzstücke an den Rändern ein.

Und so lernten wir, wie man ein Feuer im Schnee macht; auf einer langsam brennenden, harzigen Unterlage. Logisch!

Während Janus einen Stock ansengte, indem er ihn ins Feuer hielt, und anschließend das glühende Ende über seinem Kopf kreisen ließ, schmolz ich Schnee in einem Stahltopf.

Das Tageslicht verblaßte. Ich ließ die Flammen auflodern. Der Topf stand sicher auf den zischenden Bodenstücken.

Spaß!

Wir fütterten die Hunde so, wie wir sie immer fütterten – mit Streicheleinheiten und Liebe. Als wir unser Zelt errichtet und uns in unseren Daunenschlafsack gekuschelt hatten, erfüllte uns ein Wohlgefühl und ein großes Staunen – so wie stets, wenn wir im Winter draußen campierten.

Am Morgen erklommen wir den Kamm der Vorberge. Ich schob den Schlitten, Janus die Hunde. »Braver Junge, Nortee!«

Meilen entfernt auf der anderen Seite erstreckte sich ein Gletscher. Tief unten konnten wir die konzentrischen Rippen der Gletscherspalten auf der unteren Gletscherzunge sehen. Weiter oben konnten wir die Eiswände sehen, den Ausgangspunkt des Gletschers. Nirgendwo war eine Spur von Leben zu sehen, bis ich sagte: »Wußtest du, daß der Gletscher lebendig ist?«

Und dann erwachte urplötzlich die Landschaft vor unseren Augen.

Der Gletscher gab Geräusche von sich – Knirschen, Donnern und Grunzen. Die Berge schienen sich mit ihren Schatten zu bewegen, die im schnellen Bogen der tiefstehenden Wintersonne sichtbar länger wurden. Eine kleine Lawine rutschte langsam einen Hang hinab. Der Wind wurde zu einem Windhauch.

Ich wußte, daß sich Schneegipfel von Jahr zu Jahr verändern, eine Folge der Gletscherbewegungen oder, wie die Legende behauptet, durch ein Seidentuch, das ein vorüberfliegender Vogel im Schnabel trägt und das er einmal im Jahr über den Gipfel des höchsten Berges wirft. Doch noch während wir schauten, veränderten sich auch unsere eigenen Wahrnehmungen.

An diesem Nachmittag erreichten wir den »Panoramapunkt«. Die Karte, die ich bei mir trug, hatte einen anderen Namen für diesen hohen, windgepeitschten Gipfel am fernen Ende der wie ein Walbuckel geformten Vorberge. Aber ich kannte die meisten Männer, die diese Berge als erste bestiegen und dann bei der U. S. Geologic Survey, die die Landkarten erstellte, hatten eintragen lassen. Diese Männer – Bergsteiger, Abenteurer – waren in meinem Alter. Sie lebten in Talkeetna oder kamen saisonbedingt in die Stadt. Dieses Land war vor meiner Generation nicht erforscht worden, außer von Goldsuchern, die sich an die Flußniederungen hielten. So wie die üblichen Pflanzenbezeichnungen in hohen Breiten wechselten (Bärentraube oder Schwarze Krähenbeere oder Moosbeere), so auch die Namen der Berge. Das blieb uns überlassen.

Wir genossen den überwältigenden Ausblick, bis weiter unten am Hang ein Schwarm weißer Schneehühner aus einem Wäldchen verkümmerter Erlen aufstob. Sie stiegen wie hundert weiße Luftballons in den Himmel. Sie flogen auf und davon und kehrten dann in einem Bogen hinter unserem Rücken wieder zurück.

Janus folgte dem Flug des Schwarms mit seinem ganzen Körper, dann sah er mich an und kommandierte: *»Los!«*

Ich schwang die Hunde herum, und wir kehrten zu einem verwitterten Haufen schwarzer Tannen auf der windabgewandten Seite des Kammes zurück. Die Schneehühner – alle hundert – waren in der Schneelandschaft nicht mehr auszumachen.

Die Enttäuschung darüber, daß wir sie verloren hatten, wurde sogleich durch ein neues Feuer gemildert. Eine der vielen Künste, die man als Vater beherrschen muß, ist die Kunst der Ablenkung. Ich benützte die dünnen Zweige am Ende der abgestorbenen Äste, um Feuer zu machen. Mein unabsichtlich theatralisches Geblase und das Schimpfen über die qualmenden Zweige erheiterten ihn.

Die Luft war kälter in unserem nun um einige hundert Meter höhergelegenen Camp. Die Winde kamen böiger vom Kamm oben heruntergefegt. Ich sorgte mich, daß ich das Kind zu großen Anstrengungen aussetzte. Aber er hatte keine Möglichkeit zu unterscheiden, was »hart« und was »normal« war. Für ihn waren die Orte, zu denen wir fuhren, nicht irgendwo am Ende der Welt, bekannt oder unbekannt, mit Namen oder ohne Namen. Sie waren einfach da, wo wir waren; und wir rollten uns in unserem Zelt zusammen, aßen einen Topf Spaghetti und wickelten uns kichernd in unseren Daunenschlafsack.

Mitten in der Nacht pinkelten wir gemeinsam zur Zeltklappe hinaus. Wir wachten morgens auf und streckten gleichzeitig unsere Arme. Als wir unseren Atem sahen, der wie ein weißer Federbusch vor unseren Mündern stand, grinsten wir beide und bliesen wie Drachen Atemwolken vor uns her.

»Wußtest du, daß Cyrano am Ende seines Lebens nichts weiter wollte als seinen weißen Federbusch?« fragte ich das Kind.

Er ignorierte jeden meiner Sätze, der einen schulmeisterlichen Unterton hatte. Er drängte sich dichter an mich und studierte die Wolken seines Atems.

Wir zogen uns an und gingen hinaus. Während ich mit dem Anzünden des Feuers beschäftigt war – in dieser Höhe gab es kein schwarzes Moos –, verkündete Janus voller Selbstvertrauen, daß er ganz alleine kacken würde. Er öffnete den Reißverschluß seines Schneeanzugs, wand sich aus den Ärmeln, ließ die obere Hälfte des Anzugs fallen, beugte sich vor und kackte in den Anzug unter ihm, während er in einen baumelnden Ärmel pinkelte. Als er sah, was er getan hatte, lachte er.

Ich mußte auch lachen. »Fast!« sagte ich, während ich ihn schnell ins Zelt trug, um ihm den Ersatzschneeanzug anzuziehen, den ich mitgenommen hatte. Ich hatte eine Menge zusätzliche Sachen dabei – Kleidung, Leckereien, Bilderbücher.

Er hatte Verantwortung für sich übernommen, und wenn es auch ohne die entsprechende Lektion nicht ganz geklappt hatte, so hatte er es doch versucht.

Wir nahmen unsere Pflichten wieder auf: Ich machte Feuer, und der Junge spielte. Ich brachte das Feuer schließlich in Gang, indem ich einige zusammengeknüllte Seiten von *Walden* zum Anzünden benützte. Ich hatte das Buch dabei, weil ich es nie gelesen hatte. Es ist nicht respektlos gemeint, wenn ich sage, daß es die Alaskawildnis erhellte.

Kaum brannte das Feuer, da brach ich das Zelt ab. Ich legte

die Stangen in den Schnee, rollte das gelbe Nylonmaterial des Zeltes zu einem Zylinder zusammen und eilte wieder zurück, um das Feuer vor dem Erlöschen zu bewahren. Während ich einen weiteren mannshohen, abgestorbenen Stamm umhackte, sammelte Janus die vier vergoldeten Aluminiumstangen – jede zehn Fuß lang – und steckte sie hintereinander senkrecht in den Schnee. Dann zerrte er das zusammengerollte Zelt zu ihnen.

»Dreh'n!« schrie er.

Ich drehte mich um und sah vier lange, glänzende Stangen vor dem Hintergrund des Himmels. »Ja, bald wird die Sonne aufgehen«, wiederholte ich pflichtgemäß. Ich war mit dem Feuer beschäftigt.

Als das Feuer hell loderte, holte ich die Kochtöpfe. Ich blickte hinüber, wo er spielte, und blieb wie angewurzelt stehen.

Die Wintersonne stieg um zehn Uhr morgens hinter den Gletscherbergen von Talkeetna hoch und zog dann ihre Bahn durch das Tal nach Südosten. Von meinem Standort aus schien die Sonne direkt zwischen den hohen Stangen hindurch. Das Zeltmaterial strahlte hell zu ihren Füßen.

Sein Stonehenge in nördlichen Breiten würde innerhalb einer Stunde wieder spurlos verschwunden sein. Aber ich sah es. Ich war wie vom Donner gerührt. Ich war mir sicher, daß ihm nicht bewußt war, daß die Sonne ihre Strahlen durch sein Bauwerk senden würde. Er hatte die Stangen nur spielerisch aufgebaut, weil er keine Legosteine hatte. Aber es war gebaut, um das Licht einzufangen. Ich suchte nicht einmal nach Worten für das, was er so beiläufig geschaffen hatte.

Ihn kümmerte das nicht. Er war damit beschäftigt, einen glühenden Stock über seinem Kopf zu schwingen.

Was mich an jeder Kunst beeindruckt, ganz gleich wie zufällig oder kindlich sie sein mag, ist nicht die Tatsache ihrer Existenz, sondern die darin verborgene Andeutung, wie unausgeschöpft die menschlichen Fähigkeiten sind. In der Schöpfung selbst liegt das Wunder, nicht in ihrer Langlebigkeit.

Wir aßen, beluden den Schlitten und fuhren wieder den Hang hoch. Oben wehte uns eine gleichmäßige Brise entgegen. Wir glitten abwärts, zu der Stelle hin, wo die Bergkuppe auf den Ausläufer des fünfunddreißig Meilen langen Kahiltna-Gletschers traf. Je weiter wir kamen, desto heftiger wurde der Wind. Er wehte von der Gletscherzunge, die hinter einigen immer höher werdenden Vorbergen versteckt gewesen war.

Schon nach wenigen Minuten fuhren wir in einem Zwanzig-Grad-Winkel zum Wind, der so heftig geworden war, daß er den Schnee um meine Beine herum aufwirbelte und den Schlitten halb zuwehte. Das Thermometer zeigte auf zwölf Grad minus. Im Wind mochten es gut und gern fünfundzwanzig Grad Kälte sein.

Ich stoppte die Hunde, um zu wenden. »Norton! Hierher!« schrie ich.

Janus reckte sich aus seinem Nest und sagte, offensichtlich sehr erstaunt: »Dod!«

Norton schwang nur zu gern das Gespann herum, so daß nun ihre Schwänze und ihre Rücken dem Wind zugewandt waren.

»Hör zu!« sagte ich und beugte mich dicht zu Janus hinunter. »Für so was bist du noch nicht alt genug.«

Verärgert starrte er mich an. Die Zipfel seines Schneeanzugs flatterten um sein Gesicht.

»Ach, komm schon«, sagte ich. »Es ist zu kalt für dich. Bei dem Wind fällt dir die Nase ab. Deine Augenlider frieren zu. Wir fahren zurück und machen ein richtig großes Lagerfeuer. Vielleicht entdecken wir noch ein paar Vögel. Oder einen Fuchs! Die Füchse sind jetzt auch ganz weiß.«

Ich wußte, daß es mich genauso wie ihn immer höher und weiter drängte, aber ich wußte auch, daß es keinen Sinn hatte, uns zu überfordern. Zumindest jetzt nicht.

Die Erwähnung von Vögeln und Füchsen besänftigte ihn.

Wir kehrten auf der Spur zurück, die wir auf dem Hinweg gemacht hatten. Wir näherten uns dem Camp, das wir heute morgen verlassen hatten. Der Wind hatte die Eindrücke, die wir in der Landschaft hinterlassen hatten, bereits teilweise verweht. Ich konnte kaum noch den gefrorenen Hundekot und unsere schwindenden Spuren erkennen. Ich wollte dem Jungen gerade erklären, wie nebensächlich wir hier in dieser Landschaft waren, da sagte er: »Schau!«

Er hatte das halbe Dutzend verkümmerter Bäume wiedererkannt, wo wir die letzte Nacht verbracht hatten. Sie stellten ein deutliches Erkennungszeichen dar. Aber ich hatte mich lediglich auf die flüchtigen, vergänglichen Dinge konzentriert. Ich hätte einen lausigen Eskimo abgegeben.

Die Menschen des Nordens haben unterschiedliche Namen für jede Variation der Schneelandschaft, die sie durchqueren – Schnee, der windverfrachtet ist, der von Schlitten festgepreßt ist, der sich zu Schneewehen an der windgeschützten Seite eines Hanges aufgetürmt hat. Ich begann mir ein eigenes Vokabular zuzulegen.

An diesem Abend schafften wir es bis nach Hause. Ich machte Feuer im Herd, bevor ich die Hunde ausschirrte. Ich wickelte Janus in einen Schlafsack am Boden, bevor ich das Feuer richtig schürte.

Blockhütten halten die Wärme viel länger als konventionelle Häuser, weil die Stämme die aufgestaute Wärme auch dann noch abstrahlen, wenn das Feuer längst erloschen ist. Aber es dauert auch länger, bis sie aufgeheizt sind. Ein Eimer mit Quellwasser, den wir auf dem Boden hatten stehen lassen, war auch nach einer Stunde noch fest gefroren.

Nachdem ich die Hunde gefüttert hatte, trug ich ein aus Rosinen und Käse bestehendes Abendessen nach oben. Nahe der Decke war es fast warm, aber wir vergruben uns trotzdem in unserem Schlafsack, allein schon aus der Gewohnheit der letzten Tage heraus, und kontrollierten, ob unser Atem sichtbar war.

Wir spielten: »Laß uns an all die guten Sachen denken, die heute passiert sind.« Ich zählte starke Hunde, strahlende Berge, aufregende Winde und Lagerfeuer auf. Als ich einen Blick zu Janus hinüberwarf, war er in meinen Armen eingeschlafen.

Mitten in der Nacht schreckte ich hoch.

Er lachte im Schlaf laut auf.

Wir schleppten Brennholz heran. Der Junge thronte bequem auf einer sechshundert Pfund schweren Birkenladung. Wir bauten einen Küchentresen, und er lackierte ihn schwarz. Wir rutschten in Socken über den blanken Fußboden.

Es betrübte mich keineswegs, daß unser Haus fast keine Möblierung aufzuweisen hatte. Dieses Haus war für einen Jungen gebaut. Seinen Kreisen, die er um die Pfosten zu ziehen pflegte, die ich in der Mitte des Raumes errichtet hatte, um das Dach und die oberen Bodenbalken zu stützen, stellten sich kaum Hindernisse in den Weg. Wir konnten einen Ball gegen die Wand werfen, was wir oft genug auch taten.

Eines Abends, als wir zu unserem Spaziergang aufbrechen wollten, entdeckten wir ein Hermelin im Holzschuppen. Das Hermelin richtete sich zwischen Birkenscheiten auf und drohte uns kühn, wir sollten nur nicht näher kommen.

»Deswegen haben wir auch keine Mäuse im Haus«, erklärte ich.

Janus schnappte sich ein paar Körner, um es zu füttern.

»Nein, Körner können wir ihm nicht geben, weil es nur Fleisch frißt«, sagte ich.

Wir hatten kein Fleisch. Zum erstenmal fragte ich mich ernsthaft, wie lange wir hier draußen leben konnten, ohne auf die Jagd zu gehen.

Am nächsten Tag schneite es. Ich beschloß, unseren Trail zur Straße hin offenzuhalten. Frischer Schnee machte ihn matschig. Ich schirrte die Hunde an, die es kaum abwarten konnten, von ihren Ketten loszukommen, und wir fuhren in den naßkalten Sturm hinein.

Ich deckte meinen Armee-Regenponcho über Janus' Schlafsack, aber auch damit war er nicht glücklich. Wir waren durchnäßt, und die Nässe verstärkte die Kälte. Wegen der Feuchtigkeit froren wir bei null Grad mehr als bei zehn Grad minus. Deswegen leben erfahrene Männer der Wildnis im Landesinneren der arktischen Wüste.

Als wir nach Stunden die Straße erreichten, ließen wir uns von der Heizung des Chrysler erst einmal aufwärmen. Dann fuhren wir mit dem Wagen den Highway hoch, um eine »Wir lieben dich«-Botschaft für Melissa durchzugeben.

Sie nahm im Hause ihres Predigers, unserem sichersten Kontaktort, selbst den Hörer ab.

Sie schien sich zu freuen, meine Stimme zu hören. Noch mehr freute sie sich, als Janus »Mama!« in den Hörer brüllte.

Nach einer rutschigen Fahrt von anderthalb Stunden erreichten wir Talkeetna. Ich vertraute darauf, daß sich die Hunde dort zur Ruhe begeben würden, wo ich sie mit dem umgedrehten Schlitten zurückgelassen hatte.

Im Hause des Predigers wurden wir von allen mit herzlichem Nicken und Lächeln begrüßt. Melissa sagte, sie wäre nun bereit, »nach Hause zu gehen«.

Ihre Entscheidung kam mir wie ein Wunder vor. Ein Wunder steht im Gegensatz zum normalen Lauf der Natur. Der natürliche Verlauf von Schmerz und Abneigung führt direkt zu Feindseligkeit und bereitet den Weg vor für Rachegefühle.

Melissa war wie eine Stimmgabel mit dem Herzen als Resonanzkörper. Manche Leute in Talkeetna machten Witze darüber, wie sie dem Leben gegenübertrat – an einem Tag harmonisch und am nächsten in schriller Dissonanz. Andere bewunderten ihre Ehrlichkeit sich selbst gegenüber. Weil ich sie gut kannte, wußte ich, daß ihre Reaktionen stets auf der Realität basierten, auch wenn ich manchmal von ihrer Intensität und ihrem Variationsreichtum überrascht war. Doch auch die Realität besteht aus Intensität und Variationsreichtum.

Und nun waren wir hier und nickten und lächelten uns gegenseitig zu. Vielleicht gehörten Tragödien einfach dazu, ungeachtet der westlichen Mythologie.

Doch wir hatten noch nicht mal die Petersville Road erreicht, da stritten Melissa und ich bereits wieder miteinander.

Sie hämmerte mit der Faust gegen die Scheibe neben dem Beifahrersitz und beklagte meinen Mangel an Unterstützung, meine Grausamkeit, meine Schwäche.

Ich brüllte »rationale« Antworten.

Janus saß starr auf ihrem Schoß.

Der Wagen blieb nicht im Schnee hängen, der weiterhin in dicken Flocken fiel, weil ich den Fuß nicht vom Gaspedal nahm.

Ich war so wütend, daß ich wie ein Raubtier reagierte, das seine Beute gestellt hat. Und Melissa reagierte natürlich genauso voraussagbar auf entblößte Zähne. Und Schiiten töten weiterhin Sunniten, und Rechte foltern weiter Linke, und enteignete Eskimos saufen sich zu Tode.

Die Geschichte ist eine einzige Litanei aus Streit und Hader. Ich weiß nicht, weshalb ich glaubte, diesem Schicksal entgehen zu können.

Wo der Trail begann, trennten wir uns. Janus und ich fuhren allein nach Hause. Melissa fuhr mit dem Wagen zurück nach Talkeetna.

Als ich »Brave Hunde!« zu rufen versuchte, brach meine Stimme.

Als wir die Tundra erreichten, entdeckten Janus und ich frische Elchspuren auf unserem Trail. Die Abdrücke bohrten sich zwanzig Zentimeter tief in die feste Schneedecke. Die Hunde traten geschickt über die kleinen Krater.

»Ein großer Bulle«, sagte ich, während wir beide seitlich über den Rand des Schlittens spähten.

»Ja«, erwiderte er.

Mir fehlte es an der Erfahrung, um die Spur eines Bullen von der einer Elchkuh unterscheiden zu können, aber ich hatte genug Elchfährten gesehen, um zu wissen, ob es sich um ein großes oder ein kleines Tier handelte. Ich dachte mir, daß es für einen Spurenleser klar sein müßte, ob es sich um ein Männchen oder ein Weibchen handelte. Ich wollte nicht aus eigener Unkenntnis heraus Janus die Unwahrheit sagen. Das war der Moment, in dem ich beschloß, alle Variationen der Zeichen unserer Welt – nicht bloß Tierfährten, sondern auch klimatische, geologische und astronomische Zeichen – verstehen zu lernen.

Während wir schweigend über die Tundra fuhren, mit tiefhängenden Wolken über uns, wurde mir außerdem klar, daß ich plötzlich nicht mehr überwältigt war von meiner Betroffenheit über das, was sich zwischen mir und Melissa ereignet hatte. Es war wichtig, diese Zeichen zu verstehen, für unser aller Wohl. Aber sie stellten nicht die ganze Welt dar. Ich mußte noch viel über Vergebung *und* Elche lernen.

Mit neu erwachter Hoffnung und voller Erwartung trieb ich die Hunde mit einem Pfiff zum Trab an. Janus, der gekniet hatte, um die Spur besser studieren zu können, rollte sich und lehnte sich gegen meinen Schlafsack. Von dort aus zeigte er mit hoch erhobenem Arm auf den Leithund, eine Geste, die mehr Segnung als irgendeinen Hinweis bedeutete.

Dann sah auch ich, was er gesehen hatte. Die Wolkendecke vor uns im Norden hatte sich vom Horizont zurückgezogen. Ein Streifen grünen Lichts glühte über der fernen Linie der Bäume.

»Es ist das Nordlicht!« rief ich überrascht.

Zu Hause angekommen, erledigten wir unsere Arbeiten und gingen dann zu Bett. Ich erzählte ihm Geschichten von Elchen und Bergen und Jungen. Das Haus war immer noch warm. Wir hatten es bequem.

So verging für uns der Winter; Ausflüge nach Talkeetna, wo Melissa mich gnädig oder zornig über meine persönlichen Unzulänglichkeiten aufklärte, wo ich mir aber auch in der kleinen Bibliothek von Talkeetna *Fährten der nordamerikanischen Säugetiere, Alaskas Vogelwelt, Alaskas Tierwelt* und *Gletscher-Topographie* auslieh. Dann waren da die Hundeschlittenfahrten zurück nach Hause – entweder ich allein, wenn Janus und seine Mom ihre liebevollen, wichtigen Bande festigten, oder Junge und Vater gemeinsam, wenn es vernünftig schien, sie unbehindert ihrem Heilungsprozeß zu überlassen.

Kam ich allein zu Hause an, dann war ich häufig so deprimiert, daß ich gar nichts tun konnte. Ich saß dann oben und betete um die Gabe all der Fähigkeiten, die mir fehlten. Mit meiner Härte und Unerbittlichkeit hatte ich Melissa vertrieben. Ich hatte ihre Bedürfnisse nicht unterstützt. Ich konnte ihr bei ihren Ängsten nicht zur Seite stehen.

War ich mit Janus zusammen, dann gingen wir auf Entdekkungstour, schauten uns Bilder von Tieren an und erfanden

Geschichten von einem Hermelin, das sich aufstellte und rief: »Das ist *mein* Zuhause, und nicht mal große Hunde oder Bären können mich aus dem Holzschuppen vertreiben!«

Wir machten kürzere Hundeschlittenfahrten, denn der Winter wurde immer strenger, doch an wärmeren Tagen fuhren wir zu unserem Bach, um zu sehen, wie er aus der gefrorenen Tundra sickerte, oder wir erkundeten, wie weit die Hunde der Fährte eines umherstreifenden Elches folgen konnten. Wir fütterten Vögel aus der Hand.

Anfang März – eine Jahreszeit mit strahlender Sonne und tiefem, aber festem Schnee – waren Melissa und ich uns kein Stückchen nähergekommen, was unser gegenseitiges Verständnis anbelangte. Janus, inzwischen zwei Jahre und zwei Monate alt geworden, hatte immer noch nicht gelernt, flüssig zu sprechen. Doch gelegentlich kamen wir uns alle ganz überraschend nahe, wenn wir eine der seltenen, gemeinsamen Nächte in der kleinen Hütte verbrachten, die Melissa in Talkeetna, etwas von der Bahnlinie zurückversetzt, gemietet hatte. Janus war eindeutig glücklich, wenn Mom und Dad in sanftem, normalem Tonfall miteinander reden konnten. Mom und Dad versuchten das aufrechtzuerhalten.

Einer Versöhnung am nächsten kamen Melissa und ich an einem dieser Abende, an denen wir in dem Fensteralkoven ihrer Hütte lagen, nachdem sich unsere Fähigkeiten, unsere Differenzen verbal zu lösen, erschöpft hatten. Melissa weinte leise, und ich hielt sie hilflos in meinen Armen. Dann kam Janus donnernd und krachend auf seinem Hinterteil die Treppe von seiner Schlafstatt heruntergerutscht. Die Kerosinlaterne war längst schon erloschen. Im Sternenschein kam er auf uns zu gerannt, zog den Reißverschluß seines Schlafanzugs auf und verkündete frohgemut: »'ier, Mom, hastu Chi-chi. Dann dir *viiiil* besser.« Damit kletterte er auf ihren Schoß und reckte ihr seine nackte Brust hin. Gemeinsam schliefen wir in enger Umarmung ein.

Meist jedoch war Melissa aufgebracht, weil ich sie wegen »der Wälder« verlassen hatte. Für mich war das natürlich mein Zuhause, der Ort, wo sich Janus wohl fühlte. Ich verfügte weder über die finanziellen noch die emotionalen Mittel, um zwei Haushalte zu unterhalten. Obwohl ich es durchaus versuchte. Die »Wälder« – Janus' ständiges Zuhause – wurden zunehmend verständlicher. Mein Verständnis der Menschen – und all ihrer unerbittlichen Wünsche und Forderungen und Bedürfnisse – nahm dagegen immer mehr ab.

Und Janus war sehr glücklich zu Hause.

Als die letzten kalten Nächte im März die am Tage geschmolzene Schneedecke zu einer steinharten Kruste erstarren ließen, kehrten Janus und ich nach Talkeetna zurück. Wir hatten entdeckt, daß die leuchtend bunten kleinen Vögel, die an unserem Fenster vorbeizischten, laut unseren Büchern Kreuzschnäbler waren und äußerst selten im oberen Susitna Valley vorkamen. Wir hatten die Spur eines großen Raubtiers (»Wolf!« schrie ich, machte dann aber das Zugeständnis: »Oder Kojote. Oder vielleicht auch bloß ein Fuchs. Wir schauen in unserem Buch nach, wenn wir wieder daheim sind«) bis zu einem drei Meter hohen Felsblock verfolgt, auf dem sich ein Haufen Kot befand. Das wurde der Wolfsfelsen.

Janus ging gern nach Talkeetna. Er bestand nicht darauf, aber er freute sich, mit seiner Mom und seinen beiden besten Freunden zusammensein zu können, Ado und Tarus, den vier und sechs Jahre alten Söhnen des verstorbenen Bergführers Ray Genet und dessen Witwe Kathy. Janus' Freunde waren geradezu abenteuersüchtig, so daß Melissa ihre Ausflüge, die über ihr Blickfeld hinausgingen, voller Angst verfolgte. Mir fiel auf, daß sie nie irgendwelche Besorgnis äußerte, wenn ich mit Janus wegging. Mir war außerdem bewußt, daß sie trotz aller Schwierigkeiten, die das Leben in Alaska für sie bereithielt, nicht einmal eine Andeutung machte, daß sie lieber nach New York zurückkehren würde.

Dann unternahm ich mit Melissas Billigung zusammen mit Mr. Mike einen »kleinen Ausflug« mit dem Hundeschlitten in die Berge.

Als alleinstehender Vater, der in seiner Erziehung nur von fünf

Hunden und einem Hermelin »unterstützt« wurde, wollte ich eine breitgefächerte Perspektive über die Art und Weise gewinnen, in der ich Janus erzog. Da ich kein Buch über die Kunst der Vaterschaft in der Wildnis kannte, verspürte ich den starken Drang, mehr darüber zu lernen, was das Land forderte und anzubieten hatte.

Mr. Mike, der Chefingenieur der für das obere Susitna Valley zuständigen Kurzwellen-Relaisstation in Talkeetna – ein Mann in mittleren Jahren von sanftem Auftreten –, war im »richtigen« Leben ein Forscher des neunzehnten Jahrhunderts (oder achtzehnten oder siebzehnten), der nun seit fünfzehn Jahren jeden Frühling mit seinem Hundegespann an einen entlegenen Winkel fuhr. Sein Ziel im Leben – abgesehen von seinem Wunsch, seinen Job bis zur Pensionierung durchzustehen – schien zu sein, einer dieser verrückten Oldtimer zu werden, die mehr Geschichten über Bären und Berge, schreckliche Kälteeinbrüche und tobende Stürme erzählen konnten als die ersten Pioniere von Alaska. Soweit ich das beurteilen konnte, hatte er das bereits geschafft.

Aber er war nie den Coffee River hinaufgefahren bis zu seinem Gletscher, hatte nie einen unerforschten Höhenpaß auf dem oberen Ruth-Gletscher überquert, einem der größten Gletscher des Denali-Massivs, um dann den Ruth dreißig Meilen hinabzufahren bis zu den Wäldern des Susitna Valleys.

Auf dieser Fahrt brachte er mir zum Beispiel bei, wie man einen vollbeladenen Hundeschlitten auf eine Kufe stellt, während man einen Hang quert, der zu einem offenen Fluß hin steil abfällt. Er zeigte mir, wie man die Anzeichen einer potentiellen Lawine erkennt. Er erklärte mir, daß die Vielfraßfährten, denen wir zu dem hochgelegenen Paß folgten, auf einen möglichen Trail hindeuteten, denn der Vielfraß war der scharfsinnigste Langstreckenläufer im ganzen Norden.

Während wir Sturmtage abwarteten, die uns zur Bewegungslosigkeit verurteilten, machten wir die gemeinsame Erfahrung, daß es sehr einfach ist, drei Tage nichts zu essen, weil die Vorräte erschöpft und alle Pläne schiefgegangen sind, und trotzdem noch die Kraft aufzubringen, den Hunden mit Schneeschuhen durch aufgeweichten, schweren, spätfrühlingshaften Gletscherschnee einen Trail zu treten, ohne dabei in eine Gletscherspalte zu stürzen.

Als Reaktion auf meine besorgten Fragen in bezug auf unser Schicksal zeigte er sich absolut unfähig, auch nur einen Schimmer von Angst zu empfinden, so daß auch ich ein Selbstvertrauen zu entwickeln begann, das durch Erfahrung nicht geschaffen, sondern nur bestätigt werden konnte.

Dieses Selbstvertrauen war notwendiger als ein regensicheres Dach.

Janus brachte ich eine Rabenfeder und einen Klumpen schmelzendes blaues Gletschereis mit. In unserem Camp am Eingang zur Great Gorge, nur ein kurzes Stück von dem Amphitheater des Ruth-Gletschers entfernt, der steil vom Denali abfällt, erinnerte ich mich an meinen Schwur, Melissa in die Schneeberge zu bringen, so daß wir gemeinsam im Herzen der Welt sein konnten. Ihr brachte ich diesen erneuerten Schwur mit.

Mr. Mike und ich kehrten mit dem letzten, schwindenden Schnee nach Talkeetna zurück, geführt vom besten Leithund der Welt, Norton, der die letzten Gletscherspalten bei diesigem Wetter überwunden hatte, ohne daß ihm jemand mit Schneeschuhen den Weg markiert hätte.

Janus und Melissa nahmen meine Geschenke eifrig beziehungsweise vorsichtig entgegen. Dann fuhren Janus und ich in dem hüpfenden, springenden Schlitten nach Hause.

Ich fühlte neue Energien in mir. Ich fragte ihn, wie er die Zeit in Talkeetna verbracht hatte.

Seine Beschreibung entsprach nicht der üblichen kindlichen Antwort: »Fein« oder »okay«. Er erzählte mir nicht von seinen Spielen oder seinen Freunden. Er sagte sofort, daß er *zwei* Hasen gesehen hätte, einen Raben in dem Baum vor Moms Haus, eine Menge anderer Vögel und einen Elch – einen großen Elch –, der ihn nicht zu kennen schien, obwohl er ihn angerufen hatte.

Das war der Moment, wo ich mich entspannte, ein für alle Mal, und aufhörte, mir über seine grundlegende emotionale

Gesundheit Sorgen zu machen. Viele Kinder in Talkeetna waren Produkte kaputter Ehen – die meisten Kinder in Amerika haben unter Eheproblemen zu leiden –, aber dieses Kind wurde von einer größeren Welt gestützt, von Elchen, Vögeln und Schneehasen.

Als wir an den großen Tundrasee kamen, schwappte Wasser über dem Eis gegen das Ufer. Doch mitten durch den See führte das glänzende Band eines kompakten Trails. Ich zögerte, die direkte Route zu versuchen, doch Norton zog an, und so fuhren wir auf den See hinaus. Norton hatte recht: Unter einigen Zentimetern Wasser verborgen, war der Trail fest und solide. Schon nach wenigen Metern hob er sich ganz aus dem Wasser und machte nun einen noch solideren Eindruck.

Auf jeder Seite des Trails konnte ich in dem schwarzen Eis eingefrorene Luftblasen sehen, aber ich machte mir keine Sorgen: Das Eis war dick. Als wir die Mitte des Sees erreichten und das schwarze Eis zu blauem Wasser geschmolzen war, begann ich mich zu sorgen. Zum Umdrehen war es zu spät. Es gab keine Möglichkeit zu wenden. Der Trail war eine schwimmende Brücke. Janus stand zwischen meinen Beinen, einen Fuß auf jeder Kufe, und übte sich darin, den Schlitten »ganz allein« durch die Tundra zu steuern.

Dann sackte das Eisband ein. Bevor ich noch irgendwas anderes als »Halt dich fest!« brüllen konnte, trieben wir im Wasser, ich bis zur Hüfte, Janus bis zum Hals.

»Gee!« kreischte ich und trieb die Hunde, die sich nun in Delphine verwandelt hatten, nach rechts über eine offene Wasserfläche auf weiches, drei Meter entferntes Eis zu.

Die Hunde schwammen, der Schlitten tauchte ein, hielt sich aber wegen des Auftriebs des Holzes oben. Ich machte mit den Beinen Schwimmbewegungen, eine Hand wie eine Zange in Janus' Parka gekrallt. Als wir alle zitternd auf eine Eisfläche fielen, die nicht unter uns brach, sagte Janus: »Geschafft, Dod!«

»Gut, daß du dich festgehalten hast«, sagte ich.

Ohne Aufforderung zogen die Hunde den Schlitten weiter weg von der offenen Mitte des Sees.

»Ich *ertrink'*, wenn ich loslaß', ich hielt fest«, verkündete er stolz, aber doch ziemlich beiläufig.

»Du warst ziemlich gut«, sagte ich genauso beiläufig.

Die Erkenntnis überraschte mich, daß ich vor mich hin gegrinst hatte, als wir noch im eiskalten Wasser getrieben waren. Ich wußte – vielleicht weil mir klar war, daß Holz schwimmt –, daß wir nicht sterben würden und daß es keinen Grund zur Panik gab.

Aber auf einer intellektuellen Ebene wurde mir auch schuldbewußt klar, daß dies eine schreckliche Weise war, ein Kind großzuziehen, so als würde man ihn von einem Pier in den Ozean stoßen und dazu sagen: »Okay. Jetzt *schwimm.*«

Er schien es nicht zu bemerken: »Ja, geschafft«, sagte er.

Am Ufer angekommen, wickelte ich ihn in meinen Parka und rannte dann selber hinter dem Schlitten her, bis wir zu Hause waren. Dort zog ich ihn aus und steckte ihn in Decken und Daunenschlafsack, was ihm gut gefiel.

An diesem Abend spielten wir im Bett noch einmal unser Abenteuer durch. »Und Janus hielt sich am Schlitten fest, bis Norton uns aus dem Wasser gezogen hatte«, wiederholte ich die Geschichte noch einmal. »Denn Janus weiß, was er zu tun hat.«

Diesen Teil ließ er sich dreimal wiederholen. Dann sagte er: »Aber meine Mom weiß es nicht, okay?«

Ich versprach ihm, daß wir sie nicht unnötig in Sorge stürzen würden.

Mitte Mai kamen die Winde aus dem Süden, vom Pazifik her, und brachten Wärme und den Duft der ersten grünen Triebe mit sich, die sich aus dem immer noch gefrorenen Boden zwängten. Jetzt, wo Schnee nur noch gelegentlich an Nordhängen zu finden war und die sommerliche Vegetation uns gerade bis zu den Schienbeinen reichte, machten wir lange Spaziergänge, einfach nur um unterwegs zu sein. Zu dieser Jahreszeit, noch bevor der Dschungel explodierte, ebenso wie im Herbst, wenn das Blätterwerk zu Boden fiel, lag die Landschaft für wenige Wochen bis auf die Knochen entblößt da.

Wir fanden Knochen – verstreute Vogelskelette, das Geweih

eines Elchs, einen Schädel! Er war klein, mit scharfen Kanten. Ein Marder? Ein Fuchs? Auch der Junge behandelte ihn mit Ehrerbietung. Was machte einen Schädel in bezug zu dem Leben, das er einst enthalten hatte, wertvoller als das Brustbein eines Vogels? Ich wußte es nicht, aber ich bemerkte, daß solche Hinweise auf das Leben ein instinktives, andächtiges Schweigen auslösten.

Eines Nachmittags schlenderten wir über die Tundra, um nach den Bibern am großen Tundrasee zu schauen. Wir wollten uns auf ihren Bau setzen und zusehen, wie sie mit Zweigen im Maul hin und her schwammen und mit den Schwänzen klatschten, wenn wir Stöcke ins Wasser warfen (Jungen werfen ebenso instinktiv Stöcke ins Wasser, wie sie schweigend über einem Schädel im Wald knieen). Doch der See lag ruhig da: Der Biberbau war zerstört.

»Ein Bär!« sagte ich. »Ein Bär hat das Heim der Biber zerfetzt und sie gefressen!«

Es konnte keine andere Erklärung geben. Wir fanden kein Anzeichen von Bibern mehr. Der feste Ring aus Schlamm und Zweigen, der ihren Bau geschützt hatte, war zerbrochen. Ich hätte ihn mit einer Schaufel nicht durchbrechen können.

Janus war beeindruckt. Aber er war auch auf der Hut. Er fragte mich, wo der Bär geblieben sei.

Ich sagte, er sei ein Stück in die Wälder gegangen.

Er fragte mich, *wie* weit ein Stück sei.

Ich sagte, Bären würden Menschen nicht angreifen, außer sie fühlten sich überrascht und in die Enge getrieben.

Auf dem Heimweg sang ich Lieder – laute Lieder. Ich sang Songs über Jungen und Elche; Vögel und den Sommer – aber auf seine Bitte hin nichts über Bären.

In der ersten Juniwoche, als die Jahreszeit schon weiter vorangeschritten war, als ich es in Erinnerung hatte – saisonbedingte Veränderungen? Treibhauseffekt? –, gingen wir in Hemdsärmeln zum Fluß hinunter. Die Temperaturen mochten in der Sonne bei zwanzig Grad liegen. Und die Sonne war überall. Der Fluß führte überraschenderweise Niedrigwasser. Janus beschloß, seine Kleidung auszuziehen und durch den Fluß zu waten. Das Wasser war kalt. Es reichte ihm bis zur Taille. Die Schultern hochgezogen, die Arme über dem Kopf, die Finger nach unten, so schaffte er es bis zur anderen Seite und kam dann hastig zurück.

»Geschafft!« verkündete er.

Ich wußte keine andere Antwort als: »Ja.«

Ich wollte ihn daran erinnern, daß er es *immer* schaffte, entschied mich dann aber dagegen.

Er wußte es sowieso.

Gewiß hatten wir auch unsere Meinungsverschiedenheiten, denn er wurde mehr in gegenseitigem Einvernehmen als durch Verbote und Einschränkungen erzogen. Auf jedes »Nein, das ist *falsch*« von mir, reagierte er erst einmal mit kühlem Abwägen anstatt mit sofortiger Klage. Aber er entwickelte sich so, daß er das Leben mehr hegte und pflegte, als es beherrschen zu wollen. Doch wenn es um einen Wettkampf mit seinem Dad ging, dann wollte er gewinnen. Und so erzählte ich ihm noch eine weitere Geschichte vor dem Schlafengehen.

Im Hochsommer kam Alexander zu Besuch.

Er hatte ein Telegramm geschickt, das ich rein zufällig gleich einen Tag, nachdem es angekommen war, im Postfach vorfand. Seit fast einem Monat hatte ich nicht mehr nach meiner Post geschaut. Janus und ich befanden uns auf dem Weg nach Talkeetna.

»Jetzt ist die Zeit gekommen«, stand in dem Telegramm. »Ich bin bereit. Ich komme im Anchorage International mit dem United-Flug Nr. 1746 um 4 Uhr nachmittags an. Donnerstag. Ich erwarte Elch Wellington.«

Ich erreichte den Flughafen zehn Minuten nach Ankunft seines Fluges.

Er marschierte im Warteraum auf und ab. Die Erkenntnis überraschte ihn, daß es auf einem reinen Zufall beruhte, daß es mit unserem Treffen geklappt hatte.

»Du bist *so* weit weg von der Realität?« fragte er ungläubig.

»*Du* hast die Verbindung zur Realität verloren«, konterte ich.

Er lachte über meine Empörung. »Nach zwölf Stunden unterwegs, davon zwei in Chicago, in denen ich Magazine am Zeitungsstand las, ohne dafür zu bezahlen, und einer Stunde in Salt Lake, in der ich Mormonen mit ihren Traktaten abwehrte, bin ich einfach nur dankbar, hier zu sein.«

»Ich möchte nur, daß du weißt, wie es ist, hier zu leben«, nörgelte ich.

»Sehr schwierig!« sagte er sofort.

»Du hast keine Ahnung!« sagte ich und dachte sofort voller Liebe und Trauer an Melissa.

Auf der Fahrt nach Norden hatten wir einen Platten. Mein Ersatzreifen war ebenfalls platt. Ich trampte dreißig Meilen zur nächsten Tankstelle zurück. Als ich zwei Stunden später zurückkehrte, grinste Alexander über das ganze Gesicht.

»Ach so«, sagte er. »Jetzt begreife ich. Es *muß* schwierig sein, zu blöd zu sein, um seinen Ersatzreifen zu überprüfen.«

Wir erreichten Talkeetna in dem leuchtenden, mitternächtlichen Zwielicht.

Alexander war vollkommen erschöpft. Aber er war gelassen und heiter. Wir stiegen aus und streckten uns vor der Hütte, die Melissa gemietet hatte. »Ich bin raus nach La Guardia und auf und davon, weil ich eine Erholung von all den kleinen Komplikationen meines Lebens brauchte«, sagte er. »Und obwohl du dein Bestes gegeben hast, um mich in Angst und Sorge zu halten, kann ich dir gar nicht sagen, wie friedlich es hier ist.«

Wildwachsende Blumen blühten neben der Straße. Nachtvögel sangen in den Bäumen.

»Du fängst an, das zu sehen, was ich sehe«, sagte ich.

Er kam um den Wagen, um mich zu umarmen. »Ich sehe einen Lügner vor mir, der mir geschrieben hat, wie *leicht* das Leben in der Wildnis ist«, sagte er. »Aber ich merke, daß du recht hast, auf deine Weise. Und ich schaue mich um.«

Melissas Hütte an der Straße wirkte idyllisch unter Rottannen und silbernen Kumuluswolken. »Sie sagte, es ginge in Ordnung, wenn wir hier schlafen«, erklärte ich.

»Das hast du mir schon sechsmal gesagt«, erwiderte Alexander.

Als wir durch die Tür schlichen, erwartete uns Melissa bereits. Sie lag in dem Alkoven; die Kerosinlampe brannte. Mit einem Morgenrock bekleidet, kam sie auf Alexander zu und umarmte ihn. Er hob sie auf.

»Als die Tür aufging«, sagte sie, »da *wußte* ich, daß diesem Haus ein Segen beschert ist.«

»Nanook hast du das nicht zu verdanken«, sagte Alexander. »Wußtest du, daß diese Zuhälterkiste auf drei Zylindern läuft und bellt?«

»Wir müssen leise sein«, flüsterte sie. »Janus schläft oben.«

Bei der Erwähnung von Janus drehte sie sich zu mir und legte ganz selbstverständlich ihre Arme um mich. Auch ich wußte plötzlich, daß wir alle gesegnet waren.

»Hast du Hunger?« fragte Melissa leise Alexander.

Er zuckte mit den Schultern. Er machte einen Schritt auf den Ofen zu, richtete sich tief einatmend auf und sagte leise, aber betont: »Mrs. Pauls Fisch klebt vor *Mayonnaise*!«

Melissa lachte laut auf und legte dann schnell eine Hand vor den Mund. »Lachs *en croute* mit Senfglasur«, zischte sie.

Wir setzten uns zum Essen auf den Boden; unsere Knie berührten sich. Die Kerosinlampe beleuchtete unsere Gesichter. Durch die Fenster drang bläuliches Licht.

»Warum bist du gekommen?« fragte Melissa.

»Weil ich wußte, daß euer Leben in dieser Welt einem viel mehr gibt als mein Leben in der Stadt«, erwiderte er.

»Ha«, sagte Melissa.

»Ho«, sagte ich.

»Und in Tibet kenne ich keinen Menschen«, fügte er hinzu.

»Hier draußen ist es *komplizierter*«, sagte Melissa, »weil wir einander nicht entrinnen können.«

»So wie bei Telefonanrufbeantwortern«, sagte er trocken.

»Wir gehen nach Hause und besteigen dann den Denali«, erklärte ich Melissa.

»Rick scheint ein Gefühl für das Land zu haben«, sagte sie zu

Alexander. »Oder er hat einfach nur viel Glück gehabt. Aber er wird einen guten Führer abgeben.«

Ich war überrascht, daß sie mich unterstützte.

»Ich habe bereits mein Testament gemacht«, sagte Alexander. »Und meiner Mutter gesagt, daß ich sie liebe.«

»Sorg nur dafür, daß du nicht vergißt, was *du* hier willst«, fügte sie hinzu, »sonst wird er versuchen, dich zu weit mitzuschleppen.«

»Vom Gipfel des Berges«, verkündete ich, einen Finger über den Kopf streckend, »können wir abheben zu den Sternen.«

»Ich wart' erst mal ab, ob ich an den Bären vorbeikomme«, sagte er.

Alexander wachte früh auf. Er stieß mich an, stieß mich noch mal an. »Ich wache immer in der Morgendämmerung auf«, sagte er. »Ich kann nichts dafür.«

»›Morgendämmerung‹ haben wir die ganze Nacht«, sagte ich.

»Bergführer schnarchen nicht bis Mittag«, sagte er.

Ich ging nach oben und küßte Melissa und Janus, die beide noch schliefen. Janus schlang seine Arme um meinen Kopf und sagte, ohne richtig wach zu werden: »Dod.«

Ich hörte, wie sich die Tür öffnete und Alexander hinausging. Ich ließ mir noch etwas Zeit.

Als wir das Ende der Straße erreichten, wo der Trail begann, reichte ich Alexander ein Moskitonetz, noch bevor wir aus dem Wagen gestiegen waren.

Mit grimmigem Gesicht legte er es an. »Das hab' ich befürchtet«, sagte er. »Aber was tragen wir gegen Bären?«

»Vertrauen und Hoffnung«, sagte ich. Aus Melissas Abfalltonne hatte ich eine leere Blechdose mitgenommen und sie mit Kieselsteinen von der Straße gefüllt. Allerdings zeigte ich sie Alexander jetzt noch nicht. Ich nahm an, daß unsere Unterhaltung genügend Krach machen würde, um jeden Bär entlang unseres Weges hochzuschrecken. Tatsächlich hatte ich noch nie einen Bären auf dem Trail gesehen.

Doch kaum waren wir draußen auf der Tundra, wo ich einen Vortrag über die Schönheit des weiten Raumes nach der Enge des Dschungels hatte halten wollen, entdeckten wir einen Bären auf der anderen Seite des Sees. Der Bär rannte, kugelte sich, grub seine Schnauze spielerisch in die Erde und verschwand zwischen den Bäumen.

»Und davor hab' ich solche Angst gehabt?« sagte Alexander.

»Das war wahrscheinlich Bob«, sagte ich. »Er ist unser Freund.«

Alexander beobachtete die Stelle, an der der Bär verschwunden war – eine volle Minute lang. »Und ›Bob‹ ist jetzt so weit weg, daß nicht mehr die geringste Aussicht besteht, daß er...«, sagte er, doch es hörte sich mehr nach einer Frage an; kein Hauch von Erleichterung schwang in seiner Stimme mit.

»Nun, Bären können fast genauso unberechenbar sein wie Menschen«, sagte ich.

Alexander verriet mit keiner Bewegung, daß er bereit war weiterzugehen.

»Ich hab' auch ein Bärenabwehrmittel im Gepäck«, sagte ich und holte die Dose hervor. »Siehst du? Metallische Geräusche erschrecken sie.« Ich schüttelte die Dose.

Alexander hob sein Moskitonetz und nahm die Dose in die Hand, um sie näher zu untersuchen. »Viel besser als ein Gewehr, davon bin ich überzeugt«, sagte er.

»Mein Leithund ist fast so groß wie ein kleiner Schwarzbär«, sagte ich, um ihn aufzumuntern.

Alexander schwenkte die Dose, sowohl um Moskitos abzuwehren als auch um ihre Wirkung zu testen. »Kein guter Buddhist geht am Wegesrand an einer Gebetsmühle vorbei, ohne sie zu drehen«, sagte er. »Bloß um etwas mehr Aufmerksamkeit der Götter auf sich zu lenken.«

Wir unterhielten uns lautstark, während wir weiter über die Tundra marschierten. »Du hast mir nichts davon gesagt, daß man sich durch dieses Zeug wie durch Treibsand kämpfen muß!« brüllte er, als wir durch den feuchtesten Teil am Rande des Sees wateten. »Ich werde allmählich sehr *müüüde*!«

»Das bewahrt uns vor Vertretern, die ständig auf den Klingelknopf drücken!« erwiderte ich.

Bei jedem Schritt schüttelte Alexander die Dose wie eine Rassel.

Wir legten eine Pause ein, nachdem wir wieder in den Wald eingedrungen waren, nur wenige hundert Meter vom Haus entfernt. Wir schwitzten beide. In der Tundra waren wir der Sonne schutzlos ausgesetzt gewesen. Alexander hustete, sammelte Speichel und spuckte einen Klumpen in das Moskitonetz, an das er offensichtlich gar nicht mehr gedacht hatte. Er fand das keineswegs lustig. Er nahm das Netz ab und schüttelte es aus. Mir fiel auf, daß er nicht nach den Moskitos schlug, die sofort sein Gesicht umschwärmten. Diese ethischen Grundsätze hatte er in einem Kloster im Himalaja erworben. Ich fühlte mich schuldig, wenn ich daran dachte, wie beiläufig ich getötet hatte.

»Gehn wir weiter«, sagte er, legte das Netz wieder an. Er fand keine Ruhe.

Als wir ankamen, blieb Alexander nicht stehen. Er ließ den Rucksack fallen, das Moskitonetz, wanderte auf der Lichtung herum und ließ sich von der leichten Brise fächeln. Die Hunde bellten wie verrückt. Die Berge beherrschten den Horizont.

Ich wartete auf der Veranda. Als er schließlich auf mich zukam, hielt er einen Finger in die Höhe. »Erstens, ich fühl' mich mit den Hunden hier endlich sicher. Zweitens« – er hob einen weiteren Finger – »kann ich mich entspannen, nachdem diese Science-fiction-Moskitos nicht mehr da sind und ich mir keine Sorgen mehr zu machen brauche, daß wir ewig weitermarschieren. Und drittens« – er hielt alle zehn Finger hoch – »ich habe plötzlich mehr Energie, als ich... so weit kann ich gar nicht zurückdenken. Es ist lange her.«

»Soll das heißen, daß es dir hier gefällt?« fragte ich erleichtert.

Alexander war der erste Besucher, den dieses Haus je gesehen hatte. Seine Reaktion war für mich sehr wichtig. Ich hatte befürchtet, er könnte nichts weiter sehen als ländliche Armut und eine etwas merkwürdig zusammengehämmerte Blockhütte, ein dürftiger Brückenkopf inmitten des übermächtigen Waldes.

»Kommt drauf an, ob wir Wurzeln und Maden essen müssen«, sagte er.

»Bohnen und Reis«, sagte ich.

»Was ist aus dem Elch Wellington geworden?«

»Ich bin noch nicht soweit, daß ich wegen der Ernährung Tiere töten könnte«, sagte ich.

Er seufzte. »Alle erwarten von mir, daß ich mit einem Haufen Seehundspeck und rohem Walfischfleisch zurückkomme und natürlich mit einer Waschbärmütze.«

Norton kam plötzlich auf mich zugestürzt, die Kette hinter sich herziehend. Ich taumelte zurück, als er mich ansprang. Auf seinen Hinterbeinen, die Schnauze in meinem Gesicht, war er genauso groß wie ich.

Die anderen begannen wie verrückt zu heulen.

Anstatt einen Bogen um den riesigen, fremden Husky zu machen, ließ Alexander sich auf ein Knie sinken und sagte: »Na komm, mein Junge.«

Norton wandte sich um und sprang ihn mit der Begeisterung eines Zweijährigen an. Alexander warf ihn auf den Rücken, während Norton mit den Läufen wild um sich schlug.

Alexander streichelte seinen Bauch. Norton blieb bewegungslos liegen.

»›Und als die wilden Wölfe angriffen‹«, zitierte ich, »›da besänftigte sie Pierre aus den Wäldern des Nordens mit seiner Berührung.‹«

»Vor allem, weil Pierre erkannte, daß ihre Welt mehr Freude bereithielt als die Welt, in der Pierre am Randstein auf ein Taxi wartete, während irgendeine Koksnase ihn dazu bringen wollte, ›Raindrops Keep Falling on My Head‹ mit Falsettstimme zu singen.«

Wir machten Nortons Kette wieder fest und fütterten dann die Hunde. Alexander zeigte keinerlei Anzeichen davon, daß er unter Jetlag, Schlafmangel oder Kulturschock zu leiden hatte.

Ich führte ihn zu unserer Quelle, auf die ich sehr stolz war.

»Da ist ein Loch im Boden«, sagte Alexander.

»Ja«, sagte ich. »Ich weiß. Das ist unsere Quelle.«

»Das«, wiederholte Alexander, »ist ein Loch im Boden«.

»Nun ja«, erklärte ich. »Eigentlich entspringt die Quelle ein Stückchen weiter oben, aber ich habe einen kleinen Tümpel gegraben, um daraus schöpfen zu können.«

»Ich fürchte, da ist Dreck drin«, sagte er ernst.

Ich kniete nieder und fischte ein paar treibende Blätter und Stengel heraus. »Nur biologische Sachen«, sagte ich.

Alexander hob eine Hand, krümmte einen Finger und rief. »Kellner! Ich habe ein Mineralwasser mit Eis und einem... Zweig drin.«

Ich schöpfte zwanzig Liter in einen Plastikeimer. »Das ist auch Abwaschwasser«, sagte ich. »Und weil wir kein Spülmittel verwenden, landet es dann in den Eimern für die Hunde.«

Alexander beugte sich über den Tümpel und schöpfte, umgeben von überhängenden Farnen, eine Handvoll Wasser und führte sie zum Mund. Er trank.

»Möge ihm für alle Zeiten vergeben sein, falls er das für selbstverständlich hält«, sagte er schlicht.

Als wir ins Haus gingen, blieb Alexander schweigsam. Er schaute sich um. In dem Raum roch es schwach nach Tannen.

»Und das ist dein Kochherd«, sagte ich und deutete auf den chromeingefaßten, gußeisernen Herd.

»Ich habe dazu beigetragen, daß er hier steht«, stellte er nüchtern fest.

Er ging nach oben, während ich Feuer machte. Ich hörte den Fußboden knarren, als er sich auf das Bett setzte.

»Letzte Woche fuhr ich mit Joe Papp von den Hamptons zurück«, sagte er, ohne die Stimme zu erheben. »Ich hatte ein paar Drinks in einer Bar und war recht aufgekratzt. Ich ging raus mit einer Einladung zu einer Dinnerparty in der Tasche, duschte dann und fuhr zum Studio, wo ich das Topmodel von Calvins neuer Werbekampagne verführte. Am nächsten Morgen schickte ich dir das Telegramm.«

»Selbst Pan war irgendwann mal übersättigt«, sagte ich.

»Nein«, sagte er nach einer Pause. »Ich mag das Leben. Ich habe es mir ausgesucht. Für jetzt. Ich weiß, daß ich die Phantasien dieser Gesellschaft auslebe. Auch *meine* Phantasien. Das ist es, was mir Sorgen bereitet.«

Ich schwieg und stellte einen Topf mit Bohnen auf den Herd.

Er fuhr fort. »In zehn Jahren – was ist dann? Hab' ich es geschafft, daß die Aktien meines Geschäfts an der New Yorker Börse gehandelt werden? Nach Darjeeling zurückkehren, um weitere einhundertelftausendeinhundertelf Demütigungen zu erdulden, damit ich heiliggesprochen werden kann?«

»Ich bin nur ein schlichter Siedler, Sahib«, sagte ich. »Ich habe keine Antwort.«

»Deshalb wollte ich sehen, was du hier draußen gefunden hast«, fuhr er fort. »Weil ich es mir beim besten Willen nicht vorstellen konnte.«

Wieder hörte ich das Knarren der Dielen. Dann atmete er tief ein.

»Und es ist immer noch schwer zu glauben«, sagte er leise, obwohl seine Stimme deutlich zu mir drang. »Alles hier.«

»Und dabei hast du noch nicht mal Janus kennengelernt«, sagte ich. »Er ist der Hauptgrund, weshalb ich hier bin.«

»Er weiß das«, sagte er.

Als ich unser Dinner fertig hatte, war Alexander eingeschlafen. Ich weckte ihn nicht, sondern aß, ging hinaus und stand dann einfach nur da. Ich hoffte, daß wir in ein paar Tagen am Denali kein schlechtes Wetter haben würden. Weiter voraus konnte ich nicht denken. Ich machte mir keine Sorgen.

Ein Lachanfall weckte mich.

»Sorry«, sagte Alexander. »Ich mußte ans Armageddon denken.«

»Und das ist so komisch?«

»Nun, das nicht. Bloß du.«

Ich versuchte, meinen Traum, in dem ich auf dem Rücken eines Elchs geritten war, wieder aufleben zu lassen.

»Ich meine«, sagte er, »ich marschiere durch den Dampf, der am unteren Broadway aus von Menschen geschaffenen Löchern aufsteigt, und sorge mich, wie lange es wohl noch dauern wird, bis Manhattan im Meer versinkt. Das nächste Jahrtausend steht immerhin vor der Tür. Und gerade eben ist mir in den Sinn gekommen, daß du hier sicher bist.«

»Ich habe Angst vor dem Knall meines eigenen Gewehres«, sagte ich.

»Oh, rohes Fleisch, Bohnen, Maden – was auch immer. Ich hab' nicht an Überlebensspezialisten in Kampfanzügen gedacht, die durch Periskope aus Bombenkratern spähen. Aber wir sind alle in Angst und Schrecken vor *irgendeiner* allegorischen Bombe aufgewachsen: Krebs, Alter, Einsamkeit, Verzweiflung – irgendeine unausweichliche Katastrophe, an die uns diese aus den Fugen geratene Welt jeden Tag erinnert. Aber *diese* Welt hier schwankt nicht am Abgrund entlang, nicht hier draußen. Ich bin ... nun ja, ich bin überrascht.«

Ich richtete mich auf. »Aber was ist mit Darjeeling? Was ist mit deinem Kloster? Was ist *damit?*« fragte ich, auf das gerahmte Himalaja-Bild deutend, das er mir zum Abschied in New York geschenkt hatte.

»Oh, ich hab' dir schon vor Jahren erzählt, daß ich dauernd jeden indischen Beamten bestechen mußte, um dort mit meinem Touristenvisum noch weiter bleiben zu können. Und selbst im Kloster herrschten politische Verhältnisse. Du bist doch nur durch Nepal marschiert. Du weißt, daß jedes verfügbare Stückchen Ackerland bebaut wird. Überall gibt es Menschen mit ihren kleinkarierten Wünschen und Forderungen. Tibet ist ein besetztes Land. Ich möchte wirklich nicht darüber reden.«

Ich hatte keine Diskussion vom Zaun brechen wollen, es tat mir leid, daß ich seine Träumereien gestört hatte.

»Wir könnten Farne zum Frühstück braten«, sagte ich. »Unten am Bach ist ein Wäldchen.«

»Bohnen und Reis reichen völlig«, sagte er. »Ich möchte mich durch dieses Land treiben lassen und es dabei so wenig wie möglich verändern.«

Er aß zwei große Schalen mit importiertem Essen.

Bevor wir zur Straße aufbrachen, kletterten wir auf das Dach des Hauses, um die Berge zu studieren. Ich nannte jeden Gipfel, den ich kannte, beim Namen – Mount Silverthrone, Elchzahn, Erlenhain, Mount Deception und noch ein Dutzend weitere – und gab ihre jeweiligen Höhenmeter an. Doch noch während ich versuchte, Alexander mit dem Gebirgszug vertraut zu machen, wurde mir bewußt, daß es ein sinnloses Unterfangen war: Aus der Ferne konnten die Gipfel erfaßt und aufgelistet werden, doch tief zwischen ihnen lag eine andere Welt verborgen, die jeder Beschreibung spottete.

Alexander hörte mir pflichtgemäß zu. Als ich fertig war, meinte er: »Ich schätze, jetzt wissen wir, wo all die Gletscherspalten liegen.«

Wir machten die Hütte bärenfest und nagelten übriggebliebene Sperrholzplatten über die Fenster. Jeder Bär konnte diese Schutzschilde zerfetzen, aber ich brauchte wenigstens den Anschein von Sicherheit, wenn ich schon die Heimstätte ohne Wachhunde zurückließ.

Ich hatte vor, sie auf dem Rücksitz des Chrysler mit nach Talkeetna zu nehmen. Alexander und ich würden ungefähr zehn Tage weg sein, und die Hunde mußten gefüttert werden.

Dann spannten wir die Hunde vor den Schlitten. Ich hatte sie noch nie zuvor im Sommer vor dem Schlitten laufen lassen. Allerdings sagte ich Alexander nichts davon. Der Gedanke, daß wir sieben in einem Auto sitzen sollten, irritierte ihn schon genug.

Ich sagte ihm nichts, weil ich ihn nicht wegen meiner Fähigkeiten als Führer beunruhigen wollte. Würde ich ihn auf ein Abenteuer mitnehmen, von dem ich keine Ahnung hatte? Selbstverständlich! Aber kurz bevor ich die Leine löste, die den Schlitten mit dem Baum verband, fragte ich mich doch, was es für ein Gefühl sein mochte, wenn fünf tobende Hunde über Wurzeln und Baumstümpfe rasten.

»Ich warte auf dich, wenn ich die Tundra erreicht habe«, sagte ich und machte die Leine los.

Die Hunde zischten ab wie der vorderste Wagen beim 500-Meilen-Rennen von Indianapolis. Als wir die ersten Baumwurzeln überquerten, hob sich der Schlitten vom Boden wie von einer Rampe. Mitten in der Luft kippte er nach links. Ich lehnte mich nach rechts. Tannennadeln peitschten mein Gesicht.

Der Schlitten knallte mit einer Kufe auf den Boden. Ich nahm meine Füße von den Kufen und stellte mich auf die Bremse: ein Halbkreis aus Aluminium mit zwei fünfzehn Zentimeter langen Stahldornen bohrte sich in den Boden. Die Bremse riß zwei Rinnen in die Erde. Wenn wir über verborgene Wurzeln donnerten, schoß ich, auf der Bremse stehend, wie Popcorn hoch. Ich umklammerte die gekrümmten Griffe mit aller Kraft in Brusthöhe. Es war klar, daß ich mir erst die Rippen brechen und dann zu einem Salto ansetzen würde, falls der Schlitten gegen irgendwas knallte – Stamm, Stumpf oder Felsbrocken.

»Whoa!« schrie ich.

Norton wurde langsamer. Die Hunde hinter ihm werteten das als Signal zum Überholen.

Wir schlingerten den Trail entlang.

Plötzlich stemmte Dick, der Hund, der dem Schlitten am nächsten war, beide Hinterläufe ein und begann zu scheißen. An der Halsleine wurde weitergezerrt. Das Tempo des Schlittens verringerte sich auf Überschallgeschwindigkeit.

»Braver Junge, Dick!« schrie ich. Meine Backenzähne knirschten, während ich auf und nieder geschleudert wurde.

Zoom, der vor Dick lief, erleichterte sich ebenfalls, angeregt von der plötzlichen Aktivität nach dem trägen Morgen. Dick sprang an den Rand des Trails, um dem auszuweichen, was Zoom von sich gab.

Ich preßte die Kiefer zusammen.

Der Schlitten glitt seitlich von einem Birkenstamm ab. Dann begann Van Dyke – jetzt oder nie – mit ihrer Toilette; ihr Urin spritzte von einer Seite zur anderen.

Der ursprüngliche Sturm war verebbt. Solange ich die Füße auf der Bremse hatte, konnten die Hunde das alte Tempo nicht wieder aufnehmen. Als wir die Tundra erreichten, begann die Bremse eine Menge Ballast vor sich herzuschieben. Die Schlittenkufen, nun nicht länger von den feuchten Wurzeln geschmiert, wurden stumpf. Wir stoppten.

Ich keuchte. Meine Achseln, mein Gesäß, meine Handflächen, alles war mit beißendem Adrenalinschweiß getränkt.

»Steht, whoaaa«, grollte ich.

Die Rüden hoben lässig ein Bein und markierten ihr Terrain. Alle fünf schauten sich stolz um. Sie waren guttrainierte Athleten in Hochform, die gerade einen neuen Rekord aufgestellt hatten.

Fünf Minuten später kam Alexander angerannt; sein Rucksack klatschte ihm gegen den Rücken. Er sah sehr besorgt aus.

»Bist du in Ordnung?« keuchte er.

»Kein Problem«, log ich.

»Ist das *normal?*« sagte er.

»Da bin ich mir nicht sicher«, erwiderte ich.

»Das«, sagte er, »glaube ich dir.«

Ich bat ihn, sich auf den Schlitten zu knien, als wir auf die Tundra hinausfuhren. Das zusätzliche Gewicht und die stumpfen Kufen bescherten uns ein flottes Fußgängertempo, obwohl sich die Hunde mächtig ins Zeug legten.

»Ist das die traditionelle Eskimotechnik für Sommerreisen?« rief er über die Schulter.

»Es funktioniert«, sagte ich. »Immer noch besser als laufen, oder?«

Alexander nahm seinen Rucksack ab und setzte sich mit ausgestreckten Beinen darauf. »Vorwärts, Sklaven!« rief er. Im Vorbeifahren pflückte er lachsfarbene Torfbeeren.

Am tiefsten Punkt der Tundra hielten wir an und machten jeden Hund mit Ausnahme des Leithundes vom Zugseil los. Jetzt waren sie nur noch durch ihre Halsleinen mit dem Hauptseil verbunden. Doch auch jetzt, wo die Hunde nur mit dem Nacken zogen, raste der Schlitten in halsbrecherischem Tempo durch den Wald. Alexander, der nicht bereit war, ohne dicke Polsterung auf dem Schlitten sitzen zu bleiben, lief, rannte, stolperte und fluchte.

Wir redeten erst wieder miteinander, als wir den Fluß erreicht hatten. Ich hatte alle Hände voll zu tun, um zu verhindern, daß der Schlitten gegen die am Rande des Trails stehenden Bäume knallte. Alexander brauchte jedes bißchen Luft, um mitzuhalten.

»Und jetzt?« fragte Alexander, als er den Schlitten eingeholt hatte.

»Keine Ahnung«, fragte ich und fügte dann impulsiv hinzu: »Okay! Auf geht's!«

Norton stürzte sich in die Strömung und schwamm, ohne zu zögern, auf das andere Ufer zu. Ich sprang vom Schlitten und rannte gefährlich schwankend über die Pappelbrücke. Norton kletterte das Ufer hoch, schüttelte sich flüchtig, während die Hunde hinter ihm Wasser traten, und zog dann das restliche Gespann aus der Strömung. Der Schlitten blieb am Uferrand hängen.

Ich zerrte den vorderen Teil herum und – wir waren auf der anderen Seite.

»Saber«, rief Alexander von der anderen Flußseite, auf den goldfarbenen Apportierhund seiner Eltern anspielend, »hätte den Schlitten über die Brücke gezogen.«

»Aber so war's doch genau so, wie es sein sollte, oder?« beharrte ich, ganz begeistert von meinen neuentdeckten Fähigkeiten. »War ganz einfach, was?«

Während sich die Hunde schüttelten und uns naß spritzten, sagte Alexander: »Jetzt mal ehrlich. Wieviel deines Lebens hier draußen verläuft so ad hoc?«

Ich grinste. »Alles.«

An der Straße angekommen, warfen wir unsere Rucksäcke in den Kofferraum. Norton saß zwischen uns auf dem Vordersitz, die anderen vier Hunde hatten wir hinten untergebracht; da blieb noch genügend Platz für den Präsidenten von Chrysler Motors.

Wir gaben die Hunde bei dem Hundepfleger ab, der sich um Dennys Gespann kümmerte. Während wir sie am Kragen packten, um sie außer Reichweite von Jakes Zähnen zu halten, und sie an die Kette legten, erzählte ich Alexander von Denny. Mir war bewußt, daß ich in fast jedem Punkt kräftig übertrieb.

»Einer der besten Buschpiloten in Alaska.« »Ein amerikanischer Held, der materielle Annehmlichkeiten für die Wildnis aufgegeben hat.«

Vor sechs Monaten hatte ich einen Wochenendabstecher nach Anchorage gemacht, um ein paar schnelle Dollars zu verdienen. Während des Taxifahrens hatte ich einen Beitrag zu dem Wettbewerb über die »Beste Bärengeschichte« geschrieben, den die kleinere der beiden Tageszeitungen von Anchorage veranstaltete. Zweihundert Dollar waren ausgesetzt. Als der zuständige Redakteur mich einen Monat später aufspürte – rein zufällig war ich gerade in Talkeetna (»Yo! Rick! Im Fairview ist jemand für dich am Telefon!«) –, fragte er mich: »Ist das alles wahr?« Ich lachte und fragte ihn, wie lange er schon in Alaska wäre. »Zwei Monate! Aus Chico, Kalifornien.« Ich erklärte ihm, daß *jede* Bärenstory in Alaska wahr wäre. »Hier draußen«, hatte ich gesagt, »haben wir es nicht nötig zu übertreiben.«

Ich bekam meine zweihundert Dollar.

Nachdem die Hunde versorgt waren, gingen wir zur Startbahn, wo wir einen Flug mit einem der Lufttaxis gebucht hatten. Melissa und Janus warteten dort auf uns.

»Das ist dein Onkel Alexander«, sagte ich zu Janus, der sich sofort an Alexanders Oberschenkel klammerte.

Alexander nahm ihn hoch und sagte im Bühnenflüsterton zu ihm: »Läßt du deine Mom für ein paar Stunden mit uns kommen?«

Janus war perplex. Melissa und ich ebenfalls.

»Wir wollen mit ihr zu den Bergen fliegen«, erklärte Alexander, zu Janus gewandt. »Sie kommt gleich wieder zurück und ist dann ganz glücklich.«

Janus schnitt eine Grimasse und blinzelte Alexander zu, der auflachte und ihn fester an sich drückte.

Bei mir klickte es. »Bloß bis zum Basislager«, sagte ich, ad hoc, zu Melissa. »Bloß damit ich meinen Schwur erfülle, daß wir gemeinsam in die Berge gehen.«

Melissa schaute vollkommen verblüfft drein. »Ich bin ... ich bin darauf nicht *im geringsten* vorbereitet«, sagte sie.

»Würdest du gern mitkommen?« fragte Alexander.

»Nun ja, natürlich«, sagte sie. »Aber...«

Sie trat einen Schritt zurück und sagte zu mir: »Hör mal, ich hab' dein Kokosbrot gebacken und dir Pitasandwiches zum Mitnehmen gemacht. Es ist schon merkwürdig genug, daß ich vor einer Klettertour für deinen Proviant sorge.«

Wir riefen »Tante« Tanya von ihrer Helikopterwartung herüber, damit sie sich um Janus kümmerte.

Die Maschine startete. Alexander saß auf dem Sitz des Kopiloten, während Melissa und ich uns hinten auf unserer Ausrüstung zusammendrängten. Kaum hatten wir den Susitna hinter uns gelassen und flogen über die scheinbar endlosen Wälder, da überkam mich – wieder mal auf einem Flug in die Berge – ein irres Lachen, vollkommen grundlos, mit tausend Gründen. »Schau!« sagte ich zu ihr.

Sie sah mich an. Ihre Augen waren klar. Sie griff nach meiner Hand.

Als wir auf der Südostgabelung des Kahiltna-Gletschers landeten, waren alle Blicke auf die Berge gerichtet. Wir sprangen hinaus, kaum daß die Maschine ausgerollt war. Wir schleppten unsere Ausrüstung von der behelfsmäßigen Landebahn weg. Unser Pilot ging zu dem Zelt des Funkers.

Die Gipfel über uns reflektierten die Strahlen der Sonne, die aus einem wolkenlosen Himmel schien. Die Luft war warm. Eine Drei-Mann-Expedition, die nach ihrer Klettertour zurück nach Talkeetna wollte, sonnte sich in ihrer Polypropylenunterwäsche und zeigte keine Eile, den Gletscher zu verlassen.

Melissa, Alexander und ich stapften in verschiedenen Richtungen durch den Schnee, jeder bemüht, eine ganz eigene Perspektive zu gewinnen, aus der er die anderen betrachten konnte. Alexander sagte nichts. Ich sagte nichts. Nach einer Weile rief mir Melissa zu: »Ich finde, das hier grenzt an Vollendung.« In dem strahlenden Licht konnte ich selbst auf die Entfernung hin sehen, daß ihre Augen voller Tränen waren.

In dem Moment, in dem ich sie erreichte, um sie in die Arme zu schließen, brüllte der Pilot: »Wir müssen los!«

Der Abschied kam unerwartet und viel zu früh. Sie rannte auf das Flugzeug zu. »Janus braucht dich«, sagte sie von der Tür der Maschine aus.

Alexander und ich beobachteten, wie die Cessna 185 vor der Kulisse der schneebedeckten Gipfel schnell auf die Größe einer Mücke zusammenschrumpfte. Dann bauten wir unser Zelt auf.

Ich darf nun aus Alexanders Tagebuch zitieren, das er für seine neueste und schließlich letzte Geliebte führte.

Montag, 4. 7. Ich wünschte, du könntest sehen, wo ich bin: in dem schmalen Tal eines schneeverkrusteten Gletschers in einer Höhe von 2000 Metern, umgeben von unglaublichen Gipfeln, wo die Sonne so grell auf dem Schnee liegt, daß man nach einem Tag ohne Schneebrille blind wäre. Immer wieder ertönt ein dröhnendes Donnern, wenn Fels und Schnee losbrechen und eine Lawine von einem der uns umgebenden Gipfel niedergeht. Es bleibt hier die ganze Nacht hindurch hell, und die Entscheidung fällt einem schwer, wann man schlafen soll – unser Abendbrot aßen wir um Mitternacht, nachdem uns eine kleine Maschine hochgebracht hatte, die in einer Höhe von 5 Metern über einen Grat geflogen war.

Außer uns sind momentan noch drei weitere Leute hier. Im Umkreis von drei Kilometern mögen sich noch etwas über dreißig Personen befinden, die sich darauf vorbereiten, den Denali in Angriff zu nehmen. Am 24. Juni – vor zehn Tagen – stürzte eine Frau in eine Gletscherspalte und starb, in einer Gegend, die wir morgen passieren werden. Ich habe hier in diesem Staat ein stärkeres Gefühl für Gefahr als in New York – unten in den Wäldern drohen die Grizzlys, hier oben Gletscherspalten, Stürze und Kälte. Hier oben macht keiner Blödsinn, und alle sind so kompetent. Die Sinne werden um so schärfer, je kleiner die Bedürfnisse werden, und damit wächst eine von allem losgelöste Ruhe, die so selten ist, wo es Menschen gibt.

Dienstag. Letzten Abend kamen zwei Bergsteiger mit Schneeschuhen von ihrem Lager in 4000 Metern Höhe herunter und gaben uns den Rat, sofort aufzusteigen, da die Gletscherspalten aufbrechen und bald schon unpassierbar sein würden. Also packten wir um 21 Uhr 30 hastig zusammen und verließen unser Basislager. Der Gletscher blieb danach noch einige Stunden im Licht. Es war phantastisch, in dem weichen Licht durch verschneites Gelände zu gehen. Rick zog unseren Schlitten. Es *gab* viele Gletscherspalten, und zweimal sahen wir Löcher, wo Leute eingebrochen waren, wie wir gehört hatten. Während einer von uns eine Spalte überquerte, sicherte ihn der andere, jederzeit bereit, seine Axt einzuschlagen, um zu verhindern, daß er durch die uns verbindende Sicherungsleine ebenfalls in die Tiefe gerissen wurde.

Donnerstag. Gestern erwachten wir bei Schneeregen und einem derart dichten Nebel, daß man buchstäblich die Hand vor Augen nicht mehr sehen konnte. Das passiert, wenn man direkt von einer Wolke eingehüllt wird. Kalt, feucht und sehr merkwürdig. Himmel und Boden haben die gleiche Farbe, glühend, unheimlich, kühlschrankweiß. Rick war dafür, das Lager abzubrechen und höher zu steigen, aber ich wollte davon nichts wissen.

Samstag. 3300 Meter. Der gestrige Morgen war »das Übliche« gewesen, aber dann hatte sich der Himmel so weit aufgehellt, daß wir die Energie für unseren Aufbruch hatten. Der Treck begann mit einem sehr steilen Anstieg, keine leichte Aufgabe in dieser Höhe, wenn man einen Schlitten ziehen muß und bis zu den Knien im Schnee steckt. Jeder Schritt war langsam und quälend. In dieser Höhe ist es kalt genug für Schnee. Ich erwachte um zwei Uhr nachts, als ein schrecklicher Sturm an unserem Zelt riß. Ich war sicher, daß es jeden Moment weggefegt und der purpurne Kokon meines Schlafsacks ungeschützt den Elementen ausgesetzt sein würde. Nach einer Stunde jedoch ließen die heftigen Böen nach und erstarben schließlich ganz. Wir hatten geplant, weitere 300 Meter bis zur »Windy Corner« aufzusteigen; von dort aus kann man nur noch mit Steigeisen weitergehen. Aber irgendwie habe ich die Lust dazu verloren. Ich fühle mich launisch, müde und ein bißchen benommen. Abgesehen davon nützt einem die beste Aussicht im Sturm wenig. Rick behauptet zwar, daß es oben klar wäre, aber ich glaube es nicht.

5 Stunden später. Äußerst widerwillig erklärte ich mich bereit, mit Rick zum Paß hochzusteigen, vor allem deswegen, weil mir das Herumgeliege im Zelt die Kälte in die Knochen getrieben und mich sehr unruhig gemacht hatte. Je höher wir kamen, desto heller wurde der Himmel, bis auf einmal ein unglaubliches Panorama hinter uns auftauchte. Oben angekommen, hatten wir einen ganz neuen Blick auf den immer noch in Nebel gehüllten Denali, dessen Westflanke in der Sonne glänzte. Worte können die Freude dieses Augenblicks nicht erfassen; es ist mehr als die anregende Kletterei, die reine Luft, die absolute Stille, die majestätischen Gipfel. Das Licht verleiht jedem Gegenstand einen übernatürlichen Glanz – Felsen ragen auf, rissig und zersplittert von Sonne und Schnee. Alles schien vollkommen, so rein und wunderschön; Erde und Menschheit waren so fern. Die Beschwingtheit, die Freiheit und der Friede, die ich da oben empfand, übertrafen alles, was ich je erlebt hatte. Ich hatte zum erstenmal das Gefühl, daß alles zum besten stand, daß das Leben so viele Möglichkeiten beinhaltete und all die Konfusion und Verwirrung wert war. Der Mensch wäre ein wunderbares Wesen, wenn er in den Bergen und nicht in Städten leben würde! Wie klar alles ist in einer Welt aus solcher Reinheit und Schönheit – auch wenn es nur Momente sind! Wir marschierten durch den Schnee um »Windy Corner« herum, ohne darauf zu achten, daß hier Steigeisen nötig waren, um nicht von den eisigen Hängen in Gletscherspalten abzurutschen, wohl wissend, daß wir an diesem Tag gesegnet und unsterblich waren.

Beim Abstieg vertraute Alexander mir an, daß er schon seit Monaten krank gewesen sei, obwohl er sich sehr vage über die Art seiner Krankheit äußerte. »Aber jetzt bin ich wieder gesund«, sagte er grinsend.

Ich nahm an, daß es sich bei seiner Krankheit um eine innere Unzufriedenheit gehandelt hatte. Seine Freude stellte ich nicht in Frage.

Als wir ins Basislager getaumelt kamen, begrüßte uns der Funker. »Telefongespräch für dich«, sagte er und sah mich an.

Ein komischer Scherz. »Sag, ich wär' noch in der Stratosphäre«, sagte ich.

Dann hörte ich das Sprechfunkgerät knacken. »Rick? Bist du okay?«

Es war Melissa, die vom Büro des Lufttaxiunternehmens anrief, es war ein unglaublicher Zufall. Aber ich ließ meinen Rucksack fallen und griff zum Mikrophon.

»Woher wußtest du, daß wir zurück sind?« fragte ich.

»Ich wußte es«, sagte Melissa.

»Wir haben den Gipfel nicht geschafft«, sagte ich.

»Dem Herrn sei Dank«, erwiderte sie.

Ein paar Stunden später waren Alexander und ich schon wieder in der Luft. Das Flugzeug dröhnte über Abgründe blauer Gletscherspalten und schwenkte dann in den Einschnitt, der uns ins obere Susitna Valley bringen würde. Zwischen schwarzem Fels und weißem Schnee glitten wir dahin. Und dann sahen wir Grün.

Es war, als würde man mit Apollo 11 zur Landung ansetzen und eine Palmenoase auf dem Mond entdecken. Es war Arkadien, es war *lebendig*. Es war Zuhause.

Ich hatte drei-, nein, viermal das Tal mit dem Flugzeug überflogen; jetzt fielen mir zum erstenmal dunkle Furchen in der Tundra auf. Ich sah eine gerade, dicke Linie, dann zwei, wie Filzstiftstriche auf einer Landkarte.

»Das ist von ATVs!« rief ich Alexander zu, der neben dem Piloten saß. »All-Terrain-Vehicles! Fahrzeuge für jedes Gelände. Go-Karts auf Ballonrädern. Jäger benützen sie und reißen damit das Land auf, wenn sie hinter ihrer Beute herhetzen!« Die für Alaska neuen Fahrzeuge wurden von Jahr zu Jahr beliebter und erlaubten auch im Sommer motorisierten Zugang zu Landschaften, die bis jetzt nur Huf, Fuß und Pfote vorbehalten gewesen waren.

Ich beugte mich zu seinem Ohr vor. »Die Leute fangen an, sich Zugang zu diesem Tal zu verschaffen«, schrie ich. In der Isolation meiner Heimstätte war ich sicher gewesen, doch jetzt plötzlich spürte ich die Nähe anderer Menschen, die wie ich waren – genau wie ich: *Homo sapiens*, die sich bis in die letzten ökologischen Nischen ausbreiteten –, die aber aus ganz anderen Gründen gekommen waren.

»Siehst du diese Spuren?« fragte ich laut, obwohl ich mich direkt neben ihm befand. »Dieses Tal könnte genauso überlaufen werden wie alles andere auch! Was sollen wir tun?«

Alexander wandte sich nicht vom Fenster ab. Er schien ungerührt und meinte schlicht: »Das, was du jetzt auch tust.«

Bevor ich antworten konnte, fügte Alexander ruhig hinzu: »Hast du nicht gerade eben etwas gesehen, das nie mehr verlorengehen kann?«

Das Flugzeug sackte in ein Luftloch. Ich flog hoch und knallte mir den Kopf an.

»Was notwendig ist«, ergänzte er und streckte die Hand aus, um meine Stirn zu berühren, »wird bleiben.«

Ich wollte ihm klarmachen, daß selbst hier – hier! – in einer der letzten, unbeschädigten Landschaften auf Erden das heilige Land zu einem weiteren Wohnmobilpark erniedrigt wurde, aber er achtete nicht darauf. Ich kam mir vor wie ein Aktieninhaber, der einen buddhistischen Mönch dafür interessieren will, daß der Dow-Jones-Index um hundert Punkte gefallen ist.

Ich sah zum Fenster hinaus und konnte keine weiteren Spuren entdecken. Ich sah nur bernsteinfarbene Tundra, meergrüne Wälder und blaue Seen, die von den Gletschern in der Erde gegraben worden waren.

Das Flugzeug kurvte in scharfem Senkflug nach unten. Mein Magen kletterte mir in die Kehle. Wir donnerten über ein Blockhaus. Wald – dann eine winzige Lichtung – und dann wieder Wald, endlose Wälder. Der Pilot drehte sich nach mir um und nickte mir zu, während ich die Gallenflüssigkeit in meinem Mund herunterzuwürgen versuchte.

Das Blockhaus, so wurde mir benommen klar, war mein Zuhause gewesen, für einen kurzen Augenblick inmitten der Wildnis sichtbar. Schließlich überflogen wir den Anchorage–

Fairbanks Highway, eine Minute später dann den Susitna und landeten schließlich weich auf der kleinen Rollbahn von Talkeetna.

Alexander stieg aus, um Melissa und Janus zu umarmen. Ich ließ mich auf die Landebahn fallen; mein Kopf dröhnte nur so vor Luftkrankheit, aber auch von dem, was ich gerade gesehen hatte. Als Janus auf mich zu gerannt kam, hob ich ihn hoch, ließ mich auf die Knie sinken und atmete tief durch, um mein Gleichgewicht zu stärken. Seine Berührung machte es leichter.

»Na, du siehst jedenfalls wie ein echter Bergsteiger aus«, sagte Melissa. Sie stand über mir. »Erledigt und verbrannt und froh, wieder zurück zu sein.«

»Es ist alles noch da«, sagte ich. »Noch.«

Sie kauerte sich neben uns und umarmte uns beide. »Du auch«, sagte sie.

Ich sah, daß Alexander ins Büro ging, um die Rechnung zu bezahlen, aber ich fühlte mich zu schwach, um deswegen mit ihm zu streiten.

»Wie geht's dir?« fragte ich Melissa.

»Ich warte«, sagte sie leichthin. »Wie immer. Aber ich lerne, wie ich mir die Zeit zunutze machen kann.«

Der in voller Blüte stehende Sommer war für mich zu überwältigend, als daß ich das Gespräch hätte fortsetzen wollen. Die Brise war warm und trug die Feuchtigkeit des Flusses in sich. Die Düfte waren schwindelerregend – Tannen, Blumen und Erde und der warme Glanz meines Jungen. Manche Arten von Isolation verstärken Angst und Freude.

Alexander kam zurück und fragte, ob es in Ordnung sei, wenn er wieder nach New York zurückkehren würde. Ich war wie vor den Kopf geschlagen.

»So bald?« sagte ich.

»Ich möchte das, was ich hier gefunden habe, mit nach Hause nehmen. Ich möchte das eine Weile in mir spüren«, erwiderte er, »bevor es verblaßt. Und ich bezweifle nicht, daß es verblassen wird.«

Janus verlangte Eiscreme. »Jetzt.«

Alexander zögerte einen Augenblick. Dann sagte er: »Ich *liebe* Eiscreme.«

»Ich hab' ihm erzählt, wir würden alle eine Party feiern, wenn ihr zurückkommt«, gestand Melissa.

Alexander nahm Janus hoch und sagte: »*Ich* möchte *zwei* Kugeln.«

Alexander und ich nahmen am Anchorage Airport ungewöhnlich leise voneinander Abschied. Dann kehrte ich nach Talkeetna zurück, wo mir Melissa erklärte, woher ihr momentanes Wohlbefinden rührte. Sie hatte einen »international bekannten« Bergsteiger kennengelernt, der sie »so akzeptierte, wie sie war«.

In dieser Nacht schlief ich auf dem Rücksitz des Wagens. Ich schlief zwölf Stunden, dankbar für ihre Ruhe, verletzt durch ihre Reserviertheit, aber ansonsten gelassen.

Am nächsten Tag fuhren Janus und ich nach Hause, ohne daß es von Melissas Seite zu irgendwelchen Einwendungen gekommen wäre. »Ich liebe euch!« rief Melissa, als wir losfuhren.

Janus war überglücklich, all die Hunde im Wagen um sich zu haben. Er kroch vom Beifahrersitz nach hinten und streichelte jeden Hund. »Nortee! Dick! Zoo*oom*!«

Die Mittagssonne heizte den Wagen auf. Wegen der defekten elektrischen Fensterheber ließen sich die Fenster nicht öffnen, und wir saßen in einer ausgesprochenen, durch das Hecheln der Hunde noch verstärkten Treibhausatmosphäre. Ich genoß es.

Janus hörte mir kaum zu, als ich ihm von dem Königreich der Berge zu erzählen versuchte, wo ich gerade gewesen war. Er hatte die Berge gesehen, war auf ihren Flanken gestanden und hatte ihre Winde im Gesicht gespürt. Was konnte ich schon sagen, das er nicht bereits wußte?

Außerdem hatten wir Hochsommer in einem Wagen mit tropischem Klima. Er entlockte mir das Eingeständnis, daß der Ort, an dem wir uns gerade befanden, aufregend genug war. Vor allem für mich, der im Gegensatz zu ihm wußte, was eine Hundeschlittenfahrt über Wurzeln und Baumstümpfe bedeutete.

Wir hängten die Hunde nur mit ihren Halsbändern ans Zugseil. Dann setzte ich Janus auf einen Packen, gefüllt mit Dosen mit Thunfisch, Ananasscheiben, geschälten Tomaten und unserer für den Fall der Fälle gedachten Regenausrüstung. Er lehnte sich gegen einen Plastikmüllsack, in dem sich die Daunenschlafsäcke und Parkas befanden, die Alexander und ich benutzt hatten.

Das zusätzliche Gewicht verlangsamte das Tempo des Schlittens gerade so weit, um aus Schrecken Spaß werden zu lassen.

Dann glitten wir über einen riesigen Haufen Bärenkot.

Die Hunde begannen schneller zu laufen.

Meine Knie wurden weich, was mir die Fahrt sogar etwas erleichterte. Doch wenn wir auf unserem Trail einem Bären begegneten, hatte ich keine Möglichkeit, die Hunde davon abzuhalten, die Herausforderung anzunehmen.

»Nun … mich kümmert's nicht, ob es regnet oder kalt ist / so lang ich meinen Janus hab / der hinten auf dem Schlitten fährt«, begann ich mit voller Lautstärke zu singen.

Ich hatte gelesen, daß der Bär in seiner überlegenen Weisheit hundertmal öfter der Begegnung mit einem Menschen ausweicht, als daß es zu einem Zusammentreffen kommt.

»Und … mich kümmert's nicht, ob's schwer ist oder Freude macht / solang' ich meinen Wunderknaben hab / der hinten auf dem Schlitten fährt.«

»Dod«, rief er. »Sei still.«

Er wollte dem Wald lauschen, nicht mir.

Ich verlor nur einmal die Kontrolle über den Schlitten, an einer Stelle, wo es einen kleinen Hügel hinabging und der Trail unten einen Baum umkurvte. Ich rutschte auf Knien hinter dem Schlitten her (was zu kräftigen Abschürfungen führte); meine blutleeren Hände hingen wie angeklebt an den Griffen. Janus schlug sich an einer der Holzleisten des Schlittens den Kopf an. Er schrie auf. Ich zog mich wieder auf die Kufen hoch und brachte das Gespann zum Stehen. Ich hielt meinen Jungen fest im Arm, bis ihm nichts mehr weh tat. Dann fuhren wir weiter.

Daheim angekommen, wälzten sich die Hunde auf dem Boden, kratzten sich, und der Junge kugelte zwischen ihnen herum. Ich lief auf die kleine Hütte zu – jetzt unser Vorratsschuppen – und kehrte mit einem alten Kopfkissen und etwas Garn zurück. Mit der Machete teilte ich den Schaumstoff des Kissens in zwei Hälften und befestigte sie an der oberen Handleiste des Schlittens, wo bei rauhem Trail ein kleiner Kopf dagegenknallen konnte. Ein weiteres, unerwartetes Problem war gelöst worden.

Nachdem wir die Hunde angekettet hatten, entfernten wir das Sperrholz von den Fenstern. Janus zeigte sich überrascht, daß allein die Drohung, Bären könnten in das Haus eindringen, einen derartigen Sicherheitsaufwand erforderte, aber er schien auch nicht im entferntesten daran zu denken, daß sich ein solcher Vorfall tatsächlich einmal ereignen könnte.

Ich riß einen Nagel aus der Holztür aus halben Stämmen, und wir gingen hinein. Ich fühlte mich, als würden wir die große Halle von Walhalla betreten, den letzten Ruheplatz, die ewig gleichbleibende Belohnung. Janus berührte den Tisch, den Küchentresen, den Herd. Ich war neben der Tür stehengeblieben. Er kam zu mir und sagte schlicht: »'eim, Dod.«

»'eim«, erwiderte ich mit tiefer Stimme und hob eine Hand, die Handfläche nach oben.

Er kniff die Augen zusammen und versuchte herauszukriegen, was ich wohl wirklich sagen wollte. Dann verkündete er entschlossen: »Zeit zu essen!«

Ich heizte den Herd an und machte Pasta.

An diesem Abend entdeckten wir bei unserem rituellen Spaziergang, daß der Styroporsitz unseres Außenaborts zerfetzt worden war. Ansonsten hatte der Bär keine Anzeichen seines Besuchs zurückgelassen.

Wir schlenderten zum Fluß. Am Ufer folgten wir dem Wildpfad durch das hohe Gras hindurch. Der Junge stürzte sich in eine Vegetation, die doppelt so groß war wie er.

Er fand ein Entennest. Sechs Eier lagen darin.

»Eins nehmen wir!« sagte der eifrige Jäger.

Ich erklärte ihm, daß die Eier unberührt bleiben sollten, damit die Entenmama sie ausbrüten konnte.

Achtlos erkundigte er sich, ob er ein Ei in den Fluß werfen könne; er wollte mit seinen Händen alles erfassen, was seine Macht erweitern würde.

Wir ließen die Eier, wo sie waren. An diesem Abend lasen wir in einem Taschenbuch mit dem Titel *Pflege der gefiederten Tiere und der Pelztiere*, das uns Alexander schon vor einem Jahr geschickt hatte. Darin wurde beschrieben, wie man gebrochene Flügel, Schußwunden und verlassene Jungtiere behandelt. Kapitel I gab den Rat, die Finger von Nestern zu lassen.

Am nächsten Morgen schlichen wir leise durch das Gras; in einer Entfernung von zehn Metern schoß das Weibchen aus dem Nest. Es war Janus, der beschloß, nicht näher an das Nest heranzugehen.

Wir erkundeten die Wälder ohne jede Angst. Selbst bei Gelegenheiten, bei denen Vorsicht angebracht war (die Hunde bellten am Morgen, frische Losung am Bach von der vergangenen Nacht) und ich die Schrotflinte dabei hatte, zeigte Janus kein Anzeichen von Besorgnis. Er versuchte gar nicht, dicht bei mir zu bleiben. Noch versuchte er sich zu entfernen, um sich selbst oder mir zu »beweisen«, wie mutig er war. Jede dieser Handlungsweisen hätte auf eine gewisse Ängstlichkeit schließen lassen.

Ich wußte, daß im Susitna Valley noch keine Tollwutepidemie bei Füchsen oder Kojoten aufgetreten war, wie sie normalerweise im hohen Norden in zyklischen Abständen vorkam. Raubtiere wie Wölfe oder Vielfraße griffen Menschen nicht an. Und wir waren viel zu weit von Massenmördern entfernt, die mit der Axt durch die Gegend schlichen, als daß derartige Ängste unseren Schlaf hätten stören können.

Wir waren von einer Welt umgeben, die wir als verbündet ansahen, nicht als feindlich. Es war klar, daß dies einem Kind eine umfassende Sicherheit garantierte.

Dann tauchten die ersten Lachse in unserem Fluß auf. Wir gingen am Ufer entlang, um nach den Enten zu schauen, als das Wasser in einer Linie in der Mitte des Flusses anzuschwellen begann, wie eine Schlange, die den Rücken krümmt. Wir standen beide mit offenen Mündern da, als ein drei Fuß langes

Unterseeboot lautlos dicht unter der Wasseroberfläche dahinglitt, gerade einen Meter von der Stelle entfernt, an der wir standen.

Einen Moment lang war ich erschrocken, daß etwas so Großes so schnell und so nahe an uns vorübergehuscht war. Dann blieb mir nur noch bewunderndes Staunen.

Janus kam gar nicht auf die Idee, Angst zu haben, und geriet sofort in Begeisterung. Er sah aus, als würde er im nächsten Moment ins Wasser springen. Ich legte ihm schnell eine Hand auf die Schulter.

Unterhalb des Hauses war der Fluß ziemlich schmal. In den Zeiten zwischen den Regenfällen war er außerdem an manchen Stellen so flach, daß es unvorstellbar schien, daß ein dermaßen großer Fisch flußaufwärts schwimmen konnte. Der Lachs war Tausende von Meilen geschwommen, vom offenen Meer den Susitna River hoch bis zu diesem namenlosen Nebenfluß, um hier zu laichen. Sein Anblick hier grenzte an ein Wunder.

Janus rannte dem Ufer entlang. Der Fisch wendete und schoß flußabwärts. Wir folgten ihm auf und ab, auf und ab, bis er plötzlich verschwunden war. Die nächsten beiden Stunden saßen wir am Ufer und warteten. Nie hatte ich Janus so lange still erlebt. Ich mußte ihn schließlich wegschleppen und ihm versprechen, daß wir am nächsten Tag wiederkommen würden.

Am nächsten Tag sahen wir zwei Fische, dann drei, dann vier. Janus war begeistert. Aber er ärgerte sich auch, daß ich mich weigerte, einen Fisch zu fangen. Ich wußte, daß das im Laufe der Zeit noch kommen würde, so leicht, als würde ich in einen Vorratstank greifen. Wenn schon keinen von den Riesenlachsen, dann einen kleineren, silbernen Lachs oder einen »kleinen«, fünfpfundigen rosafarbenen Lachs. Aber noch nicht jetzt. Jetzt war ich mit Zuschauen zufrieden. Ich wollte, daß Janus es einfach nur genoß, daß die Fische da waren – was er auch tat.

Als der Sommer dem Herbst zu weichen begann – Mitte August – und die Winde wieder von Norden kamen, pflückten wir Beeren um das Haus herum. Fünfzig Meter den Trail entlang in Richtung Straße breitete sich ein Blaubeerfeld aus, das so groß und ertragreich war, daß wir ein Geschäft daraus hätten machen können, wenn wir bereit gewesen wären, ununterbrochen zu pflücken. In einer angrenzenden Lichtung der feuchten Tundra gab es massenhaft Torfbeeren. Wir machten Töpfe voll mit Eskimo-Eiscreme – traditionsgemäß Torf- oder Blaubeeren, mit Robbenfett geschlagen: Heutzutage nahm man allerdings statt Robbenfett normales Fett mit etwas Honig.

In der ersten Septemberwoche hatte sich der Klang unserer Welt verändert. Aus dem grünen und silbernen Klingeln des Waldbaldachins war ein trockenes Rascheln geworden. Der Wind war lauter, doch ohne all die Drosseln, Zaunkönige, Lerchen, Spatzen, Teichrohrsänger, Fliegenschnäpper und Schwalben kam uns das Geräusch leise vor.

Auf unseren Spaziergängen senkten wir unbewußt unsere Stimmen, wenn wir uns durch die Gräser schoben, die sich jetzt nicht mehr bogen, sondern brachen. Es überraschte mich selbst, mir eingestehen zu müssen, daß die Vegetation in der Höhe des 62. nördlichen Breitengrades gerade knappe drei Monate existierte: die ersten Knospen Anfang Juni, im Juli volle Blätterpracht, und Ende August begann schon wieder das Sterben. Nur drei Monate! Die Spitze der antarktischen Halbinsel weist den gleichen Breitengrad im Süden auf.

Aber in dem zweiwöchigen Intervall zwischen letzten Blättern und erstem Schnee wurde einem das Land auf eine ganz neue Weise bewußt. Jetzt konzentrierte sich die Aufmerksamkeit nicht länger auf Details: Spinnweben und Blumen und schmale Wildpfade im Tundramoos. Es war auch nicht das gewaltige, offene Panorama des Winters. Die dazwischenliegenden Stellen zogen die Aufmerksamkeit auf sich: die bloßgelegten Mulden niedergedrückter brauner Farne, wo Elche geschlafen hatten, die entblößten Löcher hoch oben in alten Birken, wo Eichhörnchen ihren Winterschlaf hielten, die Keilform der Schwäne, die unter dem aufsteigenden Morgennebel sichtbar wurden.

Selbst in dem Garten, den wir so sorgfältig angelegt hatten, tauchten überraschende Dinge auf. In einer grasigen Lichtung des schmalen Sattels – wo unser Kamm hinter der kleinen Hütte abfiel und die Sonne ihre ganze Kraft entfaltete – hatte ich Grasstücke ausgestochen und aufgeschichtet, und der Junge hatte die Stücke mit der Machete zerschlagen. Die Lichtung war nicht von Bäumen überschattet wie das Fleckchen, das Melissa vor zwei Jahren als Garten ausgesucht hatte. Aber nachdem der Boden aufgetaut war, hatte die Zeit nur gereicht, um eine kleine Ecke umzugraben, in der wir pflanzen konnten. Die Überraschung war, daß hier tatsächlich Gemüse wuchs: vier riesige Köpfe Brokkoli, zwei perfekte Blumenkohlköpfe, ja sogar etwas Rosenkohl. Obwohl wir unseren sprießenden Garten oft *betrachtet* hatten, war unser Arbeitsaufwand für ihn eher mäßig gewesen. Er war bis jetzt noch so klein, daß es kaum Unkraut zu jäten gab. Die Gräser am Rande der Lichtung standen so hoch und dicht, daß sie wie ein natürlicher Zaun wirkten.

Meine hauptsächliche Bautätigkeit in diesem Sommer war die Konstruktion eines Lagerkellers gewesen. Mit einigen Stämmen hatte ich zuvor schon das Fundament des Gewächshauses gelegt, und jetzt mußte noch die wirkliche Arbeit geleistet werden: der Materialtransport im Winter mit dem Hundeschlitten und dann das Einsetzen der großen Scheiben der Doppelfenster. Doch wichtiger noch, als mit dem Gewächshaus einen guten Start in die Vegetationszeit zu bekommen, war es, unsere Nahrungsmittel zu konservieren. In der Kühle des Kellers würde selbst ein Lachs frisch bleiben.

Im Laufe eines Monats hatte ich ein ein Meter tiefes, ein Meter breites und zwei Meter langes Loch in Gletscherkies, Steine und Fels gehackt. Für Janus war das »nicht lustig«, und so ging es nur langsam voran. Ich überdachte die Grube mit Stämmen und bedeckte dann alles mit Erde und Grasnarbe. Doch ich hatte noch keine Tür gebaut. Jetzt eilte die Angelegenheit, da wir nun etwas hatten, das im Keller gelagert werden mußte. Janus war nicht erfreut, daß ich den größten Teil des Tages an der Tür arbeitete, aber ich erklärte ihm, wie wichtig es wäre, eine einmal begonnene Arbeit zu beenden. Er aß Brokkolistengel roh, so wie Schokoriegel, während er darauf wartete, daß wir die Sache mit der Tür endlich hinter uns hatten.

Als ich endlich fertig war, hörte ich auf, um mit ihm zu spielen. Es kam selten vor, daß er hinter irgendeinem Projekt zurückstehen mußte.

An dem Morgen, als ich die Tür einhängen wollte, gingen wir zuvor zum Garten. Das Gemüse war verschwunden. Überall waren tiefe Elchspuren zu sehen. Janus freute sich, daß auch den Elchen unser Essen schmeckte.

Trotzdem sagten wir beim Abendessen ein Gebet auf und dankten für den Überfluß der Welt, den wir – absichtlich oder unabsichtlich – gerne teilten.

Unvermeidlich wurden die Tiere, Fische und Vögel, die sich voneinander ernährten, auch für uns zur Nahrung.

Wir gingen auf Jagd.

In meiner Zeit in New York war ich ein makrobiotischer Vegetarier gewesen, der sich nur von Körnern und Gemüse ernährt hatte. Im hohen Norden jedoch waren Körner und Gemüse für meinen Stoffwechsel nicht ausreichend. Ich wußte, daß ich mehr Kalorien benötigte, und so gewöhnte ich mir vor allem im Winter an, jeden Tag ein halbes Pfund Distelölmargarine zu essen. Ich nahm weder zu – noch gewann ich an Vitalität und Energie.

Mir fehlte immer noch etwas, und ich befürchtete, es könnte Fleisch sein.

Ich wußte, daß für Menschen in hohen Breitengraden Fleisch das Grundnahrungsmittel darstellte. Eskimos aßen Robben und Karibus. Athapasken aßen Elch. Lappen aßen Rentiere. Europäische Arktisforscher aßen Pemmikan.

Mein Horror vor Fleisch rührte hauptsächlich daher, daß kommerzielles Fleisch eine aus künstlichen Wachstumshormonen und Antibiotika bestehende Zeitbombe ist, angereichert mit Pestiziden und Herbiziden.

Doch auch meine ganze Erziehung hatte mich dazu gebracht, jede Form von Jagd als genehmigten Mord anzusehen.

Für Janus jedoch war Töten eine alltägliche Angelegenheit; der Bär fraß den Biber, und das Hermelin fraß die Maus.

In der dritten Septemberwoche, als die Ränder des Tundrasees bereits von Eis gesäumt wurden, marschierte ich allein nach Hause, nachdem ich Janus zu seiner Mom nach Talkeetna gebracht hatte. Ein erster Hauch von Schnee bedeckte die Vorberge.

Während ich durch die vom Frost getönte Tundra wanderte, dachte ich grimmig über einen weiteren Winter mit Bohnen und Reis nach. Im Grunde hatte ich nicht viel dagegen, aber irgendwie erschien es mir falsch: Diese Nahrungsmittel wurden über Tausende von Meilen angeliefert.

Ich stoppte am Waldrand und schaute einem Schwarm Kanadagänse auf ihrem Flug nach Süden nach. Auf dem letzten Wegstück im Wald sah ich dann den Elch. Er stand zehn Meter vom Trail entfernt.

Er hatte ein derart großes Geweih, daß mir nicht klar war, wie er sich überhaupt zwischen den Bäumen bewegen konnte. Hier am Rande der Tundra inmitten verkümmerter Tannen ragte sein Kopf so hoch auf wie ein Baum.

Er betrachtete mich ruhig.

Ich stand vielleicht fünf Minuten da und beobachtete, wie er mich beobachtete. Er machte keine Bewegung.

Inuit-Kulturen gehen davon aus, daß sich alles Großwild dem respektvollen Jäger ausliefert. Wenn der Jäger die richtige, von Herzen kommende Dankbarkeit empfindet, dann warten sogar Wale darauf, erlegt zu werden.

Ich ging nach Hause, begrüßte die Hunde, nahm die Schrotflinte von ihrem Platz über der Tür und marschierte langsam den Trail zurück.

Der Elch wartete immer noch.

Mein Herz hämmerte nicht, meine Hände zitterten nicht.

Ich zielte und feuerte eine Magnumpatrone ab; während es mir noch in den Ohren dröhnte, sah ich, daß der Elch immer noch stand.

Ich hatte ihn verfehlt. Aus einer Entfernung von zehn Metern.

Ich schloß die Augen und dachte noch einmal darüber nach, ob ich richtig handelte. Es schien eine anmaßende Ablehnung der gegenseitigen Abhängigkeit des gesamten Lebens im Walde zu sein, wenn man hier nicht so lebte, wie es von der Umwelt definiert wurde.

Ich sagte ein Dankgebet, hob das Gewehr und traf den Elch im Nacken. Er brach zusammen.

Ich war überrascht, daß ich weder Bedauern noch Erregung spürte. Ich hatte nur das Gefühl, daß ich ihn sauber häuten und ausnehmen und nichts verschwenden sollte.

Ich brauchte sechs Stunden, um die Haut vom Fleisch zu trennen, die dampfenden Eingeweide herauszuzerren (die Arme bis zu den Ellenbogen in der Bauchhöhle) und den Kadaver in Zweihundert-Pfund-Portionen zu zerteilen, die ich mit dem Hundeschlitten nach Hause transportieren konnte. Ein erfahrener Waldläufer hätte die Arbeit in dreißig Minuten erledigt gehabt.

Ich hängte die Portionen – vier Keulen, Rippen, Nacken – auf eine quer durch die kleine Hütte gespannte Leine. Als ich im Schein der Laterne endlich mit der Arbeit fertig war, schnitt ich mir ein Stück Fleisch ab und aß es roh, es schmeckte süß und saftig. Ich begriff, weshalb Janus so eifrig darauf bedacht war, seinen instinktiven Jagdtrieb zu befriedigen.

Ich ließ das Geweih im Wald liegen – eine Kalziumquelle für Spitzmäuse und Eichhörnchen. Allein der Gedanke, es am Haus aufzuhängen, kam mir grotesk vor.

Als ich zwei Wochen später Janus nach Hause holte, überraschte ihn das aufgehängte Fleisch. Als er es nach einem langen Schweigen berührte, geriet er ganz allmählich in wachsende Begeisterung. Zuerst starrte er seine Hand an, dann berührte er andere Teile des Elchs, dann erkundigte er sich aufgeregt, was ein Bein und was der Rücken war und wie da alles zusammenpaßte.

Ich schnitt ein Stück zum Braten ab. Er kostete zögernd, bewertete es als »gut« und überließ mir den Rest. Aber in seinen Augen konnte ich sehen, daß auch er dem Land ein neues Verständnis entgegenbrachte, und war dankbar dafür.

Als der Schnee kam, war es wie in alten Zeiten. Das Leben auf einer richtig etablierten, sommerlichen Heimstätte war für uns beide neu gewesen. Doch als wir wieder Bergcanyons erkunden konnten und neue Trails anlegen und gegen vier Uhr nachmittags die Kerosinlampen anzünden mußten, da hatte sich für uns der Kreis geschlossen.

Janus rannte in den ersten nassen Schnee hinaus, um einen verkümmerten Schneemann zu bauen. Nach zehn Minuten hielt er die Hände hoch, um sie sich wärmen zu lassen. Ich zog mein Hemd hoch, er legte seine Hände auf meinen Bauch, und in beiderseitigem Grinsen verschmolz das eine Jahr mit dem anderen.

Als die Schneehöhe zunahm und der Bach zufror, beschlossen wir, Rex und Penelope einen Besuch abzustatten. Sie wohnten lediglich drei oder vier Meilen von uns entfernt, aber weil uns kein Trail verband, war es im Sommer äußerst mühsam, sie zu erreichen; mit den Hunden durch den Schnee war es eine Kleinigkeit.

Sie freuten sich, uns zu sehen. Außerdem waren sie erleichtert. Ein neuer Wachhund hatte zu bellen begonnen, sobald wir die Lichtung betreten hatten. Rex stürmte mit einem Gewehr auf die Veranda.

»Gott sei Dank!« brüllte er, als er uns erkannte, und kam auf mich zugestampft, um mir die Hand zu schütteln.

Kaum hatten wir angehalten, da erkannte ich den Grund seiner Besorgnis. Neben dem Haus befand sich ein großer Generator, von dem aus elektrische Kabel in zwei verschiedene Kunststoffbauten führten.

»Noch ein Jahr«, erklärte er auf meinen Blick hin, »und wir haben's geschafft.«

»Was?« erkundigte sich Janus, der Bescheid wissen wollte.

Rex beugte sich zu ihm hinab und sagte: »Brokkoli. Penelope und ich sind Farmer, und wir haben beschlossen, Brokkoli anzubauen.«

Janus war zufrieden. Ich war verblüfft, wieso ich nicht schon eher begriffen hatte, weshalb sie so weit in den Wald gezogen waren.

»Wechselnde Ernten, was!« fragte ich.

»Man muß frühzeitig damit anfangen. Das ist der Schlüssel zum Erfolg.«

Rex führte uns herum. Da gab es Öfen und Ventilatoren und Eimer mit Düngemitteln. Bei zweihundert in Reihen unter den Lichtern gepflanzten Setzlingen hörte ich auf zu zählen. »Hast du eine Ahnung, wieviel Schnee wir schmelzen müssen, um genügend Wasser zu haben?« fragte Rex.

Ich sagte ihm, daß ich die Disziplin bewunderte, die nötig war, um eine Sache mit einem solchen Aufwand zu betreiben.

Als wir zurück ins Haus gingen, sagte Penelope: »Als gute Nachbarn wollten wir euch auch einmal einen Besuch abstatten, aber du siehst ja, wieviel Arbeit es hier jeden Tag gibt.«

Ich erzählte ihnen, daß ich, sobald mein Gewächshaus fertig war, Sojabohnen anbauen wollte. Sie schienen den ursprünglichen Eindruck, den ich auf sie gemacht hatte, vergessen zu haben; aber auf einmal sah ich, daß ihr nachsichtiges Lächeln zurückkehrte.

»Sojabohnen«, sagte Rex, während Penelope Wasser für Janus' Schokolade heiß machte.

»Sojabohnen«, wiederholte er mit breiter werdendem Lächeln.

»Du wirst sicher eine Menge Tofu machen können«, rief Penelope.

»Weißt du«, sagte Rex und lehnte sich in seinem Sessel zurück, »uns ist einfach nicht klar geworden, was du da draußen machst. Und um die Wahrheit zu sagen, jetzt verstehen wir es noch weniger.« Er richtete sich auf und tätschelte mein Knie. »Aber wir *brauchen* Leute wie dich, die ... äh ... für Perspektiven sorgen.«

»So wie wir die Berge brauchen«, sagte ich.

Er nickte. »Bohnen und Berge. Ich glaube, das hält alles in Gang.«

Ich lachte und erkundigte mich dann nach den neuesten Nachrichten in unserem Gebiet des Susitna Valleys. Ich wollte ein bißchen Klatsch hören.

»Nein, hier in der Gegend gibt es niemanden, der uns aufgefallen wäre«, sagte Rex. »Bis auf ein paar Schwachsinnige, die letztes Frühjahr hier in der Nähe ihr Land zu finden versuchten. Sie stapften ohne Schneeschuhe im Schnee herum, verirrten sich, hatten aber nicht genug Hirn, ihre eigenen Spuren zurückzuverfolgen. Sie sprühten mit der Spraydose, mit der sie ihr Land markieren wollten, HILFE in drei Meter großen Buchstaben auf die Tundra. Dann warteten sie, bis ein Flugzeug sie entdeckte und ein Rettungshelikopter sie abholte. Aber ansonsten gibt's nur euch und uns, und damit hat sich's auch schon.«

»In zehn oder zwanzig Jahren wird es anders aussehen«, sagte Penelope von der Küche aus. »Das Leben hier ist schwerer, als ich es mir vorgestellt habe, aber mein Gott« – sie streckte den Kopf um die Trennwand und lächelte –, »es hat auch seine schönen Momente.«

»Ich hab' letzten Sommer ATV-Spuren in der Tundra gesehen«, sagte ich. »Hat mich ziemlich aufgeregt.«

»Die Trottel verschwinden schon, wenn die Öleinkommen nicht mehr so reichlich fließen«, sagte Rex. »Oder wenn einer von ihnen von einem Bären gefressen wird.«

»Ich hatte noch nie Probleme mit einem Bären«, sagte ich. »Trotz einer halben Tonne eingelagerten Hundefutters.«

»Na ja, ich mußte in diesem Sommer einen Grizzly schießen«, sagte Rex, »als er ungemütlich nahe ans Haus herankam.«

Er sah sofort, daß ich schockiert war, und versuchte es zu erklären. »Er wurde aggressiv«, sagte er, aber seine Stimme klang nicht überzeugend. »Er hätte unser ganzes Unternehmen zerstören können.«

»Bären haben schon vor uns hier gelebt«, sagte ich, ärgerte mich aber sofort, daß ich mich so belehrend anhörte.

Ich merkte, daß Rex von meinem Argument nicht überzeugt war.

»Und im ganzen Denali-Park gibt es nur zweihundert Braunbären«, fuhr ich wütend fort. »Das sind Kreaturen, die sehr wohl wissen, wie man *gut* lebt, leicht, fröhlich! Ohne all den Scheiß, den wir in die Wälder schleppen müssen, um überleben zu können. Hier ist der letzte Ort auf Erden, wo sie nicht verängstigt herumrennen müssen. Und du schießt sie ab? Bloß weil sie *hier* sind?«

Penelope trat mit einer Tasse heißer Schokolade aus der Küche und baute sich vor mir auf. »Nun ja«, sagte sie.

Rex griff nach seiner Pfeife. »Ich hab' verstanden«, sagte er.

Penelope sah Rex an. Rex sah mich an. Janus sah seine heiße Schokolade an.

»So lernen wir dazu«, sagte Rex schlicht.

Mein Ausbruch hatte mich verlegen gemacht, und ich senkte den Blick. Ich wollte mich entschuldigen, doch als ich wieder aufschaute, starrte mich Rex immer noch ruhig und gelassen an. Ich sah bei ihm keinen Ärger, keine Verurteilung und nicht die geringste Notwendigkeit für eine Entschuldigung.

»Willst du ein paar Setzlinge?« sagte er. »Du hast ein Gewächshaus. Du kannst mit einer Pflanze tausend Dollar machen.«

Nach der Konfrontation eben machte mich diese fast lässige Reaktion sprachlos. Ich dachte, menschliche Beziehungen müssen nicht kompliziert sein, selbst wenn es Komplikationen gibt.

Penelope reichte Janus die Tasse. Er freute sich.

»Danke«, sagte ich zu Rex. »Besten Dank, aber ich hab' auch so schon alle Hände voll zu tun«, erklärte ich, nahm eine Hand von dem auf meinem Schoß sitzenden Janus und legte sie auf sein Knie.

Im letzten Licht des Tages kehrten Janus und ich nach Hause zurück. Die Luft war kalt, der Wald lag in ein tiefes Blau getaucht da, doch ich mußte den Hunden keine Anweisungen geben und Janus, der sich in seinem Schlafsack zurückgelegt hatte, keinen schützenden Trost spenden. Alles war locker und leicht.

Am nächsten Abend nach unserem Spaziergang beschloß ich, einen Magazinartikel zu schreiben. Tagsüber hatte ich darüber nachgedacht, daß wir praktisch über kein Bargeld verfügten; die sporadischen Arbeitsabstecher nach Anchorage ohne jeden

Schlaf waren sehr kraftraubend. Ich gab Janus seine Legosteine, setzte mich vor meine Schreibmaschine, die ich auf den Eßtisch gestellt hatte, und wandte mich nach einer halben Stunde mit noch größeren Schuldgefühlen von meinen Seiten ab, als ich sie Melissa gegenüber empfunden hatte.

Während der letzten fünfzehn Minuten hatte Janus ständig an meinem Ärmel gezupft und verlangt, daß ich mit ihm spiele.

Mitten im Satz beugte ich mich zu ihm hinab und brüllte ihn an: »Laß mich in Ruhe! Ich hab' dir gesagt, ich versuche zu arbeiten!«

Ich sah mein Gesicht, das sich in seinen weit aufgerissenen Augen widerspiegelte, doch mein Gesichtsausdruck in seinen Pupillen war verzerrt, als würde ich in eine verspiegelte Sonnenbrille schauen.

Er wich zurück. Ich richtete mich auf.

»O Mann! Es tut mir leid«, sagte ich.

Er schnüffelte; seine Hände hingen schlaff an den Seiten herab.

»Es tut mir wirklich leid«, wiederholte ich und hob ihn hoch.

Von nun an tippte ich ein Jahr lang nichts weiter als Briefe. Bevor wir hochgingen, um zu lesen und Geschichten zu erzählen und schließlich zu schlafen, bauten wir einen großen, *großen* Legoturm.

Nach Janus' nächstem Ausflug nach Talkeetna kehrten wir mit Ado und Tarus zurück. Kathy war als alleinerziehende Mutter für die kleine Erholung dankbar. Und Ado und Tarus freuten sich doppelt: Sie waren noch nie mit einem Hundeschlitten gefahren.

Ich polsterte den Schlitten der Länge nach mit gebrauchten Schaumstoffkissen ab, steckte die drei Jungs in die Daunenschlafsäcke, befahl ihnen, ihre Hände *und* Füße *ständig im* Schlitten zu behalten, und fuhr los.

Nach fünf Minuten, nachdem sich die anfängliche Raserei gemäßigt hatte, waren alle drei Jungs aus den Schlafsäcken draußen. Ado und Tarus, zwei Jahre älter und normalerweise in düsteres Nachdenken versunken, waren beide außer sich vor Begeisterung. Sie wollten nichts verpassen.

»Toll!«

»Oh wow, das macht *Spaß*!«

»Laß sie wieder *schneller* laufen!«

»Jagen wir einen Elch!«

Sie krochen auf dem zehn Fuß langen Schlitten hin und her, behielten aber Hände und Füße meist innen.

Janus kniete hinten auf dem Schlitten. Er war sehr stolz, daß seine beiden besten Freunde Gefallen an seiner Welt fanden, aber man merkte es ihm nur an den leuchtenden Augen an. Seine beherrschte Haltung überraschte mich. Ich hatte erwartet, daß er wie ein Kind angeben würde.

Als Ado rief: »Janus! Kannst du das die *ganze* Zeit machen?«, nickte er bloß. Er wußte, daß es wunderbar war. Warum sollte er nun, da es seine Freunde auch wußten, noch damit angeben?

Während der nächsten paar Tage fütterten wir Vögel aus der Hand, bauten Schneefestungen, schauten nach, ob der Fluß überschwemmt war, und folgten der frischen Fährte eines Elchs. Wir steuerten den Hundeschlitten auf die Tundra hinaus, um »schnell zu fahren« und tobten mit den Hunden herum. Abends spielten wir im Haus Fangen.

Ich beobachtete Janus genau. Ich sorgte mich, daß er mit den Jahren mehr und mehr auf andere Menschen angewiesen sein würde, daß er sich dagegen wehren würde, wieder »zurück in die Wälder« zu müssen, daß ich eines Tages eine Postkarte aus West-Hollywood bekommen würde mit den Worten: »Dad, es ist einfach überwältigend. Die Lichter auf den Hügeln strahlen so hell. Alle sind so wunderbar gekleidet! Ich glaube, ich habe ein Apartment gefunden ...«

Aber ich merkte, daß er sich zwar gut mit seinen Freunden amüsierte, daß er sich aber nicht mehr amüsierte als sonst auch. Wie ein Expeditionsbiologe, Goldsucher oder ein einsamer Bergsteiger befand er sich mit sich selbst und seiner Welt im Einklang, auch die Tiere und das Land waren seine Freunde. Was er unbedingt zu brauchen schien, war Liebe.

Auf der langen Heimfahrt, nachdem wir seine Freunde in Talkeetna abgeliefert hatten, sagte ich: »Na ja, du wirst Ado und Tarus bestimmt vermissen.«

Er erwiderte ehrlich, aber ohne Bedauern: »Mm-hmm.«

Ich holte sie noch einmal in diesem Winter zu uns heraus, als Wolken das Land erwärmten. Es war mein Vorschlag gewesen, nicht der von Janus.

An einem Tag Ende Februar, als die Sonne hoch genug über den Horizont stieg, um die ersten wärmenden Strahlen seit Oktober auszuschicken, erklärte ich Janus, daß die Reisezeit vor der Tür stand. Ich sagte ihm, daß ich für einen Monat in die Brooks Range gehen würde, daß er aber in dieser Zeit mit seinen Freunden in Talkeetna spielen könne.

Er wollte mit mir gehen.

Wir hatten zweimal in diesem Winter Hundeschlittentouren unternommen.

Er verstand nicht, weshalb ich nun so lange ohne ihn in die Berge gehen wollte. Ich versuchte ihm begreiflich zu machen, wie entlegen die Brooks Range war. »Schau dir die Karte an. Die Brooks ist *vierhundert* Meilen von der Stelle entfernt, wo wir leben. Es ist die einzige Bergkette auf Erden, die vollkommen nördlich des Polarkreises liegt. Erinnerst du dich an diese riesige Landkarte, die die ganze Wand in der Bibliothek in Anchorage bedeckt hat? Auf ihr gibt es weiße Flecken. Das ist *unerforschtes* Land, das noch nie ...«

»Ja, ja«, sagte Janus schmollend.

Die Loussac-Volksbibliothek in Anchorage, ein neues Gebäude aus Glas und Chrom mit einer beeindruckenden Anzahl von aus Ölgeldern finanzierten Bänden, führte in ihrem Computer-Verzeichnis hundertdreißig Bücher über die Antarktis, einundvierzig über den Amazonas, aber nur sechs über die Brooks Range. Drei dieser sechs Bücher waren fünfzig Jahre alt.

Wo sonst auf Erden konnte man eine so unerforschte, unvorstellbare Wildnis finden?

Ich hatte die Eiszeitlandschaft des oberen Susitna Valleys

gesehen. Es war die gleiche Umwelt – Höhlenbären und Gletscher! –, die die menschliche Evolution über fünfzigtausend Jahre eiskalter Winter und kurzer, heftiger Sommer hinweg geformt hatte. Doch jetzt drangen Leute in das Susitna Valley ein – hier bin ich! – und signalisierten das Ende des letzten großen Ausblicks, den wir jemals auf unseren Ursprung haben werden. In Satellitenübertragungen vom Mond werden wir das nicht finden, genausowenig wie in dem dreitausend Jahre alten *Tao Te Ching*. Noch in sonst irgend etwas, das *wir* aufgezeichnet haben.

Ich wollte, ich mußte die siebenhundert Meilen lange Brooks Range sehen.

Murphy, mein Partner, mit dem ich die Tour unternehmen wollte, weil das weniger verantwortungslos schien, als allein zu gehen, war ein erst kürzlich nach Alaska gekommener Fotograf. Er hatte sich nicht im Norden angesiedelt, um das große Geld zu machen oder um bessere Jobs angeboten zu bekommen (er war gut), sondern des Alaskas wegen, das nur wenige zu sehen bekamen. Er hatte eine Kajakfahrt entlang der Südküste von Chile hinter sich, doch auch er hatte keine vorgefaßte Meinung, sondern nur Phantasievorstellungen davon, was uns an den arktischen Hängen in Sichtweite des Nordpols erwartete.

Bei ein paar Bier in der Fourth Avenue (Y'upik-Eskimos tanzten traditionelle Tänze zum Klang der Country-&-Western-Hausband; achtzehnjährige Matrosen der Navy auf Urlaub in einem der ihnen von der Werbung angepriesenen »exotischen« Häfen scherzten mit kichernden Inuit-Mädchen) hatten wir beschlossen, im Winter aufzubrechen. Die Tore des Arctic National Parks, den wir durchqueren wollten, wurden nur im Sommer von Bergsteiger-Club-Typen und Journalisten besucht und auch dann nur selten.

Anfang März starteten wir bei dreißig Grad minus von der Stelle aus, an der wir unsere Autos geparkt hatten. Wir besaßen nur eine vage Vorstellung, wo wir von der North Slope Haul Road abbiegen würden, einem schmalen Kiesweg, der das Ende von Alaskas kümmerlichem Straßensystem auf der Seite von Fairbanks darstellte. Der Weg schnitt durch das Zentralmassiv der Brooks Range bis zur Prudhoe Bay, wo gewaltige Lastzüge in Konvois Ladungen zu den Ölraffinerien am Arktischen Ozean brachten. Die Straße gehörte den Ölgesellschaften und war ihren Fahrzeugen vorbehalten.

Wir fuhren bis zu den Vorbergen des Gebirgszugs, ohne auf irgendwelche Warnschilder zu stoßen. Es gab weder bewaffnete Wachen noch Kontrollposten; nur auf einem halb vom Schnee zugewehten Schild stand PRIVATSTRASSE.

Ganz offensichtlich hatte die 412 Meilen lange, gewundene Felsstraße mit nur zwei Tankstellen und den ständig wechselnden Winden genügend eigene Hindernisse aufzuweisen.

Wir parkten vor einer Trapperhütte in Wiseman. In dem gegenwärtig geltenden, von den Behörden herausgegebenen 250 Seiten starken Führer durch Alaskas Straßennetz wurde Wiseman als »Geisterstadt« bezeichnet. Durch meine Lektüre (sechs Bände) und meine Gespräche (mit jedem professionellen Führer, den ich in Talkeetna kannte) hatte ich erfahren, daß in den ganzen Brooks nur zwei Ortschaften existiert hatten. Die eine war ein winziges Inuitdorf am Anaktuvuk River. Die andere – Wiseman – war aufgegeben worden, als der Goldrausch in Alaska ein Ende fand.

Hinter der Trapperhütte stand ein größeres Haus mit einer Satellitenschüssel für Fernsehempfang neben der Eingangstür.

Wie sich herausstellte, lebten vierzig oder fünfzig Menschen in Wiseman: zwei Trapper, ein Mann, der Schlittenhunderennen fuhr, Jagdführer und alternde Goldsucher, die immer noch ihre Minen bearbeiteten.

Selbst in den achtziger Jahren wußte man sogar innerhalb Alaskas nicht mehr über die entlegenen Gegenden des Landes.

Der Trapper, der sofort aus seiner Hütte gekommen war, um sich vorzustellen (»Man nennt mich den verrückten Joseph«), war schüchtern, aber herzlich. Er lud uns in sein Haus ein und machte uns mit seiner Frau und seinem sechs Monate alten Baby bekannt. Er zeigte uns den Anfang seines Trails, der uns über einen Paß direkt ins Herz der Berge führen würde. Von da an wären wir dann nur noch auf uns allein gestellt.

Als Murphy und ich wieder draußen waren, banden wir den Schlitten vom Dach des Wagens los. Während wir die Hunde anschirrten, machte uns der verrückte Joseph darauf aufmerksam, daß es um ein Uhr mittags, zur wärmsten Tageszeit, immer noch dreißig Grad unter Null war. Dann wünschte er uns Glück.

Murphy ging auf Ski vor mir los. Fünf Minuten, nachdem ich mit meinen Hunden an ihm vorbeigehuscht war, verlor ich ihn zwischen den vereinzelten Tannen auf den unteren Hängen aus den Augen. Während ich auf ihn wartete, nahm ich ein Ersatzzugseil aus meinem Packen, befestigte es am Ende des Schlittens und legte es über eine Länge von vier Metern in die Spur der Kufen. Als Murphy, der zwar ein ausgezeichneter Skilangläufer war, mit einem Hundegespann natürlich nicht mithalten konnte, mich erreichte, machte er die Leine in der Mitte seiner Skistöcke fest. Dann packte er die waagrechten Stöcke rechts und links vom Seil.

»Los geht's«, rief er.

Ich zog ihn wie einen Wasserskifahrer. Er schwankte hin und her und fand dann die richtige Balance. Er grinste. Auf diese Weise entdeckten wir die beste Art zu reisen.

Während der nächsten Tage steckte ich in das oberste Fach meines Rucksacks einen weißen, blutbefleckten Schneehuhnflügel, das silberne Haarbüschel aus dem Pelz eines arktischen Fuchses, das auf dem zertrampelten Boden neben dem Flügel lag, ein Stück von einem Karibugeweih, einen Brocken rötlichen Schiefers und ein Wollknäuel, herausgerissen aus dem Fell eines Schafes, das gerade gefressen worden war, wie die frischen Wolfsspuren andeuteten.

Die Sachen waren für Janus. Ich wußte nicht, was ich Melissa mitbringen sollte, obwohl es wichtig schien, daß ich auch ihr ein Geschenk brachte. Auf dieser Reise in die Wildnis verspürte ich wie immer Reue. Ich wartete auf die Offenbarung.

Unterhalb von Frigid Crags, vorbei an Boreal Mountain, gelangten wir in das Tal der Klippen. Wir schlingerten Meile um Meile über funkelnde Eisflächen nach oben. Karibufährten waren an manchen Stellen so zahlreich wie Birkenblätter im

Herbstwald. Die Temperaturen hielten sich konstant zwischen fünfundzwanzig und dreißig Grad unter Null.

Nach jedem Flußcanyon, den wir überquerten, ragten die Gipfel in völlig unterschiedlichen Richtungen auf, wie sturmgepeitschte, zu Eis erstarrte Wogen am Ende der Welt, die Unterschrift der geologisch vielschichtigen Brooks. Während Murphy Aufnahmen machte und ich geistige Schnappschüsse speicherte, wiederholten wir, unabhängig voneinander: »Ja.«

Es sah so aus, als wären wir so weit in die wahre Wildnis vorgedrungen, wie es überhaupt möglich war.

Als wir den nördlichen Polarkreis überschritten, über einen hochgelegenen Paß hinweg, bei so heftigen Stürmen, daß die Nasen der Hunde bluteten, verschwanden die letzten Tannen, die die südlichen Hänge gesäumt hatten. Auf den Nordhängen gab es nichts weiter als Fels und vom Wind geschnittene Schneeskulpturen, so weit das Auge reichte. Doch nun ging es abwärts. Wir folgten einem Abfluß zum nördlichen Eismeer hin. Es war ein hartes Stück Arbeit, bis wir an diesem Abend das Lager errichtet hatten. Murphy hatte Erfrierungen an mehreren Fingern. Ich hatte Untertemperatur. Doch als wir in unsere Schlafsäcke fielen, brachen wir beide in das Gelächter von Kindern aus.

Dann erreichten wir den Anaktuvuk-Paß, Bevölkerungszahl 200.

Als wir über den letzten Kamm kamen, hinter dem Dutzende von Karibugeweihen aus dem Schnee ragten, lag das Dorf so winzig unterhalb der umliegenden kahlen Gipfel da, daß ich sofort an das ferne Himalajagebirge denken mußte. Als wir uns in einem Sturm, der den Schlitten von einer Seite zur anderen blies, näherten, erkannte ich, daß das Dorf nicht aus moosbedecktem Fels und gespannten Häuten erbaut war, sondern aus Sperrholz und Wellblech; typisch amerikanische Telefonmasten legten ein Gitter aus Leitungen über das Dorf.

In einer Schneewolke rasten wir den Hang hinab bis an den Rand der Siedlung und kamen neben einem gewaltigen Diesellaster zum Stehen. Zwei Inuit saßen drinnen. Der Fahrer kurbelte die Scheibe herunter und sagte beiläufig: »He. Ganz schön wild«, womit er Murphy und mich meinte.

Der Laster beförderte den chemischen Abfall der Trockentoiletten zu einer Müllkippe außerhalb des Dorfes, wie der Fahrer mir auf die erste Frage erklärte, mit der ich herausplatzte: »Was *ist* das?« Eine Aufschrift an der Tür besagte: HYGIENE-DEPARTMENT, NORTH-SLOPE-BEZIRK, ALASKA.

Der Lastwagen, hundert Meilen von jeglicher Straße entfernt, verwirrte mich, doch die Sanitärarbeiter schien ein von den Bergen kommender Hundeschlitten keineswegs zu verblüffen. Wir plauderten ein paar Minuten – »Ziemlich kalt, was?« –, und dann kam ein Motorschlitten die windgepeitschte Hauptstraße entlanggeschossen.

Es war einer der Dorfältesten. Er reparierte defekte Motorschlitten, besaß das einzige Hundegespann im ganzen Dorf, faßte die Einkommenssteuererklärungen ab und saß dem Schulausschuß in einer Gemeinde vor, in der ein Drittel der Einwohner im schulpflichtigen Alter war. Ganz anders als der jüngere Bürgermeister oder die viel jüngeren Burschen flog dieser Mann niemals zu einer »Party« nach Fairbanks oder Barrow.

Er stoppte neben uns, machte den Motor aus und grinste. Selbst unter seiner von Wolfspelz gesäumten Parkakapuze funkelten seine Augen. Er war ein Zauberer, der Häuptling des Dorfes.

Er geleitete uns zu seinem Heim. Die Wände im Inneren waren mit der weltgrößten Sammlung ritueller Eskimomasken bedeckt – Gesichter aus Karibuhaut und Wolfspelz.

Sein Name war Orv, und er war ein reinrassiger Norweger aus Minnesota.

Seit zehn Jahren lebte er zusammen mit seiner hübschen, zwanzig Jahre jüngeren Ehefrau (die genauso weiß war wie er) in Anaktuvuk, erteilte Schulunterricht, reparierte gebrochene Leitungen, fungierte als Schiedsrichter bei Streitigkeiten, verschenkte Hunde an Einwohner, die zu den »alten Traditionen« zurückkehren wollten und die ihm dann diese Hunde wieder zugunsten eines Motorschlittens zurückgaben.

Orv führte uns in Potala-Disneyland herum. Wir sahen eine elektrisch geheizte Sauna und einen Swimmingpool mit olympischen Ausmaßen in der neuen Schule, die vom Kindergarten bis zur zwölften Klasse alles einschloß (Computer, Turnhalle, vollständige Werkstätten für Holz und Metall). Wir sahen die Wäscherei mit zwanzig Maschinen und den 250 000 Dollar teuren Müllwagen mit 000 006 Meilen auf dem Tachometer, der in arktischen Breitengraden nicht funktionierte. Auf den Veranden der mit Öl geheizten Häuser ausgebreitet, sahen wir Karibuhäute und Wolfsfelle. Im Inneren der Häuser konnte man über Satellit klar und deutlich zweiundzwanzig Fernsehstationen empfangen, während die Inuit, alles Fans, die Super Station WGN einschalteten, um die Baseballübertragungen der Clubs zu sehen.

Murphy machte keine Aufnahmen. »Das ist alles zu eigenartig«, erklärte er.

Orv erzählte uns, daß die Einnahmen aus der Ölsteuer, die im North-Slope-Bezirk, in einem Gebiet nicht kleiner als Wyoming – in weniger als einer Generation ein Jäger-und-Sammler-Volk dem amerikanischen Traum nahegebracht hatten, in dem Geld keine Rolle spielte und wo der berühmte Baseballspieler Ryne Sandberg ein Held war. Waren wurden per Luftfracht eingeflogen – Videorecorder, Filetsteaks, ausgewachsene gelbe Schulbusse, Tupperware. Und in jedem Inuithaus wurde Inupiaq gesprochen.

Anläßlich einer Versammlung aller weißen Schullehrer des Dorfes – bezeichnenderweise waren das alle Lehrer – am Ostersonntag Anfang April wurden Murphy und ich von Orv und dessen Frau Anne einem guten Dutzend Leuten vorgestellt, woraufhin Orv und Anne kurzerhand verschwanden. Wir lernten einen fast dreihundert Pfund schweren Mann kennen, der Pekinesenhunde für Shows züchtete. »Komm zu Papa«, lockte der fette Mann und hielt einem kostbaren Hündchen mit einer Satinschleife am Hals ein Stück Schinken hin. Wir lernten einen Englischlehrer kennen, dem deutlich sichtbar der Schweiß ausbrach, als ich ihn fragte, was er nach seiner Pensionierung vorhabe. »Oh«, sagte er mit glasig werdenden Augen. »Oh. Nun ja. Ich verdiene als Lehrer hier im Busch fünfundvierzigtausend im Jahr, verstehen Sie, und nach zwanzig Jahren im Dienst bekomme ich zwanzigtausend im Jahr. Und ich, na ja, ich ... ich weiß wirklich nicht sicher, *was* ich tun werde. Aber ich werde durchhalten! Das *werd'* ich! Ich habe nur noch zwei Jahre vor mir! Nur noch zwei weitere Jahre! Ich schaff's!« Wir lernten den Schuldirektor kennen, der als Antwort auf meine unschuldige Frage erwiderte: »Was *ich* tue? Hmm. Ich halte die Dinge in Gang. Jawohl. Ich hab' das Kommando. Heh-heh. Ich hab' das Kommando. Ha-ha!« Seine geistige Gesundheit schien an einem seidenen Faden zu hängen, und so wandte ich meine Aufmerksamkeit lieber dem gebratenen Truthahn zu.

Als Murphy und ich uns restlos vollgestopft hatten, gaben wir unseren allgemein ignorierten Status als zu Besuch weilende Gäste auf und rasten durch den unvermindert anhaltenden Wind und die Kälte zurück zum Haus von Orv und Anne.

»Das war wie ein Alptraum von Fellini, der unglaublichste Kulturschock, den ich je auf meinen Reisen erlebt habe«, verkündete ich.

Orv wurde blaß und senkte den Blick. »Sie *sind* ein bißchen anders als wir anderen im Dorf«, sagte er.

»Auf die Weise erfahren die Eskimokinder was über die große, weite Welt?« rief ich. »Von diesen Verrückten?«

»Vor fünfundzwanzig Jahren gab es kein Anaktuvuk, weil die Menschen Nomaden waren«, sagte Orv. »Aber jetzt verfügt jedes Inuitdorf im Staat über Telefon und Fernsehen. Und über genügend Ölgeld, um uns alle ins einundzwanzigste Jahrhundert zu bringen.«

»Und trotzdem machen sie immer noch Masken und tragen Wolfspelze«, sagte Murphy.

»Oh, sie haben nicht alles vergessen«, sagte Orv. »Noch nicht.«

An diesem Abend kamen Pat und Ben zu Besuch. Sie waren beide Anfang zwanzig. Pats Gesicht war so mit frischen Frostbeulen übersät, als hätte er gerade eine Gesichtsmaske aufgetragen. Beide hatten lange, schwarze Haare, die von Stirnbändern aus Tiersehnen zurückgehalten wurden. Sie sahen aus wie wilde Krieger. Orv stellte sie uns als die besten Trapper des Dorfes vor.

»Hab' gehört, ein paar Hundeschlittenfahrer wären auf der Durchreise«, sagte Ben mit einem sanften Hauch von Inupiaq in der Stimme.

»Dachte, wir sollten euch zeigen, wo wir unsere Schlingen ausgelegt haben«, sagte Pat.

Sie fragten, wohin wir wollten, wenn wir Anaktuvuk verließen. Murphy und ich erklärten, wir wüßten es noch nicht genau, wären aber froh zu erfahren, wo sie ihre Fallen aufgestellt hatten.

»Na ja, praktisch überall«, sagte Ben. »Ihr könnt ihnen nicht ausweichen, egal, wohin ihr geht.«

Murphy sagte, daß wir ein Stück vor Anaktuvuk zu unserem Entsetzen einen Karibubullen in einer Falle gesehen hätten. Das Fleisch sei ihm an einem Huf bis auf den Knochen aufgerissen gewesen.

»Ja, nun, wir haben ihn gestern reingeholt«, sagte Pat. »Das passiert manchmal.«

Auf einer Karte zeigten sie uns, wo ihre Fallen ausgelegt waren. Pat nahm einen Stift und kreiste jeden nur denkbaren Paß ein, der vom Dorf aus über die Berge führte, einschließlich eines Passes, der unüberwindbar schien. Die Höhenlinien zeigten eine beinahe senkrechte Wand bis zu einer Einkerbung an und fielen dann hundertvierzig Meter in einen Canyon ab.

»Den nehmen wir«, sagte ich impulsiv. Ich wollte die schwierigste Route erkunden.

»Kein Problem«, sagte Ben. »Wir holen die Fallen wohl am Morgen rein.«

»Wir haben viel für Wölfe ausgelegt«, sagte Pat. »Wir wollen nicht, daß eure Hunde reintreten.«

Nachdem sie sich höflich verabschiedet hatten, sagte Orv: »Diese Männer kennen nur zwei Geschwindigkeiten auf ihren Motorschlitten: ›Ein‹ und ›Aus‹. Pat hat sich letzte Woche das

Gesicht erfroren, als er im Sturm hinausfuhr, um die Fallen zu kontrollieren, und ihm dabei der Sprit ausging. Ihnen geht viel öfter der Sprit aus, als man glauben möchte, weil sie so ungeheuer viel Selbstvertrauen haben, daß sie *wissen*, sie werden überleben, selbst in einem Blizzard fünfzig Meilen vom Dorf entfernt.«

Am nächsten Morgen stand ich am Fenster und schaute in den Sturm hinaus, der die Stromleitungen peitschte. Meine Hunde lagen draußen, gegen die Kälte zu Bällen zusammengerollt. Anne reichte mir eine Tasse Kaffee, blieb eine Weile schweigend neben mir stehen und sagte dann: »Ich wünschte, es gäbe hier mehr Hundegespanne und mehr Menschen, die sich an ihre Traditionen erinnern. Allein seit unserer Ankunft hier hat sich so vieles so schnell verändert.«

Vom Kamin eines jeden Hauses wurde der Rauch des Ölbrenners waagrecht weggerissen. Vor jedem Haus stand ein Motorschlitten. Ich konnte einen Chevy Blazer mit qualmendem Auspuff sehen, damit der Motor nicht erfror. Das Dorf verfügte über ein Straßennetz von insgesamt zweieinhalb Meilen; alle Straßen führten zum Gemischtwarenladen, wohin auch die Autos mit laufender Heizung fuhren.

»Das Öl wird nicht mehr lange reichen«, sagte sie schlicht.

Dann flitzte ein Pekinese zwischen meinen angebundenen Hunden hindurch. Sie schossen hoch. Norton und Dick bellten gleichzeitig: »Essenszeit!«

»Er läßt sie *niemals* frei herumlaufen!« rief Anne. »Beeil dich! Wenn deine Hunde ...« Aber ich war schon zur Tür hinaus.

Den Rest des Tages richteten Murphy und ich unsere Ausrüstung her. Es amüsierte ihn, daß ich das entlegenste Tal erkunden wollte, das unsere Karten aufzuweisen hatten. »Es ist *alles* entlegen«, sagte er, hatte aber ansonsten nichts dagegen.

Am Morgen ging es los, Pat und Bens Fallen-Trail entlang, dessen Spur wir am ersten Hang wieder verloren. Wir erreichten die Einkerbung vor dem Steilabfall. Wir entluden den ganzen Schlitten und ließen die Ladung die Klippe hinab, während die Hunde ohne Geschirr um uns herumrutschten; auf halbem Weg nach unten sahen wir, tief in den Schnee geschnitten, Spuren von Motorschlitten, so deutlich wie ein Highwayschild.

Zwei Tage später stießen wir tatsächlich in ein Tal zu einem Bach hinunter, wo keine Spuren menschlicher Eindringlinge zu finden waren. Doch das wollte nichts besagen.

Die Brooks Range mit all ihren Geheimnissen war nicht vom Rest der Welt isoliert. Jets malten ihre Bahnen in den unsagbar blauen Himmel. Prähistorische Menschen waren mit Zelten aus Tierhäuten über diese Vorberge gewandert und hatten Steinfallen aufgebaut, um Felle für ihre Kleidung zu bekommen.

Ganz plötzlich war ich im Einklang mit der Wildnis. Sie war nie von *irgend etwas* isoliert gewesen – weder von Zugtieren noch von den Jägern, die sie verfolgten, noch vom Rest der Welt. Die Wahrheit der Wildnis lag darin, daß sie verbunden war – die Berge über Flüsse mit dem Meer, Trapper in der Brooks Range mit Wrigley Field in Chicago, ich auf meinem Kamm mit Melissa in Talkeetna. Ich hatte Orte gesehen, wo noch kein Mensch zuvor gewesen war, aber es hatte mich nicht von der Menschheit isoliert. Und Janus benahm sich so, als lebe er mitten im Herzen der Welt und nicht an ihrem Rand.

Zwei Jahre lang hatte ich einen immer wiederkehrenden Traum gehabt. Nie zuvor in meinem Leben war mir das passiert, obwohl ich insgesamt Träume vom Fliegen bevorzugte. Ich träumte von schweren Maschinen, deren Dieselmotoren schwarze Rauchwolken ausstießen, während die Straße zum Ruth-Gletscher über die Alaska Range auf die andere Seite gezogen wurde. Jedesmal erwachte ich schweißgebadet, nur um dann laut aufzulachen. Eine Straße auf fließendem, splitterndem Eis, wo das ganze Jahr über Schnee fiel? Ha!

Alexander hatte recht gehabt. Was stützend und erhaltend wirkt, das wird bleiben, und auch wenn man es in der Landschaft sehen kann, so ruht es doch in Würde und Anmut. Würde bürgt für Gnade. Und Gnade vergibt.

Ich nahm es Melissa nicht mehr übel, daß sie nicht tief in den Wäldern leben wollte. Ich gab nicht mal mehr mir die Schuld daran, daß ich es nicht schaffte, sie richtig zu unterstützen.

Während die Hunde den Schlitten gleichmäßig durch das namenlose Tal zogen, gestand ich mir ein, daß ich wahrscheinlich meinen edlen Vorsatz wieder vergessen würde. Aber dies hier war ein Ort, an den man zurückkehren konnte, so unwandelbar wie die schneebedeckten Berge.

Als ich nach Talkeetna zurückkam, zeigte sich Janus ziemlich beeindruckt von der Beute, die ich ihm mitgebracht hatte. Ich versprach ihm die Klaue eines Eisbären, wenn ich das nächste Mal in den hohen Norden aufbrach, die Küste entlang aufs Eismeer hinaus. Von den Bergen aus hatte ich das Funkeln und Sprühen des nördlichen Eismeeres gesehen.

Die Welt war über jede Vorstellung hinaus groß und weit. Immer noch. Selbst jetzt noch. Es war nie anders gewesen. Man mußte nur die Augen aufmachen.

Melissa blieb distanziert, aber jetzt erkannte ich, wie innig verbunden wir alle miteinander waren – ängstliche Tiere, die es nach Beutezügen in der Unendlichkeit wieder in die vertraute Umgebung zurückzieht.

Ich bot ihr das an, was ich gefunden hatte. Ich sagte ihr, daß ich keinen Groll hegte, daß ich sie liebte und sie glücklich sehen wollte.

Janus und ich hatten uns nichts zu verzeihen, und in meiner Liebe war er glücklich.

So schienen alle menschlichen Beziehungen auszugehen: Es fing mit Liebe an und endete schließlich – mit Würde – in Vergebung.

Die Zeit kehrt in einer weiten, geschlossenen Kurve zu ihrem Ausgangspunkt zurück, wo die Menschen durch eine vage Vorahnung von all dem den Mut finden zu leben. Wozu sonst sollte das Leben taugen, wenn es uns nicht zur Liebe zurückbringt?

Ich weitete die Grenzen meiner Erfahrung aus, um das Unbekannte zu erforschen. Was hoffte ich zu sehen? Mehr Licht!

Doch die Familie war ein Leuchtturm, den man berühren und festhalten konnte und der in den Augen meines Sohnes nie schwankte.

»Jetzt gehn wir ’eim, Dod?« fragte er.

Melissa streckte anmutig ihre Hände aus, die Handflächen nach oben.

»Jetzt gehen wir heim«, sagte ich.

9

EIN TAG IM SOMMER 1987

Ich wachte frühzeitig auf. Ich lag im Bett, eine Hand hinter meinem Kopf. Auf dem anderen Arm schlief Janus.

Ich schaute aus dem Fenster, das sich nur einen Fuß über dem Bett befand. Ich hatte es so niedrig gebaut, damit das Kind seine Arme auf den Fenstersims legen konnte. Vor dem Fenster konnte man gegen den blauen Sommerhimmel den regungslosen, oberen Teil einer Rottanne sehen. Obwohl es erst sechs Uhr morgens war, lag der Sonnenaufgang schon Stunden zurück. Das Licht war so hell wie am Äquator, ein greller Glanz wie auf dem Ozean.

Alexander würde bald sterben. Er lag im Haus seiner Eltern im Bett und starrte die Wand an. Seine Aids-Erkrankung hatte eine neurologische Wendung genommen. Jeder Gedanke war schwierig, große Emotionen waren unmöglich.

Lange, sehr lange betrachtete ich die Rottanne; ich dachte wenig und fühlte noch weniger.

Vor einem Monat war ich an die Ostküste geflogen, als Alexander mir fast widerwillig gesagt hatte, daß er nicht mehr selbst für sich sorgen konnte. Er wohnte nun wieder bei seinen Eltern. Bis dahin hatte er das Ausmaß seiner Krankheit erfolgreich vor seiner Umwelt verborgen.

Als ich am Flughafen von Philadelphia ankam, hatte ich seit einer Woche gefastet. Das hatte ich sogar bei der Hochzeitsfeier von Rex und Penelope durchgehalten, die all ihre gemeinsamen

Abenteuer mit einem rauschenden Fest gekrönt hatten. Vor drei Jahren, als mich Melissas Abreise in tiefe Depressionen gestürzt hatte, war mir bewußt geworden, daß Fasten zu geistiger Reife führte. Auch jetzt brauchte ich Klarheit. Ich wollte das ganze Ausmaß meines Kummers und meiner Trauer sehen, ohne mich davon überwältigen zu lassen.

Als ich die Passagierrampe herunterkam, sah ich Alexanders Mutter, eine Frau mit unbändigen Energien: Sie stand im Hintergrund der Menge und winkte mir begeistert zu. Ich winkte zurück und drängte mich zu ihr durch.

Dann trat Alexander hinter ihr hervor. Er sah aus wie ein Skelett, wie der neunzigjährige, aristokratische Künstler, der vielleicht einmal aus ihm hätte werden können, so, als hätte er sich ein Jahr lang in ein Kloster zurückgezogen und wäre dann wieder aufgetaucht, die Haut straff über den Schädel gespannt und die Finger bleistiftdünn durch asketischen Verzicht. Ich sah ihn, wie er war, in einer Art Zeitraffer. Sein Lächeln war schief – voller Ironie über seinen Zustand und erheitert über meinen Anblick, wie ich da mit meinem Rucksack über der Schulter ankam.

Er stützte sich auf meinen Arm, als wir den Flughafen verließen. Ich hatte mich darauf verlassen, daß er mir im Laufe der Jahre die Forderungen der Kunst und die Wege Gottes zeigen würde. Ich hielt seine Hand.

Wir verbrachten eine Woche zusammen. Wir redeten wenig, saßen stundenlang nebeneinander und spazierten einmal langsam zu einem nahegelegenen Feld. In dem dichten Windschutz der Eichen, deren Blätter in der Sommerbrise raschelten, sagte er: »Hierher komme ich, wenn ich in die Polarwälder zurückkehren möchte.« Er versuchte noch etwas hinzuzufügen, deutete über die Bäume auf die strahlenden Kumuluswolken, aber seine Energie versagte. »Berge«, sagte ich für ihn. Er grinste.

Als der Augenblick des Abschieds gekommen war und seine Mutter ihren Oldsmobile-Kombiwagen rückwärts aus der Garage fuhr, stand Alexander regungslos in der Tür des Hauses. Vom Beifahrersitz aus machte ich ihm das Zeichen mit hochgerecktem Daumen. Selbst in seiner jetzigen Verfassung wirkte er noch viel zu vital für ein letztes Abschiedswinken. Erst als ich seine Mutter am Flughafen umarmt und meinem Erstaunen über ihre Kraft und Liebe Ausdruck verliehen und mich abgewandt hatte, weinte ich.

Der Zwölf-Stunden-Flug zurück nach Alaska huschte undeutlich an mir vorbei, so wie die folgenden Wochen auch.

Janus bewegte sich in der Beuge meines Armes. Er schlug die Augen auf. »Guten Morgen. Ich liebe dich«, sagte er. Das war unser Standardmorgengruß.

Ich zog ihn an mich. Er war fünfeinhalb Jahre alt – sehr groß für sein Alter –, aber immer noch mein kleiner Junge.

Er richtete sich auf. »Gehn wir fischen!« sagte er.

Ich antwortete nicht.

Er rollte sich auf meine Brust. »Zeit aufzustehen!« sagte er. »Es ist Morgen.«

Ich rührte mich nicht. Die Rottanne war weißglühend – ein brennender Busch! –, behielt aber ihre Umrisse jenseits der Fensterscheibe bei, und ich konnte mich nicht mehr erinnern, wieso sie einst den ganzen Raum auszufüllen schien.

»Ich kann sie springen hören«, sagte der Junge. Er setzte sich auf mich. *»Große!«*

Vage bemerkte ich, daß das Gewicht, das mich niederdrückte, nicht mehr als fünfzig Pfund waren, daß es warm war und vor Liebe vibrierte. Ich begann zu ahnen, daß ich mich tatsächlich aus dem Bett erheben konnte.

Das Kind legte seine Hände an mein Gesicht: »Die erste Forelle werde ich *dir* geben! Weil ich dich liiieebe«, jubelte er.

»Ich danke dir«, sagte ich leise.

Er wußte nicht, wofür ich ihm wirklich dankte, aber er erfaßte sofort, daß meine Dankbarkeit tief war. »Wie wär's mit etwas Johannisbrot zum Frühstück?« schlug er vor.

Ich lächelte. »Vergiß es«, sagte ich.

»Aber das wär' ein Superfrühstück!« beharrte er. »Ich brauche Energie, um die großen Fische zu fangen.«

Jetzt, da wir endgültig getrennt waren, hatte ich Melissas

zyklische Ausbrüche von Liebe und hilflosem Zorn akzeptiert. Eine zerstörte Familie ist immer eine schlimme Sache, und niemanden trifft die Schuld. Ich hatte mich mit den anhaltenden Vorstößen in das obere Susitna Valley abgefunden und schrieb nun eine Kolumne für das *Anchorage-Daily-News*-Sonntagsmagazin. Ich hegte die Hoffnung, daß meine Schilderung der überwältigenden Schönheit dieser Landschaft staatliche Entwicklungspläne dämpfen würde, die aus diesem Land nur ein weiteres gepflastertes Yosemite Valley machen konnten. Obwohl mein Vater einen tödlichen Schlaganfall erlitten hatte, als ich vor zwei Jahren die Cathedral Spires der fernen Alaska Range erkundet hatte, so war auch diese Unvermeidbarkeit nur ein Teil des Lebens: Er hatte lange und gut gelebt, und seine Güte hatte bleibende Werte hinterlassen. Doch das Verlöschen von Alexanders Licht schien ziellos und zufällig: Darin lag weder Bedeutung noch Hoffnung.

Menschliche Ereignisse waren für mich zu tragisch geworden, so daß ich nicht einmal in unserem Heim in der Wildnis Erlösung finden konnte, wo überall das eigentliche Leben sichtbar war. Seuchen und Kriege tobten am Horizont neben Hungersnot und Flut. An strahlenden Frühlingstagen scheute ich die Sonne, weil die Ultraviolettstrahlung, die in diesen Breitengraden durch die zerstörte Ozonschicht drang, meine Haut nach einer Stunde verbrannte.

Janus hopste auf meiner Brust auf und ab. »Hey!« sagte er. »Es ist *Morgen!*« Er weigerte sich, meine Mattigkeit hinzunehmen. »Machen wir einen Ringkampf!«

Ich blinzelte. Ich versuchte, ihn an mich zu pressen, aber er befreite sich. Von der Zeit an, als wir das erste Mal gemeinsam heimgekommen waren, hatten wir füreinander gesorgt. Wir hatten Rituale entwickelt: Nach »Ich liebe dich« kam der Ringkampf.

Ich stützte mich auf beide Ellenbogen. »Ich werde dich in den Schwitzkasten nehmen«, sagte ich stumpf, während ich die Energie für die nächste Bewegung aufzubringen versuchte.

Janus besaß genügend Energie für mich. »*Du* mußt aus dem

Schwitzkasten kommen!« schrie er, mich mit seiner Freude überschwemmend.

Die nächsten fünfzehn Minuten brachten wir damit zu, uns gegenseitig aufs Kreuz zu legen. Wie üblich gewann er.

Dann ging's weiter zum nächsten morgendlichen Spiel. »Zeit, Zauberschmetterling zu spielen«, sagte er.

Bei Zauberschmetterling mußte ich Schlaf vortäuschen, damit die unter den Decken vergrabene Kreatur eine Hand aus ihrem Kokon strecken und sanft mein Gesicht streicheln konnte. Ich rieb mir die Wange und murmelte was über Fliegen im Haus. Wieder störte mich eine Berührung, die von unterhalb der Dekken kam. »Oh, schau«, sagte ich dann streng nach Drehbuch. »Ein Flügel! Er hat die Farbe... des Nordlichts!«

Und der Zauberschmetterling enthüllte sich selbst, indem er langsam aufstand, die Arme zu Flügeln ausgebreitet.

»Ich... bin... ein Zauberschmetterling«, sagte der Schmetterling.

»Oh, du kannst *sprechen*«, sagte ich.

»Und ich kann dir und allen Tieren alles geben«, sagte der Schmetterling und umschwirrte das Bett.

Der Zauberschmetterling nahm dann Blumen entgegen, von denen er Nektar schlürfte. Unter der Decke wurde der Nektar in einen »speziellen« Honig umgewandelt, der für alle Tiere ein Festschmaus war. Überall aus dem Wald kamen die Tiere zu dem Honigtopf, der – sieh doch nur! – niemals leer wurde.

Bären und Raben, Füchse und Wölfe, kleine Mäuse und große Elche donnerten als gewaltige Herde auf uns zu, so daß wir schnell in dem Kokon untertauchten, um nicht zerquetscht zu werden. Über uns war ein Erdbeben, das das ganze Bett schwanken ließ, so als würde ein Vater auf und ab hüpfen und gutturale Laute von sich geben (mit Pausen für fröhliches Gelächter). Als wieder Ruhe einkehrte, spähte ich unter der Decke hervor und berichtete, wie sehr den Tieren ihr Honig geschmeckt hatte. Ich sah – Oh, nein! – einen Urinstrom direkt auf uns zufließen.

Alles, was mit Exkrementen zu tun hat, findet ein Fünfjähriger unsäglich komisch. Er lachte so unbeschwert und so froh, daß der letzte Hauch meiner Trägheit weggewischt wurde und der vertrauten Aktivität Platz machte. Ich ging hinunter, um Reisbrei zu machen.

Ich stocherte im Ofen herum. »Zieh Socken an, der Fußboden ist noch kalt«, sagte ich, ebenfalls ein Ritual.

»Okay«, sagte er und zog wie üblich keine Socken an.

Er sammelte seine Bücher ein. Er studierte Bilder von Vögeln, Pelztieren und Fischen aus unseren zahlreichen Heften und Büchern. Sein Lieblingsbuch war ein *National-Geographic*-Vogelband mit Gemälden von jeder Gattung, die alle Stadien von »embryonal« bis zu »im Flug« zeigten.

Ich ging hinaus, um auf dem Weg zu der kleinen Hütte, wo ich den Reis fürs Frühstück holte, den Tag zu begutachten. Der Handmörser befand sich immer noch an der Stelle, an die ich ihn vor fünf Jahren gehängt hatte.

Nur selten hatte ich einen Tagesvorrat an gemahlenem Korn oder gehacktem Holz im Haus. Meine täglichen Pflichten führten mich gewöhnlich ins Freie, und wenn es nur die zehn Schritte zum Holzschuppen waren. Das war ein bewußter Entschluß als Reaktion auf mein altes Stadtleben, wo sich die tägliche Routine auf Innenräume beschränkt hatte. Mir war bewußt, daß sich selbst im oberen Susitna Valley die meisten Menschen recht schnell von einer geschlossenen Schachtel zur nächsten bewegten: vom Haus zum Auto, zur Bar, zum Laden, zum Haus, als böte die Welt an sich keine Sicherheit, sondern müßte von einem ferngehalten werden.

Während wir aßen, übten wir Wörter. Ich schrieb in Großbuchstaben MOND und DAD, BERG und DER JUNGE IST BRAV hin. Das war der formellste Teil unseres Schulunterrichts. Ich bin ein großer Fan von Wörtern, aber nur am richtigen Ort und zur richtigen Zeit.

Der weitere Schulunterricht verlief spontan. Zwei Elemente veränderten sich nie: Liebe und Glück. Weil wir heute fischen gingen, würden wir uns im *Denken* üben. Ich hatte schon seit langem die Worte »Sei vorsichtig« als Erinnerung an die Risiken unserer Welt aufgegeben. Ich richtete mich lieber nach Aretha

Franklin: »Es ist besser, du *denkst.*« Mitten im tiefen Fluß auf einem Felsen zu stehen erforderte Aufmerksamkeit.

Zuvor aber begrüßten wir die Hunde. Sie waren eigenständige Persönlichkeiten geworden, genauso wie Familienmitglieder, mit ähnlichen Marotten, Bruno, ein junger Prinz, der wahrscheinlich der nächste Leithund werden würde, wollte zuerst gestreichelt werden. Maya, langbeinig und hochmütig, benannt nach Maya Plisetskaya, der letzten großen russischen Primaballerina, wollte stets hören, wie schön sie sei. Der riesige, rote Dick brauchte nur einen Extrahappen, den Janus bei sich trug: eine Schwanzflosse vom gestrigen Fischzug. Die arme Van Dyke, die nicht mehr ganz bei sich war, seit sie von einem verrückten Elch einen Tritt gegen den Kopf verpaßt bekommen hatte, raste im Kreis herum und schnappte nach ihrem Schwanz. Wir wußten nie genau, was sie brauchte, aber wir gingen zu ihr hinüber und kümmerten uns ein bißchen um sie, damit sie sich nicht ausgeschlossen fühlte. Norton, der König, der Leithund, konnte es kaum erwarten, bis wir bei ihm waren, weil er wußte, daß die Liebe, die wir ihm entgegenbrachten, aufrichtig gemeint war.

Andere Hunde waren gekommen und gegangen. Die hier gehörten zur Familie.

Einen Hund ließen wir frei herumlaufen. Heute war es Bruno, der uns zum Fluß begleiten durfte. An der Peripherie unseres Gebietes tauchten im Sommer recht häufig Bären auf. Ein Hund meldete uns, wenn sie uns zu nahe auf den Pelz rückten.

Ein paar Stunden lang stand der Junge in schweigender Konzentration auf seinem Felsblock mitten im Fluß, in der Hand eine Leine mit einem Zehnerhaken, und wartete auf Forellen. Normalerweise besaß er die flüchtige Konzentration aller Kinder, doch während der gesamten Zeit, in der die Fische seinen Haken umkreisten, bewegte er sich kaum. Aus meiner eigenen Kindheit kann ich mich an nichts Vergleichbares erinnern, was diese anhaltende Intensität betrifft. Als Vergleich fielen mir lediglich die Eskimojäger ein, die auf dem Eis über einem Atemloch der Robben lauern.

Wenn er sah, daß der Köder verschwunden war, warf er die

Leine ans Ufer, wo ich saß, damit ich ein weiteres orangefarbenes Stück Lachsrogen am Haken befestigen konnte. Kein Wort wurde dabei gesprochen. Der Fisch hätte es hören können.

Jeder von uns war äußerst konzentriert, der Junge auf den Fisch, ich auf den Jungen. Er war vom Sonnenschein erleuchtet, der sich funkelnd in der Wasseroberfläche spiegelte. Er war von einer Pflanzenwelt umgeben, die mit jeder Stunde zu wachsen schien, als wäre sie mittels Zeitrafferfotografie eingefangen worden.

»Hab einen«, verkündete er im leidenschaftslosen Tonfall eines Profis. Er riß an der Leine. Schimmernde Wassertropfen spritzten von einer fünfzehn Zentimeter langen Regenbogenforelle, als er sie im hohen Bogen ans Ufer schwang. Mit einer Zange verpaßte ich ihr einen Schlag auf den Kopf und löste den Haken.

Wir grinsten uns an. Ich machte erneut Rogen an dem Haken fest. Er marschierte mit Trippelschritten auf seinem Felsen herum, streckte seine Beine und beugte sich wieder über die Strömung.

Ich legte mich zurück ins Gras und blinzelte in den Himmel.

»Du kannst sterben, Alexander«, sagte ich zu mir. »Es ist in Ordnung. Kämpfe nicht. Wir sind hier. Schau nur, wo wir sind. Die Welt ist immer noch jenseits aller Vorstellung reich und vielfältig. Erinnerst du dich, wie wir darüber gescherzt haben, daß nichts mehr übriggeblieben ist, wohin man gehen kann, daß alles bekannt, alles bereits beschrieben ist? Erinnerst du dich, wie trostlos das Leben schien, als alle Hoffnung durch die Einschüchterung der unausweichlichen Tragödie fortgefegt wurde – verlorene Liebe oder zerschlagene Möglichkeiten oder beschränkte, menschliche Selbstgerechtigkeit? *Ich* erinnere mich daran. Aber schau doch: Hier gibt es nur Licht und Land, wie überall. Aber welch ein Licht! Und das Land setzt nichts weiter voraus als Kontinuität. Ich bin dem Kummer nicht entgangen, nicht einmal hier, nicht einmal an einem namenlosen Fluß in den Polarwäldern. Aber es gibt so viel Leben. Immer noch, Alexander.«

Meine Augen begannen sich mit Tränen zu füllen. Bruno räkelte sich an seinem Platz in der Sonne. Er kroch auf mich zu und stupste mit der Schnauze meinen Arm an. Ich zog ihn an meine Brust. Er steckte seine Schnauze in mein Hemd – Alexanders Hemd.

Der Junge sah zu mir herüber. Auf seinem Gesicht lag ein Ausdruck, als wollte er sagen: »Hey! Paß auf, daß der Hund die Fische nicht verschreckt!«, aber dann mußte er lachen. Er hatte keinen Grund zu lachen, keinen direkten Grund. Wir sahen uns an. Er blinzelte mir zu. Fünf Jahre alt! Und er gab mir das Kopf-hoch-Zeichen.

Eine einsame Stockente strich den Bachlauf entlang. Der Junge schaute auf. »Weibchen«, sagte er, als er das matte Gefieder bemerkte. Dann konzentrierte er seine Aufmerksamkeit wieder auf den Fluß.

Wir bereiteten die Forelle auf einem Feuer vor dem Haus zu. Oder vielmehr bereitete *er* den Fisch zu. Beim Hackklotz sammelte er Holzsplitter. Von den unteren Ästen der Rottanne am Rande unserer Lichtung zupfte er dunkles Moos. Auf das Moos legte er die Holzsplitter und darüber pyramidenförmig Äste. Er nahm sein Messer – ein Gerber-Taschenmesser mit einer Klinge, das er heiß begehrt hätte, wäre ihm klargewesen, wie ungewöhnlich es für ein Kind war, daß man ihm eine eigene Klinge anvertraute – und schnitt einen größeren Ast ab. Er spitzte ihn vorne an und reichte ihn mir.

Meine einzige Aufgabe beim Kochen bestand darin, dem Fisch den Stock durchs Maul und weiter durch das ausgenommene Mittelteil (er hatte den Schnitt gemacht und die inneren Organe entnommen) zu rammen und am Schwanz zu sichern. Dann gab ich ihm den aufgespießten Fisch wieder zurück.

Er röstete ihn über der Flamme, bis das Fleisch fast von den Gräten fiel. Dann klatschte er ihn auf einen Teller.

»Für dich!« trällerte er. Er nahm ein paar Bissen, aber bei der Vorstellung, etwas zu essen, das er gerade dabei beobachtet hatte, wie es sich vorsichtig im Wasser bewegte, kam er sich vor wie ein Kind in Neuguinea, das gerade zum erstenmal Menschenfleisch probiert. »Gut! Aber du ißt den Rest!«

Nach dem Lunch (»*Jetzt* bekomm ich etwas Johannisbrot, okay?«) machten wir einen Spaziergang. Ich hob ihn auf meine Schultern und hielt ihn an den Füßen fest, während er mein Kinn umklammerte.

»Hier oben gibt's auch keine Moskitos«, rief er.

Uns war aufgefallen, daß sich die Moskitoschwärme – die Netze und Handschuhe unentbehrlich machten – nur für drei Wochen hielten, von Mitte Juni bis Anfang Juli. Wir benützten das Bettnetz von Mai bis September, aber draußen brauchten wir keinen Schutz, sobald erst mal die schlimmste Zeit überstanden war.

»Wohin sollen wir heute gehen?« fragte ich.

»Janus-Felsen«, sagte er. Das war vom Haus aus der nächstgelegene Gletscherfindling, ein flacher, mit Moos bedeckter Felsblock, auf den er ohne Hilfe klettern konnte. Dann hatten wir außerdem noch den Norton-Felsen, vier Meter hoch, benannt nach dem Kletterer, der die Erstbesteigung gemacht hatte; und den Wolfsfelsen, wo wir einmal mit Elchhaar angereicherten Kot gefunden hatten; dann den Kletterfelsen, aus dessen Spitze eine Birke wuchs, wobei allerdings seine Besteigung einiges Können erforderte; und den Geheimfelsen, der im Winter nur durch eine Hundeschlittenfahrt in weitem Bogen über eine weitentfernte Tundra erreichbar war.

Diese Felsbrocken waren deutlich sichtbare Erinnerungen an die Gletscher, die noch vor kurzem das Land bedeckt hatten.

Der Weg zum Janus-Felsen besaß nur eine Länge von fünfzig Metern, aber er führte durch einen Mikrokosmos unserer Welt. Direkt hinter Brunos Hütte, am Anfang des Trails, befand sich eine Baumplattform, die ich aus alten Holzabfällen gebaut hatte. Sie erlaubte es uns, die oberen Birkenblätter zu erreichen (eine Million pro Baum!), die wir auf Insektenbefall untersuchten, damit wir die angefressenen Blätter abrupfen und sie wie kleine Windmühlen zu Boden segeln lassen konnten.

An diesem Tag marschierten wir an der Plattform vorbei.

Unter ihr befand sich ein Teppich aus Büschen und Himbeeren. Es gehörte zu unserer normalen Idylle, hier zu liegen und ein paar Beeren zu naschen, doch heute ließen wir auch das aus.

Der Trail führte weiter durch hohe Gräser, zwischen denen Janus untertauchte, nachdem er von meinen Schultern heruntergerutscht war. »Tu so, als könntest du mich nicht sehen!« rief er und kroch ein paar Meter davon. Also tat ich so, obwohl er tatsächlich so unsichtbar wie ein Rehkitz war, sobald er sich nicht mehr bewegte. Ich ging langsam den Trail weiter und wartete auf das »Hier bin ich! Hast du mich gesehen?« Ich konnte nur sehen, daß das Kind im Grunde ein kleines Waldtier war.

In diesem Frühjahr hatten wir eine gemeinsame Versorgungsfahrt nach Anchorage unternommen. Eine Fahrt in einem öffentlichen Bus stellte für Janus die größte Faszination dar. Er war jedoch nicht steif auf seinem Sitz gesessen wie ein Bauerntölpel, der starr vor Staunen die große Stadt anglotzt, sondern wie ein Kind der Wildnis, das mit großen Augen die Wunder der modernen Welt betrachtet.

Nach zehn Schritten gelangten wir auf eine kleine Lichtung voller Blumen. An der Stelle hatte ich einige Bäume für den Hausbau gefällt. Das Licht des freien Himmels hatte wilde Geranien und arktischen Rittersporn hervorgelockt. Unter ihren Blättern wuchsen dichter am Boden weißer Drehwurz und Milzkraut. Wir pflückten nichts davon. Das Pflücken von Wildblumen blieb besonderen Anlässen vorbehalten, wie zum Beispiel einem neuen Strauß für die Vase auf dem Eßtisch, oder wenn wir Mom besuchten, oder dem plötzlichen Ausruf: »Für dich, Dod, weil ich dich lieb habe!«

Auf diesem Spaziergang entdeckten wir eine rosa Blume; die eine Claytonie oder eine keilblättrige Schlüsselblume, vielleicht sogar ein verkümmertes Afterkreuzkraut hätte sein können. »Wir schauen nach«, sagte Janus und steckte eine Blume in seine Tasche. Er schlug vor, wir sollten sie »rosafarbene Schönheit« nennen, bevor wir sie mittels unserer Bibliothek überprüft hätten, und diesen Namen behielten wir für uns auch bei.

Ein Rebhuhn stob neben dem Trail hoch und flatterte mühsam auf den nächsten Baum. Kanadische Rebhühner entfernen sich ihr ganzes Leben lang nie weiter als ein paar hundert Meter von ihrem Geburtsort und scheinen das beschränkte Bewußtsein von Provinzlern zu haben. Es ist mir immer ein Rätsel geblieben, wie diese Vögel, die so schwerfällig auf Gefahren reagieren und sich so lärmend gebärden, als Spezies mitten unter Fuchs und Wolf, Marder und Falke überleben konnten.

Vor ein paar Jahren hatte ich ein Rebhuhn geschossen, das zufrieden in einer Astgabel direkt über unserer Quelle hockte. Vom ersten Sommer an hatte ich mir Gedanken darüber gemacht, wie ich sie daran hindern könnte, in unsere Wasserversorgung zu scheißen. Ich hatte alle möglichen Arten von Abdekkungen und Vogelscheuchen ersonnen und dann schließlich, als ich Fleisch als ein Grundelement unseres Lebens akzeptierte, gesagt: »Sollen wir versuchen, eins zu essen?«

Janus hatte begeistert zugestimmt.

Wir stellten fest, daß ihr Schlund mit Tannennadeln gefüllt war. Das beeindruckte uns beide. Warum waren kanadische Rebhühner so langsam und so sorglos? Nun, sie haben einen endlosen Garten voller Nahrung direkt neben ihren Nistplätzen. Für sie sind die Wälder des Nordens ein Paradies ohne jede Notwendigkeit eines Überlebenskampfes.

Zu meiner Überraschung hatte Janus den größten Teil der Henne gegessen. Dann erkannte ich, daß der Geschmack mit dem Duft des vertrauten Waldes angereichert war.

Wenn er beim Abendessen trödelte, spielten wir eine Variation von »Hier fährt der Zug in den Tunnel«. Bei uns hieß es: »Hier kommt der böse Jäger in Zauber-Cheetahs Maul.« Zauber-Cheetah verachtete vor allem Jäger, die unsere Freunde schossen, um dann die Köpfe der getöteten Tiere an ihre Wände zu hängen. Zauber-Cheetah streifte durch die Wälder und schützte die Tiere und ihre Kinder. Die Petersville Road stellte für Trophäenjäger, die nicht von ihrer Beute *leben* mußten, einen felsigen Zugang zu unserem Tal dar. Sie heuerten Führer für die Bärenjagd an. Sie trachteten nach Elchgeweihen. Wir hatten sie im September gesehen: bierselige, die Umwelt schändende Sportjäger in Tarnanzügen, die sich zwar unserer Heimstätte nie näherten, deren Schüsse wir aber in der Ferne hörten.

Zauber-Cheetah war, genau wie der Zauberschmetterling, nicht meine Erfindung. Wir hatten über Cheetahs, über Geparde, in einem *Ranger Rick*, Janus' Lieblingsmagazin, gelesen. Cheetahs waren elegant und gefährdet und *schnell*. Sie hatten etwas Magisches an sich. Ich konnte nicht mal für mich beanspruchen, daß ich seine Gedanken und Wahrnehmungen beeinflußt hätte. Magische Dinge entsprangen der natürlichen Welt, die sogar noch mehr unmittelbare Präsenz besaß als ein Dad.

»Schnappen wir sie uns!« schrie der Junge, den Flug der Henne beobachtend.

Ich erinnerte ihn daran, daß Brutzeit war und daß es sich bei der Henne um eine Mutter mit Babys handeln konnte. Er schlich durch die Lichtung und suchte nach den Küken.

Als er die Jagd aufgab (»Ich wollte sie doch nur *sehen*!«), marschierten wir weiter zu einer jungen Rottanne, die neben dem Janus-Felsen wuchs. Im Winter trieb ich die Hunde diesen Trail noch ein Stück weiter, um Brennholz zu holen – zu Bäumen, die weit genug entfernt waren, daß wir ihr Fehlen nicht bemerkten. Wenn ich mit einem Schlitten voller Birken zurückkehrte – eine Sechshundert-Pfund-Ladung, die sich so leicht manövrieren ließ wie ein Güterzug –, fuhr ich manchmal direkt über diesen Tannenschößling, weil ich dem Schlitten keine Wendung geben konnte.

Im Sommer versuchten wir, den übel zugerichteten Baum sicherer im Erdreich zu verankern. Jedesmal, wenn wir auf unseren Spaziergängen an ihm vorbeikamen, beschäftigten wir uns mit seiner Haltung, seinem Gesundheitszustand. Falls er wuchs und dem Janus-Felsen Schatten spendete, falls er zu einem Quell der Freude für Eichhörnchen und Rebhuhnküken wurde, so wäre er doch kein Monument unserer Fürsorglichkeit. Er wäre nichts weiter als irgendein beliebiger Baum. Die Energie, die wir in sein Leben steckten, war genauso selbstverständlich wie die Zeit, die wir opferten, um am Kletterfelsen losgetretenes

Moos wieder glattzudrücken, und so normal wie die Beerensträucher, die wir pflanzten, indem wir Samenkörner ausspuckten oder in den Wäldern unser Geschäft verrichteten.

Wir verspürten nie den Drang, zu unserem Außenklo zurückzueilen, wenn wir unterwegs waren. Wir säuberten uns mit Blättern oder grünem Moos. Das verschaffte mir einigen Streß in bevölkerten Gegenden: »Ich muß mal!« »Okay. Ich glaub', in dem Laden auf der anderen Straßenseite gibt's eine Toilette.« »Aber ich muß *jetzt!*« »Also komm schon, beeilen wir uns!« »Wie wär's hinter diesen Blumen?« »Äh, nein, *nein*, ich meine, das ist hier nicht angebracht. *Komm* schon!«

Nachdem wir den Janus-Felsen erklettert und uns in seine moosige Mulde gelegt hatten, starrten wir zu den Bäumen hoch. Wir befanden uns an einer der vielen Stellen, die uns einzigartig vorkamen – so wie der von Hummeln umsummte Platz auf einem Baumstumpf inmitten eines Dickichts aus magentarotem Afterkreuzkraut, von unserem Haus aus gesehen nur ein Stückchen den Hang hinunter; oder die von dem Krater und dem überhängenden Wurzelwerk einer vom Sturm gestürzten Birke geschaffene Höhle; oder das Farnwäldchen unter den Erlen hinter Dicks Hütte, wo eine Machete in der Hand eines Jungen geheime Verstecke schaffen konnte, die nur ein kniender Erwachsener entdecken konnte. »Damit uns unter den Blättern keine Moskitos finden können.«

Wir lagen einfach nur auf dem Janus-Felsen und betrachteten die Dinge um uns herum. Swainson's-Drosseln – die mysteriösen Echovögel, deren Identität wir an ihrem Trillern aufgespürt hatten – huschten in ihre Nester hinein und wieder hinaus. Insekten im Schnabel. Rosafarbene Blaubeerblüten fielen von ihren Stengeln und ließen neue, grüne Beeren zurück.

Durch eine Lücke zwischen den Bäumen konnte man das fünf Meilen breite Ende des Ruth-Gletschers sehen, der den Waldrand definierte. Er befand sich zehn Meilen entfernt.

Auf der anderen Seite der Range war der Peters-Gletscher in diesem Jahr fünf Meilen vorgestoßen – Türme aus blauem Eis stürzten der Gletscherzunge voraus. Es war ein nicht zu leugnender Beweis für den Treibhauseffekt, eine Erinnerung an die Zerbrechlichkeit unserer Herrschaft über diesen Planeten. Mir war sehr wohl bewußt, daß unser Tal fast während der gesamten Menschheitsgeschichte mit dem Eis des Diluviums bedeckt gewesen war. Es war das frischeste, anbaufähigste Land auf dem Planeten.

Der Junge zog derart enzyklopädische Dinge nicht in Betracht. Aber auch er wußte das Wunder des Tales zu schätzen.

Plötzlich richteten wir uns beide auf.

»Psst!« sagte er.

Wir starrten zu den Erlen im Osten hinüber.

Wie stets in solchen Situationen begann mein Herz zu hämmern. Er blieb ganz cool.

»Ein Elch«, schlug er vor.

»Oh, mein Gott, hoffentlich ist es kein Bär«, dachte ich.

Er stand auf, um besser sehen zu können. Ich blickte zum Haus, wo die Schrotflinte hing, geladen mit großkalibrigen Patronen.

Wieder raschelte es im Unterholz. Er war aufgeregt. Ich dachte an Schutzmaßnahmen.

Ein Elch hob den Kopf von den Blättern, an denen er gefressen hatte, und sah uns an.

Der Junge kniete nieder. »Da!« flüsterte er. »Siehst du?«

Ich sah es und entspannte mich. Wir waren kein einziges Mal auch nur andeutungsweise in Gefahr gewesen, von einem Bären angegriffen zu werden. Dagegen waren wir oft genug auf winterlichen Trails auf Elche gestoßen, die den Kopf wie Wasserbüffel gesenkt und geschnaubt hatten. Aber Elche *fressen* keine Menschen. Sie jagen einem nur einen Schrecken ein, wenn der Schnee hoch liegt und der Trail fest ist.

»Es ist eine Kuh«, sagte ich leise.

»Woran siehst du das?« erkundigte sich der Zoologe.

»Na ja, es könnte auch ein junger Bulle sein, dem noch kein Geweih gewachsen ist«, flüsterte ich.

»Es ist eine Kuh«, sagte der Junge, »weil sie ein Kalb hat.«

Ich musterte das Unterholz. Gerade wollte ich ihm sagen, daß da kein Kalb war, als ich es entdeckte, regungslos an der Seite der Mutter. »Du hast recht«, sagte ich.

»Ich weiß«, erwiderte er.

Das war bei uns kein ungewöhnlicher Vorgang. Seine Wahrnehmungen des Waldlebens waren präziser als meine.

Einmal wanderten wir über eine Lichtung, als ein Vogel über unsere Köpfe schoß, zu schnell für einen Raben und zu klein für einen Raubvogel. »Was war das?« rief ich.

»Specht«, sagte der Junge so schnell, daß ich überzeugt davon war, er hatte nicht mal gesehen, wovon ich sprach.

»Schau!« beharrte ich. »Er ist dort in diesem Baum niedergegangen! Siehst du, wo er thront?«

»Hast du die rote Haube nicht gesehen?« fragte er.

Es war tatsächlich ein Specht.

Ich stellte seine Wahrnehmungen nicht länger in Frage.

Als sich die Kuh und das Kalb abwandten, sprang er vom Felsen. »Beeil dich!« zischte er.

Ich hob ihn auf meine Schultern, und wir stürmten ins Unterholz.

Vor einem Jahr waren wir im Mittsommer mit Ado und Tarus und drei Rüden, denen wir ihre Freiheit gelassen hatten, auf die Tundra hinausgegangen. Der Anblick der Hunde, die außer sich vor Freude in der Sonne herumtobten, zählte zu meinen großen Vergnügungen. Dies war der Himmel für sie.

Kaum hatten wir das Amphitheater erreicht, da ließen sie die Ohren hängen, klemmten die Schwänze ein und schlichen in den Schutz der Bäume, die an den Westrand der Tundra grenzten. Ich war vollkommen verblüfft.

Dann hörten wir einen blökenden Laut, als hätte eine Ziege ein Messer ins Genick bekommen.

Ich brüllte »Rührt euch nicht von der Stelle!« in Richtung der Jungs und rannte hinter den Hunden her. Ich brach durch das Unterholz und stolperte in eine Mulde. Norton hatte ein Elchkalb an der Kehle. Dick hatte sich in eine Keule verbissen. Bruno knurrte die fünf Meter entfernt stehende Elchkuh an und hinderte sie daran, in den Kampf einzugreifen.

»Nein!« kreischte ich und schlug mit beiden Fäusten auf Norton und Dick ein. »Nein! Whoa! Nein!«

Ich riß die beiden Hunde am Nacken von dem Kalb weg. Mit wilden Flüchen jagte ich alle drei zurück in die Tundra. Sie gehorchten.

Erst als ich wieder bei den Jungs war und ihnen erklärte, was geschehen war, begann ich zu zittern. Ich hatte gerade eben ein Wolfspack von seiner Beute fortgerissen.

Als Janus die Situation erfaßt hatte, hatte er Norton einen Tritt gegen seine blutige Schnauze verpaßt. »*Böser* Hund! Nein! Du *darfst* das Elchbaby nicht töten!«

Norton hatte sich geduckt.

Das Kalb hatte überlebt.

Jetzt eilten wir hinter der Kuh und dem Kalb her, einzig und allein aus dem Grund, weil wir sie *sehen* wollten. Einmal hatten wir ein Stachelschwein bis an eine Stelle verfolgt, wo es in einen kümmerlichen Sumpf gestiegen war, von wo aus es uns anstarrte. Wir waren der Fährte eines Schneehasen gefolgt, bis sich seine Spur in der Weite der Tundra verlor.

Auch den Elch bekamen wir nicht mehr zu Gesicht.

Wir übten immer noch das Spurenlesen.

Inmitten von Torfbeeren, die von einem Arm unseres ausgedehnten Blaubeerfeldes begrenzt wurden, hielten wir an.

»Laß mich runter«, entschied der Junge.

Er marschierte hinüber, um die Fortschritte unserer Blaubeerenernte zu überprüfen. In wenigen Wochen konnten wir mit dem Pflücken beginnen. In manchen Jahren wurden die Beeren in noch grünem Zustand von Würmern heimgesucht, die sie am Wachstum hinderten.

»Keine Würmer!« verkündete er und teilte mit Daumen und Zeigefinger eine knospende Beere. »Es ist ein Zeichen!«

Ich lachte. »Ein Zeichen wofür?« fragte ich in der Annahme, daß er sich über mich lustig machte.

»Ein Zeichen für Blaubeeren«, erwiderte er schlicht. »Gehn wir schwimmen!«

Gewöhnlich schleppten wir ein aufblasbares Floß vom Haus

zu dem kleineren der beiden Tundraseen. Dann pumpten wir das Floß mit einem Blasebalg auf. Bis zur anderen Seite des Sees waren es vielleicht hundert Meter, bei einer Tiefe von höchstens vier Fuß. Die oberen beiden Fuß waren von der Sonne aufgeheizt. Der untere Teil des Wassers wurde von einer Quelle gespeist und war kalt. Fünf kleine Inseln schienen in dem See zu schwimmen: Wenn man eine betrat, sank sie ein bißchen ein, während an den Rädern Luftblasen durch die Pflanzenmatte stiegen. Dies waren Norton Island, die drei Poop Islands (»Dod! Ich muß mal!«) und Manhattan Island, die größte Insel, die sich in der Mitte des Sees befand und die wir durch Rudern erreichten.

Zum erstenmal nun bestand Janus nicht darauf, daß wir das Floß zum Schwimmen mitnahmen. Er war kein großer Schwimmer. Doch mit jedem Sprung in den See gewann er an Selbstvertrauen.

Wir hatten den Elch bis in Sichtweite des offenen Himmels über der Tundra verfolgt. Jetzt stießen wir durch ein Erlendikkicht ins Licht vor.

Im Westen löste sich ein Pferdeschwanz aus Wolken auf. Die weißen Berge ragten im Norden in den Himmel. Ohne den Schatten der Bäume brannte die Spätnachmittagssonne so heiß herunter, daß sich Janus nackt auszog.

Irgendwelche Moskitos, die sich noch gehalten hatten, wurden von einer gleichmäßigen, warmen Brise vertrieben. Libellen schwirrten über unseren Köpfen. Wenn wir uns nicht bewegten, würden sie auf unseren Haaren landen.

Doch Janus stand nicht still. Er raste in einen flachen, mit Schachtelhalm bestandenen Tümpel, stolperte, spritzte und erhob sich erdverschmiert. »Es ist *warm*!« schrie er. »Komm rein!«

Ich kam nicht rein. Ich bildete die Zuschauerschaft im Stadion. Ich reckte den Daumen nach oben, wenn er nach Schmetterlingen hechtete und schlammbedeckt wieder auftauchte. Ich brüllte Beifall, wenn er in Spiralen dahinrannte und Bienen auf der Suche nach Nektar imitierte.

Als wir den See umkreisten, entdeckte er ein Kaulquappennest, einen geleeartigen Sack am Ufer vertäuter Froscheier. Während wir das Nest begutachteten, flog ein Flußuferläufer mit gelben Beinen kreischend über unsere Köpfe hinweg. Wir waren uns über seine Identität einig.

Ich zog meine Gummistiefel aus und rollte meine Hosen hoch, so daß wir wild durch die Gegend rennen konnten. Wir brüllten, um das Echo unserer eigenen Stimmen zu hören, das von den Bäumen zurückgeworfen wurde. Als wir müde wurden, untersuchten wir langblättrigen Sonnentau – eine insektenfressende, klebrige Pflanze –, um zu sehen, ob irgendwelche Insekten in die Falle gegangen waren.

Schließlich beschlossen wir zu schwimmen. »Du zuerst«, sagte er.

Ich entkleidete mich, sprang hinein, machte ein paar seitliche Schwimmstöße und strebte wieder dem Ufer zu. Ich war seit meinen traumatischen Sprüngen in chlorhaltiges, kaltes Wasser zu Highschoolzeiten niemals ein eifriger Schwimmer gewesen. Aber ich wollte nicht, daß sich mein Junge vor irgendwas fürchtete.

Er sprang hinein, keuchte, schlug wild um sich und packte meine Hände, damit ich ihn hinauszog. »Ich kann es!« sagte er. »Huhu! Ja!«

»Beim nächstenmal nehmen wir das *Floß* mit«, sagte er.

Wir ließen uns in der Sonne trocknen und rannten dann heim, um einen Saunagang zu machen.

Mein letztes Bauwerk war eine Sauna, zweimal zwei Meter, mit einem Grasnarbendach gewesen. Ich hatte sie aus übriggebliebenen Stämmen gebaut, wodurch die Größe bereits vorgegeben war. Ich hatte eine Sauna gewollt, doch den letzten Anstoß dazu hatten die »Epochalen Hundeschlittenexkursionen« gegeben (»Abenteuer in den entferntesten Gegenden der Alaska Range«). Um Geld zu verdienen, hatte ich eine Saison lang Kunden von der »Lodge« in die Berge geführt. Die Sauna hatte dafür gesorgt, daß sich das Fehlen von fließendem Wasser nicht zu stark bemerkbar machte. An Kundschaft hatte es mir nicht gemangelt, obwohl das im Grunde ganz und gar nicht meinen Wünschen entsprach. Ich wollte *nicht*, daß unser Haus zu einer öffentlichen Unterkunft wurde. Ich verdiente in dieser einen Saison mehr als die paar tausend Dollar, die man benötigt, um gut in den Wäldern leben zu können, doch ich schätzte unsere Einsamkeit höher ein. Mir macht es nichts aus, einen albernen Artikel über das »wilde Alaska« für das Magazin irgendeiner Luftfahrtgesellschaft zu schreiben oder wie viele andere im Busch gelegentlich für den Staat zu arbeiten und Jobs wie das Schlagen einer Schneise für die Anchorage–Fairbanks-Stromversorgung oder sogar Sozialfürsorge zu akzeptieren. Ich wollte, daß unser Zuhause unantastbar war. Dazu gehörte nicht viel. Wenn wir so lebten, wie einst die Inuit gelebt hatten, dann brauchte man kaum noch etwas anderes.

Unser Garten gedieh prächtig. Unter Holzasche und Hundescheiße hatten wir reichlich Kompost zur Verfügung. Aber ich war noch nicht so weit, daß ich mich in mit Sehnen zusammengenähte Pelze hätte kleiden können. Ich mußte noch viel lernen.

In der Sauna blieb uns keine andere Wahl – bei 90 Grad Hitze–, als alle Anforderungen zu vergessen und die totale Entspannung zu genießen.

Janus setzte sich oben neben mich und lehnte sich gegen meine Schulter. »Ich bin froh, daß wir diese Elchkuh und ihr Kalb gesehen haben«, sagte er.

Ich stimmte ihm zu.

Der Schweiß begann zu fließen.

»Ich bin froh, daß wir dieses Froschnest gefunden haben«, sagte er. »Und hat das Schwimmen nicht *Spaß* gemacht?«

Ich sagte, mir hätte es auch gefallen, wie er die Forelle gefangen hatte.

Er nickte. »Ja«, sagte er.

Wir spritzten Wasser auf den Ofen, um Dampf zu erzeugen, und rannten dann hinaus, um unsere Köpfe in die Fässer mit Regenwasser zu stecken, die unter dem Dach standen.

»Phuu!« brüllten wir. »Ha!«

Als Teenager hatte ich irgendwo etwas über Ordensschwestern in Südfrankreich gelesen, die sich darin abwechselten, ununterbrochen auf den Knien um den Fortbestand der Welt zu beten. Ich bewunderte sie uneingeschränkt. Ich stellte mir diese leuchtenden Frauen mit gefalteten Händen in ihrer Isolation vor, wie sie für uns alle um Gnade baten. Ich stellte mir ihre Herzen so rein vor und ihre Bitte so schlicht, daß kein Gott sie ihnen verweigern konnte.

Ein Jahr, nachdem ich nach Alaska gezogen war, entdeckte ich einen kleinen Artikel in der *Anchorage Daily News*. Darin stand, daß der Orden der Ständigen Anbetung des Heiligen Sakraments, der nur an sehr wenigen Orten Kloster unterhielt – eines davon in Südfrankreich –, einen Zufluchtsort am South Lake Otis Parkway in Anchorage erhalten hatte, wo die Nonnen zurückgezogen und abgeschieden lebten. Ein geheimnisvolles Foto der Mutter Oberin war dem Artikel beigefügt. Sie strahlte von innen heraus. Tagelang konnte ich ein Lächeln nicht unterdrücken. Ein Zeichen!

Wenn der Junge manchmal zu Hause auf meinen Schoß kroch und beiläufig sagte: »Ich liebe dich«, dachte ich, daß wir in unserer Abgeschiedenheit einen kleinen Beitrag für die große Welt lieferten, ähnlich den Nonnen, die dem ganzen Planeten dienten.

Vielleicht waren wir so dankbar dafür, daß wir einfach vor irgendwelchen Pflanzen knien und sie betrachten durften, daß unser Glück eine ganze Welt segnete, die es wert war weiterzubestehen. Vielleicht half die Leichtigkeit, mit der wir für unsere Ernährung sorgen konnten (Rebhuhn! Lachs! Farne!), den Drang der Reichen nach immer *mehr* und den Kampf der Armen gegen den Hunger im Gleichgewicht zu halten. Vielleicht machten wir erst eine Landschaft wahr, die Welten entfernt war von einem Cartoon im *New Yorker*, auf dem ein Kind an der Hand seiner Mutter zu sehen war, das entsetzt zurückzuckte und den Bürgersteig entlangdeutete. »Es ist ein *Baum*, Schatz«, lautete der dazugehörige Text.

Mir war oft bewußt, welch ein Segen auf unserem Leben lag,

aber dafür konnten wir nichts. Das gehörte in den Bereich, in dem es Engel gibt.

Als ich in Harvard war, wo die meisten Leute nichts anderes im Sinn hatten als breitgefächerte Aktienpakete und Immobilienbesitz, erkannte ich zum erstenmal, daß Privilegien nicht zwangsläufig Zufriedenheit mit sich bringen, obwohl natürlich die 20 Prozent der Reichen in Amerika ebensogut oder besser leben als die Aristokratie in früheren Jahren. Karl der Große oder Atahualpa oder Louis XIV. besaßen weder Geländewagen noch Videoanlagen.

Wir hatten vierzig Zentimeter lange Forellen und eine Tundrawiese direkt vor dem Haus. Ich wollte, daß Janus verstand, welch ein Glück es für uns war, daß wir einfach nur das besaßen, was wir zur Verfügung hatten. Doch er reagierte auf all meine väterlichen Ratschläge und Erklärungen mit einem nichtssagenden »Ja-a«.

Nichtsdestoweniger blieb ich hartnäckig, ja teilweise schlich sich sogar eine gewisse Schärfe in meine Worte. Und meine Begeisterung über das Gewöhnliche und Alltägliche war umfassend, wenn nicht sogar poetisch.

Der Junge wich meiner Inbrunst und Hingabe geschickt aus und suchte sich seine eigenen Ziele. Er brauchte weder Dads noch Nonnen, die seine Welt am Leben erhielten, das schaffte er aus eigener Kraft heraus.

Er hatte die Berge, die Täler und das Nordlicht gesehen. Sie würden bleiben.

Mir fiel nichts mehr ein, was ich ihm hätte beibringen können oder mir wünschen oder erhoffen.

10

NUR HIER

Es ist unmöglich, in Isolation zu leben und nicht die Hand nach dem restlichen Leben auszustrecken.

Einsame Menschen haben Sehnsucht. Heilige beten.

Der Rest des Lebens, das können andere Menschen oder Gott oder das Land sein, in dem Tiere Nahrung suchen oder als Nahrung dienen.

Ich kann nicht beurteilen, was davon am erstrebenswertesten ist.

Es ist alles notwendig und stellt, wenn man einen Moment darüber nachdenkt, die Umgebung dar.

Wahre Isolation ist letztlich das Gefühl, von allem abgetrennt zu sein.

Von einer konventionellen Perspektive aus betrachtet, kann einem eine Heimstätte in der Wildnis durchaus isoliert erscheinen.

Aber für mich ist es in so vieler Hinsicht mit dem restlichen Leben verbunden, daß ich mich nicht einsam fühlen kann.

Wenn ich auf die Tundra hinausstürme, auf der Suche nach Wild oder Brennholz, dann ist mir sehr wohl bewußt, daß die Gründe dieser Ausflüge identisch sind mit jenen unserer Vorfahren, angefangen von dem Moment, als die Eiszeit eine unmittelbare Verbindung zu den Tieren und den Göttern, die uns alle erhalten, notwendig machte.

Mir ist auch bewußt, daß die Grenzen meiner Welt von Straßen, Landepisten und Mikrowellen-Relaisstationen bestimmt werden. Wenn der Wind kräftig von Osten bläst, kann ich manchmal das schwere, metallische Pulsieren eines Zuges der Alaskaeisenbahn auf seiner Fahrt zwischen Anchorage und Fairbanks auf der anderen Seite des Tales hören. Und immer frage ich mich dann, wer wohl jetzt gerade im Gepäckwagen dicht neben dem Holzofen sitzt.

Ich habe das Bedürfnis nach der Gesellschaft anderer Menschen akzeptiert, das oft genug einfach das Bedürfnis nach einer Familie ist. Und meine Liebe für Janus bleibt – wie es bei Liebe stets der Fall sein sollte – aufrichtig und eindeutig.

Ich fühle mich jetzt als Teil des Landes, ohne die Ängste und Befürchtungen, die die erste Zeit so schwer hatten werden lassen. Ich gebe jedoch zu, daß es Momente gibt, wo ich, wenn es im Unterholz raschelt, mir Sorgen mache, ob ich bereit bin, *mich* als Nahrung zur Verfügung zu stellen.

In den seltenen Winternächten, in denen es weder Mond noch Nordlicht gibt und die arktische Kälte die letzten Wolken vertreibt, erstrahlen so viele Sterne, daß sie den ganzen Himmel erleuchten. Sie *sind* der Himmel, ein einziger, alles umhüllender Glanz, viel mehr als nur helle Stecknadelköpfe in einer schwarzen Leere. Es ist unmöglich, sich einem derartigen Licht fern zu fühlen.

In der Eskimotradition kommt der Höhepunkt einer erfolgreichen Jagd dann, wenn die Vermischung allen Lebens (Tierfleisch zu Menschenfleisch, Fleisch zu Erde, Erde zu Blumen) so deutlich wird, daß die Feier weniger Ritual als Ausdruck spontaner Freude ist.

Das Christentum bezeichnet die gleiche Sache als Epiphanie, wenn Gott Seine unabwendbare Präsenz enthüllt. Seine Liebe ist *überall.*

Ho-san, ein Zen-Anhänger, sagt dasselbe: »Hunger und Sorge! / Verbirg dich in dieser Höhle. / Was ist das? Ein Knochen!«

Jede spirituelle Tradition auf Erden läßt Raum für die plötzliche mystische Erkenntnis, daß das Leben letztlich heilig und die

Anstrengung wert ist und daß man für den Kampf einen göttlichen Gegenwert erhält.

Alle Offenbarungen erleuchten unsere Welt nur für einen Augenblick. Wie sie sich dann weiter in unserem Leben auswirken, ist nicht universell bedingt, und ich kann nicht einmal meinen Sohn darin beeinflussen. Ich kann das nicht berechnen und unsere Welt als »gut« oder als »besser als West-Hollywood« bezeichnen oder *irgend etwas* beurteilen, außer dem, was direkt vor unserer Tür liegt.

Jetzt muß ich allerdings zu dieser Tür hinausgehen, sowohl um Bestätigung zu finden für das, was ich zu sagen versuche, und um einen weiteren Holzklotz für den Ofen zu holen.

... Okay. Der Ofen ist versorgt. Doch noch bevor ich zur Tür hinaustreten konnte, mußte ich stehenbleiben. Es ist fast Vollmond. Ein scharfer Wind von Norden drückt die Wipfel der Bäume nieder. Die Bäume sind direkt *hier*. Der Unterschied zwischen unserer erwärmten kleinen Kiste und dem Rest der Welt ist unvermeidbar.

Ich bin hierhergekommen, weil ich glaubte, es gäbe etwas Mächtiges und Unmittelbares, das mir fehlte. Es fehlt mir immer noch. Ich stehe in meiner Tür und atme etwas Gegenwärtiges ein, das noch mächtig und unmittelbar sein wird, lange nachdem mein Holzofen und meine Wände aus Holzstämmen verschwunden sind.

Was mich am Leben erhält, basiert nicht auf dieser Heimstätte – dem Garten und dem Lachsfluß und den wandernden Elchen – und ist auch nicht vom Glück meines Sohnes abhängig, sondern von dem, was jenseits von mir existiert, das einfach nur da ist und immer noch da sein wird, wenn ich längst nicht mehr in diesem Türrahmen stehen werde.

Neben mir ruft Janus, eine Eisbärentatze von der arktischen Küste in der einen Hand und einen hohen Legoturm in der anderen: »Dad! Schau doch! Es ist *erstaunlich!*«

Marvin und Anna sind von dem Dead Dog Ridge in die Stadt gezogen, damit ihre mittlerweile drei Kinder die öffentliche

Schule besuchen können. Ihre restlichen Hunde haben sie verkauft. Marvin ist stolz darauf, daß er nach wie vor der beste Pitcher der Mandingos ist, Talkeetnas Sommer-Softballteam. Marvin und Anna besuchen ihre alte Hütte nicht mehr oft, doch wenn sie es tun, dann ist es ein Abenteuer.

Rosser lebt mit seiner Familie in Fairbanks, von wo aus er zu Außenarbeiten startet und dabei gutes Geld verdient. Seine Hunde hat er seinem Cousin gegeben, der am Alaska-Langstreckenrennen teilnahm und es gerade noch schaffte, nicht Letzter zu werden.

Denny heiratete die Lehrerin seines Sohnes, als er noch in Bethel im westlichen Alaska flog. Sie wohnen jetzt in einem hübschen Haus in einer Vorstadt von Fairbanks, mit einem chromblitzenden Chevy in der Einfahrt und einer Bibel auf dem Nachttisch. Im Hinterhof hält er sich immer noch ein Hundegespann für Arbeitseinsätze. Denny ist der erfahrenste Pilot eines Lufttaxiunternehmens in Fairbanks. In den letzten Jahren entwickelte er sich zum überzeugten Christen, teilweise um seine »hedonistische« Vergangenheit in Vergessenheit geraten zu lassen, hauptsächlich aber, um seinen eigenen Wünschen treu zu bleiben. »Ich liebe meine Familie! Und ich möchte, daß wir alle Gott dienen.«

Pecos belegte den ersten Platz beim Tausend-Meilen-Hundeschlittenrennen von Yuton Quest. Anders als die anderen Teilnehmer wurde er nicht von ARCO Petroleum oder R. J. Reynolds Profihundefutter gesponsert, sondern ging auf eigene Rechnung an den Start.

Russ gab seinen lukrativen Job als Programmierer auf. Mit Glorias Unterstützung verbrachten sie mit ihren beiden Jungs ein Jahr auf Reisen und untersuchten verschiedene spirituelle Gemeinschaften im ganzen Land. Sie stellten bei nicht auf Gewinn bedachten Gemeinschaften ein größeres Zusammengehörigkeitsgefühl fest als in Kommunen mit Langhaarigen. Nach seiner Rückkehr arbeitete Russ als Masseur in einem Altenheim. Jetzt sind sie gerade im Begriff, ihr Stadthaus zu verkaufen, um auf ein entlegenes Stück Land zu ziehen, abgetrennt vom ursprünglichen Heimstättenland, mit Blick über Alaskas prächtige Kachemak Bay.

Murphy lehnte einen tollen Job in einem anderen Staat ab und blieb Fotoredakteur bei der *Anchorage Daily News*. Mit nachsichtiger Erheiterung gestehen ihm seine Vorgesetzten zu, seine Urlaubszeit »draußen in der Kälte« anstatt am Waikiki zu verbringen.

Orv und Anne, mittlerweile pensioniert, sind nach wie vor Anaktuvuk verbunden geblieben, obwohl sie den größten Teil ihrer Zeit damit zubringen, sich ein abgelegenes Zuhause im Susitna Valley zu bauen.

Norton, der sensible Leithund, kann jetzt von zehn an rückwärts zählen, zusätzlich zu seiner Fähigkeit, stets den bestmöglichen Trail zwischen zwei unbekannten Punkten aufzuspüren. Ich gebe allerdings zu, daß ich kein Videoband mit Aufnahmen davon besitze.

Immer noch denke ich fast jeden Tag an Alexander.

Talkeetna wurde von einem glatten, gefälligen Naturmagazin zur Kategorie der »zehn besten In-Adressen der achtziger Jahre« gerechnet. Boulder, Colorado und Aspen waren ebenfalls auf dieser Liste. Grellfarbige Kunststoffkleidung hat die Wolle als örtliche Mode ersetzt. Die Bevölkerung ist auf fünfhundert Einwohner angewachsen und entschied sich in einem hitzig geführten Abstimmungskampf für die Einführung einer öffentlichen Kanalisation. Der Tourismus stellt nun die Haupteinnahmequelle dar, aber Trapper und Goldsucher kommen immer noch in die Stadt und geben im Fairview eine Runde aus.

Unsere Heimstätte verfügt nun über Solarenergie; davon werden Radio-Kassetten-Recorder, drei Glühbirnen und ein Funkgerät für Notfälle gespeist. Das ist unser gesamter Energiebedarf. Anfangs war es aufregend, über eine Stromquelle zu verfügen, aber nach und nach wurde uns klar, daß wir weder Küchenmixer noch Geschirrspüler wollten, geschweige denn Fernseher, Telefon, Computer oder irgendeine Pumpe. Morgens gehen wir immer noch hinaus auf die Außentoilette. Die Aussicht geht auf Gletscher, nicht auf Linoleum. Wir schleppen immer noch Wasser heran und singen dabei. Im Sommer fahren wir allerdings nicht mehr mit den Hunden bis zur Straße. Auf halber Strecke in der Tundra binden wir sie an ein zwischen zwei Bäumen gespanntes Kabel. Von hier aus laufen wir die restlichen Meilen. Wenn wir an herausragenden Wurzeln oder hervorspringenden Felsen vorbeikommen, bin ich jedesmal wieder verblüfft, daß wir uns in den Jahren, bevor es für einen Jungen kein Problem mehr darstellte, all die Meilen durch grüne, von Bären bewohnte Vegetation zu marschieren, weder Schlitten noch Schädel eingeschlagen haben. Innerhalb von hundert Quadratmeilen haben wir immer noch keine anderen Nachbarn.

Rex und Penelope sind nach Saint Croix gezogen, wo sie sich ein Glasbodentauchboot für Touristen gekauft haben. Rex ist der Captain des zwölf Meter langen Kreuzers. Er trägt ein Hawaiihemd und Sandalen. Penelope arbeitet gelegentlich im örtlichen Krankenhaus. Wenn ich sie mal auf ihrer Veranda ans Telefon bekomme, reden sie immer noch davon, »nach Hause« zu kommen: Ich habe ein Auge auf ihr Haus, im Sommer wegen der Bären und im Winter wegen der gewaltigen Schneemengen auf dem Dach.

Das obere Susitna Valley ist wie das Arctic National Wildlife Refuge zu einem politischen Schlachtfeld von Kräften geworden, die für oder gegen eine Erschließung des Landes sind. Holzfäller verlangen nach Straßen. Führer durch die Wildnis verweisen auf Studien, in denen die Megadollars aufgelistet werden, die von unberührte Wildnis suchenden Touristen ausgegeben werden. Der Staat drängt unerbittlich auf Skihütten, »Zubringer«-Trails und geteerte Parkplätze wie im Yosemite Valley, aus »Steuergründen«. Bis Gabriel seine Trompete bläst (»den West End Blues«, hoffe ich), scheint dieses flutartige Vordringen in das restliche Land schwer zu bremsen zu sein. Im Augenblick jedoch existieren nur Regierungspläne und Gesetzesentwürfe und die entsprechende Opposition. Die Landschaft bleibt unverändert.

Es erscheint unglaublich, aber die Pappelbrücke über unseren Fluß wurde nicht von den Fluten fortgeschwemmt, die neulich sowohl die Highway- als auch die Eisenbahnbrücken von Anchorage nach Fairbanks zerstört haben. Eisstaus hatten die Borke von der Pappel gefetzt, die Strömung hatte sie unterspült, und der Zahn der Zeit hatte an ihrer Stabilität genagt. Doch wenn wir sie überquerten, rührte sie sich keinen Millimeter vom Fleck.

Die Schrotflinte, die einst als Schutz vor Bären gedacht war, benützen wir jetzt zur Jagd. Eine Art Spraydose – mit Aerosol abgefeuerter Cayennepfeffer – erlaubt es uns, tief in die Wälder einzudringen, ohne Angst haben zu müssen, daß wir plötzlich gezwungen sind, einer Bärenmutter, die ihre Jungen beschützt, eine großkalibrige Magnumpatrone verpassen zu müssen. Ich kenne zwei Männer, die angreifende Grizzlys mit einer Sprayladung aus ihren kleinen Kanistern abgewehrt haben. Wir nehmen sie in unserer Werkzeugkiste mit zum Lachsfluß. Aber wir sind bis jetzt noch nicht einmal andeutungsweise in die Gefahr geraten, von einem Bären angegriffen zu werden.

Melissa hat einen Wildnisführer geheiratet, einen sanften Mann von großer Integrität, der als Zimmermann arbeitet, wenn er nicht gerade Kunden zum Denali führt oder reißende Flüsse hinabbegleitet. Sie wohnen mitten in Talkeetna, das Melissa glücklich als »Zuhause« bezeichnet. Sie wagt sich selten ins weite Land hinaus, aber sie hält Kontakt. Wir sprechen locker und ohne Probleme über die Bedürfnisse unseres Sohnes. Sie hofft immer noch, ein eigenes Restaurant eröffnen zu können, aber in der Zwischenzeit ist sie die liebevollste, fröhlichste und verständnisvollste Mutter, die sich ein Junge nur wünschen kann.

Janus klettert, fährt Ski, kommandiert sein eigenes Hundegespann, jagt Rebhühner mit seiner .22er und fischt intensiv von Juni bis September. In dieser Saison hat er unter anderem zwölf Silberlachse und zwei vierzig Pfund schwere Königsmakrelen gefangen und mit einer fünfundvierzig Zentimeter langen Regenbogenforelle einen persönlichen Rekord aufgestellt. Den größten Teil seiner Beute hat er verschenkt, an die Frau in der Poststelle, an seine Kumpels in Talkeetna, an bedürftige Bewohner der Gegend, die auf ihn den Eindruck machten, als »möchten sie einen Fisch«. Er ist nun in die Volksschule von Talkeetna eingetreten und besucht dort gleich die dritte Klasse, nach jahrelanger sporadischer, aber umfassender elementarer Ausbildung, einschließlich des Studiums von Gletschern und Wildfährten. »Er paßt genau hinein!« sagt Mrs. Clark, seine Lehrerin, die im Sommer auf dem Familien-Claim nach Gold sucht. Mit Billigung seiner Mutter hält er während des größten Teils des Schuljahrs die Verbindung zu seiner Welt aufrecht. Nach dem Aufwachen spielen wir immer noch Zauberschmetterling, auch wenn es uns jetzt mehr um den Teil geht, wo das Bett unter unserem Gekicher erbebt, bevor wir zum Ringkampf übergehen.

»Mel Anderson« bin ich nie wieder begegnet.